图书在版编目（CIP）数据

风与中国文学/邹福清著. --武汉：湖北教育出版社，2024. 6（2025. 4 重印）
（中华风文化研究书系/刘玉堂主编）
ISBN 978-7-5564-5350-4

Ⅰ. ①风…　Ⅱ. ①邹…　Ⅲ. ①中华文化—关系—中国—文学—文学研究　Ⅳ. ①I206②K203

中国国家版本馆 CIP 数据核字（2024）第 111528 号

风与中国文学

出品人	方　平	策　　划	刘　艺　李作君
责任编辑	刘　宁	责任校对	李庆华
封面设计	李　枫　张岑玥	责任督印	刘牧原

出版发行	长江出版传媒	430070　武汉市雄楚大道 268 号
	湖北教育出版社	430070　武汉市雄楚大道 268 号
经　　销	新　华　书　店	
网　　址	http://www.hbedup.com	
印　　刷	湖北新华印务有限公司	
地　　址	武汉市硚口区长风路 31 号	
开　　本	710mm×1000mm　1/16	
印　　张	19.5	
字　　数	264 千字	
版　　次	2024 年 6 月第 1 版	
印　　次	2025 年 4 月第 2 次印刷	
书　　号	ISBN 978-7-5564-5350-4	
定　　价	86.00 元	

至海。”[1] 劳思光的描述大致相同略有区别，即“以沿渤海之今山东地区为主，而扩至今河南境内”[2]。

总之，商民族是少昊部落的后裔，少昊部落是太皞的后裔，风姓太皞部落出于东夷集团。东夷是一个鸟崇拜的族群，这已是学界的共识，如巫鸿分析了一批以鸟为主题的出土文献图像，充分表明了这一点。[3] 甲骨文“风”字写作“凤”，为鸟形。而且，商民族的传说中，其先祖契生于玄鸟之卵，另一先祖挚以鸟名命名官名。这些迹象表明鸟在商民族的信仰中占有重要位置。

玄鸟生商的故事在《诗经・商颂・玄鸟》以后的流传过程中得到不断丰富。战国末秦国吕不韦主持编写《吕氏春秋》，其中“音初篇”载有娀之佚女为二人：“有娀氏有二佚女，为之九成之台，饮食必以鼓。帝令燕往视之，鸣若謚謚。二女爱而争搏之，覆以玉筐，少选，发而视之，燕遗二卵，北飞，遂不反。”[4] 汉代淮南王刘安主持编写《淮南子》，其中的“坠形训”又提到有娀之女的名字：“有娀在不周之北，长女简翟，少女建疵。”[5] 署名汉代刘向撰《列女传》还描写了玄鸟之卵的色彩：“契母简狄者，有娀氏之长女也。当尧之时，与其妹娣浴于玄丘之水。有玄鸟衔卵，过而坠之，五色甚好。简狄与其妹娣竞往取之。简狄得而含之，误而吞之，遂生契焉。”[6]

到底该怎么解读玄鸟生商的传说？《诗经・商颂・玄鸟》“毛传”将玄鸟生商解释为玄鸟至之日，高辛氏与有娀女祀高禖然后怀孕而生契，即：

> 春分，玄鸟降。汤之先祖有娀氏女简狄配高辛氏帝，帝率与之祈于郊禖而生契，故本其为天所命，以玄鸟至而生焉。[7]

①徐旭生《中国古史的传说时代》，文物出版社1985年版，第56页。

②劳思光《新编中国哲学史》，生活・读书・新知三联书店2015年版，第23页。

③巫鸿《东夷艺术中的鸟图像》，《礼仪中的美术》，生活・读书・新知三联书店2018年版，第11—28页。

④许维遹撰《吕氏春秋集释》，中华书局2009年版，第141—142页。

⑤何宁撰《淮南子集释》，中华书局1998年版，第360页。

⑥（汉）刘向撰，刘晓东校点《列女传》，辽宁教育出版社1998年版，第2页。

⑦（汉）毛亨传，（汉）郑玄笺，（唐）孔颖达疏，陆德明音释《毛诗注疏》，上海古籍出版社2013年版，第2125页。

之地。[1]

看来，所谓“天命玄鸟，降而生商”，实际上是“以其（玄鸟）至为祠禖祈嗣之候”[2]，“谓简狄以玄鸟至之时，祈于郊禖而生契”[3]。也就是于玄鸟至之日，前去祭祀生育之神以祈祷生子，并在那里交合而怀孕，结果生下了契。

商民族依然存在鸟崇拜是可信的，而且，于省吾、胡厚宣、陈梦家等曾提出鸟是东夷后裔商民族的图腾的观点。该观点的几个重要证据是：

其一，《诗经·商颂·玄鸟》所载玄鸟生商的传说。关于此传说的文化内涵上文已经进行了分析。

其二，商代青铜器玄鸟妇壶铭文“玄鸟妇”三字合文，是商民族以玄鸟为图腾的遗迹。[4] 该青铜器铭文如下图：

图一

以玄鸟为商民族图腾需要考古学的支撑，但就目前发现的诸多青铜器而言，纹饰涉及的动物很多，而鸟纹并不突出。

其三，甲骨文中商人先公王亥的“亥”字往往于（亥）上加（鸟），写作“”。[5]《山海经·大荒东经》载王亥“两手操鸟”[6]。

商民族以鸟为图腾几乎成为定论，但不时也会出现不同的声音：有人提出玄鸟生商是东周人的讹传[7]；关于王亥之“亥”字头上加“鸟”字是否为商民族以鸟为图腾的证据，一个很值得重视的观点是：商民族的历史文化发展到王亥时期早已越过

①《诗经·鲁颂·閟宫》“毛传”：閟，闭也。先妣姜嫄之庙，在周常闭而无事。孟仲子曰：是禖宫也。“郑笺”：閟，神也。姜嫄神所依，故庙曰神宫。（《毛诗注疏》，上海古籍出版社2013年版，第2078页）按：释“閟”为“闭”，误，应释为“秘”，即“神”。“郑笺”为是。

②（宋）陈澔注《礼记集说》，上海古籍出版社1987年影印世界书局本，第85页。

③同上，第86页。

④于省吾《略论图腾与宗教起源和夏商图腾》，《历史研究》1979年第11期。

⑤胡厚宣《甲骨文商族鸟图腾的遗迹》，《历史论丛》第一辑，1964年。

⑥袁珂校注《山海经校注》，北京联合出版公司2014年版，第299页。

⑦金开《商族图腾崇拜及相关问题》，《殷都学刊》2003年第3期。

为旌，刻玉为鸠，置于表端，言鸠知四时之候，故《春秋传》曰“司至”，是也。今之相风，此之遗象也。[1]

宋代高承《事物纪原》称“《黄帝内传》有相风乌制，疑黄帝始作之也”[2]，又引周迁《舆服杂事》称“相风，周公所造，即鸣鸢之象”[3]；但是，崔豹、王嘉等的说法不知所本，《三辅黄图》引《述征记》，高承所引《黄帝内传》《舆服杂事》均佚，《拾遗记》提及《左传》昭公十七年所载“司至”即“知四时之候”的玉鸠是预报节候的，与相风不是一回事。看来，秦汉以前文献尚未见到相风的记载，倒是汉代以来的文献屡见相风乌的记载，以至于南朝沈约《宋书》志第八礼五称相风乌是秦制而非古制。[4] 不过，西汉时期《淮南子》提及的“俔”似与相风有关。《淮南子》“齐俗训”有“故终身隶于人譬，若俔（诸家引此作“綄”）之见风也”的话，汉代高诱注：“俔，候风者也，世所谓五两。”[5] 各种文献载有相风器具的大致形状，如南朝萧统编《文选》录晋代郭璞《江赋》有“觇五两之动静”句，后注云：“凡候风法，以鸡羽重八两，建五丈旗，取羽系其巅，立军营中。”[6] 又，晋代傅玄《相风赋》云：“昔之造相风者，其知自然之极乎？其达变通之理乎？上稽天道阴阳之运，表以灵乌，物象其类；下凭地体安贞之德，镇以金虎，玄成其气。风云之应，龙虎是从。观妙之征，神明所通。夫能立成器以占吉凶之先见者，莫精乎此。乃构相风，因象设形。蜿盘兽以为趾，建修竿之亭亭。体正直而无挠，度径挺而不倾，栖神乌于竿首，候祥风之来征。”[7] 可见，相风器具是虎形底座上插竿，竿首置鸟，鸟有羽饰。

尽管周策纵所梳理关于相风的文献未见秦汉以前的，但是，近年的考古发现弥补了这一缺憾，并将测风工具的出现向前推进了一大步，也就否定了沈约关于相风为秦制而非古制的

①（晋）王嘉撰《拾遗记》，中华书局 1981 年版，第 12—13 页。

②（宋）高承撰，（明）李果订《事物纪原》，中华书局 1989 年版，第 108 页。

③同上，第 109 页。

④（梁）沈约撰《宋书》，中华书局 1974 年版，第 500 页。

⑤何宁撰《淮南子集释》，中华书局 1998 年版，第 809 页。

⑥（梁）萧统编，（唐）李善注《文选》，中华书局 1977 年版，第 188 页。

⑦（清）陈元龙编《历代赋汇》，凤凰出版社 2004 年版，第 642 页。

服罪改修以从礼耳。”[1]商王武丁面对雉登鼎耳而鸣叫时产生的恐惧是商民族自古以来匍匐于上帝面前的宗教情绪的表露。但是，贤臣祖己的解读虽仍是就祭祀仪轨本身而言，但他将其进行了引申，将人对于上帝情绪的恐惧导向人文精神的方向。祖己没有否定飞雉作为上帝使者传达上帝命令的观念，重要的是，他强调人可以“修政事”来改变上帝的决定，更重要的是，他将上帝命令的依据又交还给人，即人是否若德（顺德）、是否听罪（服罪），还将这个标准以“义”字来称呼。学界一般认为天命观是周人阐发的，但是，何炳棣极力主张“天命至少可上溯到商代中期的盘庚”[2]，的确《尚书·盘庚》已有“天命”一语及相关表述，但是，学界所说的天命观是一种价值观，“以顺‘天命’为合乎‘正义’。再进一步，则以人所肯定之‘正义’，转而视为合于‘天命’者”。[3]《尚书·盘庚》之“天命”“命”有“命令义”[4]，却不关乎价值，不涉及正义。不过，再来看祖丁以人的行为是否得当（义）作为上帝惩罚与否的依据，已经是天命观的萌芽了。[5]

“周人以蕞尔小邦，国力远逊于商，居然在牧野一战而克商。周人一方面对如此成果有不可思议的感觉，必须以上帝所命为解，另一方面又必须说明商人独有的上帝居然会放弃对商的护佑，势须另据血缘及族群关系以外的理由，以说明周之膺受天命。”[6]周人阐发天命观时，一方面强调天命不易，必须尊崇；一方面强调“天命靡常”，不可为恃。郭沫若说：“周人一面在怀疑天，一面又在仿效着殷人极端地尊崇天……凡是极端尊崇天的说话是对待着殷人或殷的旧时的属国说的，而有怀疑天的说话是周人对着自己说的。”[7]虽可以说周公对天命做出了权宜的解释，倒不如说周公的天命观更强调人的作用，“一切固保天命的方案，皆明言在人事之中”[8]，也就是说天命自是上帝的意志，但上帝的意志是以人的善恶为转移的。就政权

①(汉)孔安国传、(唐)孔颖达正义《尚书正义》，上海古籍出版社2007年版，第380页。

②何炳棣《何炳棣思想制度史论》，中华书局2017年版，第103页。

③劳思光《新编中国哲学史》（一），生活·读书·新知三联书店2015年版，第75页。

④劳思光指出：“命”一指出令，一指限定。前者可称为“命令义”，后者可称为“命定义”。（《新编中国哲学史》（一），生活·读书·新知三联书店2015年版，第74—75页）

⑤关于天命观，天命观的流变，学界讨论得很多，如顾立雅《释天》、傅斯年《性命古训辨证》、郭沫若《先秦天道观之进展》、劳思光《新编中国哲学史》第二章第三节“附论原始信仰：命观念”、许倬云《西周史》第三章第四节“周人的天命”、何炳棣《“天”与“天命”探原》、陈来《古代宗教与伦理》第五章“天命”等。

⑥许倬云《西周史》，生活·读书·新知三联书店2012年版，第116—117页。

⑦郭沫若《青铜时代》，科学出版社1960年版，第20页。

⑧傅斯年《性命古训辨证》，《傅斯年全集》（第二卷），湖南教育出版社2003年版，第585页。

身覆以大凤文的形式，则要至昭穆期才出现。其中以头部上有冠饰，前附垂啄，而且转首回视作顾凤之形占多数。[1]

马承源则对凤纹进行了更加细致的分类描述[2]，此不赘述。关于凤纹时代出现的原因，白川静归结为称扬祖业的祭祀的盛行：

原来殷周期铜器之文样，如饕餮、虺龙等，主要把源自古老信仰的精灵观念作为实现之宗旨而产生的；然至昭穆期，称扬祖业的礼教思想流行起来，取代了先期的精灵观念，因而以鸟形灵直接与祖灵结合的意义正好符合当时祭器之用的凤文就大行其道了。[3]

白川静语焉不详，但大意是：基于自然崇拜的自然神祭祀逐渐淡出人们的信仰，而基于祖先崇拜的祖神祭祀日渐重要并流行。这种变化可能还不是突然发生的，而是经历了一个缓慢的过程，需要上溯至商代后期的宗教信仰。当代甲骨学家董作宾曾指出商代后期执政者根据信仰观念可以分为两派：其一是旧派，祭祀先公先臣及自然神；其二是新派，只祭祀先王祖灵。武丁时代代表旧派，祭祀对象极为庞杂，卜问的问题也无所不包。祖甲时代代表新派，祭祀对象限于先王，连世系遥远的先公也排除在整齐划一的祭祀礼仪之外，更不要说先臣及种种自然神了。[4]在此背景下，祖灵祭祀逐渐确立，上帝成为一个极具族群独占的守护神而不是普遍的裁判者，并与祖神相结合。[5]周初，祖灵祭祀风行，称扬祖先的功德，成为上至天子下至王室的基本人伦。彝器纹样的选择具有宗教意义，所谓“协于上下，以承天休”[6]，就是协助沟通人神。基于自然崇拜的祭祀中，那些协助沟通人神的动物五花八门，反映于青铜器的纹样，

①（日）白川静《金文的世界：殷周社会史》，联经出版事业公司 1989 年版，第 78 页。

②马承源《中国青铜器》，上海古籍出版社 1988 年版，第 332—333 页。

③（日）白川静《金文的世界：殷周社会史》，联经出版事业公司 1989 年版，第 81 页。

④董作宾《甲骨学六十年》，转自许倬云《西周史》，生活·读书·新知三联书店 2012 年版，第 124 页。

⑤许倬云《西周史》，生活·读书·新知三联书店 2012 年版，第 126 页。

⑥杨伯峻编著《春秋左传注》，中华书局 1990 年版，第 671 页。

《神仙传》卷二“王远”中所谓“麟脯”其实是果脯。看来，所谓凤脑、凤肺也应该是素食。又据李丰楙，《汉武内传》还受到《消魔智慧经》的影响，其所列各类药品就是抄自《消魔智慧经》。[1] 而陶弘景撰《真诰》卷八注中说：“仙真并呼药为‘消摩’，故称《消摩经》也，诵之亦能消疾也。”[2] 既然是通过诵读药食之名来驱除疾病，看来，这些食与药的消疾功能其实还是通过冥想来实施的。

①李丰楙《〈汉武内传〉研究——〈汉武内传〉的著成及其演变》，《仙境与游历——神仙世界的想象》，中华书局 2010 年版，第 190 页。

②（梁）陶弘景撰《真诰》，中华书局 2011 年版，第 130 页。

经过仙传的张扬，神仙世界的食与药后来成为诗词中的故实。宴饮题材的诗作常常可以见到烹龙炮凤等仙界美食，未必关涉对于仙界的向往，只是为了隐喻饮馔的精美，并暗示当下生活的美好。

中唐诗人李贺擅写异域世界，其《将进酒》是写宴聚，使用种种珍奇来写酒食、乐舞，充满神异色彩：

> 琉璃钟，琥珀浓，小槽酒滴真珠红。烹龙炮凤玉脂泣，罗屏绣幕围香风。吹龙笛，击鼍鼓。皓齿歌，细腰舞。况是青春日将暮，桃花乱落如红雨。劝君终日酩酊醉，酒不到刘伶坟上土。

烹龙、炮凤、如泣的玉脂、龙笛、鼍鼓等，共同构成一个缭乱又有些荒诞的场景，一如晚唐杜牧《李长吉歌诗叙》所总结的：“鲸呿鳌掷，牛鬼蛇神，不足为其虚荒诞幻也。”[3] 仅就诗句“烹龙炮凤玉脂泣”的神异而言，其不同凡俗的想象远超盛唐时曾入道学仙的李白诗作《将进酒》的“烹羊宰牛”一句，真不负“诗鬼”的称号。到了晚唐李商隐那里，李贺由诗鬼又演变成为谪仙，其《李贺小传》云：

③（唐）杜牧著《樊川文集》，上海古籍出版社 2007 年版，第 149 页。

> 长吉将死时，忽昼见一绯衣人，驾赤虬，持一版，书若

乃令人抃，或鼓鼙，击钟磬，吹苓，展管篪；因令凤鸟、天翟舞之。帝喾大喜，乃以康帝德。帝尧立，乃命质为乐。质乃效山林溪谷之音以歌，乃以麋輅置缶而鼓之，乃拊石击石，以象上帝玉磬之音，以致舞百兽。[1]

《史记·五帝本纪》也载有禹“兴九招之乐，致异物，凤皇来翔”[2]。

《尚书·益稷》载：

夔曰：“戛击鸣球，搏拊琴瑟以咏，祖考来格，虞宾在位，群后德让。下管、鼗鼓，合止柷、敔。笙、镛以间，鸟兽跄跄。箫《韶》九成，凤皇来仪。”夔曰：“於！予击石拊石，百兽率舞，庶尹允谐。[3]

北宋苏轼《九成台铭》云：“览观江山之吐吞，草木之俯仰，鸟兽之鸣号，众窍之呼吸，往来唱和，非有度数而均节自成者，非《韶》之大全乎！上方立极以安天下，人和而气应，气应而乐作，则夫所谓箫《韶》九成，来凤鸟而舞百兽者，既已粲然毕陈于前矣。”[4] 苏轼对“箫《韶》九成，凤皇来仪”的解读代表了中国古人对于音乐的功能和机制的理解。

但是，古人心目中最伟大的音乐作品为什么会招致凤凰？《吕氏春秋》“古乐篇”载：

昔黄帝令伶伦作为律。伶伦……次制十二筒，以之阮隃之下，听凤皇之鸣，以别十二律。其雄鸣为六，雌鸣亦六，以比黄钟之宫适合。黄钟之宫皆可以生之，故曰“黄钟之宫律吕之本”。[5]

①许维遹撰《吕氏春秋集释》，中华书局 2009 年版，第 124—126 页。

②（汉）司马迁撰《史记》，中华书局 2013 年版，第 51 页。

③（汉）孔安国传，（唐）孔颖达正义《尚书正义》，上海古籍出版社 2007 年版，第 179 页。

④（宋）苏轼著，孔凡礼点校《苏轼文集》，中华书局 1986 年版，第 568 页。

⑤许维遹撰《吕氏春秋集释》，中华书局 2009 年版，第 120—122 页。

凤凰和鸣，将翱将翔。

与天齐体，庆流无央。[1]

①（唐）李玫撰，李剑国辑证《纂异记辑证》，中华书局2021年版，第5页。

“凤凰和鸣，将翱将翔”以雄凤雌凰的和鸣喻新婚男女的和谐，表达了婚姻的吉庆。这场神仙眷侣结合的最大特点就是“与天齐体，庆流无央”的时间超越性。唐代诗人鲍溶《弄玉词》二首其二也将笔墨集中于弄玉与萧史的婚姻：

三清弄玉秦公女，嫁得天上人。琼箫碧月唤朱雀，携手上谒玉晨君。夫妻同寿，万万青春。

这里也是强调这场婚姻的时间超越性，即“夫妻同寿，万万青春”，夫妻二人不老、不死，长相厮守——这就是古代文人心目中萧史、弄玉婚姻的理想价值所在。因此，也就容易理解宋人往往于贺词中援引萧史、弄玉事典，如刘仙伦《鹧鸪天》：

帘幕祥风动玉钩。凤箫声彻瑞烟浮。萧郎玉女来相会，今日齐眉醉玉楼。　同富贵、共风流。一封花诰一封侯。更须有子腰金斗，镜里双鸾到白头。

然而，人间的婚姻不论如何美满，在死亡面前都显得十分脆弱，不堪一击，哪怕是“生同衾，死同穴”，也毫无分量，甚至有些缥缈，与鲍溶大致同时的中唐诗人元稹在妻子韦丛早逝后所写的悼亡诗中就曾发出了绝望的哀叹：“同穴窅冥何所望？他生缘会更难期！”[2]人间的婚姻不论男女地位多高、二人感情多真，如果做不到长相厮守，总不免让人遗憾无穷。中唐诗人李贺《湘妃》是感叹湘妃与舜的爱情，这也是中国古代文人感慨万千的题材。该诗写道：

②（唐）元稹《遣悲怀》三首其三：闲坐悲君亦自悲，百年都是几多时！邓攸无子寻知命，潘岳悼亡犹费词。同穴窅冥何所望？他生缘会更难期！惟将终夜长开眼，报答平生未展眉。

帝，1次；宣帝，20次；光武帝，1次；章帝，39次；安帝，3次；桓帝，1次；灵帝，1次；献帝，14次。正如清代赵翼指出：“两汉多凤凰，而最多者，西汉则宣帝之世，东汉则章帝之世。”[1] 但是，很难说利用凤凰祥瑞来建构政权合法性的做法始于汉而不是始于周，除非现存于文献所录周代出现的凤凰祥瑞材料均是汉人掺入的。不过，自汉代始，凤凰确实成为各政权广泛利用的祥瑞，那些号称姬周、刘汉的继承者更是如此。

武则天正式登基为皇帝建国号为大周，显然，她是以周的继承者自居并以周文王为始祖。取代李唐，建立大周政权的过程中，她充分利用了凤凰祥瑞为其登基造势并建构其新政权的合法性。新旧唐书所载“四方承旨，多献瑞符”[2]，“武后擅位，喜符瑞事，群臣争言之”[3]，道出当时种种符瑞是迎合武后的心理而人为制造的实情；《资治通鉴》也指出“太后称制，四方争言符瑞”[4] 的事实。

唐代刘知几《史通》指出：

> 夫祥瑞者，所以发挥盛德，幽赞明王。至如凤皇来仪，嘉禾入献，秦得若雉，鲁获如麕。求诸《尚书》《春秋》，上下数千载，其可得言者，盖不过一二而已。爰及近古则不然。凡祥瑞之出，非关理乱，盖主上所惑，臣下相欺，故德弥少而瑞弥多，政逾劣而祥逾盛。是以桓、灵受祉，比文、景而为丰；刘、石应符，比曹、马而益倍。而史官征其谬说，录彼邪言，真伪莫分，是非无别……”[5]

刘知几对祥瑞政治文化实质的揭示可谓一针见血。而且，通过符瑞建构政权合法性的弊端是显而易见的：

其一，各地上报的祥瑞为地方官员造假邀功的情形在所难

①（清）赵翼撰《廿二史札记》，凤凰出版社2008年版，第42页。

②（后晋）刘昫等撰《旧唐书》，中华书局1975年版，第4800页。

③（宋）欧阳修、宋祁撰《新唐书》，中华书局1975年版，第3968页。

④（宋）司马光编著《资治通鉴》，中华书局1956年版，第6421页。

⑤（唐）刘知几撰，（清）浦起龙通释《史通通释》，上海古籍出版社2009年版，第215页。

气同则会，声比则应，其验皦然也。试调琴瑟而错之，鼓其宫，则他宫应之，鼓其商，而他商应之，五音比而自鸣，非有神，其数然也。美事召美类，恶事召恶类，类之相应而起也。……天有阴阳，人亦有阴阳，天地之阴气起，而人之阴气应之而起；人之阴气起，天地之阴气亦宜应之而起，其道一也。[1]

①（汉）董仲舒著《春秋繁露》，上海古籍出版社1989年版，第75—76页。

阴阳二分的本体论前提下，天人之间、物物之间，同类相互感应，这就是人间盛世往往招致凤凰等祥瑞的内在机制。《白虎通义》卷六“封禅”曾系统阐述符瑞的机制：

天下太平，符瑞所以来至者，以为王者承天统理，调和阴阳，阴阳和，万物序，休气充塞，故符瑞并臻，皆应德而至。德至天，则斗极明，日月光，甘露降。德至地，则嘉禾生，蓂荚起，秬鬯出，太平感。……德至鸟兽，则凤皇翔，鸾鸟舞，麒麟臻，白虎到，狐九尾，白雉降，白鹿见，白乌下。德至山陵，则景云出，芝实茂，陵出黑丹，阜出萐莆山出器车，泽出神鼎。德至渊泉，则黄龙见，醴泉涌，河出龙图，洛出龟书，江出大贝，海出明珠。德至八方，则祥风至，佳气时喜，钟律调，音度施，四夷化，越裳贡。[2]

②（清）陈立撰《白虎通疏证》，中华书局1994年版，第283—285页。

这是当时的经学家经过辩论后达成的共识，是关于符瑞通行的看法。

二、称颂功德并导正君王的行为

中国古代士人在没有评价帝王的权力的情况下，不得不将评判帝王的权力交给天，然后通过解释天的旨意，间接评价和监督君王。这是一种不得已而为之的政治策略，也是一种政治

反彼三山兮商岳嵯峨，天降五老兮迎我来歌。有黄龙兮自出于河。负书图兮委蛇。罗沙案图观谶兮闵天嗟嗟，击石拊韶兮沧幽洞微，鸟兽跄跄兮凤皇来仪，凯风自南兮喟其增叹。[1]

①（宋）郭茂倩《乐府诗集》，中华书局 1979 年版，第 825 页。

诗题《南风歌》显然出自上古歌谣《南风歌》：“南风之薰兮，可以解吾民之愠兮。南风之时兮，可以阜吾民之财兮。”[3] 这是以舜的口吻表达对于民生疾苦的关切与忧虑。颇有意味的是，《南风歌》在历数虞舜时的种种祥瑞之后，并没有顺势赞美虞舜的功德，反而陡然转向虞舜歌唱南风之曲所流露出的对百姓疾苦的关切与忧虑。显然，诗人心目中的圣君虞舜面对一系列上天降下的祥瑞，能够保持谦抑和戒惧的态度，时时自省，以不辜负上天的垂青。另有《仪凤歌》也可以看出诗人心目中的周成王对凤凰祥瑞的谦抑态度。

②陈士珂辑《孔子家语疏证》，商务印书馆 1939 年版，第 205 页。

中国古代的士人时时提醒当时的君王对于上天旨意的垂示保持警惕，要不断反思何以未致凤凰翔集等祥瑞，即使凤凰等祥瑞降临，还要反省自己的德行有无阙遗，以便及时校正。《韩诗外传》提供了一个典型案例：

黄帝即位，施惠承天，一道修德，惟仁是行，宇内和平，未见凤凰，惟思其象。夙寐晨兴，乃召天老而问之曰：“凤象何如？”天老对曰：“夫凤之象，鸿前而麟后，蛇颈而鱼尾，龙文而龟身，燕颔而鸡喙，戴德负仁，抱中挟义。小音金，大音鼓。延颈奋翼，五彩备明。举动八风，气应时雨。食有质，饮有仪。往即文始，来即嘉成。惟凤为能通天祉，应地灵，律五音，览九德。天下有道，得凤象之一，则凤过之。得凤象之二，则凤翔之。得凤象之三，则凤集之。得凤象之四，则凤春秋下之。得凤象之五，则凤没身居之。”黄帝曰：“于戏，允哉！朕何敢与焉！”于是黄帝乃服黄衣，带黄绅，戴黄冕，致斋于中宫。凤乃蔽日而至。皇帝降于东阶，西面，再拜稽首曰：“皇天降祉，敢不承命！”凤乃止帝东园，集帝梧桐，食帝竹实，没身不去。[1]

①(汉）韩婴撰，许维遹校释《韩诗外传集释》，中华书局1980年版，第277—279页。

天老利用凤凰祥瑞诱导黄帝成为一代圣君，是中国古代士人努力践行的典范。又，司马迁《史记·封禅书》载齐桓公称霸后打算封禅，管仲加以阻止，其理由是：

今凤皇麒麟不来，嘉谷不生，而蓬蒿藜莠茂，鸱枭数至，而欲封禅，毋乃不可乎？”于是桓公乃止。[2]

②(汉）司马迁撰《史记》，中华书局2013年版，第1630页。

这也是一个利用祥瑞成功诱导君王合理执政的例子。

策问名义上是以君王就经义、政事等向士人询问治国之道为主要内容的一种文体，阅读对象自然是君王，下面从几篇著名的策问可以看出士人利用凤凰等祥瑞诱导君王合理执政的苦心孤诣。

西汉元光元年（前134）[3]，董仲舒《举贤良对策》说：

③董仲舒及下文公孙弘对策的时间从朱维铮《儒术独尊的转折过程》，《中国经学史十讲》，复旦大学出版社2002年版，第71页。

孔子曰：“凤鸟不至，河不出图，吾已矣夫！”自悲可致此物，而身卑贱不得致也。今陛下贵为天子，富有四海，居得致之位，操可致之势，又有能致之资，行高而恩厚，知明而意美，爱民而好士，可谓谊主矣。然而天地未应而美祥莫至者，何也？凡以教化不立而万民不正也。[4]

④(汉）班固撰《汉书》，中华书局1964年版，第2503页。

这是著名的“天人三策”之一。董氏的意思是，汉武帝具备招致凤鸟、河图洛书的资质，然而凤鸟等祥瑞却没有应时而至，原因在于“教化不立”，显然，其目的是诱导汉武帝重视教化，

机与行文逻辑与董仲舒如出一辙：

> 臣闻瑞者，上天所以申命人主也。故使麒麟游于囿，凤凰集于庭，庆云出，神龙见，其余草木烟露之祥，不可胜纪。陛下日慎一日，虽休勿休，故天申之以祯石，告之以神文。大矣哉！圣人之鸿业也。臣闻河图洛书之不至也久矣。孔子曰：凤鸟不至，河不出图，吾已矣夫！师说曰：圣人自伤已有能致之资，而天不致也。陛下有能致之资，而天蕴者，所以扶助圣德，抚宁兆人也。[1]

也是利用麟、凤等祥瑞诱导君王，然后，张柬之转向人才的选拔与考评的建议。

祥瑞是上天对明王圣君的褒奖，古人言及于此，思考问题的方向自然指向君王该如何行政，因此也就不难理解为什么古人特别是汉至唐代的士人对此津津乐道。谀辞的背后其实是良苦的用心。以上所引三篇策问的特定言说场合决定了士人诱导君王采纳其主张的动机，而实际上，不论是艳羡古代君王招致凤凰之瑞还是称颂当代君王招致凤凰祥瑞，导向对于君王如何执政的思考与讨论，是古人惯常的思维与做法。王充《论衡·问孔》曾说："夫致瑞应，何以致之？任贤使能，治定功成。治定功成，则瑞应至矣。"[2] 这一段话显示的就是这种思维。曹丕《秋胡行》二首其一：

> 尧任舜禹，当复何为。
> 百兽率舞，凤凰来仪。
> 得人则安，失人则危。
> 唯贤知贤，人不易知。
> 歌以咏言，诚不易移。

①（清）董诰等编《全唐文》，中华书局 1983 年版，第 1785 页。

②黄晖撰《论衡校释》，中华书局 1990 年版，第 415 页。

进士归班，铨选每稽时日，而寒儒当报捷后，费用不赀，转增逋负，往往仍橐笔售文，犹难自给，不免室人之谪。宋危逢吉有《妇叹》诗云："记得萧郎登第时，谓言即入凤凰池。而今老等闲官职，日欠人钱夜欠诗。"描摹情况，惟妙惟肖。近时进士则归班者少矣。[1]

①（清）陆以湉撰《冷庐杂识》，中华书局1984年版，第133—134页。

这是讲宋代进士及第以后的铨选环节依然是一个难以逾越的门槛。的确，凤凰池上的荣耀吸引无数文人趋之若鹜，然穷通难定：位极人臣，光宗耀祖的人的确不少，但是像危逢吉《妇叹》诗中的萧郎更是大多数。姚勉《赠达斋术士》二首其二曾感慨宦海的变幻莫测："凤凰池上亦何荣，道义曾知有利名。达则春风天下共，穷时晓雨陇头耕。"还有那些在宦海起伏跌宕多年之后距凤凰池依然还很遥远的文人除了慨叹命运不济，就是回忆昔日科场的风光以慰藉自己内心的落寞，如王庭圭《次韵义夫同年见寄二首》其二："高文落纸自生烟，论著传家继史迁。气压千军横入阵，词倾三峡倒流泉。赐袍初并龙墀下，走马同过凤阙前。一落江湖坐穷困，顾予何敢望诸贤。"

唐宋两代也不乏于登科之后激流勇退、毅然归隐的人。五代王定保《唐摭言》卷八"及第后隐居"就录有费冠卿、施肩吾、皇甫颖等及第后归隐。[2] 宋代朱敦儒《浣溪沙（季钦拥双妙丽，使来求长短句，为赋）》写到过这样的人："折桂归来懒觅官，十年风月醉家山。有人挟瑟伴清闲，楚畹飞香兰结佩。蓝田生暖玉连环，拥书万卷看双鸾。"当然，也有不少文人对于功名保持淡然的姿态，如俞德邻《小园漫兴》四首其一："小园雨过草离离，寂寞葵榴又一时。载酒客来闲问字，催租人去更吟诗。一杯淡粥学僧供，三尺高床避鬼吹。百岁光阴行六十，世间何许凤凰池。"这是将人生的乐趣或者价值安顿在田园的琐屑而平淡的生活之中。甚至还有人持"生不羡凤

②（五代）王定保撰，姜汉椿校注《唐摭言校注》，上海社会科学院出版社2003年版，第173页。

玉匣清光不复持，菱花散乱月轮亏。
秦台一照山鸡后，便是孤鸾罢舞时。

清代冯浩认为“诗谓镜光散乱，照山鸡而顿弃孤鸾，必为间之于座主者寄慨”[1]，张采田则说得更明白：“此初登进士第，应鸿博不中选之寓言也。”[2]看来，他们认为这是一首怨人不举的科举诗。山鸡照镜、“孤鸾罢舞”典均出刘敬叔《异苑》，其卷三载有以下两则故事：

罽宾国王买得一鸾，欲其鸣，不可致，饰金繁，飨珍羞，对之愈戚，三年不鸣。夫人曰：“尝闻鸾见类则鸣。何不悬镜照之。”王从其言。鸾睹影，悲鸣冲霄，一奋而绝。[3]

山鸡爱其毛羽，映水则舞。魏武时南方献之，帝欲其鸣舞而无由。公子苍舒令置大镜其前，鸡鉴形而舞，不知止，遂乏死。[4]

李商隐将两则故事捏合在一起，以孤鸾喻贤才，以山鸡喻庸人，“秦台一照山鸡后，便是孤鸾罢舞时”意即贤才隐退，庸人中选。诗题“破镜”表面上像很多唐代诗人一样用来与弯月互喻，其实还有更深一层意思：隐射主考官昏聩不明，鉴才失当。李商隐没有做到“孤鸾罢舞”——放弃科举，但在他之后的唐代最后半个世纪，做出这样选择的文人逐渐多了起来。

下第诗很容易沦为对主考官的攻击，唐末范摅《云溪友议》卷下“巢燕辞”就记载唐代元和年间“时辈多为诗以刺主司”[5]的现象。下第诗也常常在批评科场腐败时对体制进行反思，如唐代陈陶落第后赋诗《闲居杂兴》五首，其二云：

①（唐）李商隐著，（清）冯浩笺注《玉谿生诗集笺注》，上海古籍出版社1979年版，第190页。

②张采田《李义山诗辨正》，《玉谿生年谱会笺》（外一种），上海古籍出版社2010年版，第320页。

③（南朝宋）刘敬叔撰《异苑》，中华书局1996年版，第14页。此材料将于“凤凰与爱情题材文学”一章专门讨论。

④同上，第15页。

⑤（唐）范摅撰，唐雯校笺《云溪友议校笺》，中华书局2017年版，第174页。

薨，武王即位，和又奉其璞而献之武王；武王使玉人相之，又曰："石也。"王又以和为诳，而刖其右足。武王薨，文王即位，和乃抱其璞而哭于楚山之下，三日三夜，泣尽而继之以血。王闻之，使人问其故，曰："天下之刖者多矣，子奚哭之悲也？"和曰："吾非悲刖也，悲夫宝玉而题之以'石'，贞士而名之以'诳'，此吾所以悲也。"[1]

①（清）王先慎撰《韩非子集解》，中华书局1998年版，第95页。

楚人和氏发出"宝玉而题之以'石'，贞士而名之以'诳'"的沉痛感叹几乎可以用到屈原的身上。现在无法断定韩非子讲述的是一个真实的故事还是一个寓言，即使是寓言，他拿楚人开刀也多少说明一点问题。早在春秋时期，楚国人才的流失就显现出来了，出现了"虽楚有材，晋实用之"[2]的局面，时至战国末期，楚国的政治环境在恶化，更加不利于贤才的脱颖而出。不过，战国时期各诸侯国之间纷争不断也许为部分士人如纵横家苏秦、张仪之类提供了绝佳的舞台，却也阻断了绝大多数士人靠知识实现价值的途径，士不遇成为一个普遍的现象。但是，屈原的经历具有一定的特殊性，宋代洪兴祖说："为人臣者，三谏不从则去之。同姓无可去之义，有死而已。"[3]屈原因其与楚王的特殊关系而没有离开楚国从而走出不遇焦虑的困境，注定以悲剧收场。

②杨伯峻编著《春秋左传注》，中华书局1990年版，第1120页。

③（宋）洪兴祖撰《楚辞补注》，上海古籍出版社2015年版，第73页。

宋玉作为屈原的后继者，既对屈原的命运感同身受，创作也受到屈原以来"惜诵以致愍兮，发愤以杼情"（《九章·惜诵》）的楚辞传统的影响，其作品的内容与表达方式沿袭了屈原发扬光大的楚文学传统。

战国末期的骚人只是展现了他们对于士不遇的强烈感知，其作品的浓烈情感具有强烈的感染力，总能引发后人深沉的共鸣，但是，他们并没有深入思考如何在现实中应对与消解不遇的困境带给他们的焦虑感。他们中的绝大多数都明白，摆在面

独不见夫鸾凤之高翔兮，乃集大皇之野。循四极而回周兮，见盛德而后下。彼圣人之神德兮，远浊世而自藏。使麒麟可得羁而系兮，又何以异乎犬羊？[1]

这里回到了凤凰作为祥瑞的政治文化传统，但是将对凤凰传达天命的解释导向对君王德行的诉求。贾谊笔下的凤凰就是道德的高贵化身，基于同类相感的原理，凤凰的栖集对于所在地的君王之德也提出了要求。由此可见，贾谊实际上把士人的遇与不遇的主要原因归结为君王是否具有“德”，把出仕与退隐变成了士人判断君王是否具有盛德而做出的选择。其《吊屈原赋》表达了同样的观点：

凤漂漂其高逝兮，固自引而远去。袭九渊之神龙兮，沕深潜以自珍。偭蟂獭以隐处兮，夫岂从虾与蛭螾？所贵圣人之神德兮，远浊世而自藏。使骐骥可得系而羁兮，岂云异夫犬羊？般纷纷其离此尤兮，亦夫子之故也。历九州而相其君兮，何必怀此都也？凤凰翔于千仞兮，览德辉而下之。见细德之险征兮，遥曾击而去之。彼寻常之污渎兮，岂能容夫吞舟之巨鱼？横江湖之鳣鲸兮，固将制于蝼蚁。[2]

北宋苏轼说：“贾谊叹细德之险微，知凤鸟之不下，闵沟渎之寻常，知吞舟之不容，伤时无是大者以容己也。”（《张文定公墓志铭》）[3] 也就是说，贾谊主要思考的问题是，如何能够保全自己。这里的凤凰形象就是一个全身远害，明哲保身的智者的隐喻，君王有德就留，无德即藏，即孔子所谓“用之则行，舍之则藏”[4]。有意思的是，在战国末期，屈原是可以离开故国，为其他君王所用，他虽曾动摇过，但最终没有离开，“自尽其爱君之诚”，“死生、毁誉，所不顾也”[5]；时至建立了大一

①吴云、李春台校注《贾谊集校注》，天津古籍出版社 2010 年版，第 346 页。

②同上，第 331—332 页。

③（宋）苏轼《苏轼文集》，中华书局 1986 年版，第 444 页。

④杨伯峻译注《论语译注》，中华书局 1980 年版，第 68 页。

⑤（宋）洪兴祖撰《楚辞补注》，上海古籍出版社 2015 年版，第 73 页。

“时异事异”（东方朔《答客难》）[1]、“世异事变”（扬雄《解嘲》）[2]、“风移俗易”（班固《答宾戏》）[3]、“世易俗异，事势舛殊”（张衡《应间》）[4]，不能“处皇代而论战国”（班固《答宾戏》）[5]。在汉代文人看来，汉代与战国的时势到底有什么不同呢？首先，汉代政治一统，没有游说人主以取卿相之尊的空间。虽然战国时期的纵横家苏秦、张仪、范雎、蔡泽等在汉代文人内心还有市场，但是，他们清醒地认识到汉朝已经没有游走列国、纵横捭阖，说人主以“出其金玉锦绣、取卿相之尊”[6]的可能。其次，汉代君权至高无上，谏主风险太大。汉代初中期的政治还算清明，文人的政治压力感主要源自至高无上、笼罩一切的君权。汉初贾山云：“今人主之威，非特雷霆也；势重，非特万钧也。”（《至言》）[7]西汉中期东方朔云：“今则不然。圣帝德流，天下震慑，诸侯宾服……故绥之则安，动之则苦；尊之则为将，卑之则为虏；抗之则在青云之上，抑之则在深泉之下；用之则为虎，不用则为鼠……”（《答客难》）[8]时至东汉，班固亦云：“其君天下也，炎之如日，威之如神，涵之如海，养之如春。”（《答宾戏》）[9]这些都是对汉代君权至高无上的描述。对文人而言，不受限制的君权的灾难性后果就是进谏的艰难，正如贾山《至言》云：“开道而求谏，和颜色而受之，用其言而显其身，士犹恐惧而不敢自尽，又乃况于纵欲恣行暴虐，恶闻其过乎！震之以威，压之以重，则虽有尧舜之智，孟贲之勇，岂有不摧折者哉？”[10]东方朔《非有先生论》用“谈何容易”一语表达君权压力下难以进谏的无奈，并申说：“夫谈有悖于目而拂于耳谬于心而便于身者，或有说于目顺于耳快于心而毁于行者，非有明王圣主，孰能听之矣？”[11]邹阳《狱中上书自明》明确表示君权加剧进谏难度：“今欲使天下寥廓之士笼于威重之权，胁于位势之贵，回面污行，以事谄谀之人，而求亲近于左右，则士有伏死堀穴岩薮之中耳，安有尽忠信而趋阙下者

①（汉）班固撰《汉书》，中华书局 1964 年版，第 2865 页。

②同上，第 3571 页。

③⑤⑨（清）严可均校辑《全上古三代秦汉三国六朝文》，中华书局 1958 年版，第 610 页。

④（南朝宋）范晔撰《后汉书》，中华书局 1965 年版，第 1906 页。

⑥何建章注释《战国策注释》，中华书局 1990 年版，第 75 页。

⑦⑩（汉）班固撰《汉书》，中华书局 1962 年版，第 2330 页。

⑧同上，第 2865 页。

⑪同上，第 2868—2869 页。

苦雨赠卫尉张卿》二首流露出无法遏止的热望和极度的苦闷：

（一）

吟咏思管乐，此人已成灰。
独酌聊自勉，谁贵经纶才。
弹剑谢公子，无鱼良可哀。

（二）

丹徒布衣者，慷慨未可量。
何时黄金盘，一斛荐槟榔。
功成拂衣去，摇曳沧洲傍。

第二次入长安虽得以待诏翰林，实际上被视为倡优。据说唐玄宗认为李白“非廊庙器”，最终赐金将其放还。[1] 难怪李白曾哀叹：“大道如青天，我独不得出。”（《行路难》三首其二）《金陵凤凰台置酒》颇能代表诗人对于时局与个人境遇的感知：

置酒延落景，金陵凤凰台。
长波写万古，心与云俱开。
借问往昔时，凤凰为谁来。
凤凰去已久，正当今日回。
明君越羲轩，天老坐三台。
豪士无所用，弹弦醉金罍。
东风吹山花，安可不尽杯。
六帝没幽草，深宫冥绿苔。
置酒勿复道，歌钟但相催。

学界将此诗或系于李白赐金放还游历至金陵时[2]，或系于安史乱中李白入永王李璘幕卷入权力斗争而获罪时[3]，都是诗人在遭到沉重打击之后。清代王琦引《江南通志》云：“凤凰台在江

①（唐）孟启《本事诗》（丛书集成初编本，中华书局1985年版，第10页）“高逸”：“（李白）常出入宫中，恩礼殊厚；竟以疏纵乞归。上（引者：唐玄宗）亦以非廊庙器，优诏罢遣之。”

②黄锡珪《李太白年谱附李太白编年诗目录》（作家出版社1958年版，第52页）系于天宝六载（747）春；安旗主编《李白全集编年注释》（巴蜀书社1990年版，第864页）系于天宝七载（748）。

③詹锳《李白诗文系年》（人民文学出版社1984年版，第148页）系于上元二年（761）。

蝘蜓嘲龙，鱼目混珍。嫫母衣锦，西施负薪。’如此等语，与《骚》无异。”[1] 明代周珽《唐诗选脉会通评林》云：“通篇仿《楚辞》意，发衰世之慨。观‘鸡聚族’以下数语，其作于天宝杨、李用事之时乎？”[2]《十八家诗钞评注》云：“此诗声响，逼似《九辩》。”[3] 这些论断都指出了李白沿着屈原的方向，以凤凰与凡鸟的对立与错位来表达对于才能的极度自信却落入不遇境地的极度苦闷。特别是北宋著名文学家晁补之不仅看到了李白诗与屈骚运用凤凰与凡鸟对立与错位的表达方式上的一致，还看到了二者精神的一致，由此断定李白《鸣皋歌送岑征君》不是诗而是楚辞，表达的是自疏之意：“《鸣皋歌》一篇，本末《楚辞》也，而世误以为诗。因为出之。其略曰：‘蝘蜓嘲龙，鱼目混珍。嫫母衣锦，西施负薪。’此谆谆效屈原《卜居》及贾谊《吊屈原》语，而白才自逸荡，故或离而去之云。”[4] 的确，晁补之所谓李白之自疏源于诗人对于“楚人不识凤，重价求山鸡”（《赠从弟冽》）的荒诞现实的认识及“无由谒明主”（《赠从弟冽》）的绝望，而且，此诗人的自疏是对才能的自信和对操守的忠贞的高调表白。总之，李白《鸣皋歌送岑征君》与《楚辞》的《离骚》《九辩》《卜居》以及汉代贾谊《吊屈原赋》等作品的内容与手法具有惊人的相似性。不过，且不论晁补之认为《鸣皋歌送岑征君》是楚辞而不是诗的观点，该诗倒是极富李白乐府、歌行的起伏跌宕的个性色彩。这就是晁补之所谓既能效仿又能做到“离而去之”。关于李白诗作与楚骚传统之间的离合关系，《唐宋诗醇》说得很中肯：“（李白）作骚体便觉屈原、宋玉去人不远，其不规规步趋处，正是其才高气逸为之耳。”[5]

还应该看到，李白以凤凰与凡鸟的对立与错位作为荒诞政治的表征具有激烈批评精神之外，又总是流露出对于才能的自信、对操守的忠贞，如“凤饥不啄粟，所食唯琅玕。焉能与群

①（宋）曾季貍《艇斋诗话》，历代诗话续编本，中华书局 2006 年版，第 322 页。

②③ 陈伯海《唐诗汇评》，浙江教育出版社 1996 年版，第 627 页。

④（唐）李白著，瞿蜕园、朱金城校注《李白集校注》，上海古籍出版社 1980 年版，第 511 页。

⑤（清）乾隆御定《唐宋诗醇》，上海科学技术文献出版社 2020 年版，第 68 页。

鸡，刺蹙争一餐”（《古风》四十），与“安能摧眉折腰事权贵，使我不得开心颜”（《梦游天姥吟留别》）之不妥协、不屈服的抗争精神是一致的。李白在其他诗作中用同样的方法表达了类似的情感，如“耻将鸡并食，长与凤为群”（《赠郭季鹰》）是称赞他人也是自我激励。

可以说，李白以其极为浓烈的个性情感、锋芒毕露的人格精神，激活了屈原开创的凤凰与凡鸟对立与错位的士不遇书写模式，弘扬了其潜藏的不妥协、不屈服的抗争精神。李白就像一个中继站，接过屈原的凤凰与凡鸟对立与错位的士不遇书写模式，并将其发扬、传承，激励后代文人坚持个人操守，守护纯真心灵，“苏世独立，横而不流”（屈原《九章·橘颂》），就像明代袁中道所说的：“凤凰不与凡鸟共巢，麒麟不共凡马同枥，大丈夫当独往独来，自舒其逸耳，岂可逐世啼笑，听人穿鼻络首！”[1] 李白之后的诗坛还时时能听到屈原的回响，如宋代张咏《解嘲》：

> 我本高阳徒，平生意气凌清虚。词锋即日未见试，壮年束手来穷途。蛟龙岂是池中物，风雨不夹狂不得。五都年少莫相猜，鸾凤鸡犬非朋侪。志士抱全节，愚下焉复知。宁作鸾凤饥，不为鸡犬肥。君不见淮阴汉将未逢时，市人颇解相轻欺。又不闻宣尼孜孜救乱治，厄宋围陈亦何已。往者尚有然，余生匆多耻。休夸捷给饶声光，莫以柔滑胜刚方。我爱前贤似松柏，肯随秋草凋寒霜。道在康民致尧禹，岂要常徒论可否。兴来转脚上青云，何必羸驴苦相侮。

仅就这一点而言，楚辞真可谓“衣被词人，非一代也”[2]。

①（明）袁中道《吏部验封司郎中中郎先生行状》，《珂雪斋集》，上海古籍出版社1989年版，第756页。

②（南朝梁）刘勰著，范文澜注《文心雕龙注》，人民文学出版社1958年版，第47页。

面。难怪当时的隐士孙登对嵇康说：“君性烈而才俊，其能免乎？”[1]果不其然！

不得不指出，在肯定嵇康的人生选择的社会、政治批判意义的同时，也要看到其负面影响，放弃社会责任可以作为个体的选择，但不能作为一个群体的选择。西晋诗人刘琨临死之前曾反思他曾对于名士的热衷：“昔在少壮，未尝检括，远慕老庄之齐物，近嘉阮生之放旷，怪厚薄何从而生，哀乐何由而至。自倾辀张，困于逆乱，国破家亡，亲友凋残，负杖行吟，则百忧俱至，块然独坐，则哀愤两集……然后知聃周之为虚诞，嗣宗之为妄作也。”（《答卢谌书》）[2]刘琨说自己曾效仿的对象是阮籍，但其实，嵇康和阮籍一样对于当时的士人颇有示范效应，刘琨实际上是已经看到个体只追求心灵自由而搁置社会责任带来的后果。

①（晋）陈寿撰，（宋）裴松之注《三国志》，中华书局 1959 年版，第 606 页。

②（清）严可均辑《全上古三代秦汉六朝文》，中华书局 1958 年版，第 2082 页。

二、双凤栖梧鱼在藻，飞沉随分各逍遥：白居易“闲适”境界的隐喻

唐宪宗元和十年（815），白居易被贬江州司马，因宦海风波恐惧感加剧，他开始收敛锋芒。谪居江州期间，他曾思考其出处进退，萌生过“吏隐”的想法，正如其《江州司马厅记》所说的，“苟有志于吏隐者，舍此官何求焉”[3]，庐山草堂山居生活可以说是初步尝试。穆宗长庆二年（822）至四年出刺杭州和敬宗宝历元年（825）至二年出刺苏州期间，白居易才真正践行“吏隐”，任杭州刺史期间的诗作《奉和李大夫题新诗二首六韵·因严亭》云“箕颍人穷独，蓬壶路阻难。何如兼吏隐，复得事跻攀”，任苏州刺史期间的诗作《郡西亭偶咏》云“莫遣是非分作界，须教吏隐合为心”，都表明了这一点。从文宗大和三年（829）以太子宾客分司东都洛阳至会昌六年（846）去世的近 18 年时间里，白居易基本闲居于洛阳。也就

③（唐）白居易著，顾学颉校点《白居易集》，中华书局 1979 年版，第 933 页。

仕于西魏、北周，十分显赫。庾信之所以使用这个典故，除了陆逞的经历与春秋时期陈公子田完类似外，还因为陆氏本是齐国田氏的后裔。又，《周柱国大将军纥干弘神道碑》说：“（纥干弘）本姓田氏。虞宾在位，基于揖让之风；凤凰于飞，绍于亲贤之国。”[1] 是说纥干弘（即田弘）在西魏、北周受到重用并发达。庾信使用“凤凰于飞”典，纯粹着眼于政治而与婚姻无涉，显然，他为陆逞、田弘撰写神道碑铭时想到了他们的远祖田完，便使用“凤兆”典故表明二人于北朝受到重用并发达的必然与合理，可见，他是明白《左传》所叙“凤兆”天命观念的政治内涵。1996 年出土的田弘墓志有“五世其昌，基于凤皇之繇”[2] 之语，也是使用《左传》“凤兆”典故，与庾信撰神道碑的逻辑是一样的。“凤兆”可谓田氏族史上的光辉一页，元代姚燧受托为田氏远裔北宋陈希亮撰写神道碑铭还在追溯田氏代齐一事。[3]

①(北周)庾信撰，(清)倪璠注《庾子山集注》，中华书局 1980 年版，第 834 页。

②原州联合考古队《北周田弘墓》，文物出版社 2009 年版，第 157 页。

③(元)姚燧《故宋太常少卿陈公神道碑》，李修生主编《全元文》第 9 册，江苏古籍出版社 1999 年版，第 545—546 页。

总之，《左传》所载繇辞“凤皇于飞，和鸣锵锵”是一个基于天命观念的圣王、盛世即将出现的政治预言，杜预、孔颖达别凤凰为雄雌，以雄雌相随和鸣，从男女关系的层面来解释“凤兆”是出于后来的观念想当然尔。今人杨伯峻称“凤皇于飞，和鸣锵锵”是言“夫妻必能和好”[4]，既没有重视杜预和孔颖达结论中的合理因素，也没有注意到先秦凤凰文化的天命观政治内核。

④杨伯峻编著《春秋左传注》，中华书局 1990 年版，第 221 页。

二、汉代以后“凤兆”内涵的衍变

随着凤凰别为雄雌并喻夫妻或恋人观念的出现并流行，“凤兆”用典由政治场域转至婚恋场域，其转换有迹可循。

就现存材料来看，春秋战国时期，还没有以雄与雌区别凤与凰的观念，自战国末开始至汉初，凤凰别为雄雌才日渐成为常识。《诗经》没有以雄、雌区别凤和凰。《山海经》虽屡称

最早记录司马相如琴挑卓文君的琴曲歌辞应该是唐代司马贞《史记索隐》引三国时期魏人张揖，即：

凤兮凤兮归故乡，遨游四海求其皇。有一艳女在此堂，室迩人遐毒我肠，何由交接为鸳鸯。（一）

凤兮凤兮从皇栖，得托孑尾永为妃。交情通体必和谐，中夜相从别者谁。（二）[1]

①（汉）司马迁撰《史记》，中华书局2013年版，第3615页。

其次，收录该琴曲歌辞的是南朝徐陵编《玉台新咏》，称该琴曲歌辞为《琴歌》二首。《琴歌》（二首）比《史记索隐》所录张揖提及的歌辞篇幅要长，即：

司马相如游临邛。富人卓王孙有女文君新寡，窃于壁间窥之，相如鼓琴，歌以挑之，曰：

凤兮凤兮归故乡，遨游四海求其凰。时未通遇无所将，何悟今夕升斯堂。有艳淑女在此方，室迩人遐毒我肠，何缘交颈为鸳鸯。

皇兮皇兮从我栖，得托孳尾永为妃。交情通体心和谐，中夜相从知者谁。双兴俱起翻高飞，无感我心使予悲。[2]

②（南朝陈）徐陵编《玉台新咏》，上海古籍出版社2007年版，第361—362页。

此《琴歌》之《序》以第三人称书写，应该不是出自司马相如之手。尽管有学者认为《玉台新咏》所录《琴歌》二首“殆两汉时琴工假托为之”[3]，但没有证据。明代曹学佺《蜀中广记》卷二方物纪第十二“乐器”录有出自《西京杂记》的一则材料也载有《琴歌》二首歌辞：

③逯钦立辑校《先秦汉魏晋南北朝诗》，中华书局1983年版，第100页。

司马相如作《玉如意赋》，梁王悦之，赐以绿绮之琴，文木之几，夫馀之珠。琴铭曰：“桐梓合精。”其后携绿绮、

彭而述认为司马相如在得到卓氏的财物并成为富人后，蜀人杨得意才可能为其向汉武帝荐赋并得到赏识而出使中郎将。彭氏认为，司马迁津津乐道窃赀一事，是有感于自己曾无财赎罪而被施以腐刑的痛苦经历，并揣测司马迁存在自己未能娶像卓氏一样的富家女为妻的遗憾。

还有人说司马相如“以赀为郎”，这又从何说起？所谓以赀为郎，到目前为止有三种理解。[1] 其一，因家产而获授郎官，这是汉初文景时期的一种选官方式，如《汉书·司马相如传》颜师古注：“赀，财也。以家财多得拜为郎也。”[2] 其二，向朝廷缴纳财物而获授郎官，这是汉武帝时通行的授官方式，目的在于增加财政收入以应战争、灾荒之急，此说比较通行。其三，以赀算技能而获授郎官，如明代沈德符《万历野获编》补遗卷三：“按《广典故》云：“‘以赀为郎，非赀财也。赀，即訾字，訾，算也，积而算之。士人挟此技效于官，及格者酬以职，谓之赀郎。’汉世自有此一途，如张释之、司马相如之属皆是也。”[3]《史记》明确记载张释之曾“以訾为骑郎，事孝文帝”[4]，另一个就是司马相如，即“以赀为郎，事孝景帝，为武骑常侍”[5]。不过，此事发生在司马相如遇卓文君之前，与其获赠财产不相干。司马相如与卓文君结为夫妻后，也曾入朝为郎，却是通过献赋的方式获得的，《史记·司马相如列传》明确说“赋奏，天子以为郎”[6]。因此，将司马相如入仕跟他与卓文君的婚姻联系起来没有道理，更谈不上通过婚姻获得财产来取得做官的资格。上引彭而述所谓“得其财，而因以得其官”说的不是“以赀为郎”，而是指司马相如得到了卓氏的资财成为富人后，“蜀人杨得意乃得以《子虚》之赋上闻”，从而能够“以中郎将建节往蜀”。

历来更多的人愿意相信司马相如对卓文君的爱慕之情。唐代许多诗人对司马相如出于爱慕而琴挑卓文君的故事深信不

①参见侯文华《汉代“以赀为郎”辨证》，《孔子研究》2014 年第 3 期；伏俊琏《司马相如“买官”“窃色”“窃财”辨正》，《北京社会科学》2015 年第 2 期。

②（汉）班固撰，（唐）颜师古注《汉书》，中华书局 1962 年版，第 2529 页。

③（明）沈德符撰《万历野获编》，中华书局 1959 年版，第 890 页。

④（汉）司马迁《史记》，中华书局 2013 年版，第 3311 页。

⑤同上，第 3613 页。

⑥同上，第 3665 页。

恐怕只能在孤鸾的认同中，哭泣于镜前，体味着孤独无偶。就像孤鸾只能以镜中自己的身影为伴，独居的女子也只能以镜中自己的身影为伴，自怜美丽、自叹孤独，是闺怨诗中女性览镜独照的普遍情怀。“叹息孤鸾鸟，伤心明镜前”（张渐《朗月行》），镜前的女性就在年复一年的独照、自怜中忍看青春日渐消逝，最后绝望地死去。这几乎是女性的宿命，无法摆脱。唐代李贺擅长表现青春与死亡的主题，其《贝宫夫人》云：

丁丁海女弄金环，雀钗翘揭双翅关。
六宫不语一生闲，高悬银榜照青山。
长眉凝绿几千年，清凉堪老镜中鸾。
秋肌稍觉玉衣寒，空光帖妥水如天。

“‘清凉堪老镜中鸾’，谓神无有匹偶。孤鸾睹镜中之形，哀鸣而死；今神以清净为心，无有情欲，镜中鸾影常存，安有老期？”[1] 其实，李贺此诗所咏对象应该是庙里的贝宫夫人泥塑，一旦明白这一点，我们就会恍然大悟，为什么诗人笔下的贝宫夫人能够经得起镜中孤鸾的寂寞而数千年不老。其实，哪怕是超越死亡的神女，置于独对镜中孤鸾的情景，也会生出悲凉之感，就像李商隐诗中的嫦娥，在独守月宫之时可能也会后悔当初偷服神药撇下后羿一人成仙。[2]

女性的尴尬在于，其美丽靠自我确认是不够的，还得有男性的欣赏。就像晚唐于濆《拟古意》所写：

白玉若无玷，花颜须及时。
国色久在室，良媒亦生疑。
鸦鬟未成髻，鸾镜徒相知。
翻惭效颦者，却笑从人迟。

①（清）王琦等注《李贺诗歌集注》，上海人民出版社 1977 年版，第 293 页。

②（唐）李商隐《嫦娥》：云母屏风烛影深，长河渐落晓星沉。嫦娥应悔偷灵药，碧海青天夜夜心。

2019 年武汉市社科基金后期资助项目（编号：2019038）

湖北省公益学术著作
Hubei Special Funds 出版专项资金
for Academic and Public-interest
Publications

中华凤文化研究书系

主编 刘玉堂 副主编 庞进

凤与中国文学

邹福清 著

長江出版傳媒 | 湖北教育出版社

图书在版编目（CIP）数据

凤与中国文学/邹福清著. --武汉：湖北教育出版社，2024. 6

(中华凤文化研究书系/刘玉堂主编)

ISBN 978-7-5564-5350-4

Ⅰ. ①凤…　Ⅱ. ①邹…　Ⅲ. ①中华文化—关系—中国—文学—文学研究　Ⅳ. ①I206②K203

中国国家版本馆 CIP 数据核字（2024）第 111528 号

凤与中国文学

出品人	方　平	策　　划	刘　艺　李作君
责任编辑	刘　宁	责任校对	李庆华
封面设计	李　枫　张岑玥	责任督印	刘牧原

出版发行	长江出版传媒	430070　武汉市雄楚大道 268 号
	湖北教育出版社	430070　武汉市雄楚大道 268 号
经　　销	新　华　书　店	
网　　址	http://www.hbedup.com	
印　　刷	武汉市新华印刷有限责任公司	
地　　址	武汉市江夏区大桥新区邢远长街 18 号	
开　　本	710mm×1000mm　1/16	
印　　张	19.5	
字　　数	264 千字	
版　　次	2024 年 6 月第 1 版	
印　　次	2024 年 6 月第 1 次印刷	
书　　号	ISBN 978-7-5564-5350-4	
定　　价	86.00 元	

总 序

20 世纪 70 年代后期，歌曲《龙的传人》瞬间风靡大江南北、海峡两岸，令海内外中华儿女心旌摇荡、热血沸腾！然而，人们何曾想过，历史的真实却出人意料：中华民族不只是龙的传人，也是凤的传人，龙与凤都是中华民族和中华文化的象征，理应同享殊荣，不宜扬此而抑彼。

根据现已获取的信息，崇凤之俗似乎早于崇龙之俗。在浙江余姚河姆渡文化遗址出土的一块象牙上，雕刻着两只交体的凤，彼此仰首回眸相视，其间是一轮喷薄而出的太阳，这是迄今所见最早的双凤朝阳图。河姆渡文化时代为新石器时代早期，距今约 7000 年，与出土“黄河第一龙”的河南濮阳西水坡遗址和“长江第一龙”的湖北黄梅焦墩遗址相比，要早千年左右。

无独有偶，位于长江中游的湖北天门石家河文化遗址，出土了一件环形玉雕凤，其构思之奇巧和造型之精美，在已知原始时代的凤鸟形象中罕有其匹。石家河文化遗址的年代为新石器时代晚期，其主人是楚国土著先民三苗遗裔，从石家河文化主人的崇凤情结，方知楚地崇凤之俗由来已久！

夏朝是否崇凤，尚难定论。商朝和周朝崇凤，则是不争的事实。商代晚期和西周早期，凤始终是青铜器纹饰中最闪亮的角色。从东周起，伴随着南北文化的交流激荡，龙与凤开始各擅胜场，前者成为权威和尊严的表征，后者变成才艺和吉祥的标识。

人类文明的“轴心时代”，正值楚人的信史时代春秋战国时期，先民的图腾只留下朦胧的印记，但仍然不乏图腾的象征作用和神秘意味。在楚人的潜意识里，尊崇凤，就是尊崇自己的祖先；钟爱凤，就是钟爱自己这个民族。在楚国出土文物中，凤的图像和雕像比比皆是，远非同期其他各国文物可以比肩。这些凤的形象虽千姿百态，纷华照眼，但无一不显得雍容华贵，英武伟岸。楚人以为只有在凤的导引下，人的灵魂才得以周流八极，飞登九天！

“秦王扫六合，虎视何雄哉！”以公元前 221 年秦王朝建立为界线，此前是凤与龙相比由更为风光到难分轩轾，此后是凤与龙的地位此降而彼升。龙在先民崇拜的诸多灵物中升到至尊至神的地位，在长达 2100 多年的岁月中，龙一直是帝制和皇权的标志。辛亥革命结束了帝制，但龙的威仪和神圣依然存在，中华民族的崇龙情结仍未消减，于是，龙又成为民族和文化的象征，凤则悄然退居次席，似乎无缘与龙相提并论了。

其实，这是历史的误会，在民族与文化的象征上，凤与龙理应平分秋色，正如闻一多先生所言：“龙凤是天生的一对！”

正是因为凤的地位如此特殊而际遇又异常曲折，为凤正名的呼声一直不绝于耳。而我们萌生编撰“中华凤文化研究书系”的初衷，并非完全出于为凤之不平而鸣，更主要的考量是凤文化非同寻常的人文内涵。

传世文献和出土文物所提供的资料告诉我们：凤文化是一种具有丰富人文内涵的文化形态，在文学、美术、乐舞、建筑、园林、器用、服饰等领域都不乏精彩呈现，深深地渗透于中国社会的各个层面，放射出璀璨夺目的人文光辉。

尊重传统是凤文化人文内涵的精神底色。凤文化对传统的尊重突出体现在信仰、礼仪、道德、风尚等诸多方面，这是对中华民族慎终追远情愫的赓续，也是对中华文化念祖怀乡精神的传扬。

崇尚美德是凤文化人文内涵的品格标志。凤文化倡导人们追慕诸如仁爱、正义、诚信、孝亲等嘉德懿行，代表着人类共同的理想境界，既涵润着公民的道德修养，又助长了社会的文明风尚。

推崇友善是凤文化人文内涵的人性认知。凤文化认为人类一方面要提升和完善自我修为，另一方面也要懂得体谅和宽恕他人，凤文化中不少文化符号和艺术形式，充分流露出对人性友善的赞美和期许。

追求和谐是凤文化人文内涵的价值取向。凤文化追求个人心灵与肉体之间、人与人之间、人与社会之间的和谐，无论是传世文献对凤的描述，还是出土文物对凤的展示，都体现出凤文化对和谐执着而热烈的追求。

敬畏自然是凤文化人文内涵的科学理念。凤文化尤为注重人与自然的关系，讲求尊重自然、呵护自然、调适自然、因借自然，真正做到人与自然和合共生，凤文化中许许多多的艺术形象，生动地表达了对自然的敬畏和礼赞。

凤文化深邃而独特的人文内涵，宛如生生不息的文脉、血脉和根脉。其文脉贯注于文化创造中，血脉激活于生命智慧里，根脉滋养于公序良俗间，历千年而不绝，亘万古而长新，对凤文化进行系统而深入的研究，成为一道神秘而曼妙的诱人风景。

研究凤文化有助于把握中国历史文化的演进轨迹。凤文化源远流长，博大精深，是中国传统文化的菁华元素，对凤文化流变的精细考察，就是对中国历史文化发展脉络的精心梳理。

研究凤文化有助于弘扬中华文化精神。中华文化精神是中华民族人文精神和价值观念的综合体现，而凤文化精神则是中华文化精神的重要基因，研究凤文化，无疑是弘扬中华文化精神的题中应有之义。

研究凤文化有助于促进文化认同。凤文化作为中华传统文化的一部分，具有强烈的文化认同感，通过对凤文化的研究和传承，可以增强中华民族的向心力和凝聚力，坚定文化自信和文化自强。

研究凤文化有助于推动不同文化间的交流互鉴。凤文化作为一种具有特殊意义的文化形态，对于推动不同国家和地区间的文化交融互摄，具有春雨润物般的功能。

研究凤文化有助于增强审美意识。凤文化涵盖了广泛的艺术形式，如绘画、雕塑、书法、音乐、舞蹈、戏剧、曲艺、织绣、工艺等，对凤文化进行研究，可以更好地理解和欣赏这些艺术形式的美学意蕴，拓展人们的艺术视野和审美空间。

研究凤文化有助于保护文化遗产。凤文化本身就融入中华文化遗产的肌理之中，通过对凤文化这一独具特色且无可替代的文化遗产的保护研究，可以更好地传承、弘扬中华文化遗产，维护中华文化的多样性和独特性。

综上以观，凤文化研究是历史与时代赋予的光荣使命，不能不引起学界的关注和重视。为此，我们策划了这套“中华凤文化研究书系”，选取了与凤文化关系密切的几个选题实施破冰之旅，包括凤与中国文化、凤与中国文学、凤与中国乐舞、凤与中国服饰、凤与中华祥瑞美学和凤与中国民俗等，因这些研究仅仅是开端，此后还将持续推进，以形成系列，故名之曰“书系”。

假定把书系比作新娘，序不过是盖头，人们最想看的不是盖头，而是盖头下欲遮还羞、风姿绰约的新娘，故序宜轻轻掠过，“不带走一片云彩”！

刘玉堂

目录

CONTENTS

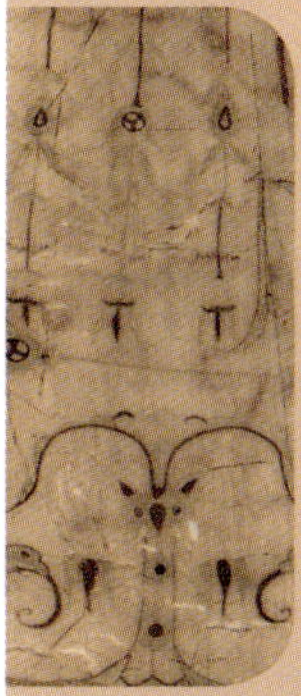

自　序

凤凰广布于中国古代传世文献及出土文献中。《山海经》呈现出的凤凰形象是天帝的使者和沃野的守护者；《诗经·卷阿》显示周初将凤凰改造为天命的传达者以服务其政权合法性的建构，成为祥瑞政治的重要内容。春秋时期，孔子将凤凰出现与否和君子的穷通联系起来，将其形塑为君子的表征；老庄张扬凤凰不同凡俗的习性，凸显不合时世的高洁；屈原、宋玉关注凤凰被放逐、被囚禁及其与众鸟的对立和错位，将其形塑为孤傲、高洁的骚人的表征，透露出士不遇的焦虑。凤凰的形态与仁、义等德目一一对应关系也被建构起来。战国末，凤凰别为雄雌，成为夫妻的隐喻，寄寓着对美满婚姻的期许。后来，凤凰形象不断丰富、转换、衍化，见于宗教、政治、隐逸、爱情等题材的文学，逐渐形成了一个显著的谱系，联系着中国古代文人的宗教伦理、政治伦理、群体价值观的建构及日常生活情怀的表达。

本书以文学文本为考察重点，兼及历史、考古、艺术等文本，通过对相关文学现象、文学事件的清理，以点带面，研究凤凰形象的生成、转换与歧变，及其与宗教、政治、隐逸、爱情等相关文学题材的互动及潜藏的文化意蕴等问题，可以绘制出中国文学凤凰形象的谱系，并回应中国古代的宗教情怀与政治伦理、文学事件与政治进程、文学表达与政治批评等共生、互渗问题，并考察中国古代文人如何维护和制衡政治权力，如何思考群体的价值并做出选择，如何调适内心以实现自我救赎，如何思考终极问题及如何书写自我形象等。

目前，学界关于凤凰的研究成果主要包括：其一，文化研究。主要以史籍、出土文献、艺术品、民俗为研究对象，讨论凤文化的渊源、衍变及内涵。一般将凤文化溯源至原始信仰，如闻一多提出凤是“原始殷人的图腾”（《龙凤》，1949）。学界常将此话题转换为凤凰形态起源与变异过程的追溯，如《龙凤文化源流》（王大有，1988）、《龙凤文化》（王维堤，2000）、《凤图腾》《中国凤文化》（庞进，2006、2007）、《早期中国的龙凤文化》（李竞恒，2018）。《中国凤凰：从神坛到人间》（吴艳荣，2014）后出转精，对凤文化衍变的重要环节及其在政治、艺术、婚恋等领域的形态、内涵及其变迁进行了深入考察。其二，考古和艺术史研究。在考古、艺术史范围内研究出土器物、艺术品，如玉器、青铜器、漆器、织物、铜镜、画像石、家具的形制、图案、纹饰及变迁，总结特征、解释内涵及断代，如《凤鸟图案研究》（顾方松，1984）、《中国凤纹图谱》（潘鲁生，2003）、《中国传统凤凰艺术》（郑军、张东明，2013）、《中国传统形象图说：凤凰》（徐华铛，2015）、《凡世与神界》（王仁湘，2018）。随着考古成果不断累积，研究材料不断丰富，研究呈现专门化、精细化趋势，如《战国楚漆器凤鸟纹样研究》（徐旸，2007）、《汉画像石中的凤鸟图像研究》（田丹，2009）分别对战国楚漆器凤鸟纹样、汉画像石凤鸟图像进行研究。而且，学界早就开始绘制凤凰图像的谱系，如《商周青铜器文饰》（上海博物馆青铜器研究组，1984）、《殷周青铜器综览（第二卷）——殷周时代青铜纹样之研究》（林巳奈夫，2019），该谱系正在不断被丰富和完善。其三，文学研究。学界对于中国文学的凤凰形象的研究停留于个别作家、作品的解读，基本方法是意象分析，涉及李白、杜甫、陆游、辛弃疾等作家，如《李白诗文中的鸟类意象》（李浩，1994）、《论李白诗文中“鲲鹏”和“凤凰”的儒道意义世界》（海滨，2005）对李白诗歌凤凰意象的分析，《论凤凰形象与杜甫的仁爱思想》（张荣东，2007）、《凤凰意象：杜甫的精神图腾》（薛世昌，2008）对杜甫诗歌凤凰意象的分析，及《论李杜诗中的“凤凰”》（高雨，2008）、《李、杜诗歌中“凤凰”意象之比较》（何锋兵，2013）对李杜诗歌凤凰意象的比较。这种研究逐渐将范围扩大至某个时代、某种文体，如《唐诗中凤凰意象的世俗化和唯美化》（李虎子，2001）考察了唐诗凤凰意象呈现出的时代特征，《唐宋“凤”诗词研究》（郑华萍，2014）考察了唐宋两代诗词中的凤凰意象，但研究对象仅限于极少数作家。由于材料过于分散，学界尚未系统梳理中国文学中的凤凰形象，现有零星的个案研究缺乏深入分析和深刻认识，诸多与凤凰有关的作家作品、文学现象、文学事件没有被发掘并引起关注。鉴于此，厘清凤凰形象的赋形、转换、歧变过程及背后的政治、文化的契机，进而梳理凤凰形象如何进入各种文学题材，传达什么意义，如何衍变，从而在历时、共时层面绘制立体的凤凰形象谱系，可以呈现凤凰这一重要文化符号如何参与中国文学传统、文人传统乃至文化传统的建构，并有助于深入认识中国文学传统的生成。

得益于历代各类文学总集的编撰与电子化，全面检索中国古代文学文本，系统清理相关材料变得空前便捷。笔者搜集了大量有关凤凰的材料，这些材料以诗、词居多，也有不少小说，还有适量的出土文献；然后进行文本细读，发现材料之间的细微联系与区别，来缕析出需要讨论的话题，精心选择出一系列文学现象、文学事件作为解剖对象，以点带面，力图呈现出凤凰形象的生成、转换、歧变。其中有些是学界此前忽视的，如：关于《左传》所载卜辞“凤凰于飞，和鸣锵锵”的解读，及凤凰由政治符号转换为婚恋符号的进程与关键环节；萧史、弄玉乘鸾升仙的故事与中国古代文人关于超越境界的思考；屈原的凤凰与凡鸟对立与错位的士不遇书写模式对嵇康、白居易、邵雍等的闲居生活方式、心态的表达及隐逸文学的启发与影响；随着“孤鸾舞镜”故事文本的广泛流传，唐诗中的凤凰意象陡增，指涉出现歧变，并引起闺怨、悼亡等主题诗歌作品发生变化。

笔者在论述过程中，首先追溯了凤凰文化意蕴的生成，然后分别考察凤凰形象在宗教、政治、隐逸、爱情等题材文学中的转换、歧变。研究思路如下：

关于凤凰形象及其文化意蕴的生成。笔者将后来影响深远的凤凰崇拜的生成置于商末周初的文化变革背景中，还原周初将凤凰塑形为天命传达者的文化渊源和内在逻辑；然后梳理战国时期的士人对凤凰的新塑形，特别是儒家将凤凰塑形为君子，骚人则将凤凰塑形为高贵的流浪者。基本结论是：凤凰的赋形与赋义是在商末周初的文化变革背景下完成的，凤凰文化的核心内容是天命观，既显示了周代商而立的合理性，又强调了周人恰当执政的必要性，是凤凰作为重要祥瑞的历史与逻辑起点。

关于凤凰与道教文学对仙界的文化想象。其一，考察《太平御览》“道部”的材料来描述凤凰与道教的物质文化；其二，以《汉武帝内传》为起点来考察与凤凰有关的仙界服食书写及其对宴饮题材作品的影响；其三，通过分析萧史、弄玉乘鸾升仙的故事文本来呈现中国古代文人关于超越境界的思索。主要结论是：道教文学中，凤凰是人进入仙界的引导者；萧史、弄玉乘鸾升仙的故事受到了唐代文人的热捧，体现了当时将成仙与性爱作为人生理想境界重要内容的观念，至宋代由于价值观念的变化，此故事逐渐淡出文人的视野。

关于中国古代政治书写中的凤凰祥瑞。其一，在作为天命传达者的凤凰是最重要的祥瑞的文化语境里，分析中国古代文人在乐舞歌辞、策问、赋颂等文类作品中书写凤凰祥瑞以称颂帝王功德的同时导正君德的复杂动机，及潜藏的文人与帝王的权力博弈；其二，解读唐代陈子昂《大周受命颂》（包括《神凤颂》）的写作背景、写作动机以及后代评价。基本结论是：诸多政治书写称引凤凰祥瑞具有建构政权合法性和导正君德的双重动机，凤凰祥瑞潜藏着文化权力与政治权力的博弈，也可以说是文人与帝王的合谋；二者都认同凤凰是政权合法性的见证者，只是文人强调帝王合理执政，帝王则强调文人绝对忠君。

关于凤凰与中国古代文人科场活动、科场心态的书写。“一举首登龙虎榜，十年身到凤凰池”，是中国古代文人的光荣与梦想。但是，仅就唐宋两代而言，荣登进士榜首数量有限，走到凤凰池即中书省更是稀罕。凤凰屡屡出现于科举考试诗赋的试题，更以其在历史长河中积淀的多重文化意蕴从不同层面参与了科场活动、科场心态的书写：凤凰衔书相传是周代曾出现的祥瑞，科举诗用以表现放榜的盛况；骖鸾本是成仙的隐喻，科举诗以其转喻及第的欢欣；孤鸾罢舞故事出自南朝的小说《异苑》，科举诗用以表达下第的绝望。这些书写几乎可以还原中国古代举子的生活史和心灵史。

关于凤凰作为文人人格的表征和闲居生活价值的重构。首先考察战国时期屈宋和汉代文人采用凤凰与凡鸟对立与错位来书写士不遇体验和士不遇焦虑消解的文学模式；然后以嵇康、白居易、邵雍为例，既梳理他们消解士不遇焦虑的探索、闲居生活方式的变化、闲居生活价值的重构，又说明他们在表达这些内容时对凤凰与凡鸟对立与错位书写模式的继承与超越及由此导致的隐逸文学新变。主要结论是：隐逸文学中，凤凰是摆脱世俗的高洁隐士的隐喻；嵇康的“养素全真”的观念、白居易的“中隐”观念、邵雍的“安乐”思想，不仅体现出中国古代文人隐逸方式、隐逸观念的变化历程，更重要的是，体现出重构日常生活的价值，突破进与退、出与处等话语的陷阱，消解士不遇焦虑的努力，深刻地影响了后代闲居文人的心态和隐逸文学。

关于凤凰与爱情文学对美丽、孤独、死亡的表达。由《左传》“凤兆”切入，兼及《诗经》《山海经》、司马相如琴挑卓文君故事等文本，梳理凤凰由政治隐喻向男女婚恋隐喻转换的进程；梳理南朝开始流传的“孤鸾舞镜”故事介入中国文学的凤凰意象使其发生歧变，分别指涉美丽、孤独、死亡的女性等，使闺怨、悼亡（包括悼妓）等主题文学作品呈现出的新面貌；还要重点讨论鸾凤意象、鸾镜意象对《花间集》的独特女性书写方式、独特风格形成所起的作用。

通过以上论述，笔者试图基本呈现出凤凰形象的生成、转换、歧变，初步实现立体呈现中国文学的凤凰形象谱系的目标。然而，由于学力与见识有限，笔者的讨论范围较少涉及元、明、清等时代，更未涉及现当代，有些论题未能深入，甚至可能存在盲见和武断。祈请方家明鉴并批评指正。是为序。

绪　论

凤凰文化意蕴的生成

《礼记·表记》说："夏道尊命，事鬼敬神而远之，近人而忠焉……殷人尊神，率民以事神，先鬼而后礼……周人尊礼尚施，事鬼神而远之，近人而忠焉。"[①] 殷文化以巫文化为代表性特征，巫在日常生活、政治生活中都扮演着重要角色，而且，君王本就是巫。陈梦家认为"王者自己虽为政治领袖，同时仍为群巫之长"[②]，张光直也认为"帝王确为巫觋之首"[③]，劳思光还指出殷人"常以巫师执国政"[④]。巫文化阶段的商民族以鸟为图腾，自从20世纪六七十年代胡厚宣、于省吾等学者提出并充分论证后，此观点几乎成为定谳。尽管现在还能听到不同的声音，但不可否认的是，鸟乃至凤凰在商民族文化中的重要性是不言而喻的，只是其丰富的具体文化内涵还有待进一步发掘。周朝初期经过人文化改革，将巫文化从政治生活层面剥离出去，但是，巫文化的一些功能被移植入政治文化，将凤凰改造为政治祥瑞，成为中国古代谶纬文化的重要内容，影响深远。传世文献遗存有周初对凤凰崇拜进行文化改造的痕迹。春秋战国时期在哲学突破的思想进程中，诸子以及屈原等沿着周初的方向对凤凰崇拜进行了政治哲学与人生哲学的阐释与改造，大致说来，包括凤凰的赋形、赋义涉及两个逻辑层面：赋

①王文锦译解《礼记译解》，中华书局2016年版，第839页。

②陈梦家《商代的神话与巫术》，《燕京学报》1936年12月。

③张光直《艺术、神话与祭祀》，北京出版社2016年版，第36页。

④劳思光《新编中国哲学史》，生活·读书·新知三联书店2015年版，第54页。

形的重要依据是东夷的鸟崇拜以及商代巫觋的相风器具，赋义的主要依据是周初的天命观念。其后，这一过程不断延续，凤凰形象的精神内核不断发生歧变。

一、凤凰神性的渊源

1. 鸟及凤凰与商民族关系的检讨

《礼记·祭法》称殷人“祖契而宗汤”①。契是商民族的始祖，汤是商朝的开国者。《诗经·商颂·玄鸟》说：“天命玄鸟，降而生商。”这里讲的就是商民族始祖契的出生。关于契的出生，汉代郑玄进一步解释说：“天使鳦（燕子）下而生商者，谓鳦遗卵，娀氏之女简狄吞之而生契。”②《世本》又载“少昊，黄帝之子，名契，字青阳”③，可见，早期殷人属少昊（亦作皞）部落并以契为始祖。《左传》昭公十七年记载了少昊后裔郯子与鲁昭公的一番对话还提及“少皞挚”：

> 秋，郯子来朝，公与之宴。昭子问焉，曰：“少皞氏鸟名官，何故也？”郯子曰：“吾祖也，我知之。昔者黄帝氏以云纪，故为云师而云名；炎帝氏以火纪，故为火师而火名；共工氏以水纪，故为水师而水名；大皞氏以龙纪，故为龙师而龙名。我高祖少皞挚之立也，凤鸟适至，故纪于鸟，为鸟师而鸟名：凤鸟氏，历正也；玄鸟氏，司分者也；伯赵氏，司至者也；青鸟氏，司启者也；丹鸟氏，司闭者也。祝鸠氏，司徒也；雎鸠氏，司马也；鸤鸠氏，司空也；爽鸠氏，司寇也；鹘鸠氏，司事也。五鸠，鸠民者也。五雉为五工正，利器用、正度量，夷民者也。九扈（即扈）为九农正，扈民无淫者也。自颛顼以来，不能纪远，乃纪于近，为民师而命以民事，则不能故也。”仲尼闻之，见于郯子而学之。既而告人曰：“吾闻之：‘天子失官，官学在四夷’，犹信。”④

①王文锦译解《礼记译解》，中华书局2016年版，第691页。

②（汉）毛亨传，（汉）郑玄笺，（唐）孔颖达疏《毛诗注疏》，上海古籍出版社2013年版，第2025页。

③（清）王谟辑《世本》，《世本八种》，中华书局2008年版，第4页。

④杨伯峻编著《春秋左传注》，中华书局1990年版，第1386—1389页。

郭沫若认为少昊契和少昊挚为一人[①]，胡厚宣认同郭沫若的观点并提供了文字学的证据[②]，而陈梦家则断为二人[③]。也有学者提出，契与挚同为少昊部落内两个并行的氏族。[④]

关于少昊挚，《逸周书·尝麦解》载：

> 昔天之初，□作二后，乃设建典，命赤帝分正二卿，命蚩尤于宇少昊，以临四方，司□□上天未成之庆。蚩尤乃逐帝，争于涿鹿之河，九隅无遗。赤帝大慑，乃说于黄帝，执蚩尤，杀之于中冀。以甲兵释怒，用大正顺天思序，纪于大帝，用名之曰绝辔之野。乃命少昊请司马鸟师，以正五帝之官，故名曰质。[⑤]

少昊请，多作清，后改名为质，质即挚。清代孙诒让《逸周书校补》认为"司马"应是"始为"。[⑥]看来，少昊挚是黄帝在打败蚩尤之后被挑选出来领导其部族的。胡厚宣认为"挚"亦通作"鸷"，鸷是一种厉害的鸟，而且，"少昊挚以鸟名官，凡五鸟五鸠五雉九扈，二十四官，没有一个不是以鸟名官的"。[⑦]《左传》定公四年载：

> 因商奄之民，命以伯禽，而封于少皞之虚。

伯禽是周文王姬昌之孙，周公旦的长子，周武王姬发之侄，因其父周公旦在京辅佐周成王，他代其父受封鲁国。鲁国位于今山东曲阜一带，可见，少皞之墟也就是少皞的故地位于山东曲阜一带。

少昊部落又是从哪里来的呢？少昊应该是太昊的后裔。《左传》僖公二十一年载：

①郭沫若《中国古代社会研究·青铜时代》，人民出版社 1982 年版，第 227 页。郭沫若认为："少昊金天氏帝挚，其实当即是契，古挚契同部，挚之母常仪，契之母简狄，实系一人。"

②胡厚宣《甲骨文商族鸟图腾的遗迹》，《历史论丛》第一辑，中华书局 1964 年版，第 134 页。

③陈梦家《殷墟卜辞综述》，中华书局 1988 年版，第 340 页。

④曹定云《商族渊源考》，中国社会科学院考古研究所编《中国商文化国际学术讨论会论文集》（考古学专刊甲种第二十四号），中国大百科全书出版社 1998 年版，第 118 页。

⑤黄怀信、张懋镕、田旭东撰《逸周书汇校汇注》，上海古籍出版社 2007 年版，第 731—734 页。

⑥同上，第 735 页。

⑦胡厚宣《甲骨文商族鸟图腾的遗迹》，《历史论丛》第一辑，中华书局 1964 年版，第 134 页。

任、宿、须句、颛臾，风姓也，实司太皞与有济之祀，以服事诸夏。邾人灭须句，须句子来奔，因成风也。成风为之言于公曰："崇明祀，保小寡，周礼也；蛮夷猾夏，周祸也。若封须句，是崇皞、济而修祀、纾祸也。"[1]

①杨伯峻编著《春秋左传注》，中华书局1990年版，第391—392页。

又，《左传》昭公十七年载：

宋，大辰之虚也；陈，大皞之虚也；郑，祝融之虚也。[2]

②同上，第1391页。

可知太昊之墟在今河南境内。"任（今济宁市境）、宿（今东平县境）、颛臾（今费县境）、须句（今东平县境）皆在今山东，可知太皞族虽以今河南淮阳境为故墟（即'陈'地），其散布亦在山东济水附近"，"周人建国之后，东夷大部已接受周王朝统治，然其族尚存，各领有旧日土地之一部，成为'服事诸夏'之小国"。[3] 太皞为风姓，南朝范晔《后汉书·东夷列传》称：

③劳思光《新编中国哲学史》，生活·读书·新知三联书店2015年版，第22页。

夷有九种，曰畎夷，于夷，方夷，黄夷，白夷，赤夷，玄夷，风夷，阳夷。[4]

④（南朝宋）范晔撰《后汉书》，中华书局1965年版，第2807页。

那么，太皞应该是九夷之风夷的后裔。

傅斯年《夷夏东西说》曾指出东夷族群活动范围包括"今山东全省境中，及河南省之东部，江苏之北部，安徽之东北角，或兼及河北省之渤海岸，并跨海而括辽东朝鲜的两岸"[5]。徐旭生《中国古史的传说时代》指出，中国上古民族分为华夏、东夷和苗蛮三支，商民族应属东夷，其中，东夷的活动范围："北自山东北部，最盛时也或者能达到山东的北部全境。西至河南的东部，西南至河南的极南部。南至安徽的中部；东

⑤傅斯年《夷夏东西说》，《傅斯年全集》（三），湖南教育出版社2003年版，第206页。

至海。”[①] 劳思光的描述大致相同略有区别，即“以沿渤海之今山东地区为主，而扩至今河南境内”[②]。

①徐旭生《中国古史的传说时代》，文物出版社1985年版，第56页。

②劳思光《新编中国哲学史》，生活·读书·新知三联书店2015年版，第23页。

总之，商民族是少昊部落的后裔，少昊部落是太皞的后裔，风姓太皞部落出于东夷集团。东夷是一个鸟崇拜的族群，这已是学界的共识，如巫鸿分析了一批以鸟为主题的出土文献图像，充分表明了这一点。[③] 甲骨文“风”字写作“凤”，为鸟形。而且，商民族的传说中，其先祖契生于玄鸟之卵，另一先祖挚以鸟名命名官名。这些迹象表明鸟在商民族的信仰中占有重要位置。

③巫鸿《东夷艺术中的鸟图像》，《礼仪中的美术》，生活·读书·新知三联书店2018年版，第11—28页。

玄鸟生商的故事在《诗经·商颂·玄鸟》以后的流传过程中得到不断丰富。战国末秦国吕不韦主持编写《吕氏春秋》，其中“音初篇”载有娀之佚女为二人：“有娀氏有二佚女，为之九成之台，饮食必以鼓。帝令燕往视之，鸣若謚隘。二女爱而争搏之，覆以玉筐，少选，发而视之，燕遗二卵，北飞，遂不反。”[④] 汉代淮南王刘安主持编写《淮南子》，其中的“坠形训”又提到有娀之女的名字：“有娀在不周之北，长女简翟，少女建疵。”[⑤] 署名汉代刘向撰《列女传》还描写了玄鸟之卵的色彩：“契母简狄者，有娀氏之长女也。当尧之时，与其妹娣浴于玄丘之水。有玄鸟衔卵，过而坠之，五色甚好。简狄与其妹娣竞往取之。简狄得而含之，误而吞之，遂生契焉。”[⑥]

④许维遹撰《吕氏春秋集释》，中华书局2009年版，第141—142页。

⑤何宁撰《淮南子集释》，中华书局1998年版，第360页。

⑥（汉）刘向撰，刘晓东校点《列女传》，辽宁教育出版社1998年版，第2页。

到底该怎么解读玄鸟生商的传说？《诗经·商颂·玄鸟》“毛传”将玄鸟生商解释为玄鸟至之日，高辛氏与有娀女祀高禖然后怀孕而生契，即：

> 春分，玄鸟降。汤之先祖有娀氏女简狄配高辛氏帝，帝率与之祈于郊禖而生契，故本其为天所命，以玄鸟至而生焉。[⑦]

⑦（汉）毛亨传，（汉）郑玄笺，（唐）孔颖达疏，陆德明音释《毛诗注疏》，上海古籍出版社2013年版，第2125页。

"郊禖"也称"高禖"，因为"郊""高"音近而通，而且，"祓除之祀，位在南郊，禋祀上帝，则亦配祭之，故又谓之郊禖"[①]，即高禖之祀在郊外进行，又在郊祭上帝的同时配祭高禖，故言。这种解释自然少了神话色彩而多了一分现实感，但根据何在？古代的确有帝王后妃于仲春时节，玄鸟至日以祀高禖的习俗。《吕氏春秋》"仲春纪"载：

①（宋）陈澔注《礼记集说》，上海古籍出版社1987年版，第85—86页。

> 是月也，玄鸟至，至之日，以太牢祀于高禖。天子亲往，后妃率九嫔御，乃礼天子所御，带以弓韣，授以弓矢，于高禖之前。[②]

②③许维遹撰《吕氏春秋集释》，中华书局2009年版，第34—35页。

东汉末高诱解释说："王者后妃以玄鸟至日祈继嗣于高禖"，"授以弓矢，示服猛，得男象也"。[③]意思是天子带着后妃去祭祀生育之神，希望产下男婴。《礼记》"月令"也载有相同的说法，东汉郑玄认为此风俗正是源于有娀之女吞玄鸟之卵生契：

> 玄鸟，燕也。燕以施生时来，巢人堂宇而孚乳，婚娶之象也。媒氏之官以为候。高辛氏之世，玄鸟遗卵，娀简吞之而生契，后王以为媒官嘉祥，而立其祠焉。变媒言禖，神之也。[④]

④（汉）郑玄注，（唐）孔颖达正义《礼记正义》，上海古籍出版社2008年版，第631页。

郑玄认为"禖"从"媒"演变而来，因有娀之女吞玄鸟而生契，后人便立祠供人祭祀，以祈子嗣。《玉篇》就释"禖"为"求子祭"。[⑤]高禖之祀是祈求子嗣的祭祀，"毛传"将玄鸟生商解释为天子带后妃"祈于郊禖而生契"应该是正确的。至于郑玄将高禖之祀归源于某一个具体的人恐怕不符合上古文化史的实际，而应该是上古由来已久的巫文化传统。周策纵认为

⑤《宋本玉篇》，中国书店1983年版，第13页。

高阳氏颛顼、高辛氏帝喾都以“高”命氏，似皆与“高禖”相关[①]，而高阳氏颛顼早于高辛氏帝喾。南宋罗泌《路史》“余论二”引西晋束晳曰：“皋禖者，人之先也。”[②]闻一多进一步指出：古代各民族所祀的高禖全是各民族的先妣，夏人的高禖祀其先妣涂山氏，殷人的高禖祀其先妣简狄，周人的高禖祀其先妣姜嫄。[③]就殷人而言，高禖之祀应该早已有之，只是后来才将祭祀的对象确定于其先妣简狄。同样，周人历来也有高禖之祀，《诗经·大雅·生民》载：“厥初生民，时维姜嫄，生民如何，克禋克祀，以弗无子。”“毛传”解释说：“去无子，求有子，古者必立郊禖焉。玄鸟至之日，以大牢祠于郊禖。”[④]郑玄解释说：“乃禋祀上帝于郊禖，以祓除其无子之疾而得其福也。”[⑤]周人先妣姜嫄也是在高禖之祀后怀孕并产下先祖后稷的，后来，周人的高禖之祀以其先妣姜嫄为祭祀对象。

郊禖或高禖到底是在哪里进行，如何进行？《说文》释“高”字：“象台观高之形。”[⑥]从字形上看，是对的。古人的祭祀往往在城外的高地上进行，以其为神灵上天下地之处，因而在那里设坛祭祀。不过，甲骨文中常出现一个叫“高”的地名，屈万里解释说：“高，地名；其地有河宗：盖殷人心目中灵圣之地也。”[⑦]周策纵进一步猜测“高”即高禖之地，并引卜辞“贞，御妇好于高”为证。[⑧]“御”指男女交合，显然，这是一个为求子进行的占卜，占卜的结果是吉利。有鉴于此，周策纵认为，所谓高禖之祀，是在祭祀之后，男女在高禖之地交合，也就是所谓的野合。《墨子·明鬼》载：“燕之有祖，当齐之社稷，宋之有桑林，楚之有云梦也，此男女之所属而观也。”[⑨]如果周策纵的推论成立，那么殷人的高禖所在地就相当于燕之祖、齐之社稷、宋之桑林，以及楚之云梦。而且，齐、宋都是殷人后裔，其高禖的风俗应该源自殷人。《诗经·鲁颂·閟宫》所载閟宫是祭祀先妣姜嫄的庙，也是高禖

①周策纵《古巫医与“六诗”考——中国浪漫文学探源》，上海古籍出版社2009年版，第78页。

②(宋)罗泌《路史》卷三十九，文渊阁四库全书本，第173页。

③闻一多《高唐神女传说之分析》，《神话与诗》，华东师范大学出版社1997年版，第102—103页。

④⑤(汉)毛亨传，郑玄笺，(唐)孔颖达疏，陆德明音释《毛诗注疏》，上海古籍出版社2013年版，第1523页。

⑥(汉)许慎撰，(宋)徐铉校定，愚若注音《注音版说文解字》，中华书局2015年版，第105页。

⑦屈万里《殷虚文字甲编考释》，甲骨文献集成第四册，四川大学出版社2001年影印，第376页。

⑧周策纵《古巫医与“六诗”考——中国浪漫文学探源》，上海古籍出版社2009年版，第32页。

⑨吴毓江撰《墨子校注》，中华书局1993年版，第338页。

之地。[①]

看来，所谓“天命玄鸟，降而生商”，实际上是“以其（玄鸟）至为祠禖祈嗣之候”[②]，“谓简狄以玄鸟至之时，祈于郊禖而生契”[③]。也就是于玄鸟至之日，前去祭祀生育之神以祈祷生子，并在那里交合而怀孕，结果生下了契。

商民族依然存在鸟崇拜是可信的，而且，于省吾、胡厚宣、陈梦家等曾提出鸟是东夷后裔商民族的图腾的观点。该观点的几个重要证据是：

其一，《诗经·商颂·玄鸟》所载玄鸟生商的传说。关于此传说的文化内涵上文已经进行了分析。

其二，商代青铜器玄鸟妇壶铭文“玄鸟妇”三字合文，是商民族以玄鸟为图腾的遗迹。[④] 该青铜器铭文如下图：

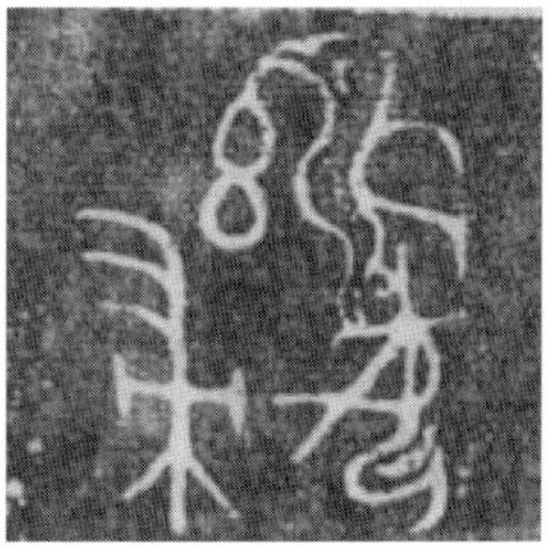

图一

以玄鸟为商民族图腾需要考古学的支撑，但就目前发现的诸多青铜器而言，纹饰涉及的动物很多，而鸟纹并不突出。

其三，甲骨文中商人先公王亥的“亥”字往往于（亥）上加（鸟），写作“”。[⑤]《山海经·大荒东经》载王亥“两手操鸟”[⑥]。

商民族以鸟为图腾几乎成为定论，但不时也会出现不同的声音：有人提出玄鸟生商是东周人的讹传[⑦]；关于王亥之“亥”字头上加“鸟”字是否为商民族以鸟为图腾的证据，一个很值得重视的观点是：商民族的历史文化发展到王亥时期早已越过

①《诗经·鲁颂·閟宫》“毛传”：閟，闭也。先妣姜嫄之庙，在周常闭而无事。孟仲子曰：是禖宫也。“郑笺”：閟，神也。姜嫄神所依，故庙曰神宫。（《毛诗注疏》，上海古籍出版社2013年版，第2078页）按：释“閟”为“闭”，误，应释为“秘”，即“神”。“郑笺”为是。

②（宋）陈澔注《礼记集说》，上海古籍出版社1987年影印世界书局本，第85页。

③同上，第86页。

④于省吾《略论图腾与宗教起源和夏商图腾》，《历史研究》1979年第11期。

⑤胡厚宣《甲骨文商族鸟图腾的遗迹》，《历史论丛》第一辑，1964年。

⑥袁珂校注《山海经校注》，北京联合出版公司2014年版，第299页。

⑦金开《商族图腾崇拜及相关问题》，《殷都学刊》2003年第3期。

了图腾崇拜阶段，王亥之“亥”字上加鸟形符号只是表明他是具有玄鸟神性之王。[1]

顾颉刚、闻一多、杨宽、饶宗颐、陈梦家等曾提出玄鸟即凤凰，甚至凤凰是商民族的图腾。[2]将凤鸟与商民族联系起来的最早文献是《左传》昭公十七年所载：“我高祖少皞挚之立也，凤鸟适至，故纪于鸟，为鸟师而鸟名。”[3]这里的凤鸟应该不是《诗经·商颂·玄鸟》的玄鸟，而只是追述了商人以鸟命名官职的原因。最早以凤凰为玄鸟的应该是战国末期的屈原，其《九章·思美人》云：

高辛之灵盛兮，遭玄鸟而致诒。

又，《离骚》云：

凤皇既受诒兮，恐高辛之先我。

“致诒”大致是赠送聘礼的意思，《思美人》说代表赠送聘礼的是玄鸟，而《离骚》称是凤凰，这便把《诗经·商颂·玄鸟》中的玄鸟当成了凤凰。这是闻一多、顾颉刚、饶宗颐认为玄鸟就是凤凰的重要依据。然而，汉代王褒《九怀》为追悯屈原之作，其语云“玄鸟兮辞归，飞翔兮灵丘”并没有认同屈原，而是将玄鸟视为候鸟燕子。

陈梦家认为商民族始妣以凤凰为名：“商民族以凤为其族始祖所自生之神鸟，以凤为其始祖始妣之名，以鸟名官。”[4]其所谓“以凤为其族始祖所自生之神鸟”，即认为《诗经》中的“玄鸟”是“燕”，而金文“燕”亦作“匽”即“鷃”，并引《说文》“鷃，鸟也，其雌皇，从鸟匽声，一曰凤皇也”[5]，《尔雅》“鷃，凤，其雌皇”等为证。所谓“以鸟名官”，是就

①宋镇豪《商代史论纲》，中国社会科学出版社2011年版，第54页。

②陈梦家《商代的神话与巫术》，《燕京学报》1936年12月，第496页；闻一多《龙凤》，《中央日报·星期增刊》1944年7月2日；顾颉刚《鸟夷族的图腾崇拜及其氏族集团的兴亡：周公东征史事考证四之七》，见西安半坡博物馆编《史前研究》2000辑，三秦出版社2000年版，第148—210页；饶宗颐《〈诗〉与古史：从新出土楚简谈玄鸟传说与早期殷史》，见沈建华编《饶宗颐新出土文献论证》，上海古籍出版社2005年版，第3—19页；杨宽《中国上古史导论》，上海人民出版社2016年版，第278—282页。

③杨伯峻编著《春秋左传注》，中华书局1990年版，第1387页。

④陈梦家《商代的神话与巫术》，《燕京学报》1936年12月，第496页。

⑤（汉）许慎撰、（宋）姚铉校定、愚若注音《注音版说文解字》，中华书局2015年版，第75页。

前引《左传》昭公十七年所载郯子与鲁昭公的谈话而言的。陈梦家所谓“以凤为其始祖始妣之名”，是认为少昊挚之“挚”通“鸷”，并引《淮南子》“本经”高诱注“大风鸷鸟”指出：“大风”即“大凤”，亦即“鸷”是“凤”；又认为“简狄”乃“鶾翟”的转音，鶾翟是五彩而文的天鸡，其实就是凤凰。后来，闻一多《龙凤》一文以“天命玄鸟，降而生商”神话为依据明确地说：“凤是原始殷人的图腾。”[①]

但是，商民族是否存在鸟崇拜并转换成了凤凰崇拜，还存在疑问，学界远未就此达成一致。

2. 凤凰神性的渊源

（1）甲骨“凤”字初形与巫觋的测风工具

如果要揭示凤鸟神性的渊源，最早、最可靠的材料应该是甲骨文字。甲骨文“凤”字或繁或简，主要有以下几种写法[②]：

其一，从鸟，如“”。从字形来看，“凤”字所从鸟之形状的最显著特点是长尾，与“隹（）”所从鸟之短尾不同。

其二，从鸟，从辛，如“”“”“”。学界常说凤从“鸟”从“辛”（）或“辛”。不过，东汉许慎《说文解字》分“辛”“辛”为二部，王国维《释辪》也认为“辛”“辛”不同[③]，依其观点，凤应该从“辛”而不是从“辛”。学界普遍认为“辛”或“辛”是鸟之冠饰的象形。陈梦家说：“卜辞‘凤’字象长尾之雉而头有冠作‘辛’及‘丵’形。余谓‘辛’即冠也。”[④]姚孝遂认为“辛”是头饰之象形：“（凤）所从之‘’或‘’或‘’，乃其头部之羽饰，所谓凤头者。”[⑤]还认为：“（辛）上所从之‘’‘’乃头饰，与‘龙’‘虎’‘凤’所从之‘’‘’同。”[⑥]陈梦家曾进一步指出凤冠（‘’‘’）是商民族的标志：“卜辞‘凤’象丰羽长尾之大鸟，其冠作‘辛’字，与‘商’字所从之‘辛’同，是商者凤冠之标帜耳。”[⑦]

①闻一多《神话与诗》，华东师范大学出版社1997年版，第70页。按：该文初次发表于1944年7月2日《中央日报·星期增刊》。

②李宗焜编著《甲骨文字编》，中华书局2012年版，第636—641页。

③王国维《观堂集林》，中华书局1961年版，第280页。

④陈梦家《商代的神话与巫术》，《燕京学报》1936年12月，第530页。

⑤于省吾主编，姚孝遂按语编撰《甲骨文字诂林》，中华书局1996年版，第1714页。

⑥同上，第2501页。

⑦陈梦家《商代的神话与巫术》，《燕京学报》1936年12月，第495—496页。

其三，从鸟，从辛或辛，从凡，如“”“”“”“”。一般认为，“凤”从“凡（）”得声。值得注意的是，甲骨文中的“凤”字中所谓声符“凡”有时并不写作“”，而是写作似“”。

其四，从鸟，从辛或辛，从凡，从，如“”“”“”“”。“”，或释为“止”，即鸟的趾，或释为羽毛上的斑纹。

其五，从鸟，从辛或辛，从，如“”“”。

以上甲骨文“凤”字中的所谓鸟冠部分及声符部分都还值得讨论。

先说鸟冠部分。“”、“”或“”是鸟首的羽饰或羽冠是学界普遍的观点，但是此冠或冠饰到底是什么文化内容其实还没有厘清。罗振玉说：

> 龙字从“”，凤字所从亦与龙同。此于古必有说，今无由知之矣。[①]

①罗振玉《殷虚书契考释》，甲骨文献集成第7册，四川大学出版社2001年影印，第38页。

实际上，学界一直在努力猜测“”这个符号的内涵。闻一多《释商》说：

> 卜辞龙凤及帝等字并从辛，辛之义虽不可确知，要当为一种表明神异之符号。商从辛，例与此同。[②]

②③闻一多《闻一多全集》(10)，湖北人民出版社1993年版，第577—578页。

闻一多认为：“”是一种“神异之符号”，另外，“商”字从“辛”从“”，“殆犹后世神象之有座”。[③]照此解释，“商”字便是像置此“神异之符号”于底座之上。张光直《商名试释》解释“商”字的思路相同，他认为“辛”表明的神异符号就是商族祖先正面像，“商字即是将祖先形象置于祭几上之象形”，即：

> 依我见辛字就代表祖先的正面人像。如然则人像头顶是平的。《说文》说商从章，是有道理的。《礼·郊特牲》：“章甫，殷道也。”章甫是殷人所戴的帽子，殷商的统治阶级是帽子的阶级，与奚字所代表的翘辫在顶的最低层的阶级相对照。商代的玉人和殷墟妇好墓所出土的几件和哈佛大学赛克勒博物馆所藏的一件，显然是上层人物的形象，都是戴方顶帽子的。我们可以假定辛字原来是代表王家的祖先像，在商这个字里这个祖先形象就放在一个祭几或祭坛上。[①]

尽管有学者断定殷周时期的人们是反对制造偶像的[②]，依据是《史记·殷本纪》所载：“帝武乙无道，为偶人，谓之天神。与之博，令人为行。天神不胜，乃僇辱之。为革囊，盛血，卬而射之，命曰‘射天’。”[③]但是，“”、“”或“”是一个“神异之符号”的观点还是不能轻易否定。这个符号不仅具有神异的特点，应该还有高贵的属性，不然就不能解释为何商、帝、龙、凤、虎等字都从“”。

再说声符部分。正如学界早就指出的，甲骨文“凤”字从来不用作指鸟，而用来指风。当然，学界也曾找出几例被认为是指凤鸟的用例：

> 羽癸卯，帝不令凤？……贞：羽癸卯，帝其令凤？[④]
> 于帝史凤、二犬。[⑤]
> 燎帝史凤，牛。[⑥]

特别是第二例，郭沫若依此将凤鸟传说溯源至殷商时期，即：

> 此言“于帝史凤”者，盖视凤为天帝之使，而祀之以二

①张光直《中国青铜时代》，生活·读书·新知三联书店2013年版，第295页。

②徐良高《商周青铜器“人兽母题”纹饰考释》，《考古》1991年第5期。

③（汉）司马迁撰《史记》，中华书局2013年版，第134页。

④张秉权《殷虚文字丙编考释》上辑二，甲骨文献集成第4册，四川大学出版社2001年影印，第170页。

⑤郭沫若《卜辞通纂》，科学出版社1983年版，第376页。

⑥胡厚宣主编《甲骨文合集》，中华书局1978—1982年版，第2040页。

夫。《荀子·解惑篇》引《诗》曰：“有凤有凰，乐帝之心。”盖言凤凰在帝之左右。今得此片，足知凤鸟传说自殷代以来矣。[①]

然而，日本学者岛邦男认为“于帝使凤”说的是“祈求止风”。[②] 而且，姚孝遂将以上用例全部否定了：

> 后世之“凤”字，本象凤鸟之形，但在古文字中从未见过当凤鸟之凤用，而仅仅只是用作风雨之风，有时也用作人名。[③]

姚孝遂的意思是郭沫若等指出的用例中，“凤”字并非指鸟，而是人名。张秉权也说：“甲骨文中的凤字，都被借为风字，从来没有当作凤凰之凤讲的。”[④] 的确，显而易见的事实是，甲骨文以“凤”字指“风”是普遍现象，哪怕郭沫若等指出的指鸟的用例是正确的，数量也少得可怜，这个现象不能不引起重视和思考。

罗振玉提出凤鸟之“”（凤）字借为风雨之“风”[⑤]，几成定论。但是，“圣人制礼，不用难得之物”，因此，有学者质疑：“人们不去创造一个专门的字来表示‘风’，却要‘借’指向神鸟的‘凤’字来指事的做法，总有一些扞格难通的地方。尤其是作为神鸟的‘凤’较自然之风更难为人所把握的前提下，人们为什么还要先造一个指代神鸟的‘凤’字，然后再假‘凤’为‘风’呢？因此，说甲骨文中的‘风’是‘假“凤”为“风”’的说法，总有一些让人难以信服的问题。”[⑥] 此质疑是有道理的。正如徐协贞所言：“罗氏云：‘风古借凤为之。’语似倒置。”[⑦] 的确，还不如说“凤（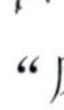）”正是风雨之“风”的初文，后借作凤凰之“凤”。那么，“凤”（）得形与得义

①郭沫若《卜辞通纂》，科学出版社1982年版，第377—378页。

②（日）岛邦男《殷商卜辞研究》，上海古籍出版社2006年版，第365页。

③姚孝遂《古文字的符号化问题》，《古文字学论集初编》，香港中文大学1980年版，第110页。按：于省吾主编、姚孝遂按语编撰《甲骨文字诂林》中，姚孝遂再次重申了甲骨文“未见凤鸟之凤用”的观点。

④张秉权《殷墟文字丙编考释》下辑二，甲骨文献集成第4册，四川大学出版社2001年影印，第33页。

⑤罗振玉《殷虚书契考释》，甲骨文献集成第7册，四川大学出版社2001年影印，第38页。

⑥马银琴《风、风声、风刺以及〈风〉名的出现》，《清华大学学报》2017年第4期。

⑦徐协贞《殷契通释》，甲骨文献集成第34册，四川大学出版社2001年影印，第299页。

之由到底为何？

甲骨文“[illegible]”等字从“H（凡）”，一般的解释是“凤”字从“凡”得声，这的确解释得通。问题是“凤”为什么从“凡”得声？“凡字声之所在，即其主义之所在，此通例也。”[①]“凤”字应该与“H”义相关。[②]周策纵还指出：“单独一个凡字也可以有风的意义”，“它必与风有关”。[③]“H”是象形字，是“般”之初文也，写作“槃”或“盤”，即“盘”，后来假借为“凡”，并久借不归。但是，“H”的初义是什么？学界其实并没有厘清。有人认为，“H”的初义是祭器，后演变成祭名。[④]还有学者指出其形状为长方形[⑤]，实际上就是《说文》所谓的“承盘”，后来或称为端盘。在祭礼活动中，“H（盘）”既可以作为祭器盛放祭品，也可以作为巫觋舞蹈时手中的道具，也就是说，“H（盘）”跟与风有关的祭祀活动有关。周策纵认为：

> 从凤与凡的风字，很可能是指古代所谓“相风鸟”或“伺风鸟”的风标。[⑥]

他还提供了大量富有启发性的材料来力证以上观点：《三辅黄图》引南朝宋郭延生《述征记》曰：“长安宫南有灵台，高十五仞，上有浑仪，张衡所制。又有相风铜乌，遇风乃动。一曰：长安灵台，上有相风铜乌，千里风至，此乌乃动。”[⑦]西晋崔豹《古今注》称“司风鸟，夏禹所作”，东晋王嘉《拾遗记》载：

> 少昊以金德王。母曰皇娥，处璇宫而夜织，或乘桴木而昼游，经历穷桑沧茫之浦。时有神童，容貌绝俗，称为白帝之子，即太白之精，降乎水际，与皇娥宴戏，奏嬛娟之乐，游漾忘归。……帝子与皇娥泛于海上，以桂枝为表，结薰茅

①闻一多《释商》，《闻一多全集》(10)，湖北人民出版社 1993 年版，第 577 页。

②叶玉森认为“H”有时作“[illegible]（凤，指风）”的省文（《殷虚书契前编集释》一卷第 112 页下，转自《甲骨文字诂林》第 2844 页），容庚也曾疑“凡”为“风”之省文（《契》147 片考释），而姚孝遂则认为叶玉森释读有误，卜辞未见用“凡”为“风”者（《甲骨文字诂林》第 2849 页）。

③周策纵《古巫医与“六诗”考——中国浪漫文学探源》，上海古籍出版社 2009 年版，第 122 页。

④白玉峥《契文举例校读》，《中国文字》第八卷，第 34 册，第 3774—3776 页。

⑤李孝定编述《甲骨文字集释》（第六册），台北“中研院”历史语言研究所 1970 年版，第 1994 页。

⑥周策纵《古巫医与“六诗”考——中国浪漫文学探源》，上海古籍出版社 2009 年版，第 122 页。

⑦何清谷校注《三辅黄图校注》，三秦出版社 1995 年版，第 267 页。

为旌，刻玉为鸠，置于表端，言鸠知四时之候，故《春秋传》曰“司至”，是也。今之相风，此之遗象也。①

宋代高承《事物纪原》称“《黄帝内传》有相风乌制，疑黄帝始作之也”②，又引周迁《舆服杂事》称“相风，周公所造，即鸣鸢之象”③；但是，崔豹、王嘉等的说法不知所本，《三辅黄图》引《述征记》，高承所引《黄帝内传》《舆服杂事》均佚，《拾遗记》提及《左传》昭公十七年所载“司至”即“知四时之候”的玉鸠是预报节候的，与相风不是一回事。看来，秦汉以前文献尚未见到相风的记载，倒是汉代以来的文献屡见相风乌的记载，以至于南朝沈约《宋书》志第八礼五称相风乌是秦制而非古制。④不过，西汉时期《淮南子》提及的“俔”似与相风有关。《淮南子》“齐俗训”有“故终身隶于人譬，若俔（诸家引此作“綄”）之见风也”的话，汉代高诱注：“俔，候风者也，世所谓五两。”⑤各种文献载有相风器具的大致形状，如南朝萧统编《文选》录晋代郭璞《江赋》有“觇五两之动静”句，后注云：“凡候风法，以鸡羽重八两，建五丈旗，取羽系其巅，立军营中。”⑥又，晋代傅玄《相风赋》云：“昔之造相风者，其知自然之极乎？其达变通之理乎？上稽天道阴阳之运，表以灵乌，物象其类；下凭地体安贞之德，镇以金虎，玄成其气。风云之应，龙虎是从。观妙之征，神明所通。夫能立成器以占吉凶之先见者，莫精乎此。乃构相风，因象设形。蜿盘兽以为趾，建修竿之亭亭。体正直而无挠，度径挺而不倾，栖神乌于竿首，候祥风之来征。”⑦可见，相风器具是虎形底座上插竿，竿首置乌，乌有羽饰。

尽管周策纵所梳理关于相风的文献未见秦汉以前的，但是，近年的考古发现弥补了这一缺憾，并将测风工具的出现向前推进了一大步，也就否定了沈约关于相风为秦制而非古制的

①（晋）王嘉撰《拾遗记》，中华书局 1981 年版，第 12—13 页。

②（宋）高承撰，（明）李果订《事物纪原》，中华书局 1989 年版，第 108 页。

③同上，第 109 页。

④（梁）沈约撰《宋书》，中华书局 1974 年版，第 500 页。

⑤何宁撰《淮南子集释》，中华书局 1998 年版，第 809 页。

⑥（梁）萧统编，（唐）李善注《文选》，中华书局 1977 年版，第 188 页。

⑦（清）陈元龙编《历代赋汇》，凤凰出版社 2004 年版，第 642 页。

说法，而真的像崔豹等说的古已有之。

据刘昭瑞《候风鸟与相风鸟：关于绍兴三〇六号墓铜屋上柱与乌功能的讨论》，1981 年 11 月于浙江省绍兴市坡塘狮子山西麓发现的越国墓中出土一件铜屋，“屋顶作四坡攒尖式，上立一高七厘米、断面呈八角觚形铜柱，柱顶上一大尾鸟，作蹲伏状”，刘昭瑞断定该铜屋上的柱和鸟就是一种候风装置，并推断该墓的下葬年代为战国初期，而铜屋的时代可能还要早一些，即到春秋时期。[①] 另外，美国弗利尔美术馆藏良渚文化玉璧有以下纹饰：

①刘昭瑞《考古发现与早期道教研究》，文物出版社 2007 年版，第 368—369 页。

图二 浙江省绍兴市坡塘狮子山西麓越国墓出土铜屋

图三 良渚玉璧纹饰

饶宗颐将这些纹饰与以上浙江省绍兴市出土铜屋所立的鸟相提并论，并指出二者跟相风有关。[②] 其实，甲骨文中有一个“凤”字的形状与相风器类似。（图四）

图四 《英国所藏甲骨集》1858[③]

②饶宗颐《〈诗〉与古史：从新出土楚简谈玄鸟传说与早期殷史》，见沈建华编《饶宗颐新出土文献论证》，上海古籍出版社 2005 年版，第 3—19 页。

③李学勤、齐文心、艾兰《英国所藏甲骨集》，中华书局 1985 年版，第 350 页。

此字为鸟形，但并未如其他凤字鸟形部分为长尾，而是短尾。值得注意的是，此鸟就站在一柱上，与上引铜屋上的柱和鸟以及良渚玉璧纹饰相似。

可以说，“凤”字所拟之物应该是古人的测风装置，周策纵所谓“凤”是“风标”的判断是有道理的。认为“凤”字得形之由是凤鸟，“凤”字构形仅依据想象的说法是说不通的；“凤”字转借为风雨之“风”的缘由是凤鸟鼓翼生风的流行观点也是站不住脚的，原因就在于没有深入探寻“凤”字所拟之物的最初形状与功用。

商民族为何以鸟形为测风工具的主体，并为其加上神异的冠形符号？鸟能飞至高处，能最先感知风，伺风、测风工具以鸟为形就是再自然不过的事了。而且，正如前述，商民族是东夷集团的后裔，这是一个曾存在鸟崇拜或鸟崇拜文化遗存的部族。巫的工具是帮助其实现天地沟通的，商代用作祭祀的青铜器上往往一般绘有动物纹样，“动物纹样也代表着人类与其他世界沟通的使者”[①]，依此道理，鸟是地上的巫与天沟通的使者，自然可以助其伺风、测风甚至宁风。

①张光直《艺术、神话与祭祀——古代中国的政治权威之路》，北京出版社2016年版，第60页。

可以说，“凤”字造型源于巫文化中巫觋的测风工具，鸟形、冠形，且“”或“”、“”都是这个测风工具的组成部分，后拟此测风工具之形状所造的“”“”等字用以指自然界的风雨之“风”，也指商民族信仰中自然神——风神；“凤”指凤凰之“凤”反而是后来的事；而且，凤凰赋形的重要依据之一是鸟形测风工具，在巫术的思维里，测风工具就是风或风神。或者说，商民族的信仰中，风神就是鸟形，相风器具之所以制成鸟形就是拟风神之形，风雨之“风”直接所拟之形是相风器具，实际上是拟风神之形。

（2）甲骨“凤”字初义与商代的风崇拜

既然“凤”字初义为风雨之“风”，后借为凤凰之“凤”，从中国早期关于风的崇拜与祭祀中应该可以追寻一些凤凰崇拜的蛛丝马迹。

关于商代对于风的崇拜与祭祀，早在20世纪30年代，陈梦家就有深入研究与论述，当代学者常玉芝又进行了系统研究，而且，对于商民族的宗教信仰、宗教观念、宗教仪轨以及宗教文化已经形成了全面、深入的认识。商代信仰系统中的神祇分为最上层之上帝、中层天地间之自然神祇和祖先神、最下层之鬼魅世界。[①] 其中，“自然神祇包括天象气象气候神（如日、月、星、风、雨、旱、雷、云、虹、蜺、雪、寒、暖、雹诸神等）、陵岳山石神、水泽河川神、动物神、器物神、房屋建筑神、众方神或地域神”[②]。“商代的天帝不但是自然界的首脑，也是人间的主宰，对水旱灾害有收降的力量，影响人王祸福，并统辖一个由自然界诸神与使者所组成的帝廷。”[③] 风神是天帝的重要使者，替天帝管理诸多事务。《山海经》虽不像刘歆说的“出于唐虞之际”[④]，但保留有上古的材料与观念，提及天帝派鸾鸟管理天界与人间的事：

> 西南四百里，曰昆仑之丘，是实惟帝之下都，……有鸟焉，其名曰鹑鸟，是司帝之百服。[⑤]

鹑鸟是凤凰的一种，即赤凤。所谓百服即百物、百事之义。[⑥] 天帝是商民族的最高神灵，昆仑之丘是天帝在人间的居所，此地之物或许都由赤凤守护。鸾凤守护对象中最重要的是上帝的祭坛，《大荒东经》云：

> 有五采之鸟，相乡弃沙。惟帝俊下友。帝下两坛，采鸟是司。[⑦]

①宋镇豪《商代史论纲》，中国社会科学出版社2011年版，第335页。

②同上，第327—330页。

③张光直《中国青铜时代》，生活·读书·新知三联书店2013年版，第426页。

④袁珂校注《山海经校注》，北京联合出版公司2014年版，第399页。

⑤同上，第42页。

⑥同上，第43页。引郝懿行云：“鹑鸟，凤也。《海内西经》云，昆仑开明西北皆有凤皇，此是也。《埤雅》引师旷《禽经》曰：‘赤凤谓之鹑。’”又引郭璞云：“服，器服也；一曰，服，事也。或作藏。”又引郝懿行云：“或作藏者，百藏，言百物之所聚。”

⑦袁珂校注《山海经校注》，北京联合出版公司2014年版，第303页。

此五采之鸟就是鸾凤，《大荒西经》称："有五采鸟三名：一曰皇鸟，一曰鸾鸟，一曰凤鸟。"① 作为上帝使者的鸾凤守护的另一个重要对象是药草，《大荒南经》云：

①袁珂校注《山海经校注》，北京联合出版公司2014年版，第334页。

有巫山者，西有黄鸟。帝药，八斋。黄鸟于巫山，司此玄蛇。②

②同上，第311页。

晋代郭璞云："天帝神仙药在此也。"③ 此说甚是。《大荒南经》载：

③（晋）郭璞著，（清）郝懿行笺疏《山海经笺疏》，中国致公出版社2016年版，第401页。

大荒之中，……有云雨之山，有木名曰栾。禹攻云雨，有赤石焉生栾，黄本，赤枝，青叶，群帝焉取药。④

④同上，第319页。

此云雨之山应该就是上引的巫山，因朝为云暮为雨的瑶姬居于此而得名，这里明言巫山是上帝取药之处。黄鸟"司此玄蛇"就是指鸾凤守护药草，不让玄蛇偷吃。

"殷墟甲骨卜辞表明，殷人祭祀的自然神中的风神、云神、雨神、日神和四方神，这五种神灵应是殷人心目中天神上帝的五个臣、使。"⑤"气象诸神中，最受重视的，大概莫过于风、雨崇拜，并且被保留在后世国家级的最高祀典中。"⑥ 甲骨文载有对于风神的祭祀：

⑤常玉芝《商代宗教祭祀》，中国社会科学出版社2010年版，第68页。

⑥宋镇豪《商代史论纲》，中国社会科学出版社2011年版，第346页。

于帝史风，二犬。⑦

燎帝史风，牛。⑧

⑦⑧胡厚宣总编辑《甲骨文合集》（第5册），中华书局1982年版，第2040页。

在商民族的宗教观念中，风具有以下特点：其一，风与雨、云、日及四方神都是上帝的使臣，刮风还是不刮风是受上帝的指令。"在商人的心目中，天神上帝操纵着下雨与不下雨的大权；同时又表明商人不能祈求上帝下雨或不下雨，他们只能去揣测上帝是否命令下雨。卜辞中卜问下雨的辞例最多，因为下雨的多少，在什么时候下，在什么时候不下，都关系到殷人的生产与生活，因此，他们总是在战战兢兢地卜问，揣测着上帝的意志。”[①] 商民族关于风的宗教观念也适用此观念。其二，东南西北各方都有风神，各有其名，分别是劦、岂、彝、役。其三，风常常作祟，可以祭祀风神祈求其停息，即宁祭。甲骨文中的祭祀风神的动机有两类：一类是祈求来风降雨；另一类是祈求止风息雨。[②] 商族的观念中，风神经常作祟，卜辞称为“鳳（风）祸”，需要举行祭祀以祓除，卜辞称为“宁鳳（风）”。陈梦家指出，卜辞中的“”即“”（宁）字是祓禳于四方及风雨的专用祭名。“”字从“血”从“乎”，故祓禳风祟的方法：一是呼号，二曰血祭。[③]《尔雅·释天》：“祭风曰磔”，晋郭璞注云：“今俗当大道中磔狗云以止风，此其象。”[④] 可见，此祭法后代一直沿用。卜辞载祭风用犬，也有用羊、豕的。陈梦家这里是谈祭祀时用牲的方法；而就焚烧牲时用薪的方法而言，祭祀风神有禘、燎两种，焚烧时插薪的方法二者略有不同。[⑤]

①常玉芝《商代宗教祭祀》，中国社会科学出版社2010年版，第32页。

②宋镇豪《商代史论纲》，中国社会科学出版社2011年版，第348—349页。

③陈梦家《商代的神话与巫术》，《燕京学报》1936年12月，第546—547页。

④（晋）郭璞注，（宋）邢昺疏《尔雅注疏》，中华书局1980年版，第2610页。

⑤常玉芝《商代宗教祭祀》，中国社会科学出版社2010年版，第73页。

总之，一旦风雨之“风”借为凤凰之“凤”，凤凰文化自然接过了风神崇拜中视风神为上帝使臣的观念，凤凰也就被塑形为上帝的使者，替上帝行使管理职责。

二、凤凰作为“德”之监护者的形塑

商代拟鸟状测风工具之形造风雨之“风”字，周代转借为凤凰之“凤”字，并另造“風”字来称风雨之“风”。其实，“凤（）”字义由风雨之“风”向凤凰之“凤”的转变是有迹可循的。周初中方鼎铭文曰：

中乎归生凤于王。

这里的“凤”即凤凰。胡厚宣就曾指出：“周初去商不远，凤字用为凤鸟，则商代的凤，就不能说全借为风。”[①] 胡厚宣态度审慎，虽未明说“凤”字先指风雨之“风”后指凤凰之“凤”，但已经道出借凤凰之“凤”为风雨之“风”的观点的尴尬；不过，他强调的是，此用例中的“凤”指凤凰。如果此观点成立，则“凤”指凤凰已于商末周初开始了。

①胡厚宣《甲骨文商族鸟图腾的遗迹》，中国科学院历史研究所编《历史论丛》（第一辑），中华书局 1964 年版。

周人保留了凤凰作为上帝使者的身份，但大大剔除了其中的巫文化观念，并对其进行了人文主义改造，赋予其政治伦理，凤凰作为上帝使者的职责依然是传达天命，但是，将天命的依据由自然领域的变化无常和政治领域商民族独占的血统变成了内涵迥异的“德”。如果说商民族信仰的以鸟为形、作为上帝使者的自然神——风神主要表现为神性，那么，周代的凤凰成为了新理性——德性的监护者。这是凤凰作为中国古代政治文化表征的真正开端。

1. 以“德”为天命观念核心的产生

陈梦家认为：商民族的观念中，上帝的权能有善义与恶义两类，具体包括 16 个方面。[②] 这些权能可以归为两大类：一是支配气象，以影响人间祸福，基本上综合了原先人们所信仰的日、月、风、雨、云、雷等天上诸神对以农业为主的人类社会生活的影响力，并归于一个抽象的意志的作用；二是支配社会现象和支配社会统治者的神性。而且，商代上帝的神性，主要是满足人们提出的具体要求，人们还没有把它当作主动支配社会命运的中心力量来崇拜，跟社会道德、政治伦理的结合还不够突出，因此只是较初期阶段的产物。[③] 尽管上帝的权能有善恶两种性质（甲骨文写作若、不若，即善、不善），但他并没有善恶的主观，并不主动支配人间的祸福，更

②陈梦家归纳上帝权能：1. 令雨；2. 令风；3. 令𩃎（即云霞之气）；4. 降艰；5. 降祸；6. 降潦；7. 降食；8. 降若（顺、祥）；9. 帝若（允诺）；10. 授佑；11. 授年害年；12. 帝咎王；13. 帝佐王；14. 帝与邑；15. 官（忧）；16. 帝令。见《殷墟卜辞综述》，中华书局 1988 年版，第 562—571 页。

③朱天顺《中国古代宗教初探》，上海人民出版社 1982 年版，第 255—259 页。

不会干涉人间政权的更迭。在此观念背景下，作为祥瑞的凤鸟到人间传达上帝的旨意的神话是不可能出现的。

周人阐发的天命观念所依据的文化资源可以从商民族的原始宗教信仰中寻觅到蛛丝马迹。商民族原来只能匍匐在上帝面前，战战兢兢地揣测上帝喜怒哀乐的情绪，无所作为；人可以预报风向、风力乃至节候，甚至可以预测上帝刮风下雨的旨意，但似乎并不能预测政治。后期开始将原始宗教信仰与政治相联系，以人的政治作为来影响上帝，使其做出朝向有利于自己的改变。严格地说，原始宗教信仰中的巫术也是以人的行为来影响上帝以使其做出有利于人的改变，但那些行为是陈列丰厚的祭品、狂热的祭祀舞蹈以及一丝不苟执行祭祀仪轨等，而现在，执政者往往会追索上帝喜怒哀乐的动机，并归因于人的政治善恶，从而使上帝的命令有了价值的意义。汉代司马迁《史记·殷本纪》载有一次祭祀活动中飞雉登鼎耳而鸣的事，当事人对于这一现象的解释体现出了这种转变：

> 帝武丁祭成汤，明日，有飞雉登鼎耳而呴，武丁惧。祖己曰："王勿忧，先修政事。"祖己乃训王曰："唯天监下典厥义，降年有永有不永，非天夭民，中绝其命。民有不若德，不听罪，天既附命正厥德，乃曰其奈何。呜呼！王嗣敬民，罔非天继，常祀毋礼于弃道。"武丁修政行德，天下咸欢，殷道复兴。帝武丁崩，子帝祖庚立。祖己嘉武丁之以祥雉为德，立其庙为高宗，遂作《高宗肜日》及《训》。[①]

①（汉）司马迁撰《史记》，中华书局2013年版，第133—134页。

商民族认为鸟可以降祸为祟，据《尚书·高宗肜日》，飞雉登鼎耳而鸣叫是事出有因，唐代孔颖达解释说："祭祀有常，谓牺牲、粢盛、樽彝、俎豆之数，礼有常法，不当特丰于近庙，谓牺牲礼物多也。祖己知高宗丰于近庙，欲王因此雊雉之异，服罪改修以从礼耳。”[①] 商王武丁面对雉登鼎耳而鸣叫时产生的恐惧是商民族自古以来匍匐于上帝面前的宗教情绪的表露。但是，贤臣祖己的解读虽仍是就祭祀仪轨本身而言，但他将其进行了引申，将人对于上帝情绪的恐惧导向人文精神的方向。祖己没有否定飞雉作为上帝使者传达上帝命令的观念，重要的是，他强调人可以“修政事”来改变上帝的决定，更重要的是，他将上帝命令的依据又交还给人，即人是否若德（顺德）、是否听罪（服罪），还将这个标准以“义”字来称呼。学界一般认为天命观是周人阐发的，但是，何炳棣极力主张“天命至少可上溯到商代中期的盘庚”[②]，的确《尚书·盘庚》已有“天命”一语及相关表述，但是，学界所说的天命观是一种价值观，“以顺‘天命’为合乎‘正义’。再进一步，则以人所肯定之‘正义’，转而视为合于‘天命’者”。[③]《尚书·盘庚》之“天命”“命”有“命令义”[④]，却不关乎价值，不涉及正义。不过，再来看祖丁以人的行为是否得当（义）作为上帝惩罚与否的依据，已经是天命观的萌芽了。[⑤]

“周人以蕞尔小邦，国力远逊于商，居然在牧野一战而克商。周人一方面对如此成果有不可思议的感觉，必须以上帝所命为解，另一方面又必须说明商人独有的上帝居然会放弃对商的护佑，势须另据血缘及族群关系以外的理由，以说明周之膺受天命。”[⑥] 周人阐发天命观时，一方面强调天命不易，必须尊崇；一方面强调“天命靡常”，不可为恃。郭沫若说：“周人一面在怀疑天，一面又在仿效着殷人极端地尊崇天……凡是极端尊崇天的说话是对待着殷人或殷的旧时的属国说的，而有怀疑天的说话是周人对着自己说的。”[⑦] 虽可以说周公对天命做出了权宜的解释，倒不如说周公的天命观更强调人的作用，“一切固保天命的方案，皆明言在人事之中”[⑧]，也就是说天命自是上帝的意志，但上帝的意志是以人的善恶为转移的。就政权

①（汉）孔安国传、（唐）孔颖达正义《尚书正义》，上海古籍出版社 2007 年版，第 380 页。

②何炳棣《何炳棣思想制度史论》，中华书局 2017 年版，第 103 页。

③劳思光《新编中国哲学史》（一），生活·读书·新知三联书店 2015 年版，第 75 页。

④劳思光指出：“命”一指出令，一指限定。前者可称为“命令义”，后者可称为“命定义”。（《新编中国哲学史》（一），生活·读书·新知三联书店 2015 年版，第 74—75 页）

⑤关于天命观，天命观的流变，学界讨论得很多，如顾立雅《释天》、傅斯年《性命古训辨证》、郭沫若《先秦天道观之进展》、劳思光《新编中国哲学史》第二章第三节“附论原始信仰：命观念”、许倬云《西周史》第三章第四节“周人的天命”、何炳棣《“天”与“天命”探原》、陈来《古代宗教与伦理》第五章“天命”等。

⑥许倬云《西周史》，生活·读书·新知三联书店 2012 年版，第 116—117 页。

⑦郭沫若《青铜时代》，科学出版社 1960 年版，第 20 页。

⑧傅斯年《性命古训辨证》，《傅斯年全集》（第二卷），湖南教育出版社 2003 年版，第 585 页。

的归属而言，上帝不会永远无条件地眷顾一家一姓，而是会根据执政者的行为做出调整，或惩罚或庇佑。周公的意思是，小国周取代大邑商是上帝的旨意，是不易之天命，同时，周人不能指望上帝的旨意永远不改，周人的所作所为配得上上帝的眷顾，才能固保天命。《诗经·文王》所谓“天命靡常”，“聿修厥德。永言配命，自求多福”，[1]《左传》僖公五年引《逸书》所谓“皇天无亲，惟德是辅”[2]就是这个意思。

①(汉）毛亨传、郑玄笺、（唐）孔颖达疏《毛诗注疏》，上海古籍出版社2013年版，第1380页。

②杨伯峻编著《春秋左传注》，中华书局1990年版，第309页。

周政权在武王灭商特别是武王去世之后成王执政时期，依然面临殷商旧族及其联盟的反抗，以及周人内部的叛乱，政权合法性成为摆在辅政者周公面前最为紧迫的问题，周公在一系列针对不同对象发布的诰令中阐发的天命观就是为了解决这一问题。傅斯年曾概说天命观背后的政治动机：

> 以此说（引者注：天命）说殷遗，将以使其忘其兴复之思想，而为周王之荩臣也；以此说说周人，将以使其深知受命保命之不易，勿荒逸以从殷之覆辙也；以此说训后世，将以使其知先人创业之艰难，后王守成之不易，应善其人事，不可徒依天恃天以为生也。[3]

③傅斯年《性命古训辨证》，《傅斯年全集》（第二卷），湖南教育出版社2003年版，第579页。

天命思想包括两个层面：一是君权神授，一是以德配天；一面告诫殷遗，一面勉励周人；既强调了周取代商的合法性，又强调了周人恰当执政的必要性与紧迫性。“商人的神对商人有必须眷顾的理由，不必有道德的标准为给予佑护的要求。”[4]“凡早期各氏族中所崇拜的神全是属于本氏族的，没有超氏族的。超氏族的神或帝的出现是相当晚的。商、周之交恐怕正是氏族神和超氏族神嬗变的时期。”[5]也就是说，商人的神是族群专有的守护者，并非超氏族的。周人天命观念就是建立于氏族神向超氏族神过渡的阶段，这个过程中，首先打破商族独享上帝

④许倬云《西周史》，生活·读书·新知三联书店2012年版，第116页。

⑤徐旭生《中国古史的传说时代》，广西师范大学出版社2003年版，第235页。

佑护的权力，将上帝改造成超氏族神；其次，为神灵的佑护设定前提条件——“德”，即有德者才能得到上帝的佑护；第三，周人是被天神挑选出来的（见《诗经·大雅·皇矣》）。如此一来，商民族独占的守护神变成了“德”的守护神。周人在种种场合批评纣王失德（见《诗经·大雅·荡》），同时宣扬周文王及其后代的德政、德行（见《诗经·大雅·文王》），以正统自居，以天子自居。

以“德”为依据的天命观的重要性不仅在于证明了周取代商的合法性，还在于在政治伦理层面将天命与德行、民意相结合。自此以后，“中国的朝代更易，必须引征天命”[①]，如何示人以天命，便成了新上台的执政者费尽心机的事情。

2. 凤凰成为天命的文化表征

让凤凰来传达政权更迭的天命是周人的创造。周人自称其代商取得天下是天命所归，而且天神曾派使者传达其旨意。先秦文献屡见这个说法，如《墨子·非攻》：“赤乌衔珪，降周之岐社。曰：天命周文王伐殷有国。”[②]《吕氏春秋·应同》：“及文王之时，天先见火赤乌衔丹书集于周社。”[③]《国语·周语》：“周之兴也，鸑鷟鸣于岐山。”[④]起初，这些文献所载充任天神的使者或为赤乌，或为赤雀，或为凤凰，并不统一，后来逐渐集中于凤凰，凤凰成为传达政权更迭之天命的使者。应该说从周初开始，的确盛行一个传说：凤凰曾降临周族故地岐山来传达周代商执政的天命，而天命的逻辑是执政者之“德”。《逸周书》“王会篇”也曾载西申献凤鸟于周，并指出凤鸟“归有德”[⑤]，晋代郭璞称此事发生周初成王时期[⑥]。

《诗经》的雅、颂部分使用“命”字的频率较高，也屡用“天命”一词，大谈文王乃至武王、成王“受命”“配命”，充分体现了君权神授、以德配天的天命观，其中，《大雅·卷阿》就是以天命观为主要内容的凤凰文化背景下产生的一篇早

①许倬云《西周史》，生活·读书·新知三联书店2012年版，第124页。

②吴毓江撰《墨子校注》，中华书局1993年版，第221页。

③许维遹撰《吕氏春秋集释》，中华书局2009年版，第284页。

④徐元诰撰《国语集解》，中华书局2002年版，第29页。

⑤黄怀信、张懋镕、田旭东撰《逸周书汇校集注》，上海古籍出版社2007年版，第858页。

⑥（晋）郭璞著，（清）郝懿行笺疏《山海经笺疏》，中国致公出版社2016年版，第59页。

期诗歌：

有卷者阿，飘风自南。岂弟君子，来游来歌，以矢其音。

伴奂尔游矣，优游尔休矣。岂弟君子，俾尔弥尔性，似先公酋矣。

尔土宇昄章，亦孔之厚矣。岂弟君子，俾尔弥尔性，百神尔主矣。

尔受命长矣，茀禄尔康矣。岂弟君子，俾尔弥尔性，纯嘏尔常矣。

有冯有翼，有孝有德，以引以翼。岂弟君子，四方为则。

颙颙卬卬，如圭如璋，令闻令望。岂弟君子，四方为纲。

凤皇于飞，翙翙其羽，亦集爰止。蔼蔼王多吉士，维君子使，媚于天子。

凤皇于飞，翙翙其羽，亦傅于天。蔼蔼王多吉人，维君子命，媚于庶人。

凤皇鸣矣，于彼高冈。梧桐生矣，于彼朝阳。菶菶萋萋，雍雍喈喈。

君子之车，既庶且多。君子之马，既闲且驰。矢诗不多，维以遂歌。

虽然无法断定《卷阿》就是创作于周初，但可以断定不会晚于春秋中期。历来对于此诗的本事解读还算比较一致：周天子率群臣出游卷阿。《竹书纪年》载："三十三年，（成）王游于卷阿，召康公从。"[①] 即使《竹书纪年》所载此则材料不是先秦史官的记载而是后人据《卷阿》进行的杜撰，也说明这个传说的影响力。诗的前一部分基本采用赋法，称颂君王的品德；诗

①王国维《今本竹书纪年疏证》，方诗铭、王修龄撰《古本竹书纪年辑证》（修订本），上海古籍出版社 2005 年版，第 247 页。

的第二部分采用起兴，以凤凰飞舞、鸣叫，百鸟追随、和鸣，兴起并隐喻群臣从游君王的盛况。

首先值得注意的是，该诗的作者是信奉天命观的，诗句“尔受命长矣”即是明证；其次，将凤凰与圣王联系起来，显然是凤凰传达盛世、圣王降临之天命的信仰的遗存。后来的诠释将此诗与周的兴起并代商执政联系起来也就不奇怪了。三国韦昭注《国语》“周之兴也，鸑鷟鸣于岐山”云：“三君云：鸑鷟，凤之别名也。《诗》云‘凤凰鸣矣，于彼高冈’，其在岐山之脊乎。”[①] 就是将《卷阿》中的凤凰与《国语》所载预示周族兴起的凤鸣岐山联系起来。关于《卷阿》的诗旨，汉代《毛诗序》认为是“召康公戒成王也，言求贤用吉士也”[②]，南宋朱熹《诗集传》认为是“（召康）公从成王游，歌于卷阿之上，因王之歌而作此以为戒”[③]，也就是说，是召康公从游周成王，借机劝诫成王重用贤臣。清代方玉润又略有补充，认为是“称颂中有劝诫”[④]。其实，牵入召康公没有依据，更谈不上召康公诫成王之说；称颂和劝诫是一体两面，也没有必要纠结是此还是彼的问题。《韩诗外传》述及此诗本事，上溯至黄帝，也不可信。

《卷阿》传达的更重要信息是对于“德”的强调。方玉润就认为《卷阿》“前半写君德，后半喻臣贤”[⑤]，后半部分“忽题凤凰，以颂贤臣”。应该说《卷阿》的语义场包括以下几个层面：其一，周王执政，天命所归，天命的内在逻辑是君明臣贤。可以说，《卷阿》描写了群臣从游周王的盛况来赞美周王礼贤下士的品德，实际上也赞美君王合理执政，群贤归附的盛世。其二，凤凰降临传达天命，同时以凤凰喻明君，以百鸟喻贤臣。郑玄说：“凤皇往飞翙翙然，亦与众鸟集于所止。众鸟慕凤皇而来，喻贤者所在，群士皆慕而往仕也。因时凤皇至，因以喻焉。”[⑥] 细绎其意，郑玄似是以凤凰喻召康公，以众鸟

①徐元诰撰《国语集解》，中华书局2002年版，第29页。

②（汉）毛亨传、郑玄笺，（唐）孔颖达疏《毛诗注疏》，上海古籍出版社2013年版，第1636页。

③（宋）朱熹注《诗经集传》，上海古籍出版社1987年版，第135页。

④⑤方玉润撰《诗经原始》，中华书局1986年版，第522页。

⑥（汉）毛亨传，郑玄笺，（唐）孔颖达疏《毛诗注疏》，上海古籍出版社2013年版，第1644页。

喻群士，实在是画蛇添足。方玉润说凤凰就是喻贤臣，也与诗之上下文不符。郑玄、方玉润等的解释都是因为掺入了一个召康公，思维受到限制。

在《卷阿》的语义场中，凤凰既是天命的传达者，又是君德的隐喻，凤凰与君德的联系明晰起来。凤凰传达天命的合理性在于君王的品德，这个品德的主要内涵是任用贤能。这是一种新的政治伦理。

随着以预言盛世、圣王出现为内涵的凤凰形象深入人心，表现于青铜器的铸造就是凤纹时代的来临。瑞典汉学家高本汉早就指出，自西周初开始，青铜器纹饰中曾占主导地位的饕餮纹几乎全部消失[①]；随之出现日本著名文字学家白川静、中国当代考古学家马承源等学者所说的凤纹时代。白川静所谓大凤纹时代就是昭穆时期，此时期的“彝器之文样大多使用凤文”，“饕餮及其他古老文样逐渐隐没”。[②] 马承源也注意到这一现象，他说：

①转自张光直《中国青铜时代》，生活·读书·新知三联书店 2013 年版，第 413 页。

②(日) 白川静《金文的世界：殷周社会史》，联经出版事业公司 1989 年版，第 73 页。

> 在青铜器上，虽然商代早期和中期已有变形的鸟纹，但常布置在纹饰中次要的背衬地位，四羊方尊上的凤纹和凤纹方尊是殷墟晚期前段颇为罕见的纹饰。殷墟晚期兽面纹斝的双柱是透雕花冠垂背的主体凤形。到了商末周初及至西周中期昭、穆之时，青铜器纹饰中凤鸟纹大量出现，西周早期到穆王、恭王，有人称之为凤纹时代。[③]

③马承源《中国青铜器》，上海古籍出版社 1988 年版，第 332 页。

白川静细致描述了这些青铜器的凤文：

> 凤文早在殷器的时代就已经出现；原来的凤文概皆用带文，长身垂尾；到后来，有的身尾分开，作分尾形；有的在彝或方尊之上，为配合器形，把鸟身作得较高。但是器体全

身覆以大凤文的形式，则要至昭穆期才出现。其中以头部上有冠饰，前附垂啄，而且转首回视作顾凤之形占多数。[①]

马承源则对凤纹进行了更加细致的分类描述[②]，此不赘述。关于凤纹时代出现的原因，白川静归结为称扬祖业的祭祀的盛行：

原来殷周期铜器之文样，如饕餮、虺龙等，主要把源自古老信仰的精灵观念作为实现之宗旨而产生的；然至昭穆期，称扬祖业的礼教思想流行起来，取代了先期的精灵观念，因而以鸟形灵直接与祖灵结合的意义正好符合当时祭器之用的凤文就大行其道了。[③]

白川静语焉不详，但大意是：基于自然崇拜的自然神祭祀逐渐淡出人们的信仰，而基于祖先崇拜的祖神祭祀日渐重要并流行。这种变化可能还不是突然发生的，而是经历了一个缓慢的过程，需要上溯至商代后期的宗教信仰。当代甲骨学家董作宾曾指出商代后期执政者根据信仰观念可以分为两派：其一是旧派，祭祀先公先臣及自然神；其二是新派，只祭祀先王祖灵。武丁时代代表旧派，祭祀对象极为庞杂，卜问的问题也无所不包。祖甲时代代表新派，祭祀对象限于先王，连世系遥远的先公也排除在整齐划一的祭祀礼仪之外，更不要说先臣及种种自然神了。[④]在此背景下，祖灵祭祀逐渐确立，上帝成为一个极具族群独占的守护神而不是普遍的裁判者，并与祖神相结合。[⑤]周初，祖灵祭祀风行，称扬祖先的功德，成为上至天子下至王室的基本人伦。彝器纹样的选择具有宗教意义，所谓“协于上下，以承天休”[⑥]，就是协助沟通人神。基于自然崇拜的祭祀中，那些协助沟通人神的动物五花八门，反映于青铜器的纹样，

①(日）白川静《金文的世界：殷周社会史》，联经出版事业公司 1989 年版，第 78 页。

②马承源《中国青铜器》，上海古籍出版社 1988 年版，第 332—333 页。

③(日）白川静《金文的世界：殷周社会史》，联经出版事业公司 1989 年版，第 81 页。

④董作宾《甲骨学六十年》，转自许倬云《西周史》，生活·读书·新知三联书店 2012 年版，第 124 页。

⑤许倬云《西周史》，生活·读书·新知三联书店 2012 年版，第 126 页。

⑥杨伯峻编著《春秋左传注》，中华书局 1990 年版，第 671 页。

可以分为两类："一是其与自然界中存在的动物的关系可以明显看出来的，如犀、鸮、兔、蝉、蚕、龟、鱼、鸟、象、鹿、蛙、牛、水牛、羊、熊、马和猪；一是其与自然界中存在的动物的关系不能明显地看出而需要使用古文献里的神话中的动物名称来指称的。后者中比较常见的如下：饕餮……肥遗……夔……龙……虬。"[①] 自然崇拜退隐的同时，这些动物纹样在青铜器中也随之减少；而凤凰在周代商而立的过程中被有意无意形塑并定格为天命的传达者，使其成为周初以来的青铜器纹样选择的重要对象，加上祖先祭祀风行，大量彝器制作，便出现了一大批凤纹青铜器。周代彝器大量采用凤纹既是对天命的宣扬，也是对周人执政合法性的宣扬。

①张光直《商周青铜器上的动物纹样》，《中国青铜时代》，生活·读书·新知三联书店2013年版，第438—440页。

周初以来，凤凰崇拜的直接动因是称颂盛世、圣王的德行，实质是以君权神授、以德配天为主要内容的天命观日渐深入人心，凤凰在传达天命的过程中成为最为重要的祥瑞，也成为新政治伦理"德"的监护者。《论语·子罕》载孔子"凤鸟不至，河不出图，吾已矣夫"的话，是未能躬逢盛世的哀叹，强化了凤凰作为盛世之文化表征的地位，对于凤凰守护的盛世的艳羡实际是表达对君王德行的吁求。因此，凤凰作为祥瑞传达的既是君王执政的合法性，也张扬了其监护的"德"，只是"德"的内容到底是什么，有待通过阐释不断丰富。

在先秦文献中，凤凰出现频率最高的是《山海经》，鸾凤出现十余次，还有以鹓鸟、翳鸟、黄鸟之名出现上十次，可见其中残留一批有关凤凰崇拜的材料。鸾凤所居的空间叫沃野，沃野作为一个理想的政治空间蕴含的政治伦理与周代以"德"为核心内容的新政治伦理是相通的。也许可以说，《山海经》中的这些材料与周人的政治理想境界有关。《海外西经》首先提及沃野，即：

穷山在其北，不敢西射，畏轩辕之丘。在轩辕国北。其丘方，四蛇相绕。此诸夭之野，鸾鸟自歌，凤鸟自舞；凤皇卵，民食之；甘露，民饮之，所欲自从也。百兽相与群居。在四蛇北。其人两手操卵食之，两鸟居前导之。[1]

[1]袁珂校注《山海经校注》，北京联合出版公司2014年版，第202页。

“诸夭之野”即沃野。又《大荒西经》也描述了沃野，即：

西有王母之山、壑山、海山。有沃之国，沃民是处。沃之野，凤鸟之卵是食，甘露是饮。凡其所欲，其味尽存。爰有甘华、甘柤、白柳、视肉、三骓、璇瑰、瑶碧、白木、琅玕、白丹、青丹，多银、铁。鸾凤自歌，凤鸟自舞，爰有百兽，相群是处，是谓沃之野。[2]

[2]同上，第335页。

既然一处在海外，一处在大荒，那么沃野一词并非特指某一处，而是一个普通名词，泛指那些富饶的地方。《山海经》凡是提及富饶之处，虽不一定称沃野，但那里往往有鸾凤栖息，甚至自歌自舞。如：

又东五百八十里，曰南禺之山，其上多金、玉，其下多水。有穴焉，水出辄入，夏乃出，冬则闭。佐水出焉，而东南流注于海，有凤皇、鹓雏。[3]

[3]同上，第17页。

西南三百里，曰女床之山，其阳多赤铜，其阴多石涅，其兽多虎、豹、犀、兕。有鸟焉，其状如翟而五采文，名曰鸾鸟，见则天下安宁。[4]

[4]同上，第31页。

又东北二百里，曰轩辕之山，其上多铜，其下多竹。有鸟焉，其状如枭而白首，其名曰黄鸟，其鸣自詨，食之不妒。[5]

[5]同上，第82页。

开明西有凤皇、鸾鸟，皆戴蛇践蛇，膺有赤蛇。开明北有视肉、珠树、文玉树、玗琪树、不死树，凤皇、鸾鸟皆戴瞂。又有离朱、木禾、柏树、甘水、圣木曼兑。一曰挺木牙交。[①]

有臷民之国。帝舜生无淫，降臷处，是谓巫臷民。巫臷民朌姓，食谷，不绩不经，服也；不稼不穑，食也。爰有歌舞之鸟，鸾鸟自歌，凤鸟自舞。爰有百兽，相群爰处。百谷所聚。[②]

西南黑水之间，有都广之野，后稷葬焉。爰有膏菽、膏稻、膏黍、膏稷，百谷自生，冬夏播琴。鸾鸟自歌，凤鸟自儛，灵寿实华，草木所聚。爰有百兽，相群爰处。此草也，冬夏不死。[③]

①袁珂校注《山海经校注》，北京联合出版公司2014年版，第261—262页。

②同上，第316页。

③同上，第374页。

沃野有金玉、百谷、草木以及百兽，药石琳琅满目，百谷自生，草木不死，百姓可以“不绩不经”却有衣物可供穿戴，“不稼不穑”却有百谷可供食用，其中最重要的物产是鸾凤，鸾凤可以为民众提供凤卵作为食物，还与群居于此的百兽相安无事，永远处于栖止状态，总在自歌自舞。沃野是一个富饶、安宁的空间，鸾凤是这里的守护者，自然也就是“天下和”“天下安宁”“天下大穰”的征兆。因此，汉代许慎《说文》释“凤”字称凤凰“见则天下大安宁”[④]，即源于以凤凰为盛世表征的观念。

④(汉)许慎撰，(宋)徐铉校定，愚若注音《注音版说文解字》，中华书局2015年版，第73页。

三、凤凰作为理想人格的形塑

君权神授、以德配天的天命观不仅对于执政者的德行提出了要求，同时也引导知识阶层思考社会个体的理想人格。在孔子系统阐述君子内涵之前，诸如臧文仲、叔向、子产等都从不同侧面或层面阐述君子的内涵，如正、直、仁、义等，这些都成为孔子阐述其君子观的资源。[⑤]随着孔子及儒家后学的不断

⑤陈来《古代思想文化的世界：春秋时代的宗教、伦理与社会思想》，生活·读书·新知三联书店2002年版，第292—314页。

丰富和完善，君子成为儒家的理想人格；同时，道家、骚人也利用这一文化资源来建构和形塑其理想人格。

日本学者家井真指出："从《诗经》《书经》的用例中可以知道，上古时期的'君子'是对周王朝贵族统治者的一种身份称谓，也是对体现一定生活行为方式（贵族文化）的王、侯、卿、大夫、主人、贤者等人群的美称。然而，随着以孔子为代表的原始儒家思想在道德、文化方面的主导地位的不断加强，'君子'一词逐渐演变为对具有儒教德性、教养，人格高尚者的指称。"①《左传》也有大量君子的用例，正如傅道彬指出：《左传》所呈现的君子人格：以仁爱忠信为核心的道德追求，以谦敬辞让为规范的礼仪风度，以诗书经典为基础的知识修养，以勇武敏行为追求的英雄气度。②显然，《卷阿》以凤凰喻指的"君子"不仅是指周王朝贵族，而且将此"君子"导向以道德为主的内涵，凤凰就成为君子的文化表征。《卷阿》明确显示出通过形塑凤凰来建构理想人格的方向。

孔子将天命观中对于君王德行的要求转换为对于士人德性的要求，赋予"知天命"以道德、政治实践的担当和进取精神，建构起君子人格的合理性。《论语·子罕》开篇就说"子罕言利，与命，与仁"③，还以"知命"作为君子人格的本质，即"不知命，无以为君子也"（《尧曰》）④，还曾说"君子有三畏：畏天命，畏大人，畏圣人之言"（《季氏》）⑤，"五十而知天命"（《为政》）⑥。学界已经认识到孔子所谈论的"命"包含着有限性和可能性⑦两个方面：清人刘宝楠曾指出"天命兼德命、禄命言，知己之命原于天，则修其德命"，并将德命定性为"修己安人安百姓之学"⑧；史华兹区分"命"为宿命和使命，而"知天命"就是"对于力所不能及的东西，以及真正属于他的自主行动领域内的东西有了清楚的理解"，并指出"'命'被一般性地运用于人类时——它首先被运用于君子身

①（日）家井真著，陆越译《〈诗经〉原意研究》，江苏人民出版社2012年版，第219页。

②傅道彬《中国文学的君子形象与"君子曰"的思想话》，《文学评论》2018年第4期。

③李泽厚《论语今读》，生活·读书·新知三联书店2004年版，第243页。按，《墨子·公孟》曾批评儒家"以命为有"，可见孔子并非不言"命"；又宋代史绳祖《学斋佔毕》："子罕言者，独利而已。当以此四字为句作一义。曰命曰仁，皆平日所深与，此当别作一义。与，如'吾与点也''吾不与也'等字之义。"此从。

④杨伯峻译注《论语译注》，中华书局1980年版，第211页。

⑤同上，第177页。

⑥同上，第12页。

⑦李泽厚《论语今读》，生活·读书·新知三联书店2004年版，第52页。

⑧（清）刘宝楠撰《论语正义》，国学整理社诸子集成本，中华书局2006年版，第360页。

上——尤其指的是要他去实现其道德性、政治性使命的‘人格性的命令’”[①]。孔子将寿夭、穷通都归因于命，即“亡之，命矣夫！斯人也而有斯疾也”（《雍也》）[②]，“道之将行也与，命也；道之将废也与，命也”（《宪问》）[③]，此所谓“命”仅就人的“有限性”一面而言，相当于刘宝楠所谓“禄命”、史华兹所谓“宿命”。如果作为君子人格本质的“知命”仅是“知道这些东西是不可求的，便不必枉费心思”[④]，显然不符孔子心目中的君子人格。那么，该如何理解孔子的“畏天命”“知命”“知天命”？孔子所谓“命”还有人的“可能性”这个更重要的一面，也就是刘宝楠所谓德命、史华兹所谓使命。徐复观解释“畏天命”“知天命”为“出之以敬畏、承当的精神”“证知了道德的超经验性”[⑤]，是有道理的。寿夭、穷通属于天定，人只能被动接受，正可谓宿命；而徐复观所说的证知道德的超经验性，刘宝楠所说的“修己安人安百姓之学”本属于人为的，恰是人的“自主行动领域”，的确可谓“道德性、政治性使命”，为何说成是天之所命呢？孔子并非否定人的自主性，而是强调“道德性、政治性使命”对于人而言的神圣性和普遍性，从而使其具有人性的价值和地位。因此，孔子将“畏天命”“知命”“知天命”作为君子人格的核心，是强调君子的担当和进取精神，正如《国语·晋语九》所谓“君子哀无人，不哀无贿；哀无德，不哀无宠；哀名之不令，不哀年之不登”[⑥]。孔子的贡献在于，将天定的、有限的寿夭、穷通悬置起来，存而不论，而将人的自主的、可能的道德、政治实践的一面注入天命，将其普泛化为人性，并作为君子人格的本质。同时，孔子继承周初以凤凰作为“明王”预示的观念，还将凤凰降临与否，跟“明王”出现与否、士人的穷与通联系起来。《论语·子罕》载孔子曾哀叹：“凤鸟不至，河不出图，吾已夫矣！”[⑦]当孔子发出“吾已夫矣”的哀叹，固然是哀叹年寿将尽，也是哀

①(美）史华兹《古代中国的思想世界》，江苏人民出版社2004年版，第123页。

②杨伯峻译注《论语译注》，中华书局1980年版，第58页。

③同上，第157页。

④徐复观《中国人性论史》，华东师范大学出版社2005年版，第53页。

⑤同上，第53—54页。

⑥徐元诰撰《国语集解》，中华书局2002年版，第453页。

⑦杨伯峻译注《论语译注》，中华书局1980年版，第89页。

叹功业未就，流露出道德和政治实践的紧迫感，从孔子“明王不兴，而天下其孰能宗予”（《礼记·檀弓上》）[①] 的感叹可以窥见他赋予自己的责任。《论语·微子》载：“楚狂接舆歌而过孔子曰：‘凤兮凤兮！何德之衰？往者不可谏，来者犹可追。已而，已而！今之从政者殆而！’”[②] 接舆道破了“凤鸟不至”，“明王不兴”，孔子生不逢时，功德未竟的窘境，实际上将凤凰与政权更迭关联的链条上加入了士人穷通的环节。总之，孔子将天命的指向由君王的德行转换为士人的德性，相应地，凤凰由“明王”的预示转换成君子人格的表征。

①王文锦译解《礼记译解》，中华书局 2016 年版，第 86 页。

②杨伯峻译注《论语译注》，中华书局 1980 年版，第 193 页。

《山海经》将凤鸟形态与仁、义等德目一一对应起来，将君子人格赋形为凤凰并逐渐定型。《南山经》载：

> 又东五百里，曰丹穴之山，其上多金、玉。丹水出焉，而南流注于渤海。有鸟焉，其状如鸡，五采而文，名曰凤皇，首文曰德，翼文曰义，背文曰礼，膺文曰仁，腹文曰信。是鸟也，饮食自然，自歌自舞，见则天下安宁。[③]

③袁珂校注《山海经校注》，北京联合出版公司 2014 年版，第 14—15 页。

又，《海内经》载：

> 有鸾鸟自歌，凤鸟自舞。凤鸟首文曰德，翼文曰顺，膺文曰仁，背文曰义，见则天下和。[④]

④同上，第 383—384 页。

另外，《逸周书》“王会篇”也曾明确将凤鸟与仁、义、信等伦理联系起来，即“西申以凤鸟，凤鸟者，戴仁、抱义、掖信，归有德”[⑤]。再就是《太平御览》录《庄子》佚文载老子的话：

⑤黄怀信、张懋镕、田旭东撰《逸周书汇校集注》，上海古籍出版社 2007 年版，第 858 页。

> 老子见孔子，从弟子五人。问曰：“前为谁？”对曰：“子路，勇且多力。其次子贡，为智，曾子为孝，颜回为

> 仁，子张为武。”老子叹曰：“吾闻南方有鸟，名为凤。所居积石千里，天为生食。其树名为琼枝，高百仞，以璆琳、琅玕为宝。天又为生离朱，一人三头递起，以伺琅玕。凤鸟之文，戴‘圣’婴‘仁’，右‘智’左‘贤’。”[①]

①（宋）李昉编纂《太平御览》第八卷，河北教育出版社 1994 年版，第 323 页。

也是将凤凰的形态与伦理相联系。由这些先秦材料可以见出，将凤凰与理想人格以及政治伦理相联系是当时的普遍知识。至汉代，韩婴《韩诗外传》论及《卷阿》的本事时溯至黄帝，即：

> 黄帝即位，施惠承天，一道修德，惟仁是行，宇内和平，未见凤凰，惟思其象。夙寐晨兴，乃召天老而问之曰：“凤象何如？”天老对曰：“夫凤之象，鸿前而麟后，蛇颈而鱼尾，龙文而龟身，燕颔而鸡啄，戴德负仁，抱中挟义。小音金，大音鼓。延颈奋翼，五彩备明。举动八风，气应时雨。食有质，饮有仪。往即文始，来即嘉成。惟凤为能通天祉，应地灵，律五音，览九德。天下有道，得凤象之一，则凤过之。得凤象之二，则凤翔之。得凤象之三，则凤集之。得凤象之四，则凤春秋下之。得凤象之五，则凤没身居之。”黄帝曰：“于戏！允哉！朕何敢与焉。”于是黄帝乃服黄衣，带黄绅，戴黄冕，致斋于中宫。凤乃蔽日而至。黄帝降于东阶，西面，再拜稽首曰：“皇天降祉，敢不承命！”凤乃止帝东园，集帝梧桐，食帝竹实，没身不去。[②]

②（汉）韩婴撰，许维遹校释《韩诗外传集释》，中华书局 1980 年版，第 277—279 页。

此则材料亦见于略晚的刘向《说苑·辨物》。材料提及天老对“凤象”的全方位形态、习性的描述倒很能代表儒家的君子人格和政治伦理。尽管不知所据，但就行文内容来看，与先秦资料的表述类似，应该不是凭空杜撰。也就是说，凤凰逐渐成为儒家理想人格的表征，渊源有自。应该说，时至汉初，凤凰作为儒家理想人格的表征已成为普遍的知识和信仰，这才有东汉许慎所谓凤凰“出于东方君子之国”[①]的说法。汉代托名师旷的《禽经》云：

> 凤雄凰雌。凰，鸿前麟后，蛇首鱼尾，龙文龟身，燕颔鸡啄骈翼。首戴德，顶揭义，背负仁，心抱忠，翼挟信，足履正。小音钟，大音鼓。不啄生草。五采备举。飞则群鸟从，出则王政平，国有道。亦曰瑞鸥。[②]

这也是将凤凰的形态与儒家的仁、义、礼、智、信等德目一一对应，还呈现出越来越精细的趋势。不过，关于凤凰形态与儒家德目的对应关系，说法不一，后来还掺入了五行思想，如晋代葛洪《抱朴子》佚文云：

> 夫木行为仁，为青，凤头上青，故曰“戴仁”也；金行为义，为白，凤缨白，故曰“缨义”也；火行为礼，为赤，凤赤，故曰“负礼”也；水行为智，为黑，凤胸黑，故曰“尚智”也；土行为信，为黄，凤足下黄，故曰“蹈信”也。古者，太平之世，凤皇常居其国，而生乳焉。[③]

老庄建构理想士人人格跳出了天命观念的框架，而是在战国时期已经定型的凤凰形态与道德相关联的思路上利用有关凤凰习性的想象，如前《太平御览》录《庄子》佚文所云。需要指出的是，所谓“凤鸟之文，戴‘圣’婴‘仁’，右‘智’左‘贤’”与《山海经》的表述类似，晋代郭象《庄子后语》曾指出《庄子》“或牵之令近，或迂之令诞，或似《山海经》，或似《梦书》，或出《淮南》，或辩形名……”[④]王叔岷已怀疑此佚文是郭象《庄子后语》所谓“或似《山海经》”之类[⑤]，

①（汉）许慎撰，（宋）徐铉校定，愚若注音《注音版说文解字》，中华书局2015年版，第73页。

②（汉）师旷（托名），（晋）张华注《禽经》，中华书局1991年版，第1页。

③（宋）李昉编纂《太平御览》第八卷，河北教育出版社1994年版，第324页。

④王叔岷《跋日本高山寺旧钞卷子本庄子列卷》，《诸子斠证》，中华书局2007年版，第554页。

⑤王叔岷《庄子佚文》，《庄学管窥》，中华书局2007年版，第243页。

加上这里大谈仁、智等德目与道家思想不符，因此可以判断应该是郭象疑其为窜入而将其从《庄子》删除的。不过，该文献关于凤凰习性的描述是不同的塑形方向，而且，传世《庄子》也有关于凤凰习性的类似表述：

> 惠子相梁，庄子往见之。或谓惠子曰："庄子来，欲代子相。"于是惠子恐，搜于国中三日三夜。庄子往见之，曰："南方有鸟，其名为鹓鸰，子知之乎？夫鹓鸰，发于南海，而飞于北海，非梧桐不止，非练实不食，非醴泉不饮。于是鸱得腐鼠，鹓鸰过之，仰而视之曰：'吓！'今子欲以子之梁国而吓我邪？"[①]

①（晋）郭象注《庄子》，诸子百家丛书本，上海古籍出版社 1989 年版，第 92 页。

显然，《庄子》佚文所引老子的话的前半部分与传世《庄子》描写鹓鸰（即凤凰）习性的话"非梧桐不止，非练实不食，非醴泉不饮"相通的。就此两则材料来看，道家以凤凰不同凡俗的习性隐喻其不合时世的独特人格，并注入了新的内涵：高洁，这是道家理想人格的重要内涵。《庄子》利用凤凰的独特习性来建构理想人格，与孔子在天命的框架内建构理想人格的取向迥异。

战国时期楚国文学中的凤凰依然担当着使者的角色，不过，它不再是上帝的使者，而是文学作品中供抒情主人公驱遣的使者。凤凰或者充当抒情主人公的先戒，如《离骚》云："前望舒使先驱兮，后飞廉使奔属。鸾皇为余先戒兮，雷师告余以未具。吾令凤鸟飞腾兮，继之以日夜。"又如《大招》："魂乎归徕！凤皇翔只。"凤凰或者为抒情主人公伴行，如《离骚》："邅吾道夫昆仑兮，路修远以周流。扬云霓之晻蔼兮，鸣玉鸾之啾啾。朝发轫于天津兮，夕余至乎西极。凤皇翼其承旂兮，高翱翔之翼翼。"又如《远游》云："风伯为余先驱兮，氛埃辟而清凉。凤凰翼其承旗兮，遇蓐收乎西皇”；“雌蜺便娟以增挠兮，鸾鸟轩翥而翔飞”。凤凰或者为抒情主人公传递信息，如《离骚》：“望瑶台之偃蹇兮，见有娀之佚女。吾令鸩为媒兮，鸩告余以不好。雄鸠之鸣逝兮，余犹恶其佻巧。心犹豫而狐疑兮，欲自适而不可。凤皇既受诒兮，恐高辛之先我。”东汉王逸说：“言己既得贤智之士若凤皇，受礼遗将行，恐帝喾已先我得娀简狄也。”[①] 唐代六臣注亦云：“言我得贤人如凤皇者，受遗玉帛，将行就聘。”[②] 又如《远游》“览方外之荒忽兮，沛罔瀁而自浮。祝融戒而跸御兮，腾告鸾鸟迎宓妃”，也是以凤凰为使者。凤凰或者充当抒情主人公的坐骑，《离骚》云：“驷玉虬以乘鹥兮，溘埃风余上征。”鹥即凤凰的别名，《山海经》云：“有五采之鸟，飞蔽一乡，名曰鹥鸟。”[③] 王逸称是以凤凰为车饰，洪兴祖称“言以鹥为车，而驾以玉虬也”。[④] 不论是车饰而御驾，屈原都是因凤凰之高贵而以其为伴，这在《离骚》《远游》两篇中较为常见。东汉王逸、唐代六臣都将屈原笔下的凤凰解释为喻贤德之人，看来，屈原虽罕言君子（只有《九章·怀沙》出现两例），但还是继承了《诗经·大雅·卷阿》以凤凰喻君子的传统，将凤凰作为理想人格的表征。不过，屈原将凤凰的神性剥离，其笔下作为使者的凤凰往往不能完成任务，如《离骚》中受抒情主人公之命前去聘娶有娀之佚女，就是无果而终。[⑤]《楚辞》的其他作品再难以见到凤凰作为使者的身影，凤凰被放逐了，总是处在寻觅栖止之所的远翔之中。

屈原使用凤凰形象的内在逻辑与儒家存在共通之处，其《离骚》及《九章》中的《涉江》《怀沙》诸篇中的凤凰不论是使者还是流浪者，都被东汉王逸人格化了，认为凤凰“喻仁智之士”[⑥]，后来洪兴祖则认为凤凰“喻贤人之全德者”[⑦]，都强调的是道德内涵。实际上，屈原笔下的凤凰作为骚人人格的表征，其内涵倒更接近道家赋予的迥异世俗之高洁，而且，

①（宋）洪兴祖撰《楚辞补注》，上海古籍出版社2015年版，第50页。

②（梁）萧统编，（唐）李善等注《六臣注文选》，中华书局1987年版，第612页。

③袁珂校注《山海经校注》，北京联合出版公司2014年版，第388页。

④（宋）洪兴祖撰《楚辞补注》，上海古籍出版社2015年版，第39页。

⑤（东汉）王逸注“凤皇既受诒兮，恐高辛之先我”称此指凤皇受命前往礼聘有娀之女，又引《帝系》：“帝喾次妃有娀氏女生契。”可知此为凤皇礼聘有娀之女以失败告终。（洪兴祖撰《楚辞补注》，上海古籍出版社2015年版，第50页）

⑥⑦洪兴祖撰《楚辞补注》，上海古籍出版社2015年版，第43页。

这种独特人格在屈原及相关楚辞作品中凝结成为一个“清”字，即洁净，与“浊”相对。《楚辞》中的许多作品存在相关表述，如“伏清白以死直兮，固前圣之所厚”（《离骚》）、“宁廉洁正直，以自清乎”（《卜居》）、“世人皆浊我独清”（《渔父》）、“沧浪之水清兮，可以濯我缨”（《渔父》）、“超无为而至清兮，与泰初而为邻”（《远游》）。不过，严格地说，以屈原以及宋玉等为代表的骚人形塑的凤凰会通儒、道两家，从另一个侧面建构其独特的品格，并以此表达他们对于个人处境的体认和独特人格的认同。

东汉王逸说：“《离骚》之文，依《诗》取兴，引类譬谕，故……虬龙鸾凤以托君子，飘风云霓以为小人。”（《离骚序》）[①]屈原与宋玉的作品屡见凤凰，但实际上，《楚辞》中的凤凰与《诗经》中的凤凰在文学意蕴与文化内涵方面存在差别。楚人关于凤凰的文化观念与周人迥异，凤凰承载的文化功能也有差别，其文化内涵不仅与《诗经》不同，与《山海经》乃至战国时期其他文献也不同。屈原不言天命，对天命感到困惑或持怀疑态度，但重视人力。刘永济指出：“吾人细读屈子天问，凡以天地灵怪设问者，皆有见其幽玄难测，非智力所能穷之意，凡以人事祸福兴亡设问者，皆有信其有必然之因果，实人之所自召之意。于是屈子心中乃形成一种但尽人力而不委任天命之基本思想。”[②]因此，《楚辞》中的凤凰不再是西周文化中传达天命的上帝的使者，也不是《山海经》中一方乐土的守护者，完全失去了神性，从神界坠落至民间。尽管与《诗经》《山海经》中的凤凰一样高贵，却不再是百兽众禽之首，不再栖息于乐土自歌自舞，而是沦为了凄惶、孤独的流浪者，可谓被放逐的君子。

值得注意的是，《离骚》中的凤凰充当的是使者的角色，而《九章》之《涉江》《怀沙》两篇中的凤凰被塑造成被放逐

①（宋）洪兴祖撰《楚辞补注》，上海古籍出版社2015年版，第2页。

②刘永济《屈赋通笺》，中华书局2010年版，第222页。

的君子形象，区别明显。可能的原因是，《离骚》创作在前，屈原对其政治处境尚抱有期望；《九章》创作在后，屈原的政治处境恶化，被彻底放逐。既然凤凰承载着诗人对自我定位、自我认同的感知，那么其笔下的凤凰形象也就自然前后不一致了。战国末的宋玉作为楚辞创作的后继者，其笔下的凤凰形象沿袭了屈原《九章》对于凤凰沦为被放逐的君子形象的定位，完全未涉《离骚》之凤凰作为使者的一面。至于《远游》，历来对其作者存在争议，不过，其中的凤凰形象与《离骚》是一致的。

如果说屈原《离骚》《远游》中的凤凰还与《山海经》中的凤凰同样具有使者的身份，只是失去了神性而已，而屈原《九章》之《涉江》《怀沙》等篇目的凤凰与《山海经》中的凤凰差别就更大了。《山海经》将凤凰置于一个富饶、安宁的空间，而屈原将凤凰置于或栖或翔都不得其所的尴尬境地，要么被迫远翔，即“鸾鸟凤皇，日以远兮。燕雀乌鹊，巢堂坛兮”（《涉江》），要么落入囚笼，即“凤皇在笯兮，鸡鹜翔舞”（《怀沙》）。《山海经》中的凤凰与百兽、众禽和平地群栖共处，而屈原笔下的凤凰却成了凡鸟如燕雀、乌鹊、鸡鹜等的对立面，高洁、孤傲且不肯降格以求。如果说屈原置凤凰于众鸟的对立面是为了凸显其高洁，置凤凰于不得其所的境地则是为了表达“阴阳易位，时不当兮”（《涉江》）、“变白以为黑兮，倒上以为下”（《怀沙》）的失序。高洁却不得其所，污浊却占据高位，巨大的反差造就巨大的张力，也造就巨大的艺术感染力。东汉王逸注《涉江》“鸾鸟凤皇，日以远兮。燕雀乌鹊，巢堂坛兮”云：“以兴贤臣难进易退也。”[①] 他采用知人论世的批评方法将凤凰形象的解读与对作者情怀的体认结合起来，得出的结论是可信的。可以说，屈原笔下的凤凰与《渔父》中在“举世皆浊我独清，众人皆醉我独醒”的情况下却“宁赴湘流”也

①（宋）洪兴祖撰《楚辞补注》，上海古籍出版社2015年版，第199页。

不愿“以身之察察，受物之汶汶”的三闾大夫形象相互映衬。

屈原笔下的凤凰剥离了《山海经》中凤凰的神性但基本保留其高贵，战国末的宋玉沿着这个方向又推进了一步，其笔下的凤凰不再充当高贵的使者，彻底沦为一个孤傲的流浪者。《九辩》云：

何时俗之工巧兮？背绳墨而改错！却骐骥而不乘兮，策驽骀而取路。当世岂无骐骥兮，诚莫之能善御。见执辔者非其人兮，故驹跳而远去。凫雁皆唼夫粱藻兮，凤愈飘翔而高举。圜凿而方枘兮，吾固知其钼铻而难入。众鸟皆有所登栖兮，凤独遑遑而无所集。愿衔枚而无言兮，尝被君之渥洽。太公九十乃显荣兮，诚未遇其匹合。谓骐骥兮安归？谓凤皇兮安栖？变古易俗兮世衰，今之相者兮举肥。骐骥伏匿而不见兮，凤皇高飞而不下。鸟兽犹知怀德兮，何云贤士之不处？骥不骤进而求服兮，凤亦不贪喂而妄食。君弃远而不察兮，虽愿忠其焉得？欲寂漠而绝端兮，窃不敢忘初之厚德。独悲愁其伤人兮，冯郁郁其何极？[1]

①（宋）洪兴祖撰《楚辞补注》，上海古籍出版社2015年版，第304—305页。

宋玉和屈原一样，将凤凰置于众鸟的对立面，并反复将凤凰与众鸟的处境进行对比，凸显“众鸟皆有所登栖兮，凤独遑遑而无所集”的巨大反差。《九辩》的主旨是“贫士失职而志不平”，即悲士不遇，其中虽无所栖集却不贪喂妄食的凤凰就是生不逢时、怀才不遇的贫士的写照。因此，刘永济说：“此又以凫雁比小人，凤鸟比贤士。言小人得势，则贤士退处。”[2]的确，宋玉《对楚王问》说：

②刘永济《屈赋音注详解》，中华书局2010年版，第74页。

鸟有凤而鱼有鲲。凤凰上击九千里，绝云霓，负苍天，翱翔乎杳冥之上。夫蕃篱之鷃，岂能与之料天地之高哉？鲲鱼朝发昆仑之墟，暴鬐于碣石，暮宿于孟诸。夫尺泽之鲵，岂能与之量江海之大哉！故非独鸟有凤而鱼有鲲也，士亦有之。[①]

这是以凤凰喻指才能杰出的士人。可以说，宋玉接过屈原的衣钵，自信地高扬个体生命的高贵与卓越，同时猛烈批评整个社会阴阳易位、黑白颠倒的失序，并表达“悼余生之不时兮，逢此世之俇攘”（《九辩》）的绝望。

汉代的拟骚、绍骚之作沿着屈原、宋玉的方向继续将凤凰置于不得其所的流浪状态。汉初贾谊《惜誓》云：“独不见夫鸾凤之高翔兮，乃集大皇之野。循四极而回周兮，见盛德而后下。”[②] 言下之意，凤凰高翔于四极，处于寻找大皇之野的状态，然而，盛德难觅踪影，其结果只能是“凤漂漂其高逝兮，固自引而远去”（《吊屈原赋》）[③]。贾谊等汉代士人十分同情屈原，不断地吟咏屈原开创的悲士不遇主题，“以屈原的‘信而见疑，忠而被谤，能无怨乎’的‘怨’，象征着他们自身的‘怨’；以屈原的‘怀石遂自投汨罗以死’的悲剧命运，象征着他们自身的命运”[④]。面对专制政治下“鸾凤伏窜兮，鸱枭翱翔”（贾谊《吊屈原赋》）的黑白颠倒局势，贾谊等士人跟战国末期的屈宋相比更是毫无选择的自由，其“逢时不祥”（贾谊《吊屈原赋》）[⑤] 的感受也就更深刻，内心更沉痛。因此，他们将屈宋笔下的凤凰形象进行了选择性放大，选择不得其所的一面将凤凰放逐于永远找不到归宿的绝望之境。东方朔《七谏》反复表现凤凰的远翔无所栖止，即：“枭鸮并进而俱鸣兮，凤皇飞而高翔”；“众鸟皆有行列兮，凤独翔翔而无所薄”；“鸾皇孔凤日以远兮，畜凫驾鹅”。[⑥] 还有严忌《哀时命》、王褒《九怀》、刘向《九叹》、王逸《九思》等作品中的凤凰永远都在飞翔，永远都在寻找栖身之所，与其相反，众禽却栖息于

①吴广平编注《宋玉集》，岳麓书社 2001 年版，第 89 页。

②吴云、李春台校注《贾谊集校注》，天津古籍出版社 2010 年版，第 345 页。

③同上，第 331 页。

④徐复观《西汉知识分子对专制政治的压力感》，《两汉思想史》（第一卷），华东师范大学出版社 2001 年版，第 168 页。

⑤吴云、李春台校注《贾谊集校注》，天津古籍出版社 2010 年版，第 331 页。

⑥（宋）洪兴祖撰《楚辞补注》，上海古籍出版社 2015 年版，第 407、422、423 页。

堂坛、栖息于桂树。

可以说，不得其所是《楚辞》凤凰形象最根本的特点。作为使者，往往不能完成使命；自鸣高洁，却要么囚于笼中，要么翔于天外，找不到应有的位置。屈原、宋玉笔下的凤凰承载着战国末期楚国士人对于社会失序的感知。士不遇是中国古代社会的常态，悲士不遇也就成为中国文学的永恒主题，可以说屈宋是这个文学主题的开创者。因此，中国古代的士人一旦落入怀才不遇的尴尬境地，便会想起屈宋，以屈宋为同道，“投迹山水地，放情咏离骚”（柳宗元《游南亭夜还叙志七十韵》），寻求自我慰藉的同时，还将个体的命运放大为群体的命运，从而使其作品具有洞穿历史的冲击力。只有将屈宋笔下的凤凰形象置于中国文学之悲士不遇主题的演变历史中才能认识其意义和价值。

第一章

凤凰与游仙题材文学

先秦时期的道家著述、《山海经》等已见中国古人对于异域想象的端倪；神仙家、方士就更加痴迷于异域想象并建构出了一个极其瑰丽、极具诱惑的仙界；汉代兴起的道教吸纳了神仙家、方士关于仙界的想象，正如刘勰指出的“道家立法，厥有三品：上标老子，次述神仙，下袭张陵”[①]，于是，现实之外还有一个“仙界”存在的空间想象日渐沉淀为中国文化的重要组成部分，并浸染了中国人的生活。影响所及，游仙成为中国古代文学的重要主题。不仅那些以“游仙”名篇的诗、词、赋，乃至先秦楚辞作品《远游》，西汉司马相如的辞赋《大人赋》，以及后来的道教文学步虚词（包括文人拟写的步虚词），还有小说、戏剧等随处可见游仙主题。楚辞《远游》是最早的游仙作品，三国时期的曹植最早以“游仙”名篇，晋代郭璞是第一个大量创作游仙诗的诗人，南朝梁萧统编《文选》时，诗歌中专设“游仙”一类，另有“招隐”“反招隐”，其实也属游仙主题，魏晋以来的道教文献、志怪小说、传奇等更是将仙界生活具体化、精细化了。游仙题材文学寄寓着中国古代文人挣脱现实羁绊，追求超越境界的努力，牵涉中国古代物质生活与精神生活的许多方面；凭借天马行空的想象展现出的文化空间

①（南朝梁）刘勰《灭惑论》，（清）严可均辑《全上古三代秦汉三国六朝文》，中华书局 1958 年版，第 3309 页。

中的诸多元素——包括作为主体的神仙和作为背景的物质文化——与凤文化密切关联，在一定程度上造就了源于中国本土文化的独具特色的异域想象。

第一节　凤凰与仙界想象

一、凤凰与仙界名物

北宋李昉编纂《太平御览》“道部”（卷659—679）主要记载道教的理所[①]、法服、法器（简章）、居室以及游历仙界、神仙降临之事，其中有许多与凤有关的仙界名物。这些名物主要可以分为以下三类：

其一，佩饰。包括衣、绶、帔、舄等，常冠以凤名。衣冠以凤名为“九色凤衣”或“九天凤衣”[②]“七色凤云之袍”[③]“朱华凤裙”[④]，如：

> 有明光飞锦珠袍，五色云罗之袍，七色凤云之袍，九色班文羽袍。[⑤]

绶带冠以凤名为“金虎凤文之绶”[⑥]“凤文琳华大绶”[⑦]等，如：

> 太极帝妃，冠无极进贤之冠，衣五色凤文之绶，在太清极玄宫中。[⑧]

帔是道士的代表性装饰，道教文献中的仙人也戴帔，并冠以凤名为“凤帔”，或称为“九色之凤帔”[⑨]“凤文锦帔”[⑩]，如：

①（宋）李昉编纂《太平御览》卷六七四道部十六引《五岳山名图》曰：“性命魂神之所属，皆有理所。”（河北教育出版社1994年版，第275页）

②（宋）李昉编纂《太平御览》第六卷，河北教育出版社1994年版，第288页。

③⑤同上，第287页。

④同上，第289页。

⑥同上，第285页。

⑦同上，第283页。

⑧⑨同上，第284页。

⑩同上，第286页。

龙衣，凤帔，虎带，皆是群真所献于帝皇。[①]

①（宋）李昉编纂《太平御览》第六卷，河北教育出版社 1994 年版，第 181 页。

鞋称以凤名为“凤舄”，如：

领仙王奉元始命，使资晨缨玉冠，凤云之舄，给上真仙母。又有神云凤舄。[②]

②同上，第 291 页。

《汉武帝内传》中的王母穿的就是凤舄：

王母上殿，东向坐，著黄锦夹襡，文采鲜明，光仪淑穆，带灵飞大绶，腰分头之剑，头上大华结，戴太真晨婴之冠，履元璚凤文之舄。[③]

③（汉）班固撰，（清）钱熙祚校《汉武帝内传》，商务印书馆 1937 年版，第 2 页。

这里称作“元璚凤文之舄”，另有“玄琼凤文之舄”“方琼凤文之履”等称呼，大同小异。“这批华丽异常的法服与服饰，则是中国宗教服饰史的珍贵史料”[④]，而且，为诗词提供了丰富的华美的意象，也启发戏剧、小说关于异域人物形象的想象与描写。

④李丰楙《曹唐〈小游仙诗〉的神仙世界初探》，《忧与游：六朝隋唐仙道文学》，中华书局 2010 年版，第 336 页。

其二，器物。其中最重要的是法器，如玺、节、简章等，往往冠以凤名。如：

玉保青宫北殿上有金格，格上有金章凤玺、玉札、丹青、羽盖、升仙法服，以给成真之人。[⑤]

八皇老君乘黄琅之车，把紫凤之节，入太老之室。万华先生乘三素之景羽明之軿，宴寝万乘之室。[⑥]

太微天帝遣九宫太真侍玉元晨郎李明期，授夫人神凤之章，使封山。[⑦]

⑤（宋）李昉编纂《太平御览》第六卷，河北教育出版社 1994 年版，第 182 页。

⑥同上，第 306 页。

⑦同上，第 318 页。

另外，道教的符书也往往冠以凤名，如：

太极左真人曲素诀辞，一名《九天凤气玄丘大真书》。太上授太极左真人，真人传东海方诸宫青童大君，使传道士宿有名应神仙真人者。佩之二十年，得见三元君斋戒青金之誓，以代盟约。[1]

①（宋）李昉编纂《太平御览》第六卷，河北教育出版社 1994 年版，第 230 页。

《太平御览》还载有《紫凤赤书经》[2]，其性质应是经书，又引《八道秘言》称有《九天凤气玄丘真书》[3]，引《太上经》称有《龙景九文紫凤赤书经》[4]。这些经书往往为求道者所佩带，便有神符的性质与功能。《太平御览》引《抱朴子》云：

②同上，第 298 页。

③同上，第 230 页。

④同上，第 270 页。

玄洲仙伯关天万仙真书，东海小童授以得道人佩之。一名仙人道箓，一名凤真箓太玄登仙盟文。又昆仑墉台灵飞太真大上丈人以授得道者佩之，周行五岳，山神授职。一名五岳兵符，佩之，金石为开。[5]

⑤同上，第 314 页。

既然得道者佩带“凤真箓太玄登仙盟文”，其性质属神符，功能不外乎“驱策众灵，役使百神”[6]。这些法器启发后来的戏剧、小说关于异域的想象，并往往成为此类文学作品特别是神魔小说的重要道具，《水浒传》《西游记》《封神演义》都可以看到它们的影子。

⑥（汉）班固撰，（清）钱熙祚校《汉武帝内传》，商务印书馆 1937 年版，第 10 页。

其三，建筑，包括宫、障、几、灯等，均有冠以凤名的。《太平御览》所录道教文献提及仙人的居住和统辖区域有以凤命名的，如：

凤生宫，高上君居之……凤生府，九霄真人居之……[7]元始丈人在上清琼天府、太清府、开清府、玉宝洞元

⑦（宋）李昉编纂《太平御览》第六卷，河北教育出版社 1994 年版，第 281 页。

府、金融府、丹明府、重冥府、凤生府。[1]

居所的陈设如屏、几也有以凤命名，如：

石虎为浴台，列凤文锦步障，萦蔽于浴所。[2]

东方上尊凭七宝凤文之曲几，敷说道要真经。[3]

所录晋代志怪小说王嘉《拾遗记》还记载一种灯与凤有关，即：

穆王东至大械之谷，起春霄之宫，集诸方士问佛道法。时已将夜，闻殷然雷声，伏蛰皆动，俄而有流光照于宫内。王更设常生之灯，一名恒明。亦有凤脑之灯，缀水莲冰谷之花，上去灯七八尺，不欲使烟光远照也。西王母来，乘翠凤之辇，共王饮会。[4]

又录东汉郭宪《洞冥记》则说此灯所用的油是凤膏，如：

武帝既耽于灵怪，常得丹豹之髓、白凤之膏，磨青锡为屑，以淳苏油和之，照于神檀，夜暴雨，火光不灭。[5]

这些都是关于神仙生活空间的文化想象。

仙界名物冠以凤名，情形或有不同：其一，凤凰是名物的装饰，如法服、几、案等饰以凤纹，此居多数；其二，凤凰与器物存在文化或功用上的渊源，如凤脑之灯；其三，凤凰仅是语言装饰，如道教经书名称。道教信仰中神仙的居所、法服、法器多见以凤凰命名，由此可见，道教文化具有借重凤凰增加役使鬼神的力量的观念，也可以看出凤文化影响神仙世界物质

①（宋）李昉编纂《太平御览》第六卷，河北教育出版社 1994 年版，第 312 页。

②同上，第 498 页。

③同上，第 324 页。

④（宋）李昉编纂《太平御览》第七卷，河北教育出版社 1994 年版，第 1000 页。

⑤（宋）李昉编纂《太平御览》第八卷，河北教育出版社 1994 年版，第 633 页。

文化之一斑。

二、凤凰与游仙文学的服食书写

基于中国本土文化形成的道教，尤其重视饮食、音乐和女性，正如闻一多《神仙考》曾指出："在原始人生观中，酒食，音乐，女色，可谓人生最高的三种享乐。"[①] 关于饮食、音乐、女性的书写成为游仙文学关于仙界想象中颇具特色的内容，恰此三方面都与凤文化存在联系。这里谈谈饮食书写以窥斑见豹。

①闻一多《神话与诗》，华东师范大学出版社1997年版，第176—177页。

中国古人早就开始异域珍馐的想象，《山海经》就有所谓凤卵：

> 此诸夭之野，鸾鸟自歌，凤鸟自舞；凤皇卵，民食之；甘露，民饮之，所欲自从也。（《海外西经》）[②]
>
> 西有王母之山、壑山、海山。有沃之国，沃民是处。沃之野，凤鸟之卵是食，甘露是饮。凡其所欲，其味尽存。（《大荒西经》）[③]

②袁珂校注《山海经校注》，北京联合出版公司2014年版，第202页。

③同上，第335页。

在这里，凤卵之类的食物是沃野作为富庶、安宁的理想空间的关键因素之一。《吕氏春秋》"本味篇"也提及凤卵："流沙之西，丹山之南，有凤之丸，沃民所食。"[④]《远游》作为"游仙诗之祖"，关于饮食的描写有"餐六气而饮沆瀣兮，漱正阳而含朝霞"，显然跟《山海经》一样是对异域的想象。汉代的游仙类辞赋里，对于仙界饮食的描写沿袭了《楚辞》，没有太大的变化，如司马相如《大人赋》："回车朅来兮，绝道不周，会食幽都。呼吸沆瀣兮餐朝霞，噍咀芝英兮叽琼华。"虽然汉赋如《上林赋》不乏饮食的铺排，但那都还是人间的珍奇异果、飞禽走兽之类，与仙界关系不大。真正大量写仙界饮食并急剧

④许维遹撰《吕氏春秋集释》，中华书局2009年版，第316页。

踵事增华的应该还是受道教文化影响的汉代以后的游仙文学，特别是其中的叙事类作品，诗歌毕竟篇幅有限，不便于铺排与夸饰。神仙家、方士本来就重服食，据闻一多《神仙考》，方士就有服食派[1]，自然是通过服食——如食气、服药等，达到长生久视的目的。

道教文献所载能够让人长生不老乃至登仙的食与药令人目不暇接，其中不乏与凤凰有关的，如：

> 九苞凤脑，太极隐芝，丹炉金液，紫华虹英，太清九转，五云之浆，东瀛白香，沧浪青钱，高丘余精，积石飞田，能使人寿考。[2]
>
> 凤凰芝草，生于名山之上，金玉间。文石上阴干，治食一年，令人羽翼皆生，寿千岁，能乘云，与凤凰俱。[3]

受道教思想影响，魏晋南北朝时期的志怪小说不论是叙述神仙降临还是游历仙界的故事，往往述及神仙赐食的情节，最为人所熟悉的莫过于署名汉代班固或晋代葛洪的《汉武帝内传》。《汉武帝内传》的服食书写主要包括三个情节单元：行厨、赐桃、赐仙方。

《汉武帝内传》叙及王母降临坐定之后便行厨招待汉武帝：

> 母自设膳，膳精非常。丰珍之肴，芳华百果，紫芝萎蕤，纷若填樏。清香之酒，非地上所有，香气殊绝，帝不能名也。[4]

有意思的是，上元夫人降临时也和王母一样开始行厨：

> （上元）夫人设厨，厨之精珍，与王母所设者相似。[5]

①闻一多《神话与诗》，华东师范大学出版社 1997 年版，第 178 页。

②（宋）李昉编纂《太平御览》第六卷，河北教育出版社 1994 年版，第 257 页。

③（宋）李昉编纂《太平御览》第八卷，河北教育出版社 1994 年版，第 894 页。

④（汉）班固撰，（清）钱熙祚校《汉武帝内传》，商务印书馆 1937 年版，第 3 页。

⑤同上，第 7 页。

《汉武帝内传》"基本是以张华《博物志》卷八所述的汉武见西王母故事为架构，然后增饰不同来源的材料，融铸成篇"，这些材料包括道教文献《茅君内传》。[1]"一般认为《茅君内传》，要迟至东晋末、刘宋初始能成立，因此是《汉武内传》之后的作品"，但据考证，茅君传有更早的文本，是《汉武内传》仿《茅君内传》。[2]而《汉武内传》行厨赐食情节单元在《茅君内传》中就有叙写，现存茅君传的最早版本是《云笈七签》卷一〇四所录《太元真人东岳上卿司命真君传》，其中就有行厨的情节：

> 至期日，盈门前数顷地忽自平治，无复寸芥，皆青缣幄屋，屋下铺数重白毡，容数百人坐。远近翕赫相语，来者塞道，客乃有数倍于送弟时。众宾并集，尔乃大作主人，不见使人，但见金槃玉杯自至人前，奇肴异果不可名字。酒又美好，又有妓乐，丝竹金石，声动天地。香麝之芳，达于数里。饮食随益，六百余人莫不醉饱。[3]

行厨"近于魔术、幻术，当受到东来西域、印度的法术传说的影响"[4]；东晋葛洪《抱朴子》颇论及行厨法术，其"遐览篇"还著录《行厨经》；道教经书《要修科仪戒律钞》还载有所谓"厨会"即"饭贤之仪"以"崇有道"的传统。[5]影响所及，行厨成为道教文学中的一个重要母题，魏晋仙传往往叙写行厨表现仙真的神通，葛洪《神仙传》卷二"王远"有王远与麻姑设厨的叙写：

> 坐定，召进行厨，皆金玉杯盘，无限也。肴膳多是诸花果，而香气达于内外，擘脯而行之，如松柏炙，云是麟脯也。[6]

①李丰楙《〈汉武内传〉研究——〈汉武内传〉的著成及其演变》，《仙境与游历——神仙世界的想象》，中华书局2010年版，第180页。

②同上，第182—183页。

③（宋）张君房编《云笈七签》，中华书局2003年版，第2258页。

④李丰楙《〈汉武内传〉研究——〈汉武内传〉的著成及其演变》，《仙境与游历——神仙世界的想象》，中华书局2010年版，第239页。

⑤朱法满《要修科仪戒律钞》卷十二第一《饭贤缘》：夫圣教兴，道风著，贤人出，圣德隆。感应之理既彰，饭贤之仪见矣。《太真科》曰：家有疾厄，公私设厨，名曰饭贤。可请清贤道士上、中、下，十人、二十四人、三十人、五十人、百人，不可不满十人，不足为福。贤者廉洁，亦能不食，食亦不多，服饵浆药，不须厚馔，是世人所重献之，崇有道耳。……

⑥（晋）葛洪撰，胡守为校释《神仙传校释》，中华书局2010年版，第94页。

还有唐代欧阳询《艺文类聚》录《马明生别传》也曾写到行厨的法术。[1]

《汉武帝内传》的行厨情节之后便是赐桃情节：

又命侍女索桃，须臾，以盘盛桃七枚，大如鸭子，形圆，色青，以呈王母。母以四枚与帝，自食三桃。桃之甘美，口有盈味。帝食辄录核。母曰："何谓？"帝曰："欲种之耳。"母曰："此桃三千岁一生实耳，中夏地薄，种之不生如何！"帝乃止。[2]

西王母赐桃的情节源自晋代张华《博物志》卷八：

时设九微灯。帝东面西向，王母索七桃，大如弹丸，以五枚与帝，母食二枚。帝食桃辄以核著膝前，母曰："取此核将何为？"帝曰："此桃甘美，欲种之。"母笑曰："此桃三千年一生实。"[3]

可以说，《汉武帝内传》将《博物志》王母赐桃的情节与《茅君内传》仙真行厨供膳的情节糅合到一起，形成一个关于饮食的大情节单元。

《汉武帝内传》还载有西王母对汉武帝提及仙界种种可以让人长生不老的珍异药食，"名有数千"，文中所举已不下百种：

夫欲长生者，宜先取诸身，但坚守三一，保尔旅族。金瑛夹草，广山黄本，昌城玉蕊，夜山火玉，逮及凤林鸣酢，西瑶琼酒，中华紫蜜，北陵绿阜，太上之药。风实云子，玉津金浆，月精万寿，碧海琅菜，蓬莱文丑，浊河七荣，动山

①（唐）欧阳询撰，汪绍楹校《艺文类聚》卷八十七果部下："《马明生别传》曰：安期生仙人见神女，设厨膳。安期曰：昔与女郎游息于西海之际，食枣异美，此间枣小，不及之，忆此枣味久，已二千年矣。神女云：吾昔与君共食一枚，乃不尽，此间小枣，那可相比耶。"（上海古籍出版社1982年版，第1486页）

②（汉）班固撰，（清）钱熙祚校《汉武帝内传》，商务印书馆1937年版，第3页。

③（晋）张华撰，范宁校证《博物志校证》，中华书局1980年版，第97页。

高柳。北采玄都之绮华，仰漱云山之朱蜜。夜河天骨，昆吾漆沫，空洞灵瓜，四劫一实。宜陵麟胆，炎山夜日。东掇扶桑之丹椹，俯采长河之文藻。素虬童子，九色凤脑，太真虹芝，天汉巨草。南宫火碧，西乡扶老。三梁龙华，生子大道。有得食之，后天而老。此太上之所服，非中仙之所保。其次药有八光太和，斑龙黑胎，文虎白沫，出于西邱。七元飞节，九孔连珠，云浆玉酒，元圃琼腴，钟山白胶，王屋青敷，阆风石髓，黑阿珊瑚。蒙山白凤之肺，灵邱苍鸾之血。东英朱菜，九节交结，太微嘉禾，琼华脑实，流渊鲸眼，赤河绛壁。北汲太元之酪，中握二仪之脉。云渎丛艾，昆邱神雀，广夜芝草，流渊青狄，真陵雷精，元都平盖。左食神元，右阆玄濑。上屈兰圆之金精，下摘圆邱之紫奈。鸾水灵㭨，八陔赤薤，万载一生，流光九队。有得食之，后天而逝。此天帝之所服，非下仙之所逮。其次药有九丹金液，紫华红英，太清九转五云之浆，元霜绛雪，腾跃三黄。东瀛白香，炎洲飞生。八石十芝，威僖九光。西流石胆，东沧青钱。高邱余粮，精石琼田。太虚还丹，盛次金兰，长光绿草，云童飞千。子得服之，白日升天。此飞仙之所服，地仙之所见也。其下药有松柏之膏，山姜沉精，刍草泽泻，枸杞伏苓，菖蒲门冬，巨胜黄菁，云飞赤版，桃胶朱英，椒麻续断，萎蕤黄连。如此下药，略举其端。草类繁多，名有数千。子得服之，可以延年。虽不长享无期，上升青天，亦能身生光泽，还发童颜，役使群鬼，得为地仙。①

①（汉）班固撰，（清）钱熙祚校《汉武帝内传》，商务印书馆 1937 年版，第 5—6 页。

这里将仙界食与药分为三品，包括“太上之所服”“天帝之所服”“飞仙之所服”，另外，西王母为汉武帝开出十种在人间可以获致，食用后可以延年益寿，并成为地仙的饮食。这些饮食与凤凰有关的是“凤林鸣酢”“九色凤脑”“白凤之肺”。道教本来偏爱隐语，仙真行厨时出现的食物多是素食，且上引葛洪

《神仙传》卷二“王远”中所谓“麟脯”其实是果脯。看来，所谓凤脑、凤肺也应该是素食。又据李丰楙，《汉武内传》还受到《消魔智慧经》的影响，其所列各类药品就是抄自《消魔智慧经》。[①] 而陶弘景撰《真诰》卷八注中说：“仙真并呼药为‘消摩’，故称《消摩经》也，诵之亦能消疾也。”[②] 既然是通过诵读药食之名来驱除疾病，看来，这些食与药的消疾功能其实还是通过冥想来实施的。

①李丰楙《〈汉武内传〉研究——〈汉武内传〉的著成及其演变》，《仙境与游历——神仙世界的想象》，中华书局 2010 年版，第 190 页。

②（梁）陶弘景撰《真诰》，中华书局 2011 年版，第 130 页。

经过仙传的张扬，神仙世界的食与药后来成为诗词中的故实。宴饮题材的诗作常常可以见到烹龙炮凤等仙界美食，未必关涉对于仙界的向往，只是为了隐喻饮馔的精美，并暗示当下生活的美好。

中唐诗人李贺擅写异域世界，其《将进酒》是写宴聚，使用种种珍奇来写酒食、乐舞，充满神异色彩：

琉璃钟，琥珀浓，小槽酒滴真珠红。烹龙炮凤玉脂泣，罗屏绣幕围香风。吹龙笛，击鼍鼓。皓齿歌，细腰舞。况是青春日将暮，桃花乱落如红雨。劝君终日酩酊醉，酒不到刘伶坟上土。

烹龙、炮凤、如泣的玉脂、龙笛、鼍鼓等，共同构成一个缭乱又有些荒诞的场景，一如晚唐杜牧《李长吉歌诗叙》所总结的：“鲸呿鳌掷，牛鬼蛇神，不足为其虚荒诞幻也。”[③] 仅就诗句“烹龙炮凤玉脂泣”的神异而言，其不同凡俗的想象远超盛唐时曾入道学仙的李白诗作《将进酒》的“烹羊宰牛”一句，真不负“诗鬼”的称号。到了晚唐李商隐那里，李贺由诗鬼又演变成为谪仙，其《李贺小传》云：

③（唐）杜牧著《樊川文集》，上海古籍出版社 2007 年版，第 149 页。

长吉将死时，忽昼见一绯衣人，驾赤虬，持一版，书若太古篆或霹雳石文者，云当召长吉，长吉了不能读，欻下榻叩头，言："阿㜷老且病，贺不愿去。"绯衣人笑曰："帝成白玉楼，立召君为记。天上差乐，不苦也。"长吉独泣，边人尽见之。少之，长吉气绝。尝所居窗中，勃勃有烟气，闻行车嘒管之声。[1]

显然，前来召引的绯衣人是仙人，那"行车嘒管之声"分明是仙真的仪驾，李贺自然是成仙了。曾经入道学仙的李商隐将李贺的早夭演绎成一个升仙故事，后来不仅被写入小说，还被编进传记，如元代辛文房《唐才子传》[2]。晚唐陈陶也有一首《将进酒》：

金尊莫倚青春健，龌龊浮生如走电。琴瑟盘倾从世珠，黄泥局泻流年箭。麻姑爪秃瞳子昏，东皇肉角生鱼鳞。灵鳌柱骨半枯朽，骊龙德悔愁耕人。周孔蓍龟久沦没，黄蒿谁认贤愚骨。兔苑词才去不还，兰亭水石空明月。姮娥弄箫香雨收，江滨迸瑟鱼龙愁。灵芝九折楚莲醉，翾风一叹梁庭秋。醁亚蛮觥奉君寿，玉山三献春红透。银鸭金鹅言待谁，隋家岳渎皇家有。珊瑚座上凌香云，凤臘龙炙猩猩唇。芝兰此日不倾倒，南山白石皆贤人。文康调笑麒麟起，一曲飞龙寿天地。

陈陶举进士下第，曾隐居洪州西山，自称"三教布衣"[3]。西山是道教圣地，萧史、弄玉升仙后曾至此，西晋时期的著名道士许逊曾在那里隐居设坛。陈陶在后来的小说家言里也成为神仙。辛文房《唐才子传》卷八云：

（陈陶）避乱入洪州西山，学神仙咽气有得，出入无

①刘学锴、余恕诚《李商隐文编年校注》（第五册），中华书局2002年版，第2266页。

②傅璇琮主编《唐才子传校笺》（第二册）卷五："忽疾笃，恍惚昼见人绯衣驾赤虬腾下，持一板书，若大古雷文，曰：'上帝新作白玉楼成，立召君作记也。'贺叩头辞谓母老病，其人曰：'天上比人间差乐，不苦也。'居顷，窗中勃勃烟气，闻车声甚速，遂绝……"（中华书局1989年版，第290页）

③傅璇琮主编《唐才子传校笺》（第三册），中华书局1990年版，第415页。

间。……陶金骨已坚，戒行通体，夜必鹤氅，焚香巨石上，鸣金步虚，礼星月，少寐。所止茅屋，风雷汹汹不绝。忽一日不见，惟鼎灶杵臼依然。[1]

[1]傅璇琮主编《唐才子传校笺》（第三册），中华书局1990年版，第415—418页。

陈陶成仙虽不可信，但他一定有过修道的经历，从其现存两卷诗作来看，他对道教经典十分熟悉，且不说仙隐题材的作品《怀仙吟》二首、《飞龙引》《谪仙词》《步虚引》《巫山高》《洛城见贺自真飞升》《谪仙吟赠赵道士》等，就是怀古、咏物、寄赠等题材的作品，如《豫章江楼望西山有怀》《避世翁》《海昌望月》《寄元孚道人》《小笛弄》《殿前生桂树》《古镜篇》《钱塘对酒曲》，道教故实信手拈来，这些作品充满和李贺诗歌一样的“虚荒诞幻”色彩。将陈陶《钱塘对酒曲》与李贺《苏小小墓》对比一下就可以感受得到这一点，其《将进酒》比李贺《将进酒》更是有过之而无不及。同样是写宴饮，同样是感慨时光流逝，李贺是以一句“青春日将暮，桃花乱落如红雨”来点化，陈陶则化用大量神仙意象反复渲染时间流逝的必然性，而且，他是反弹琵琶，铺排一系列仙灵的衰老与死亡来强化生命不可久恃的体验。诗的落脚点当然是酒宴的美好并点明劝饮的题旨。陈陶和李贺一样采用仙界的饮食来暗指现实生活中酒馔的精美，然而，既然前面对于仙灵的衰老和死亡的铺排已将历来对仙界的美好想象掀翻在地，这里又以仙界饮食“凤臓龙炙猩猩唇”来指称现实中的酒馔，让人感到现实中的宴聚也不具有价值的永恒，最终，沦入更加彻底的虚空。陈陶一直在道隐与游幕之间徘徊，对于宗教生活和世俗生活都有深刻的体验，造就了他的诗犹如“可怜无定河边骨，犹是春闺梦里人”一般充满现实关怀的热烈和终极思索的冰冷，其《将进酒》也不例外。

宋词宴饮题材作品依然使用烹龙炮凤表现饮馔的精美，暗示当下的美好，恐惧青春的逝去。如南宋郭应祥《鹊桥仙（甲子中秋）》：

> 金飙乍歇，冰轮欲上，万里秋空如扫。一年十二度团圆，甚恰限、今宵最好。　　烹麟脍凤，幕天席地，争似杯盘草草。明年应更胜今年，但只恐、朱颜暗老。

冰轮圆月，烹麟脍凤，极写中秋宴聚的欢悦，但词末陡然转向叹逝，这是古代宴饮题材诗文的惯常写法。值得注意的是，宋代寿词偏爱使用仙界的食物来表现饮馔的精美，日渐成为俗套，大多变得了无活力，如“饮羔烹凤，众宾一笑，直聊尔耳”（李曾伯《水龙吟（辛亥和吴制参赋雪韵）》），“见说寿筵，大开佛事，煮鹤炮龙烙凤麟。从今后，愿年年长健，事事如心”（无名氏《沁园春（寿长齐友人）》）。倒是南宋末词人陈人杰《沁园春（辛丑岁自寿）》尽洗格套，其上阕自称谪仙，下阕写群仙宴饮的梦境，和他的许多词作一样，嬉笑之中别有愤激与落寞：

> 五彩云中，群玉峰头，是吾故乡。为瑶池侍宴，偶违酒令，玉皇降敕，谪作诗狂。桧柏风姿，山林气象，未到中年先老苍。西湖路，尽留连光景，傲睨冰霜。　　东窗。翦烛焚香。剩满引梅花进寿觞。梦群仙相庆，烹炮麟凤，十洲同往，骖翳鸾凰。约向人间，尽偿吟债，依旧乘风来帝旁。如今未，且百年管领，橘绿橙黄。

同时略晚的刘辰翁《金缕曲（和潭东劝饮寿觞）》也能别出一格，其上阕还是寿词的俗套，下阕则将话题转向政治情怀，是借寿宴酬唱抒发内心的苦涩：

拍瓮春醅动。洞庭霜、厌绿堆黄，林苞堪贡。况有老人潭边菊，摇落赏心入梦。数百岁、半来许中。儿女牵衣团栾处，绕公公、愿献生申颂。公性涩，待重风。　　人生一笑何时重。奈今朝、有客无鱼，有鱼留冻。何似尊前斑斓起，低唱浅斟齐奉。也不待、烹龙炰凤。此会明年知谁健，说边愁、望断先生宋。醒最苦，醉聊共。

“烹龙炰凤”都不能暂时慰藉内心的苦涩，因为这种苦涩不仅源自流年对生命与青春的侵蚀，更源于国势日颓的担忧，也只有酒的麻醉才能让词人暂时忘掉这一切。

第二节　萧史、弄玉乘鸾升仙的文学文化意蕴

一、萧史、弄玉故事的衍变

署名汉代刘向的《列仙传》最早载有萧史、弄玉升仙的故事：

萧史者，秦穆公时人也。善吹箫，能致孔雀白鹤于庭。穆公有女字弄玉好之，公遂以女妻焉。日教弄玉作凤鸣，居数年，吹似凤声，凤凰来止其屋，公为作凤台，夫妇止其上，不下数年。一日，皆随凤凰飞去。故秦人为作凤女祠于雍宫中，时有箫声而已。[①]

①王叔岷《列仙传校笺》，中华书局2007年版，第80页。

此仙传的基本故事构架是成仙加婚姻。弄玉的箫声似凤凰的鸣叫声从而引来凤凰，二人后来得以乘凤凰升仙；萧史与弄玉夫妇之间的重要交流就是萧史教弄玉吹箫作凤鸣之声。凤凰可谓萧史、弄玉夫妇与仙界交通的媒介，也是夫妇之间沟通的媒

介。萧史、弄玉的故事后来屡见于仙传之类的道教文献，也屡见于文人创作的诗歌、小说、戏曲以及绘画等，这些文本既是该故事的传播媒介，又是对原始故事的演绎，可以从中看出道教信仰者及文人解读该故事的取向。

西晋皇甫谧《帝王世纪》、北魏郦道元《水经注》等文献收录或提及萧史、弄玉的故事，但都没有对该故事进行演绎，只是《水经注》提及该事时增补了萧史和弄玉来到洪州赣水附近西山的传闻：

> 西有鸾冈，洪崖先生乘鸾所憩泊也。冈西有鹄岭，云王子乔控鹄所经过也。有二崖，号曰大萧、小萧，言萧史所游萃处也。雷次宗云：此乃系风捕影之论。据实本所未辩，聊记奇闻，以广井鱼之听矣。[①]

①（北魏）郦道元注，陈桥驿校释《水经注校释》，杭州大学出版社1999年版，第683页。

尽管这则材料在后来演绎的萧史、弄玉故事中偶有出现，但总的来说没有引起重视。另外，魏晋南北朝时期的文人对于萧史、弄玉的故事流露出了浓厚的兴趣，该故事屡屡成为文人吟咏的对象或常常作为典故在诗歌作品中加以征引。西晋张华《萧史曲》（或作鲍照）《游仙诗》，南朝梁萧衍《游仙诗》，南朝陈江总《萧史曲》等，在想象萧史、弄玉升仙的情景中流露出对于升仙的羡慕。如江总《萧史曲》：

> 弄玉秦家女，萧史仙处童。
> 来时兔月满，去后凤楼空。
> 密笑开还敛，浮声咽更通。
> 相期红粉色，飞向紫烟中。

唐代虞世南《北堂书钞》、徐坚《初学记》等文献载有萧史、弄玉的故事，但都非常简略。不过，在道教成为国教，求仙风气浓厚的背景下，唐代文人对于萧史、弄玉升仙故事投入了极大热情。隋文帝曾于终南山北麓的盩厔县（今周至）境内建设行宫，命名为仙游宫，后成为寺庙而改称仙游寺[①]。仙游寺在唐代极负盛名，是唐代文人经常游览的地方，如盛唐著名诗人岑参曾游至仙游寺并在那里留宿，其诗《冬夜宿仙游寺南凉堂呈谦道人》写道：

太乙连太白，两山知几重。
路盘石门窄，匹马行才通。
日西倒山寺，林下逢支公。
昨夜山北时，星星闻此钟。
秦女去已久，仙台在中峰。
箫声不可闻，此地留遗踪。
……

此诗可能是诗人隐居终南山期间所作，诗中提及萧史、弄玉升仙之地凤凰台在终南山中。中唐李华游览仙游寺并赋诗《仙游寺（有龙潭穴、弄玉祠）》，从诗题来看，当时仙游寺内还有弄玉祠，诗人于诗末流露出升仙的渴望：

昔时秦王女，羽化年代久。
日暮松风来，箫声生左右。
早窥神仙箓，愿结芝术友。
安得羡门方，青囊系吾肘。

元和元年（806），中唐著名诗人白居易任盩厔尉，曾和友人游览仙游寺，正是在此，他在朋友的建议下决定创作《长恨

①宋敏求《长安志》卷十八“盩厔”载：“仙游宫在县南三十五里，旧《图经》曰，隋文帝避暑处。”又载：仙游寺在“县东三十五里，唐咸通七年置”。（成文出版有限公司 1970 年版，第 467—468 页）仙游寺由仙游宫改成，则此载地理位置前后矛盾。另外设寺时间与唐代很多诗作冲突，有学者考证，仙游寺至迟在隋仁寿元年已存在，而不是咸通七年。（李芳民《〈长安志〉等所载仙游寺置寺时间有误》，《西北大学学报》2004 年第 5 期）

歌》，而且，他还“数到仙游寺里来”（《送王十八归山寄题仙游寺》）。

唐代真正开始演绎萧史、弄玉故事的是中唐沈亚之的传奇《秦梦记》和晚唐五代时期杜光庭的《仙传拾遗》“萧史”、《墉城集仙录》“弄玉”等仙传。可以说，沈亚之与杜光庭的演绎代表后人接受萧史、弄玉故事的两个方向：沈亚之是在世俗理性的知识范围内解读和演绎萧史、弄玉的故事，杜光庭是在道教仙隐的知识体系内解读和演绎该故事。尽管唐代大量文人或吟咏萧史、弄玉，或化为典故入诗词，情况稍稍变得复杂，但大致说来，不外乎或表达对升仙的艳羡，或表达对求仙的反思。依然一个是杜光庭的方向，一个是沈亚之的方向。

沈亚之《秦梦记》全文如下：

> 大和初，沈亚之将之邠，出长安城，客橐泉邸舍。春时，昼梦入秦。主内史廖家，内史廖举亚之。秦公召至殿，膝前席曰：“寡人欲强国，愿知其方。先生何以教寡人？”亚之以昆、彭、齐桓对。公悦，遂试补中涓，使佐西乞术伐河西。亚之帅将卒前，攻下五城。还报，公大悦，起劳曰：“大夫良苦，休矣。”
>
> 居久之，公幼女弄玉婿萧史先死。公谓亚之曰：“微大夫，晋五城非寡人有，甚德大夫。寡人有爱女，而欲与大夫备洒扫，可乎？”亚之少自立，雅不欲遇幸臣蓄之，固辞。不得请，拜左庶长，尚公主，赐金二百斤。民间犹谓“萧家公主”。其日，有黄衣人中贵骑疾马来，迎亚之入，宫阙甚严。呼公主出，鬒发，着偏袖衣，装不多饰。其芳姝明媚，笔不可模样。侍女祗承，分立左右者数百人。召见亚之便馆，居亚之于宫，题其门曰“翠微宫”，宫人呼“沈郎院”。虽备位下大夫，繇公主故，公入禁卫。公主喜凤箫，每吹箫，必

于翠微宫高楼上，声调远逸，能悲人，闻者莫不自废。公主七月七日生，亚之尝无贶寿。内史廖曾为秦以女乐遗西戎，戎主与廖水犀小合。亚之从廖得，以献公主，公主悦受，尝结裙带之上。穆公遇亚之，礼兼同列，恩赐相望于道。

复一年春，秦公之始平，公主忽无疾卒，公追伤不已。将葬咸阳原，公命亚之作挽歌，应教而作曰：

泣葬一枝红，生同死不同。

金钿坠芳草，香绣满春风。

旧日闻箫处，高楼当月中。

梨花寒食夜，深闭翠微宫。

进公。公读词，善之。时宫中有出声若不忍者，公随泣下。又使亚之作墓志铭，独忆其铭，曰：

白杨风哭兮石甃髯莎，杂英满地兮春色烟和。

珠愁粉瘦兮不生绮罗，深深埋玉兮其恨如何！

亚之亦送葬咸阳原。宫中十四人殉之。

亚之以悼怅过戚，被病，卧在翠微宫。然处殿外特室，不入宫中矣。居月余，病良已。公谓亚之曰："本以小女将托久要，不谓不得周奉君子，而先物故。敝秦区区小国，不足辱大夫。然寡人每见子，即不能不悲悼，大夫盍适大国乎？"亚之对曰："臣无状，肺腑公室，待罪右庶长，不能从死公主。君免罪戾，使得归骨父母国。臣不忘君恩，如今日。"将去，公追酒高会，声秦声，舞秦舞。舞者击髆附髀呜呜，而音有不快，声甚怨。公执酒亚之前曰："寿。予顾此声少善，愿沈郎赓扬歌以塞别。"公命趣进笔砚。亚之受命，立为歌，辞曰：

击髆舞，恨满烟光无处所。

泪如雨，欲拟著词不成语。

金凤衔红旧绣衣，几度宫中同看舞。

人间春日正欢乐，日暮东归何处去。

歌卒，授舞者，杂其声而和之，四座皆泣。既，再拜辞去。

公复命至翠微宫，与公主侍人别。重入殿内，时见珠翠遗碎青阶下，窗纱檀点依然。宫人泣对亚之，亚之感咽良久。因题宫门，诗曰：

君王多感放东归，从此秦宫不复期。

春景自伤秦丧主，落花如雨泪燕脂。

竟别去。公命车驾送出函谷关。出关已，送吏曰："公命尽此，且去。"亚之与别。语未卒，忽惊觉，卧邸舍。

明日，亚之与友人崔九万具道。九万，博陵人，谙古，谓余曰："《皇览》云：'秦穆公葬雍橐泉祈年宫下。'非其神灵凭乎？"亚之更求得秦时地志，说如九万云。呜呼！弄玉既仙矣，恶又死乎？[1]

①李剑国辑校《唐五代传奇集》（第二册），中华书局 2015 年版，第 851—854 页。

沈亚之《秦梦记》实际上是《列仙传》"萧史"的后传，值得注意的是，他将《列仙传》之萧史、弄玉故事的人物设定全部推翻，将萧史、弄玉从仙界拉回凡间，不但实际上否定求仙的可能性，还将功名富贵置于死亡面前思考其价值。沈亚之对成仙之事的思索充满虚无主义色彩，这一点不仅从《秦梦记》可以看出来，也可以从其《梦游仙赋》看出来：

余昔夜梦，寓游一方，乐态甚适。觉而作赋，题之《梦游仙》。其词曰：

杳漠漠兮升绝垠，云辔九天兮越崇门。星旄晓以淡白，澜咽潾于锦砾。石榴笑而织娥喜，阍导余而就将止。袭烈蕙之芳风，送丽音于辽耳。目恣迈而多适，吾超超其乐此。银墉兮桂箱，差瑶踏兮上玉堂。卷红幕兮发绣户，中有人兮结清处。语嫣延兮情绰掺，命余荫于兰之厦。回秾颜以一顾，轡娇眸而融治。烟津兮玉盘，火桂兮炮鸾。鼎娥司味和苦酸，嬴吹既调戛湘弦。合吾饮食兮乐吾后园。乃称诗曰：

白日低兮春塘满，红药芬兮草芽短。

菱结带兮荇含丝，设遨游兮遵佳期。

又诗曰：

秾光醉兮昏绵绵，焉与久兮乐万年。春留连兮其未央，吐芳意于荃言。忽发寤以无睹，魂迷念兮情牵。既谅人生之皆梦，孰云夕非而昼是。驰咏想之悠悠兮，轴吾情于万里。[1]

①肖占鹏、李勃洋校注《沈下贤集校注》，南开大学出版社 2003 年版，第 1 页。

赋的正文极写仙界的美好：女色、饮食、音乐等，流露出求仙的热望，文尾的诗却将仙界与现实都否定，即“谅人生之皆梦，孰云夕非而昼是”。唐代道教兴盛，文人求仙思想浓厚，但也时有反思求仙的理性思索，解读萧史、弄玉成仙故事时不乏对于死亡的理性追问，如“尝闻萧史、王乔，长生孰见？”（徐寅《人生几何赋》），更多的是仙路难攀的遗憾与绝望中流露出的对于成仙的怀疑，如李白《凤台曲》云：

尝闻秦帝女，传得凤凰声。
是日逢仙子，当时别有情。
人吹彩箫去，天借绿云迎。
曲在身不返，空余弄玉名。

诗人置身凤台，却难寻仙人的踪迹，绝望之情油然而生；又如王无竞《凤台曲》云：

凤台何逶迤，嬴女管参差。
一旦彩云至，身去无还期。
遗曲此台上，世人多学吹。
一吹一落泪，至今怜玉姿。

凤台、箫管，无不让人联想曾经成仙的萧史和弄玉，但是，箫管之声虽然可学，仙人之姿难觅，世人无法超越死亡，令人伤心落泪。中国古代文人本来就有将功名、利禄、亲情等无法割舍的东西置于死亡面前拷问其意义的文学传统，如陶渊明《拟挽歌辞》。沈亚之《秦梦记》显然沿袭了这种文学传统。

晚唐裴铏《传奇》"文箫"讲述谪仙吴彩鸾下嫁书生文箫，以抄卖韵书度日的故事，主人公的名字暗含萧史、弄玉的故事[1]，杜光庭《仙传拾遗》依此传奇作品将文箫、吴彩鸾夫妇列入仙传。其实，吴彩鸾确有其人，抄卖韵书也实有其事。宋代楼钥曾于友人家里看到吴彩鸾抄写的韵书，由此想到了谪仙吴彩鸾与书生文箫的仙凡配故事，在韵书后题写一诗，抒发了一番神仙之说渺茫的议论，并顺便对萧史、弄玉以及裴航等升仙故事进行了质疑。该诗题为《题汪季路家藏吴彩鸾唐韵后》，即："旧说仙人吴彩鸾，日书切韵归毫端。不应神速有如此，令人至今疑稗官。……神仙之说云渺茫，仙凡配耦尤荒唐。萧史弄玉乘凤去，蓝田空说容裴航。……"

①（唐）裴铏著，周楞伽辑注《裴铏传奇》，上海古籍出版社1980年版，第88—89页。

杜光庭《仙传拾遗》卷一录"萧史"：

萧史，不知得道年代，貌如二十许人。善吹箫，作鸾凤之响，而琼姿炜烁，风神超迈，真天人也！混迹于世时，莫能知之。秦穆公有女弄玉，善吹箫，公以弄玉妻之，遂教弄玉作凤鸣。居数十年，吹箫似凤声，凤凰来止其屋。公为作凤台，夫妇止其上，不饮不食不下数年。一旦弄玉乘凤，萧史乘龙，升天而去。秦为作凤女祠，时闻箫声。今洪州西山绝顶有萧史石仙坛，石室及岩屋、真像存焉，莫知年代。[1]

①（唐）杜光庭撰，罗争鸣辑校《杜光庭记传十种辑校》（下），中华书局2013年版，第755—756页。

又《墉城集仙录》卷六录“弄玉”：

弄玉者，秦缪公之女也，好吹箫。时有萧史者，善吹箫，公以弄玉妻之，筑台以居焉。弄玉吹箫十余年，能作凤鸣，凤来止其台上。夫妇居台上数年不下。一旦，胡凤飞去，于是秦公于雍宫作凤女祠，时有箫声焉。[2]

②同上，第657页。

杜光庭是唐末五代时期的人，下第后入天台山学道；后受召入宫，“广明之乱”后两次入蜀，第二次入蜀不返，直至去世；曾出仕王建前蜀政权，并受赐“广成先生”之号，继位的王衍受其道箓，并以其为“传真天师”、崇真馆大学士；晚年潜心修道于青城山白云溪；对道教的教义、仪轨、方术等进行了全面的搜集、整理，成为著名的道教学者。他曾撰写大量仙传、仙遇、灵异故事类作品，如《仙传拾遗》《墉城集仙录》《王氏神仙传》《神仙感遇传》《录异记》《道教灵验记》等。宋代《中兴馆阁书目》称《仙传拾遗》原有四十卷，共四百二十九事[3]；后佚，今辑存四卷，共一百二十余则。《墉城集仙录》原为十卷，现十卷为辑存，录女仙八十四人，建构出了一个女仙的谱系。萧史、弄玉的故事见载于《仙传拾遗》和《墉城集仙录》，后者只不过是将前者所载故事换至弄玉的角度来简要叙述并纳入其构建的女仙谱系。杜光庭对萧史、弄玉故事所做的主要改造是：将秦穆公时人的萧史与弄玉一起成仙改造成早已得道的神仙萧史诱导弄玉成仙，为此，杜光庭《仙传拾遗》对神仙萧史进行一番形貌描写以强化其作为得道神仙的神秘性。另外，增加了龙与凤一起分别作萧史和弄玉进入仙界的坐骑，

③（宋）陈骙撰，赵士炜辑《中兴馆阁书目辑考》（卷四），国立北平图书馆1933年版，第10页。

实际上也就彰显了二者的性别身份，此做法被以后的演绎者沿用。杜光庭本人怎么看待萧史、弄玉双双成仙故事的价值呢？从道士身份当然可以揣测其在仙传书写中流露出的宗教倾向，他还有一首诗《怀古今》提及萧史、弄玉故事，从中还可以看出其思索历史与人生的文人情怀：

古，今。
感事，伤心。
惊得丧，叹浮沉。
风驱寒暑，川注光阴。
始衔朱颜丽，俄悲白发侵。
嗟四豪之不返，痛七贵以难寻。
夸父兴怀于落照，田文起怨于鸣琴。
雁足凄凉兮传恨绪，凤台寂寞兮有遗音。
朔漠幽囚兮天长地久，潇湘隔别兮水阔烟深。
谁能绝圣韬贤餐芝饵术，谁能含光遁世炼石烧金。
君不见屈大夫纫兰而发谏，君不见贾太傅忌鹏而愁吟。
君不见四皓避秦峨峨恋商岭，君不见二疏辞汉飘飘归故林。
胡为乎冒进贪名践危途与倾辙，胡为乎怙权恃宠顾华饰与雕簪。
吾所以思抗迹忘机用虚无为师范，吾所以思去奢灭欲保道德为规箴。
不能劳神效苏子张生兮于时而纵辩，不能劳神效杨朱墨翟兮挥涕以沾襟。

这是一首宝塔体咏怀诗，咏怀诗一般不离政治情怀的表达。该诗大量铺陈典故，随着诗句加长，节奏越来越快；令人几近窒息的快节奏让人感知到作者列举历代文士的得与失、浮与沉时澎湃起伏的心绪；作者将人生之痛苦归因于“冒进贪名”“怙权恃宠”，并剖白自己“用虚无为师范”“保道德为规箴”的人生志趣，最终目的在于诱导世人走上“餐芝饵术”“炼石烧金”的隐逸求仙之途；“雁足凄凉兮传恨绪，凤台寂寞兮有遗音”是将男女因种种原因之别离与萧史、弄玉抛弃富贵功名而相守进行对照，并流露出对后者的认同与赞许，也就是将后者提升至人生价值实现之途径的重要地位。

元代赵道一《历世真仙体道通鉴》也录有萧史、弄玉的故事，其卷三录“萧史”：

> 萧受姓于殷。至周宣王时，有萧钦者，妻王氏，皆富，好道。老君曾降其家。以宣王十七年五月五日生，即萧仙也。生而不事家业，游终南山，遇异人授长生术，且教以吹箫。归家告父，愿入道。父母强为娶妻，萧仙云：“异人教我勿娶，当得帝女。”父母听之。宣王末，史籍散乱，萧仙能文，著本末以备史之不及，人以史目之，实无名也，行第三。浪迹入秦，孟明之师从军引败归，秦侯迓而哭之。史在孟明侧立，甚恭。秦侯问败师状，孟明不能答，史代对甚悉。孟明免罪，史之力也。孟明归，史又放浪山水间。时秦侯有女名弄玉，善吹笙，无和者，求得吹笙者以配。孟明以代对，故荐史，因召见。秦侯问史，云：“善箫。”侯曰：“吾女好笙，子好箫也，奈何？”史以不称旨退，女在屏间呼曰：“试使吹之。”一声而清风生，再吹而彩云起，三吹而凤凰来。女曰：“是吾夫也，愿嫁之。”史曰：“女亦且吹笙。”且三吹之，如史所感。于是孟明为媒，蹇叔为宾，合宴于西殿。座中不奏他乐，惟二人自以箫笙间奏。曲未终，凤凰来下，二仙乘之而去。秦侯惘然，咎孟明。孟明遣人四方寻之，至楚尾吴头，有人见西山高峰男女而吹笙箫者，凤栖其傍。使者闻，急访之，又冲升矣。后不知其所之。此其大略也。①

①(元）赵道一《历世真仙体道通鉴》，正统道藏139—149册，卷三，明抄本。

《历世真仙体道通鉴后集》卷二录“嬴女”：

秦穆公女嬴氏，名弄玉，善吹笙，无和者，欲求得吹笙者以配。有萧史者，善吹箫，能感清风彩云凤凰，嬴女愿嫁之。嬴女吹笙，亦如史所感，于是孟明为媒，蹇叔为宾，约而成婚，宴于西殿，座中不奏他乐，惟二人自以笙箫间奏，遂致凤凰来仪，二人乘之而去。秦人因作凤女祠。[①]

①（元）赵道一《历世真仙体道通鉴后集》，正统道藏149—150册，卷二，明抄本。

赵道一沿着杜光庭的方向继续演绎：增加了神仙萧史的前传，即萧史升仙前的世俗生活和得道的因缘；增加了萧史、弄玉成仙的后传，即秦穆公对弄玉的思念与寻找。当然，该文本还将所叙述的故事包括萧史与弄玉的婚姻都置于具体的时空而得以情景化。值得注意的是，二者婚配的道具由男女均吹奏箫改为女吹笙与男吹箫，以婚礼上的笙箫间奏来喻示二者婚姻的美满。

明代余劭鱼曾编写平话《列国志传》，冯梦龙在此基础上改编为《新列国志》，清乾隆年间蔡元放又将其改编成《东周列国志》，该著进一步演绎萧史、弄玉的故事，即：

却说秦穆公有幼女，生时适有人献璞，琢之，得碧色美玉。女周岁，宫中陈晬盘，女独取此玉弄之不舍，因名弄玉。稍长，姿容绝世，且又聪明无比，善于吹笙，不由乐师，自成音调。穆公命巧匠剖此碧玉为笙。女吹之，声如凤鸣。穆公钟爱其女，筑重楼以居之，名曰凤楼。楼前有高台，亦名凤台。弄玉年十五，穆公欲为之求佳婿。弄玉自誓曰："必得善笙人，能与我唱和者，方是我夫。他非所愿也。"穆公使人遍访，不得其人。忽一日，弄玉于楼上卷帘闲看，见天净云空，月明如镜，呼侍儿焚香一炷，取碧玉笙，临窗吹之。声音清越，响入天际。微风拂拂，忽若有和之者，其声若远若近。弄玉心异之，乃停吹而听，其声亦止，余音犹袅袅不断。弄玉临风惘然，如有所失。徙倚夜半，月昃香消，乃将玉笙置于床头，勉强就寝。梦见西南方天门洞开，五色霞光，照耀如昼。一美丈夫羽冠鹤氅，骑彩凤自天而下，立于凤台之上。谓弄玉曰："我乃太华山之主也。上帝命我与尔结为婚姻，当以中秋日相见，宿缘应尔！"乃于腰间解赤玉箫，倚栏吹之，其彩凤亦舒翼鸣舞，凤声如箫声，唱和如一，宫商协调，喤喤盈耳。弄玉神思俱迷，不觉问曰："此何曲也？"美丈夫对曰："此《华山吟》第一弄也。"弄玉又问曰："曲可学乎？"美丈夫对曰："既成姻契，何难相授？"言毕，直前执弄玉之手。弄玉猛然惊觉，梦中景象，宛然在目。

及旦，自言于穆公。乃使孟明以梦中形象，于太华山访之。有野夫指之曰："山上明星岩有一异人，自七月十五日至此，结庐独居，每日下山沽酒自酌。至晚，必吹箫一曲，箫声四彻，闻者忘卧，不知何处人也。"孟明登太华山，至明星岩下，果见一人，羽冠鹤氅，玉貌丹唇，飘飘然有超尘出俗之姿。孟明知是异人，上前揖之，问其姓名。对曰："某萧姓，史名。足下何人？来此何事？"孟明曰："某乃本国右庶长百里视是也。吾主为爱女择婿，女善吹笙，必求其匹。闻中下精于音乐，吾主渴欲一见，命某奉迎。"萧史曰："某粗解宫商，别无他长，不敢辱命。"孟明曰："同见吾主，自有分晓。"遂与共载而回。

孟明先见穆公，奏知其事，然后引萧史入谒。穆公坐于凤台之上，萧史拜见曰："臣山野匹夫，不知礼法，伏祈矜宥！"穆公视萧史形容潇洒，有离尘绝俗之韵，心中先有三分欢喜，乃赐坐于旁，问曰："闻子善箫，必善笙乎？"萧史曰："臣止能箫，不能笙也。"穆公曰："本欲觅吹笙之侣，今箫与笙不同器，非吾女匹也。"顾孟明使引退。弄玉遣侍者传语穆公曰："箫与笙一类也。客既善箫，何不一试其长？奈何令怀技而去乎？”穆公以为然，乃命萧史奏之。萧史取出赤玉箫一枝，玉色温润，赤光照耀人目，诚希世之珍也。才品一曲，清风习习而来；奏第二曲，彩云四合；奏至第三曲，见白鹤成对，翔舞于空中；孔雀数双，栖集于林际，百鸟和鸣，经时方散。穆公大悦。时弄玉于帘内，窥见其异，亦喜曰：“此真吾夫矣！”穆公复问萧史曰：“子知笙箫何为而作？始于何时？”萧史对曰：“笙者，生也，女娲氏所作，义取发生，律应太簇。箫者，肃也，伏羲氏所作，义取肃清，律应仲吕。”穆公曰：“试详言之。”萧对曰：“臣执艺在箫，请但言箫。昔伏羲氏编竹为箫，其形参差，以象凤翼；其声和美，以象凤鸣。大者谓之‘雅箫’，编二十三管，长尺有四寸；小者谓之‘颂箫’，编十六管，长尺有二寸。总谓之箫管。其无底者，谓之‘洞箫’。其后黄帝使伶伦伐竹于昆溪，制为笛，横七孔，吹之，亦象凤鸣，其形甚简。后人厌箫管之繁，专用一管而竖吹之。又以长者名箫，短者名管。今之箫，非古之箫矣。”穆公曰：“卿吹箫，何以能致珍禽也？”史又对曰：“箫制虽减，其声不变，作者以象凤鸣，凤乃百鸟之王，故皆闻凤声而翔集也。昔舜作《箫韶》之乐，凤凰应声而来仪。凤且可致，况他鸟乎？”萧史应对如流，音声洪亮。穆公愈悦，谓史之：“寡人有爱女弄玉，颇通音律，不欲归之盲婿，愿以室吾子。”萧史敛容再拜，辞曰：“史本山僻野人，安敢当王侯之贵乎？”穆公曰：“小女有誓愿在前，欲择善笙者为偶，今吾子之箫，能通天地，格万物，更胜于笙多矣。况吾女复有梦征，今日正是八月十五中秋之日，此天缘也，卿不能辞。”萧史乃拜谢。穆公命太史择日婚配，太史奏：“今夕中秋上吉，月圆于上，人圆于下。”乃使左右具汤沐，引萧史洁体，赐新衣冠更换，送至凤楼，与弄玉成亲。夫妻和顺，自不必说。

次早，穆公拜萧史为中大夫。萧史虽列朝班，不与国政，日居凤楼之中，不食火食，时或饮酒数杯耳。弄玉学其导气之方，亦渐能绝粒。萧史教弄玉吹箫，为《来凤》之曲。约居半载，忽然一夜，夫妇于月下吹箫，遂有紫凤集于台之左，赤龙盘于台之右。萧史曰："吾本上界仙人，上帝以人间史籍散乱，命吾整理。乃以周宣王十七年五日，降生于周之萧氏，为萧三郎。至宣王末年，史官失职，吾乃连缀本末，备典籍之遗漏。周人以吾有功于史，遂称吾为萧史。今历一百十余年矣。上帝命我为华山之主，与子有夙缘，故以箫声作合，然不应久住人间。今龙凤来迎，可以去矣。"弄玉欲辞其父，萧史不可，曰："既为神仙，当脱然无虑，岂容于眷属生系恋耶？"于是萧史乘赤龙，弄玉乘紫龙，自凤台翔云而去。今人称佳婿为"乘龙"，正谓此也。是夜，有人于太华山闻凤鸣焉。次早，宫侍报知穆公。穆公惘然，徐叹曰："神仙之事，果有之也！倘此时有龙凤迎寡人，寡人视弃山河，如弃敝屣耳！"命人于太华踪迹之，杳然无所见闻。遂立祠于明星岩，岁时以酒果祀之。至今称为萧女祠，祠中时闻凤鸣也。六朝鲍照有《萧史曲》云："萧史爱少年，嬴女吝童颜。火粒愿排弃，霞雾好登攀。龙飞逸天路，凤起出秦关。身去长不返，箫声时往还。"又江总亦有诗云："弄玉秦家女，萧史仙处童。来时兔月满，去后凤楼空。密笑开还敛，浮声咽更通。相期红粉色，飞向紫烟中。"

穆公自是厌言兵革，遂超然有世外之想。以国政专任孟明，日修清净无为之业。未几，公孙枝亦卒。孟明荐子车氏之三子奄息、仲行、针虎并有贤德，国中称为"三良"。穆公皆拜为大夫，恩礼甚厚。又三年，为周襄王三十一年春二月望日，穆公坐于凤台观月，想念其女弄玉，不知何往，更无会期，蓦然睡去。梦见萧史与弄玉控一凤来迎，同游广寒之宫，清冷彻骨。既醒，遂得寒疾，不数日薨，人以为仙去矣。在位三十九年，年六十九岁。[1]

[1]（明）冯梦龙编《东周列国志》，岳麓书社2002年版，第334—337页。

尽管萧史、弄玉的形象都丰满起来了，特别是文中增加了弄玉之名的来历及弄玉梦感神仙等情节，但其实，萧史的主要地位进一步得到强化，表现在于萧史的出场描写颇为讲究：先通过弄玉的梦感作铺垫，然后通过孟明的寻找正式出场，出场后又有吹箫、论箫等情节。萧史关于箫的来历的演说不可视为装饰情节的闲笔，而是通过萧史之口道出箫声与凤凰及相关政治文化的渊源。

萧史、弄玉早在南北朝即已成为绘画的重要题材。南朝宋著名画家陆探微曾有《萧史图》，据晚唐张彦远《历代名画记》，陆探微《萧史图》“妙冠一时，名居上品”[①]。该画历尽波折，后为张彦远家族收藏，元和（806—820）年间，张彦远的祖父张弘靖将此画献给了唐宪宗。李德裕《代高平公进书画状》称：“前件书画，历代共宝，是称珍绝。其陆探微《萧史图》，妙冠一时，名居上品，所希睿鉴，别赐省览。”[②]晚唐朱景玄《唐朝名画录序》云：“前朝陆探微屋木居第一，皆以人物禽兽，移生动质，变态不穷，凝神定照，固为难也。故陆探微画人物极其妙绝，至于山水草木，粗成而已。且《萧史》《木雁》《风俗》《洛神》等图画，尚在人间，可见之矣。”[③]朱景玄于唐武宗会昌（841—846）前后仍在世，可见该画至会昌年间依然存世。中唐诗人鲍溶有《萧史图歌》一诗，虽不能遽定即为吟咏陆探微《萧史图》，但从此诗也许可以窥见鲍溶所见《萧史图》对于萧史、弄玉故事的想象。《萧史图歌》即：

霜绡数幅八月天，彩龙引凤堂堂然。
小载萧仙穆公女，随仙上归玉京去。
仙路迢遥烟几重，女衣清净云三素。
胡髯毵珊云髻光，翠蕤皎洁琼华凉。
露痕烟迹渍红貌，疑别秦宫初断肠。

①（唐）张彦远著《历代名画记》，中州古籍出版社 2016 年版，第 14 页。

②（唐）李德裕《代高平公进书画状》，（清）董诰等《全唐文》，中华书局 1983 年影印版，第 7240 页。

③（唐）朱景玄著，吴企明校注《唐朝名画录校注》，黄山书社 2016 年版，第 1 页。

此去每在西北上，紫霄洞客晓烟望。

从诗可以看出，其所吟咏的《萧史图》描绘的内容是萧史、弄玉各骑龙凤升仙的情境。无独有偶，鲍溶《东高峰（一作东峰亭）》、杜甫《玉台观》各提及萧史、弄玉故事的壁画。鲍溶《东高峰（一作东峰亭）》：

东亭最高峙，春树绕山腰。
画里青鸾客，云中碧玉箫。
秋风若西望，为我一长谣。

杜甫《玉台观》二首其二：

浩劫因王造，平台访古游。
彩云萧史驻，文字鲁恭留。
宫阙通群帝，乾坤到十洲。
人传有笙鹤，时过此山头。

东高峰未详，疑属终南山。玉台观位于隆州（今阆中）城北，唐高祖李渊子滕王李元婴任隆州刺史时曾游至此，观中有台，称玉台。“观有图画仙像，故云‘萧史驻’。”[①] 从诗作内容来看，这两幅壁画表现的都是萧史、弄玉升仙的情境。由陆探微《萧史图》在唐代的广泛传播及唐人对该画的珍视来看，陆探微对于萧史、弄玉升仙的想象与描述应该对唐人是很有影响的。鲍溶还有《弄玉词》二首其一：

素女结念飞天行，白玉参差凤凰声，天仙借女双翅猛。
五灯绕身生，入烟去无影。

①（唐）杜甫著，（清）仇兆鳌注《杜诗详注》（第三册），中华书局 1979 年版，第 1092 页。

也是描绘萧史、弄玉升仙的情境。旧题南唐周文矩《仙女乘鸾图》描绘的是淡薄云雾背景下女仙乘鸾飞升时回顾圆月的情景。该图绘于扇面，没有题款，也就不能确定其表现的女仙就是弄玉，但是起码可以说其乘鸾飞升的题材源自弄玉。宋代刘道醇《圣朝名画评》载："周文矩，建康句容人。美风度，学丹青，颇有精思。仕李煜为待诏，能画冕服车器、人物仕女。"[①] 但是，一般认为此画并非出自南唐周文矩，而是北宋早期的作品。清代耿昭忠题云："风格高妙，飘飘然有凌霞绝尘之姿，是盖周文矩胸中迥出天机，故落笔超乎物表。张、吴、顾、陆、何难继踵。"[②] 这是就其表现人物的艺术而言的。南宋著名画家郑思肖有一首《秦女吹箫图》：

①（宋）刘道醇《圣朝名画评》，山西教育出版社2017年版，第30页。

②谢泽霞著《〈仙女乘鸾图〉临摹笔记》，岭南美术出版社2021年版，第1页。

> 弄玉飘飘仙女姿，凤凰低舞久相期。
> 箫中应有别一曲，飞出青天影外吹。

由诗可以看出，其所咏吟的绘画内容是：凤凰在围着吹箫的弄玉起舞。此画未将萧史组织进画面，也不是表现弄玉升仙时的飘逸姿态。弄玉升仙很早就成为扇面绘画的题材。南朝江淹的拟代之作《班婕妤咏扇》云"画作秦王女，乘鸾向烟雾"，看来当时就有在团扇上绘写弄女升仙图的。南宋末蔡伸的词作《卜算子（题扇）》云：

> 玉斧斲冰轮，中有乘鸾女。鬓乱钗横襟袖凉，只恐轻飞举。　　青冥缥缈间，自有吹箫侣。不向巫山十二峰，朝暮为云雨。

蔡伸题写的扇面上应该也绘有萧史、弄玉升仙图。今故宫博物院藏明代仇英《吹箫引凤图》的主题与以上以萧史、弄玉为题材的画作不一样：山峦间的高台及台上的人物占画面下半部分，画面的绝大部是远处的山峦和台前左上方一只飞舞的凤凰。显然，这是表现萧史教弄玉吹箫作凤凰鸣叫之声并召来凤凰飞舞的情境。画面值得咂摸的是凤凰台上的部分：萧史、弄玉相对而坐，弄玉执箫，萧史作倾听状，旁边是几个侍女；高台上另有一个屏风隔出一角，屏风后设一案，案上摆设有觚、鼎等青铜器。其构图与图像元素在明清文人绘画中极为常见，而明清此类绘画往往是表现文人雅致的生活情境。所以，仇英《吹箫引凤图》表现的萧史、弄玉的仙界生活情景人间化、世俗化了，成为当时文人雅致生活方式的隐喻。

二、凤凰：媒介、坐骑与引导者

《列仙传》“萧史”赞语云：“萧史妙吹，凤雀舞庭。嬴氏好合，乃习凤声。遂攀凤翼，参翥高冥。女祠寄想，遗音载清。”①

该赞语与仙传未必出自一人之手，但是，将萧史、弄玉的故事分为四个阶段并将每一个阶段与凤凰密切联系起来大致符合该仙传的故事情节，而且，《列仙传》之后的仙传及诗歌、小说在演绎故事时还在不断强化这种联系。婚前的萧史，《列仙传》称其“善吹箫，能致孔雀白鹤于庭”，此即赞语所谓“凤雀舞庭”，《仙传拾遗》则改称“善吹箫，作鸾凤之响”；婚后的萧史“日教弄玉作凤鸣，居数年，吹似凤声，凤凰来止其屋”，此即赞语所谓“乃习凤声”，这一点《列仙传》《仙传拾遗》的叙述基本一致；升仙环节，《列仙传》将凤凰作为萧史、弄玉的坐骑，此即赞语所谓“遂攀凤翼，参翥高冥”，而《仙传拾遗》将凤作为弄玉的坐骑，另设置龙作为萧史的坐骑，《历世真仙体道通鉴》则设置凤为二人的坐骑，至《东周列国志》则又改为以龙凤分别作为二人的坐骑②；萧史、弄玉夫妇升仙后，

①王叔岷撰《列仙传校笺》，中华书局 2007 年版，第 187 页。

②《东周列国志》对于此事的表述前后不一，前文两次提及有龙凤来迎，一为紫凤，一为赤龙，后文却说二人分乘紫龙、赤龙飞升。

秦人为作凤女祠，时有箫声传出，即赞语所谓“女祠寄想，遗音载清”，《列女传》《仙传拾遗》《历世真仙体道通鉴》叙述略同。看来，不论萧史、弄玉的故事如何被演绎，凤凰总是故事中的重要配角，承担着重要功能。

1. 凤凰：婚姻的媒介

从《列仙传》至《仙传拾遗》，再到《历世真仙体道通鉴》乃至《东周列国志》，都充分利用箫声作为萧史、弄玉结为婚姻以及婚后生活交流的媒介，而《列仙传》《仙传拾遗》《东周列国志》都将萧史教弄玉吹箫作凤鸣作为二人婚后生活的唯一情节单元。《历世真仙体道通鉴》则将萧史“一声而清风生，再吹而彩云起，三吹而凤凰来”的箫声作为其与弄玉结为婚姻的关键点，弄玉正是在听到萧史吹箫之后才做出“是吾夫也，愿嫁之”的决定；而且，萧史也提出要听一听弄玉的笙声，结果，笙声亦如箫声同样招来了凤凰；至此，这场婚姻才成为定局；在婚宴上，“座中不奏他乐，惟二人自以箫笙间奏。曲未终，凤凰来下，二仙乘之而去”。《东周列国志》中，梦中打动弄玉的是萧史的箫声，现实中打动穆公的是萧史一番关于箫何以致凤凰的理论。《东周列国志》与以往的仙传与传奇不同，设置了一个婚前感梦的情节单元：萧史倚栏吹箫，“彩凤亦舒翼鸣舞，凤声与箫声，唱和如一，宫商协调，喤喤盈耳”，弄玉听得神思俱迷，提出学习乐曲。《东周列国志》还设置了一个穆公亲自考问萧史的情节单元：穆公提出了两个问题，其一，关于笙箫的历史，其二，箫声为什么能够招致凤凰。萧史“应对如流，音声洪亮”，穆公这才满意地提出将女儿嫁给萧史。就像司马相如以一曲《凤求凰》赢得了与卓文君的婚姻，萧史是以一曲凤鸣般的箫声赢得了与弄玉的婚姻。

2. 凤鸣之箫声：与仙界沟通的媒介

《尚书·舜典》载：“诗言志，歌永言，声依永，律和声。

八音克谐，无相夺伦，神人以和。”[1] 所谓“神人以和”就是指音乐沟通神灵的功能。既然音乐可以沟通人神，也就可以通过与神的沟通并通过神驱遣任何事物。这一点可以从《吕氏春秋》“古乐篇”所载葛天氏部落的乐舞看出来：

①（汉）孔安国传，（唐）孔颖达正义《尚书正义》，上海古籍出版社 2007 年版，第 106 页。

昔葛天氏之乐，三人操牛尾投足以歌八阕：一曰《载民》，二曰《玄鸟》，三曰《遂草木》，四曰《奋五谷》，五曰《敬天常》，六曰《建帝功》，七曰《依地德》，八曰《总禽兽之极》。[2]

②许维遹撰《吕氏春秋集释》，中华书局 2009 年版，第 118 页。

从这里所载八阕之名大致可以窥见人类乐舞的动机，其中就有祷祝草木顺遂、万物安宁。又《礼记·郊特牲》载伊耆氏蜡祭：

伊耆氏始为蜡。蜡也者，索也，岁十二月，合聚万物而索飨之也。[3]

③王文锦译解《礼记译解》（上），中华书局 2016 年版，第 359 页。

蜡祭之辞也是通过与神的沟通并借神的力量驱使万物，来为人类的生存服务。这就是《周易·乾》所说的“同声相应，同气相求。水流湿，火就燥。云从龙，风从虎。圣人作而万物睹”[4]，是一种始于交感巫术发展出来的思维方式。因此，中国古代历来重视音乐在宗教、政治与日常生活中的作用，认为“夫乐，上通神明，下和人理，隆治致化，万邦咸乂。移风易俗，莫善于乐”[5]；中国上古圣王重视作乐，文献往往记载其作乐招致凤凰的神迹。《吕氏春秋》“古乐篇”载：

④高亨著《周易大传今注》，齐鲁书社 1979 年版，第 65 页。

⑤（晋）陈寿撰，（宋）裴松之注《三国志》，中华书局 1964 年版，第 385 页。

帝喾命咸黑作为声，歌《九招》《六列》《六英》；有倕作为鼙、鼓、钟磬、吹苓、管、埙、篪、鞀、椎、钟，帝喾

> 乃令人拚，或鼓鼙，击钟磬，吹苓，展管篪；因令凤鸟、天翟舞之。帝喾大喜，乃以康帝德。帝尧立，乃命质为乐。质乃效山林溪谷之音以歌，乃以麋辂置缶而鼓之，乃拊石击石，以象上帝玉磬之音，以致舞百兽。[①]

①许维遹撰《吕氏春秋集释》，中华书局 2009 年版，第 124—126 页。

《史记·五帝本纪》也载有禹“兴九招之乐，致异物，凤皇来翔”[②]。

②（汉）司马迁撰《史记》，中华书局 2013 年版，第 51 页。

《尚书·益稷》载：

> 夔曰：“戛击鸣球，搏拊琴瑟以咏，祖考来格，虞宾在位，群后德让。下管、鼗鼓，合止柷、敔。笙、镛以间，鸟兽跄跄。箫《韶》九成，凤皇来仪。”夔曰：“於！予击石拊石，百兽率舞，庶尹允谐。[③]

③（汉）孔安国传，（唐）孔颖达正义《尚书正义》，上海古籍出版社 2007 年版，第 179 页。

北宋苏轼《九成台铭》云：“览观江山之吐吞，草木之俯仰，鸟兽之鸣号，众窍之呼吸，往来唱和，非有度数而均节自成者，非《韶》之大全乎！上方立极以安天下，人和而气应，气应而乐作，则夫所谓箫《韶》九成，来凤鸟而舞百兽者，既已粲然毕陈于前矣。”[④]苏轼对“箫《韶》九成，凤皇来仪”的解读代表了中国古人对于音乐的功能和机制的理解。

④（宋）苏轼著，孔凡礼点校《苏轼文集》，中华书局 1986 年版，第 568 页。

但是，古人心目中最伟大的音乐作品为什么会招致凤凰？《吕氏春秋》“古乐篇”载：

> 昔黄帝令伶伦作为律。伶伦……次制十二筒，以之阮隃之下，听凤皇之鸣，以别十二律。其雄鸣为六，雌鸣亦六，以比黄钟之宫适合。黄钟之宫皆可以生之，故曰“黄钟之宫律吕之本”。[⑤]

⑤许维遹撰《吕氏春秋集释》，中华书局 2009 年版，第 120—122 页。

原来，乐律的依据是凤凰之鸣声，所以《淮南子》“天文训”说：“律之初生也，写凤之音。”[1]再加上音乐可以使“百兽率舞”，而《山海经》以鸾凤为群兽之王，最具感通天地之效用的音乐当然能够招致“凤凰来翔”。看来，认为凤凰是中国的音乐之神的说法不无道理。宋代王安石《与舍弟华藏院此君亭咏竹》“烦君惜取根株在，欲乞伶伦学凤凰”，所谓“学凤凰”就是学奏乐。《世本》有素女弹瑟的记载：“庖羲瑟五十弦。黄帝使素女鼓瑟，哀不自胜，乃破为二十五弦，具二均声。”[2]素女之瑟声何以如此动人？从唐代李贺《李凭箜篌引》引素女鼓瑟的典故可以窥见诗人的理解：

吴丝蜀桐张高秋，空山凝云颓不流。
江娥啼竹素女愁，李凭中国弹箜篌。
昆山玉碎凤凰叫，芙蓉泣露香兰笑。
……

诗人先以素女鼓瑟令黄帝哀不自胜一事来喻指李凭所弹箜篌乐声之悲哀，下文直接以凤凰的叫声来拟箜篌的乐声，实际上表明，素女瑟声之哀愁动人因为其犹如凤凰之鸣。宋代虞汝明《古琴疏》也进一步说素女的琴声招致凤凰自鸣自舞：“素女播都广之琴，温风冬飘，素雪夏零，鸾鸟自鸣，凤鸟自舞，灵寿自花。”[3]根据“同声相应，同气相求”的思维方式，为了达到与神灵沟通、招致凤凰的目的，不但音乐要模仿凤凰之鸣，乐器的器形还要模仿凤凰之形。《世本》载：“箫，舜所造，其形参差象凤翼。”[4]“随作笙，象凤皇之身。”[5]至此，也就容易理解萧史、弄玉的箫声或笙声为何能够引来凤凰。《东周列国志》就曾借萧史之口道出箫声与凤凰的渊源：“昔伏羲氏，编竹为箫，其形参差，以象凤翼；其声和美，以象凤

①何宁撰《淮南子集释》，中华书局1998年版，第247页。

②(清）张澍《张澍稡集补注本〈世本〉》，《世本八种》，中华书局2008年版，第6页。

③(明)陶宗仪等编《说郛三种》，上海古籍出版社2012年版，第4584页。

④(汉）宋衷注，(清）秦嘉谟等辑《世本八种》，中华书局2008年版，第360页。

⑤同上，第4页。

鸣。”“箫制虽减，其声不变，作者以象凤鸣，凤乃百鸟之王，故皆闻凤声而翔集也。”凤凰是仙界的使者，也就是说萧史、弄玉的凤鸣般的箫声招来的凤凰是仙界派来的，凤凰充当了萧史、弄玉与仙界沟通的媒介。无独有偶，《列仙传》所录王子乔也是“好吹笙作凤凰鸣”[1]，后来被接至仙界，显然也是其凤鸣般的乐声感通了仙界，也就是以凤凰作为沟通仙界与人间的媒介。

①王叔岷撰《列仙传校笺》，中华书局2007年版，第65页。

那回荡在耳畔的凤鸣似的箫声，成为了萧史、弄玉夫妇的仙迹。秦穆王只能在感知着耳畔回荡的箫声中思念女儿弄玉，充满落寞的情绪。《东周列国志》在叙事至此时又提及秦人在萧史、弄玉吹箫的太华山筑萧女祠，并称“祠中时闻凤鸣也”，然后引述鲍照（或作张华）《萧史曲》称：“龙飞逸天路，凤起出秦关。身去长不返，箫声时往还。”人们只能相信耳畔若隐若现的箫声就是萧史、弄玉往还仙凡两界的身影。后来经常有文人来到秦女楼、凤凰台追踪仙迹，但也只能在努力捕捉箫声中抒发仙路难攀的惆怅。如唐代刘沧《题秦女楼》：

珠翠香销鸳瓦堕，神仙曾向此中游。
青楼月色桂花冷，碧落箫声云叶愁。
杳杳蓬莱人不见，苍苍苔藓路空留。
一从凤去千年后，迢递岐山水石秋。

初唐王无竞、盛唐李白都有《凤台曲》，前者云：

凤台何逶迤，嬴女管参差。
一旦彩云至，身去无还期。
遗曲此台上，世人多学吹。
一吹一落泪，至今怜玉姿。

后者云：

尝闻秦帝女，传得凤凰声。
是日逢仙子，当时别有情。
人吹彩箫去，天借绿云迎。
曲在身不返，空余弄玉名。

也许，唐时存在一首以萧史、弄玉故事为本事的乐曲《凤台曲》，该乐曲应该依然使用箫来吹奏，无论吹奏者还是听者往往泪落如雨，箫声承载着世人成仙的无限希冀，更承载着仙踪难觅、仙路难攀的无尽惆怅。

随着求仙思潮逐渐隐退，人们对仙凡交通的热情降低，认识到“浊世不久驻，清都路何穷。一去霄汉上，世人那得逢”（唐李群玉《升仙操》）的冰冷现实，但是，凤凰与箫再也分不开了，后人开始用“凤箫”“凤管”等词来指箫这种乐器及其吹奏的乐曲，当诗人发出“试托东皇问萧史，凤箫应许借人吹？”（宋夏竦《观夜醮》）的追问时，当然想到了萧史、弄玉借凤箫之声沟通仙凡的故事，但对于升仙一事，实际上已经是半信半疑了。于是，许多描写乐舞的诗作中，弄玉吹箫就像湘灵鼓瑟一样，也就仅仅成为美妙音乐的代名词而已，如宋朝四锡《紫云曲》云“朱弦远召舜湘灵，凤管应呼秦弄玉”，将二者并提，以指称音乐的美妙。甚至描写其他乐器演奏的音乐也会使用弄玉吹箫招致凤凰的典故，如宋代姚勉《听筝》在花费大量笔墨描写演奏环境、弹筝者的动作以至曲调的节奏、音色等之后，情不自禁地感叹筝声动人：“平生有耳喜此听，手不能作心自醒。除却高山与流水，琵琶箜篌俱径庭。”诗人仍然意犹未尽，又引出弄玉吹箫的典故：“楼中弄玉吹箫侣，同学丹山凤凰语。凤凰凤凰来不来，萧史行云在何许？”以此来表达筝声的魅力。

3. 凤凰：升仙的坐骑与导引

《山海经》已将凤凰作为沟通天帝与人间的使者，《楚辞》的抒情主人公上场时以凤凰为进入天界的引导者，并不是骚人的突发奇想，而是孕育于远古的信仰。《韩非子》“十过”曾描述黄帝于泰山与鬼神会合的情景：“昔者黄帝合鬼神于西泰山之上，驾象车而六蛟龙，毕方并辖，蚩尤居前，风伯进扫，雨师洒道，虎狼在前，鬼神在后，腾蛇伏地，凤皇覆上，大合鬼神，作为清角。”[①] 这里的引导者也有凤凰。长沙陈家大山楚墓出土《人物龙凤图》以龙和凤作为灵魂进入异域的引导者，长沙马王堆一号汉墓出土T形帛画中的天界与人世之间绘有两只凤凰，应该是以凤凰作为死者灵魂进入异域的引导者。汉代刘向《九叹·远游》描写升仙时以鸾凤为坐骑：“驾鸾凤以上游兮，从玄鹤与鷦明。孔鸟飞而送迎兮，腾群鹤于瑶光。”可见，以凤凰作为灵魂进入异域引导者的观念在汉代颇为流行。应该说，中国古代历来就有以龙或凤作为往来异域的引导者的观念。汉代形成的道教中神仙往往以龙、麟、凤、鹤为坐骑或随驾、御驾，“其中出现最多的是龙，次者为鸾凤及白鹤”[②]。《列仙传》载黄帝升仙就以龙作为引导者：“黄帝采首山之铜，铸鼎于荆山之下，鼎成，有龙垂胡髯下迎帝，乃升天。”[③] 以鸾凤为坐骑或随驾、御驾的材料在道教文献中也屡见不鲜，如东晋王嘉《拾遗记》所载西王母与周穆王会面时的坐骑：“西王母乘翠凤之辇而来，前导以文虎、文豹，后列雕麟、紫麏。”[④] 还有《太平御览》录《白羽经》：“太真丈人登白鸾之车，驾黑凤于九源，自天已下，莫不范德。”[⑤] 录《金真玉光经》：“元景道君衣丹锦之绶，戴进贤玉冠，乘玄景绿与参驾凤皇。”[⑥] 录《上清诀》：“元父所控赤羽飞车，左御绛鸾，右驾紫凤。”[⑦] 录《尺素诀》：“太微天帝君登白鸾之车，

①王先慎撰，钟哲点校《韩非子集解》，中华书局1998年版，第65页。

②李丰楙《曹唐〈小游仙诗〉的神仙世界初探》，《忧与游：六朝隋唐仙道文学》，中华书局2010年版，第342页。

③王叔岷撰《列仙传校笺》，中华书局2007年版，第9页。

④（晋）王嘉撰，（梁）萧绮录，齐治平校注《拾遗记校注》，中华书局1981年版，第65页。

⑤（宋）李昉编纂《太平御览》第六卷，河北教育出版社1994年版，第185页。

⑥同上，第285页。

⑦同上，第306页。

驾黑羽之凤，游碧水之境。”[1] 录《玉光八景经》：“南方玄景道君乘五色云车，驾凤皇。”[2] 录《金根经》：“玉帝君乘碧霞九凤飞行之舆。”[3]

①（宋）李昉编纂《太平御览》第六卷，河北教育出版社 1994 年版，第 306 页。

②③同上，第 307 页。

《列仙传》中萧史、弄玉均乘凤，后来演绎该故事时将萧史、弄玉夫妇的坐骑改为男乘龙、女乘凤，不过，以凤凰作为进入天界的坐骑的处理方法更深入人心，“乘鸾”一语在诗歌作品中出现的频率相当高，特别是游仙题材的作品，鸾凤几乎成为神仙的标配，如唐代曹唐《小游仙诗》“侍从皆骑白凤凰”“闲乘小凤出彤霞”“凤押笙歌逐后飞”“闲依碧海攀鸾驾”“八景风回五凤车”“等闲乘醉走青鸾”“无央公子停鸾辔”等。吟咏萧史、弄玉升仙的诗词中，二人所骑自然是鸾凤，如唐代滕潜《凤归云》其二：“饮啄蓬山最上头，和烟飞下禁城秋。曾将弄玉归云去，金翻斜开十二楼。”这是指弄玉升仙以凤为坐骑。温庭筠《晓仙谣》提及弄玉所骑为红尾凤，即“秦王女骑红尾凤，半空回首晨鸡弄”，所谓红尾凤也许就是所谓红鸾。而且，乘鸾骑凤几近成为升仙的代名词，如署名唐代得道隐士蓝采和《踏歌》：

> 踏歌踏歌蓝采和，世界能几何。红颜三春树，流年一掷梭。古人混混去不返，今人纷纷来更多。朝骑鸾凤到碧落，暮见桑田生白波。长景明晖在空际，金银宫阙高嵯峨。

还有中唐王建《和蒋学士新授章服》云：“瑞草唯承天上露，红鸾不受世间尘。”又唐末五代杜光庭《题都庆观》有句：“三仙一一驾红鸾，仙去云闲绕古坛。”

后来，画师将萧史、弄玉骑凤升仙的故事绘于女子手中的团扇，寄寓对于神仙眷侣的向往。古代女子手持的团扇上往往绣有红鸾。中唐王建《三台》其一提及红鸾扇：“鱼藻池边射鸭，芙蓉苑里看花。日色柘袍相似，不著红鸾扇遮。”五代花蕊夫人（或作王珪）《宫词》其四十六云：“翠华香重玉炉添，双凤楼头晓日暹。扇掩红鸾金殿悄，一声清跸卷珠帘。”宋代吕渭老《点绛唇（圣节鼓子词）》云：“扇列红鸾，赭黄日色明金殿。”这些作品还未明白地说扇面所画是萧史、弄玉的故事，而宋代高观国《思佳客（秋扇）》是一首咏物词，所咏对象就是扇，明白地说扇面绘有“乘鸾女”，显然，扇画的题材是萧史、弄玉乘凤升仙的故事：

入手西风意已羞。不须玉斧为重修。扑萤凉夜沈沈月，障面清歌澹澹秋。　　休弃置，且迟留。可怜又向箧中收。莫教暗损乘鸾女，汉殿凄凉万古愁。

宋代赵彦端《鹊桥仙（送路勉道赴长乐）》“乘鸾宝扇，凌波微步，好在清池凉馆”，陈允平《桂枝香（杨山甫席上赋）》“乘鸾扇底婆娑影，幻清虚、广寒宫阙”都是如此。而且，这种扇常常称作凤扇或鸾扇，如谢逸《醉桃源》“铜荷烛烬零。低凤扇，袅霓旌”，李商隐《念远》“皎皎非鸾扇，翘翘失凤簪”。

三、萧史、弄玉乘鸾升仙与理想人生境界

《抱朴子·内篇·论仙》云：“上士举形升虚，谓之天仙。中士游于名山，谓之地仙。下士先死后蜕，谓之尸解仙。”[①] 又《道教义枢·位业义》引《自然经诀》云：“上仙白日升天；中仙栖于昆仑、蓬莱等名山，空中结宫室；下仙常栖诸名山洞室，综理从上生死也。”[②] 按此三品仙说，萧史、弄玉乘云驾鸾，白日升天应属天仙、上仙，然而，他们既不炼丹服食，也不诵经冥想，更没有卖药济世，其仙缘为何？细绎二人成仙的

①王明著《抱朴子内篇校释》，中华书局1986年版，第20页。

②（唐）孟安排《道教义枢》，道藏第24册，文物出版社、上海书店、天津古籍版出版社1988年版，第811页。

前前后后，应该就是他们主动放弃世俗权利和地位的婚姻，从而具有对于世俗秩序的超越性，契合了道家的神仙观念，成为中国古人向往的神仙眷侣。

从萧史、弄玉升仙的故事可以读出中国古代文人关于婚姻甚至生命的全部热望。李白《凤凰曲》说出当时文人的真实心声：

嬴女吹玉箫，吟弄天上春。
青鸾不独去，更有携手人。
影灭彩云断，遗声落西秦。

“青鸾不独去，更有携手人”总结出了萧史、弄玉故事的两个关键元素：成仙与性爱。可以说，性爱是唐人求仙过程中不可或缺的因素。唐代裴铏《传奇》曾载录女仙上元夫人追求书生封陟遭拒的故事。[①] 上元夫人向书生封陟求爱的诗反复提及萧史、弄玉，使萧史、弄玉的婚恋与升仙经历成为故事中的潜文本，两个故事便产生了互文性，鉴于此，上元夫人与封陟的故事也可以作为萧史、弄玉故事的注脚。上元夫人第一次造访封陟时曾留诗一首表达爱慕并结为夫妻的愿望：

①（唐）裴铏著，周楞伽辑注《裴铏传奇》，上海古籍出版社 1980 年版，第 65—66 页。

谪居蓬岛别瑶池，春媚烟花有所思。
为爱君心能洁白，愿操箕帚奉屏帏。

封陟未予理睬。七日后，上元夫人再至，封陟依然毫不动心，上元夫人只得再留诗一首后暂时离去，诗云：

弄玉有夫皆得道，刘纲兼室尽登仙。

君能仔细窥朝露，须逐云车拜洞天。

上元夫人在诗中流露出对弄玉、萧史夫妻共同升仙的艳羡。第三次被拒后，上元夫人又留诗一首，即：

萧郎不顾凤楼人，云涩回车泪脸新。
愁想蓬瀛归去路，难窥旧苑碧桃春。

该诗反用萧史、弄玉的典故，想象返归仙界的孤独与寂寞及难掩绝望的心理。可以说，故事的讲述者由上元夫人的视角传达出这样的观念：成仙可以满足长生久视的愿望固然重要，但是，没有男女性爱的神仙生活是不道德的。《太平经》载："夫贞男乃不施，贞女乃不化也。阴阳不交，乃出绝灭无世类也。二人共断天地之统，贪小虚伪之名，反无后世，失其实核，此天下之大害也。"[①] 这是在延续人类的重大伦理高度强调性欲的合理性。在此观念背景下，故事的讲述者对求偶失败的女仙上元夫人充满同情。无独有偶，唐代另有一个故事讲述女仙向隐居嵩山读书的任生求爱遭拒后曾有诗曰：

我本籍上清，谪居游五岳。
以君无俗累，来劝神仙学。
葛洪还有妇，王母亦有夫。
神仙尽灵匹，君意合何如。[②]

该女仙表达了神仙亦有追求性爱权力的强烈主张，直可做上元夫人心态的注脚。封陟故事的讲述者显然将萧史、弄玉的美满婚姻作为上元夫人求爱失败的反面，传达出对于萧史、弄玉故

①王明编《太平经合校》，中华书局1960年版，第37页。

②（宋）张君房编，李永晟点校《云笈七签》，中华书局2003年版，第2464页。

事的价值判断：理想的人生境界是基于男女相悦的婚姻与超越时间的升仙的结合，二者缺一不可。本来，中国古代文化没有禁欲主义，视男大当婚女大当嫁为天经地义；如果成年后不娶、不嫁则有悖天理人伦；以至于中国古代文人总是以充满好奇的眼光打量女仙，对其如何处理情欲充满好奇，想象女仙是如何压抑内在的情欲的。另外，道教重视生命价值，情欲作为生命的一部分，道教不但不排斥，特别是早期道教反而十分重视性爱体验甚至将其视为延年益寿、提升生命质量的一个重要途径。正如《神仙传》所说："男女相成，犹天地相生也，所以导养神气，使人不失其和。天地得交接之道，故无终竟之限。人失交接之道，故有残折之期。能避众伤之事，得阴阳之术，则不死之道也。"[①] 可以说，萧史、弄玉的结合并双双成仙的故事满足了中国古代文人对于生命的全部渴望，从历代对该故事的解读与演绎中，可以窥见中国古代婚姻的理想境界。

①（晋）葛洪撰，胡守为校释《神仙传校释》，中华书局2010年版，第17页。

宋代计有功《唐诗纪事》载有这样一件事：

> 开成中，汝士以户侍检校尚书镇东川，时乐天以太子少傅分洛，戏代内子贺兄嫂曰："刘纲与妇共登仙，弄玉随夫亦上天。何似沙哥领崔嫂，碧油幢引向东川。"……[②]

②（宋）计有功撰，王仲镛校笺《唐诗纪事校笺》，中华书局2007年版，第1579页。

白居易以妻子的口吻写诗祝贺妻兄杨汝士带着妻子出任剑南东川节度使，就是以刘纲夫妻，萧史、弄玉夫妻一起登仙为喻。而且，白居易在与朋友元稹唱和时忆及元稹与韦丛的美满婚姻时也是使用萧史、弄玉的典故，即"秦家重萧史"（《和梦游春诗一百韵》）。元稹传奇作品《莺莺传》中有一首《会真诗》描写张生与莺莺约会之后的离别与相思时写道：

警乘还归洛，吹箫亦上嵩。
衣香犹染麝，枕腻尚残红。
幂幂临塘草，飘飘思渚蓬。
素琴鸣怨鹤，清汉望归鸿。
海阔诚难度，天高不易冲。
行云无处所，萧史在楼中。

这里也是以萧史与弄玉相随、相守作为理想境界，来反衬张生在莺莺离去后的孤独。另外，因为弄玉的公主身份、萧史驸马身份，后来，古人常以弄玉、萧史代指公主和驸马及其令人艳羡的婚姻。

萧史、弄玉故事传达出的中国古人关于人生的理想境界具体包括以下层面：

1. 超越世俗

人间的婚姻不免掺杂着地位、名利等因素，在世人心目中，萧史与弄玉的婚姻摆脱了这些功利因素，有以下两方面值得圈点：其一，萧史、弄玉的婚姻超越了世俗社会的地位差别。《列仙传》中的萧史身份来历不明，其社会地位也就无从知晓，他是仅凭吹箫赢得秦王和公主的青睐。其实，正如孙昌武指出的，“《列仙传》里的仙人多出身低微，这也体现了早期道教的民间性格”[①]。然而，杜光庭《仙传拾遗》开始补充、抬高萧史的地位来弥补这个“缺憾”，将《列仙传》所载“秦穆公时人”的萧史改造成早已得道的神仙，赵道一《历世真仙体道通鉴》还增加了萧史成仙之前为周朝史官的世俗身份；《列仙传》中萧史和弄玉是一起成仙的，而《仙传拾遗》《历世真仙体道通鉴》将萧史改造成为弄玉成仙的引导者，《东周列国志》更是花了大量笔墨来演绎这个引导过程。后来的故事演绎者力图抹平萧史、弄玉世俗社会地位差异的做法恰好说明

①孙昌武著《道教文学十讲》，中华书局 2014 年版，第 43 页。

早期文本中二者婚姻的可贵正在于他们超越了世俗社会的地位差异。其二，萧史、弄玉婚后选择了主动放弃名利的生活方式。关于这一点，从《列仙传》到《东周列国志》的叙述十分一致，夫妇二人婚后的生活就是终日于凤台吹箫。当萧史、弄玉的故事成为诗人吟咏的对象时，二人超越世俗的婚姻恰成为诗人艳羡情绪的触发点。南朝宋王素《学阮步兵体诗》云：

沉情发遐虑，纡郁怀所思。
仿佛闻箫管，鸣凤接嬴姬。
联绵共云翼，燕婉相携持。
寄言芳华士，宠利不常期。
泾渭分清浊，视彼谷风诗。

这里就将萧史、弄玉的“联绵共云翼，燕婉相携持”的婚姻生活视为不求宠利的理想境界。诗的结尾提及《诗经·邶风》中的弃妇诗《谷风》，显然意在表明只有像萧史、弄玉并非建基于宠利之上的婚姻才是持久的，才能避免分道扬镳的结局。在仙传故事中，弄玉逐渐被塑造成一个超凡脱俗、特立独行的公主。《列仙传》没有述及弄玉婚前的生活，但强调其婚后痴迷于吹箫；唐代杜光庭增加了弄玉婚前即痴迷于吹箫的细节，元代赵道一又将箫设置为弄玉与萧史婚姻的红线，《东周列国志》继续演绎这个情节。可见萧史、弄玉的婚姻让世人艳羡的元素是基于共同志趣的两情相悦！中唐权德舆《杂诗》五首是一组关于男女之情的感慨，其中第一首就强调了吹箫的共同志趣对于萧史、弄玉婚姻的重要性：

婉彼嬴氏女，吹箫偶萧史。
彩鸾驾非烟，绰约两仙子。

> 神期谅交感，相顾乃如此。
> 岂比成都人，琴心中夜起。

弄玉因吹箫而与神仙萧史结缘，二人因箫声而心心相印，即所谓“神期谅交感，相顾乃如此”，自然也就摆脱了世俗婚姻建基于容貌、地位、名利、财富等带来的种种隐患。初唐诗人沈佺期《凤箫曲（一作古意）》云：

> 八月凉风动高阁，千金丽人卷绡幕。已怜池上歇芳菲，不念君恩坐摇落。世上荣华如转蓬，朝随阡陌暮云中。飞燕侍寝昭阳殿，班姬饮恨长信宫。长信宫，昭阳殿，春来歌舞妾自知，秋至帘栊君不见。昔时嬴女厌世纷，学吹凤箫乘彩云。含情转睐向萧史，千载红颜持赠君。

这是将弄玉解读为一个厌倦荣华富贵的女子，她嫁给萧史便有逃避人世浮华的动机。诗中先言及一个反面例子是汉代赵飞燕与班婕妤的争宠，尽管班婕妤是受害者，暂时的胜利者赵飞燕难保不是下一个失败者！“世上荣华如转蓬，朝随阡陌暮云中”是亘古不变的定律，世俗之人，谁也逃脱不了。言外之意，弄玉跳出红尘之外，也就跳出了这个定律，她和萧史的婚姻才具有价值的合理性。弄玉贵为公主，其人生始终跟重视地位、名利等世俗价值完全不搭界，显然是对那些注重政治利益交换、注重门第等婚姻观的颠覆。

2. 超越空间

世俗男女之情的最大潜在威胁是离别导致的空间阻隔。经历着离别之痛的恋人最艳羡的自然是萧史和弄玉，显然，在他们的心目中，萧史、弄玉的婚姻超越了人世间的生离还有死别。南朝江淹《班婕妤咏扇》恰好表现世间男女面临的冰冷现实与所持的美好希冀：

纨扇如团月，出自机中素。
画作秦王女，乘鸾向烟雾。
彩色世所重，虽新不代故。
窃愁凉风至，吹我玉阶树。
君子恩未毕，零落在中路。

这是一首拟代之作，是诗人模仿汉代班婕妤的口吻所写的咏物诗，所咏之物是绘有弄玉升仙图的团扇。扇子隐喻现实处境，扇面上的绘画则隐喻理想境界。如果说秋扇见捐是班婕妤之类女性无法避免的宿命，那么，夫妻乘鸾一起升仙则是他们的渴望。唐代黄滔《去扇》的立意与写法与江淹《班婕妤咏扇》相似：

城上风生蜡炬寒，锦帷开处露翔鸾。
已知秦女升仙态，休把圆轻隔牡丹。

同样是咏扇，也将秋扇见捐与弄玉升仙对照，只是此诗表达对弄玉升仙之事的想象与希冀是由被子上所绣的翔鸾引出，而江淹诗是扇面所绘的弄玉升仙引出，二者略有差异。唐代吟咏萧史、弄玉故事的诗作往往着眼于二者的双双升仙，如盛唐沈颂《春旦歌》：

常闻嬴女玉箫台，奏曲情深彩凤来。
欲登此地销归恨，却羡双飞去不回。

晚唐许浑《秦楼曲》也使用“双飞”一词。[①] 然而，“台前镜

①许浑《秦楼曲》：秦女梦馀仙路遥，月窗风簟夜迢迢。潘郎翠凤双飞去，三十六宫闻玉箫。

影伴仙娥，楼上箫声随凤史”（骆宾王《代女道士王灵妃赠道士李荣》）的美好要么是短暂的，要么是虚幻的，现实生活中，夫妻离别乃至分道扬镳才是常态，而“愿作吹箫伴，同为骑凤人”[①] 就成为怨别诗中常见的呼唤。初唐郑愔《春怨》中的愁妇在经历“曲中愁夜夜，楼上别经年”之后曾道出“不及随萧史，高飞向紫烟”的呼声。晚唐著名女道士鱼玄机曾嫁李亿为妾，后因不能见容于大妇而被丈夫抛弃，后来与温庭筠等其他男性似有恋情，但显然都未能长久，从其诗作来看，她一生都为分别之痛所困扰。她在一首题为《送别》的诗中追忆昔日与恋人一起的美好时光，就像萧史与弄玉厮守于凤台之上，然而，现实却是恋人离去抛给她的孤寂处境，就像一只野蛾绕飞于残灯，充满了爱情幻灭之感：

①（唐）陈翰编，李小龙校证《异闻录》，中华书局2019年版，第311页。

秦楼几夜惬心期，不料仙郎有别离。
睡觉莫言云去处，残灯一盏野蛾飞。

晚唐韩偓早年曾著有《香奁集》，对情爱的渴求及春心的躁动是该集的重要主题，其中有一首题为《偶见背面是夕兼梦》的诗是写为离别与相思折磨的人回忆昔日约会的情境以及偶遇对方时的心旌摇动，最后也流露出对萧史、弄玉厮守凤台的艳羡：

酥凝背胛玉搓肩，轻薄红绡覆白莲。
此夜分明来入梦，当时惆怅不成眠。
眼波向我无端艳，心火因君特地然。
莫道人生难际会，秦楼鸾凤有神仙。

看来，萧史与弄玉止于凤台而数年不下，体现出的长相厮守是中国古代文人对于爱情婚姻的热烈希冀。甚至可以说，夫妇之间的厮守远比成仙更具有价值，即所谓“得成比目何辞死，愿作鸳鸯不羡仙”（卢照邻《长安古意》）。南朝梁陈时期的江总《姬人怨服散篇》也清楚表明了这种婚姻价值观：

薄命夫婿好神仙，逆愁高飞向紫烟。
金丹欲成犹百炼，玉酒新熟几千年。
妾家邯郸好轻薄，特忿仙童一丸药。
自悲行处绿苔生，何悟啼多红粉落。
莫轻小妇狎春风，罗袜也得步河宫。
云车欲驾应相待，羽衣未去幸须同。
不学萧史还楼上，会逐姮娥戏月中。

此诗是以一个女子的口吻来写的，该女子的丈夫热衷于求仙，服食丹药而死。在她看来，丈夫是撇下她独自升仙而去了，留给她的是无限的悲伤。她既悔恨当初选择嫁给了这个轻薄丈夫，又愤恨从她手中夺走丈夫的丹药。诗的最后四句是倾诉对丈夫独自升仙而去的怨愤，意思是：你在驾驶云车启程飞升之前应该等等我呀，你在穿上羽衣飞升之时应该带上我呀！你为什么就不能学学萧史，和妻子厮守于凤台，却偏偏要去追逐嫦娥于月宫呢！

3. 超越时间

唐代李玫《纂异记》“嵩岳嫁女”录有群仙会于嵩山参加上清神女与玉京仙郎的婚礼时所做的催妆诗与祝辞，其中黄龙的祝辞写道：

上清神女，玉京仙郎。
乐此今夕，和鸣凤凰。

①（唐）李玫撰，李剑国辑证《纂异记辑证》，中华书局 2021 年版，第 5 页。

凤凰和鸣，将翱将翔。

与天齐体，庆流无央。[①]

"凤凰和鸣，将翱将翔"以雄凤雌凰的和鸣喻新婚男女的和谐，表达了婚姻的吉庆。这场神仙眷侣结合的最大特点就是"与天齐体，庆流无央"的时间超越性。唐代诗人鲍溶《弄玉词》二首其二也将笔墨集中于弄玉与萧史的婚姻：

三清弄玉秦公女，嫁得天上人。琼箫碧月唤朱雀，携手上谒玉晨君。夫妻同寿，万万青春。

这里也是强调这场婚姻的时间超越性，即"夫妻同寿，万万青春"，夫妻二人不老、不死，长相厮守——这就是古代文人心目中萧史、弄玉婚姻的理想价值所在。因此，也就容易理解宋人往往于贺词中援引萧史、弄玉事典，如刘仙伦《鹧鸪天》：

帘幕祥风动玉钩。凤箫声彻瑞烟浮。萧郎玉女来相会，今日齐眉醉玉楼。　同富贵、共风流。一封花诰一封侯。更须有子腰金斗，镜里双鸾到白头。

然而，人间的婚姻不论如何美满，在死亡面前都显得十分脆弱，不堪一击，哪怕是"生同衾，死同穴"，也毫无分量，甚至有些缥缈，与鲍溶大致同时的中唐诗人元稹在妻子韦丛早逝后所写的悼亡诗中就曾发出了绝望的哀叹："同穴窅冥何所望？他生缘会更难期！"[②] 人间的婚姻不论男女地位多高、二人感情多真，如果做不到长相厮守，总不免让人遗憾无穷。中唐诗人李贺《湘妃》是感叹湘妃与舜的爱情，这也是中国古代文人感慨万千的题材。该诗写道：

②（唐）元稹《遣悲怀》三首其三：闲坐悲君亦自悲，百年都是几多时！邓攸无子寻知命，潘岳悼亡犹费词。同穴窅冥何所望？他生缘会更难期！惟将终夜长开眼，报答平生未展眉。

�

筠竹千年老不死，长伴秦娥盖湘水。
蛮娘吟弄满寒空，九山静绿泪花红。
离鸾别凤烟梧中，巫云蜀雨遥相通。
幽愁秋气上青枫，凉夜波间吟古龙。

秦晋之间称美女为“娥”，“秦娥”与“离鸾别凤”一起暗用弄玉典，“秦娥”本指弄玉，这里借指湘妃，以“离鸾别凤”指湘妃与舜的死别。显然，李贺将萧史、弄玉的故事组织进诗中，与湘妃、舜的故事构成互文性，诗句“离鸾别凤烟梧中，巫云蜀雨遥相通”提醒读者将这两个故事文本联系起来解读：巫山与蜀雨相通，湘妃与弄玉命运相反。千年不死的筠竹长伴的湘妃是孤单的，她的丈夫舜已离她而去，只有弄玉与萧史的婚姻是永恒的。显然，诗人是在以萧史、弄玉婚姻的永恒作为理想境界来凸显舜、湘妃的婚姻因为舜的死亡而带给世人无限的遗憾。

成仙需要仙缘，萧史、弄玉的姻缘也就是仙缘，特别是就弄玉而言，其与萧史的婚姻导致了后来的升仙，这场婚姻也就具有以升仙为终极目标的修炼过程的意味。把修炼过程置于世俗生活而不是名山洞府，也就表明求仙可以在现世实现，这一点对普通民众是有吸引力的。至此，也就不难理解，为什么明代仇英《吹箫引凤图》借萧史、弄玉的婚后生活场景来表现文人的清雅趣味：超越境界也可以在现世得到实现，不必追求来世或天堂，当下即是。

4. 弄玉乘鸾形象的衍变：公主、女仙、美的化身

弄玉是秦国公主，后来的文学作品往往以其泛指公主，相关的语汇包括“秦娥”“秦女”“嬴女”“嬴姬”。唐人往往以弄玉来指称唐朝公主，如初唐时期，皇帝往往带着大臣宴聚于太平公主、安乐公主等的宅第，大臣们应制作诗，不论写

景还是描写场面，往往以弄玉来暗指公主，如“鸾辂已辞乌鹊渚，箫声犹绕凤凰台”（李峤《奉和初春幸太平公主南庄应制》）、“林间花杂平阳舞，谷里莺和弄玉箫”（韦嗣立一作赵彦昭《奉和初春幸太平公主南庄应制》）、“马向铺钱埒，箫闻弄玉台”（宗楚客《安乐公主移入新宅侍宴应制》）、“牵牛南渡象昭回，学凤楼成帝女来”（李乂《侍宴安乐公主新宅应制》）。当然，涉及驸马时诗人会联想到萧史而牵涉到弄玉，如“不逢秦女在，何处听吹箫”（岑参《崔驸马山池重送宇文明府得苗字》）、“萧史幽栖地，林间蹋凤毛”（杜甫《崔驸马山亭宴集》、“共寻萧史江亭去，一望终南紫阁峰”（陆畅《游城东王驸马亭》）、“五月清凉萧史家，瑶池分水种菱花”（鲍溶《夏日怀杜悰驸马》）。

弄玉还是一个女仙，而升仙本来就是唐人表达死亡之义的俗套，唐人便以弄玉乘鸾升仙喻公主去世。如吴兢《永泰公主挽歌》二首其二：

三川谋远日，八水宅连冈。
无复秦楼上，吹箫下凤凰。

又如顾况《义川公主挽词》：

弄玉吹箫后，湘灵鼓瑟时。
月边丹桂落，风底白杨悲。
杂佩分泉户，馀香出繐帷。
夜台飞镜匣，偏共掩蛾眉。

这些表达不仅是基于弄玉的公主身份，更重要的是弄玉的女仙身份，以弄玉升仙喻指公主的逝去。到了宋代还偶见这种用法，如北宋刘攽《齐国公主挽诗》：

汤沐侯家贵，山林主第开。
天孙乌鹊水，萧史凤凰台。
遇事悲风烛，新阡怆劫灰。
清秋降北渚，不奈楚声哀。

唐人也偶以弄玉乘鸾升仙喻普通人的死亡，如赵嘏《经王先生故居》：

晚波东去海茫茫，谁识蓬山不死乡。
弄玉已归萧史去，碧楼红树倚斜阳。

当然，让唐人想到弄玉女仙身份的不仅仅是处理死亡话题的时候，在表现美丽的时候也会联想到弄玉的女仙身份。唐代胡嘉隐《绳伎赋》云："应鼓或跃，投绳或翔，婉娈兮弄玉之随萧史，仙妻之别刘纲，凌波不足奇其术，行雨未可比其方。"[①] 这是以弄玉升仙的姿态来比喻乐伎的舞姿。这种用法也许可以视为作者偶然的灵感，但事实未必如此。陈寅恪《读莺莺传》指出唐代爱用女仙来表现女性的美丽："六朝人已侈谈仙女杜兰香萼绿华之世缘，流传至唐代，仙（女性）之一名，遂多用作妖艳妇人，或风流放诞之女道士之代称，亦竟有以之目倡伎者。"[②] 他还举出了极有力的例子来说明，其中之一例就是唐代诗人施肩吾的《赠仙子》：

欲令雪貌带红芳，更取金瓶泻玉浆。
凤管鹤声来未足，懒眠秋月忆萧郎。

①（清）董诰等编《全唐文》，中华书局 1983 年版，第 4110 页。

②陈寅恪《元白诗笺证稿》，生活·读书·新知三联书店 2001 年版，第 111 页。

当然，唐人特别爱用女仙来形容女性中的一些特殊群体如女冠、妓女等的美艳，施肩吾《赠仙子》就极可能写的是女冠。而唐代方干《赠美人》四首其四写的是一名妓女：

昔日仙人今玉人，深冬相见亦如春。
倍酬金价微含笑，才发歌声早动尘。
昔岁曾为萧史伴，今朝应作宋家邻。
百年别后知谁在，须遣丹青画取真。

诗人还在思考如何让这名妓女的美貌永恒，并提出应该让画家把她的肖像画下来，可见该女子的美丽彻底打动了诗人，诗人想到了弄玉和“增之一分则太长，减之一分则太短；著粉则太白，施朱则太赤”（《登徒子好色赋》）的宋玉东邻才能与其媲美。

唐人还爱将女仙与花联系起来，女仙弄玉自然也被唐人频频使用表现这种联系。这还不仅仅是女人如花的俗套，而是在女仙降临人间赏花的故事构架里建构的女仙与花的互相指涉，这种思维与唐代的特殊社会心理有关。唐人一度游园风气极盛，对于赏花、探花达到狂热的地步。在此背景下，唐人往往追捧各种奇特的花卉品种，并将其笼罩上神秘的色彩。唐末康骈《剧谈录》载有“玉蕊院真人降”之事：

上都安业坊唐昌观，旧有玉蕊花甚繁。每发，若瑶林琼树。元和中，春物方盛，车马寻玩者相继。忽一日，有女子年可十七八，衣绣绿衣，乘马，峨髻双鬟，无簪珥之饰，容色婉约，迥出于众。从以二女冠、三女仆。仆者皆丱头黄衫，端丽无比。既下马，以白角扇障面，直造花所，异香芬馥，闻于数十步之外。观者疑出自宫掖，莫敢逼而视之。

伫立良久，令小仆取花数枝而出。将乘马，回谓黄冠者曰：“曩有玉峰之约，自此可以行矣。”时观者如堵，咸觉烟霏鹤唳，景物辉焕。举辔百余步，有轻风拥尘，随之而去。须臾尘灭，望之已在半天，方悟神仙之游。余香不散者经月余日。时严给事休复、元相国、刘宾客、白醉吟俱有闻玉蕊院真人降诗。[①]

《剧谈录》提及严休复、元稹、刘禹锡、白居易均有诗咏此事，《全唐诗》录严休复、刘禹锡、张籍各二首，元稹、白居易各一首，共八首，值得注意的是，元稹、刘禹锡、白居易都提及弄玉，似乎在暗示这个降临赏花的女仙就是弄玉：

和严给事闻唐昌观玉蕊花下有游仙

元　稹

弄玉潜过玉树时，不教青鸟出花枝。
的应未有诸人觉，只是严郎不得知。

和严给事闻唐昌观玉蕊花下有游仙二绝其二

刘禹锡

雪蕊琼丝满院春，羽衣轻步不生尘。
君王帘下徒相问，长伴吹箫别有人。

酬严给事闻玉蕊花下有游仙绝句

白居易

嬴女偷乘凤去时，洞中潜歇弄琼枝。
不缘啼鸟春饶舌，青琐仙郎可得知。

唐昌观的玉蕊花据说是唐玄宗的女儿唐昌公主手植，是不是因此而使元稹、刘禹锡、白居易联想到秦国公主弄玉呢？其实，

①（唐）康骈《剧谈录》，中华书局 1991 年版，第 92—93 页。另外，唐代薛渔思《河东记》：“唐太和二年，长安城南韦曲慈恩寺塔院，月夕，忽见一美妇人，从三四青衣来，绕佛塔言笑，甚有风味。回顾侍婢曰：‘白院主，借笔砚来。’乃于北廊柱上题诗曰：‘黄子陂头好月明，忘却华筵到晓行。烟收山低翠黛横，折得荷花赠远生。’题讫，院主执烛将视之，悉变为白鹤，冲天而去。书迹至今尚存。”

《全唐诗》还录有杨凝《唐昌观玉蕊花》：

瑶华琼蕊种何年，萧史秦嬴向紫烟。
时控彩鸾过旧邸，摘花持献玉皇前。

诗人开头发出一个疑问：唐昌观的玉蕊花是什么时候、什么人种下的呢？然后诗人忽发奇想：也许早在春秋时期萧史、弄玉升仙时曾持此花献给玉皇吧？看来，令整个长安如痴如醉的玉蕊花与仙界的联系特别是与弄玉的联系由来已久。元和年间，好事者编织出女仙降临唐昌观的异闻并非突发灵感，或许是从早已存在的诗歌作品中获得了启示，或者说，将美艳的花与仙界联系起来是早已存在的社会心理，在这种社会心理的作用下，难免产生这样的想法：玉蕊之类美艳的鲜花即使不是来源于仙界，也会最终惊动仙界。

唐人不仅是在吟咏玉蕊花时联想到乘鸾升仙的弄玉，吟咏其他花卉时也屡见联想乘鸾升仙的弄玉，其基本的逻辑还是“此‘花’只应天上有，人间哪得几回闻”，如“若在秦楼畔，堪为弄玉媒”（杜牧《梅》）、“玩影冯妃堪比艳，炼形萧史好争妍。无由擿向牙箱里，飞上方诸赠列仙”（皮日休《奉和鲁望白菊》）。唐代段成式《牛尊师宅看牡丹》“若为萧史通家客，情愿扛壶入醉乡”是表达对牡丹花的痴迷，其潜在的逻辑还是：如此美丽的花只配仙界拥有，只配仙人欣赏。

唐末翁承赞《柳》“缠绕春情卒未休，秦娥萧史两相求”是个例外，这是直接以萧史、弄玉缠绵的姿态来形容柳枝缠绕的情意绵绵。时至宋代，这样的比喻变得常见了，文人求仙的热情顿减，弄玉留存于世人心目中只是一个凌空飞舞的美丽身姿，文人面对风中舞动的花会联想到这个美丽身姿。曹邍《玲珑四犯（被召赋荼蘼）》“肌素净洗铅华，似弄玉、乍离瑶阙”，段宏章《洞仙歌（荼蘼）》“想飞琼弄玉，共驾苍烟，欲向人间挽春住”，都是以弄玉空中飘舞的姿态拟写荼蘼，还有杨泽民《塞翁吟（芙蓉）》以弄玉的空中飘舞与洛神的凌波微步拟写芙蓉：“桥左右，水西东，水木两芙蓉。低疑洛浦凌波步，高如弄玉凌空。”南宋王镃则直接将弄玉视为花的精灵，其咏物诗《凤仙》云：

凤箫声断彩鸾来，弄玉仙游竟不回。
英气至今留世上，年年化作此花开。

意思是凤仙花是弄玉在人间的化身。也许因为花名为“凤仙”，诗人联想至乘坐凤凰升仙的弄玉。陈著的词作《水龙吟（次韵黄蘧轩虚谷咏凤花）》吟咏的凤花似就是凤仙花，“伫骖鸾，称得花前弄玉，与吟箫婿”，也是由花名联想及乘坐凤凰升仙的弄玉。最终，以弄玉喻花日渐成为一个失去活性的俗套，弄玉也渐渐淡出词客的视野。

第二章

凤凰与祥瑞题材文学

祥瑞作为一种信仰，建基于天人合一的宇宙观发展出来的天人感应学说并融入了阴阳五行思想。如果以当今的科学简单斥之为迷信虽痛快淋漓，但无助于理解这一曾兴盛于中国古代几千年之久的文化现象，而是需要充分理解其在中国古代意识形态领域中的地位，充分理解其在政权更迭、政治统治中所起的作用。汉代王充《论衡》“指瑞”云：“儒者咸称凤皇之德，欲以表明王之治。”[①] 不只是儒者，帝王也是祥瑞文化的推动者——帝王借祥瑞来夺取政权、巩固统治，强化政治权力，而士人阶层借祥瑞来争夺话语权，凭借文化权力与政治权力相抗衡，以彰显士人群体的价值。尽管各怀心思，但在利用祥瑞这一点上达成了共谋。凤凰“为王者之嘉瑞”[②]，“上通天维，下集河洛，明治乱，见存亡也”（《瑞应图》）[③]，在中国古代政治舞台上扮演着重要角色。

①黄晖撰《论衡校释》，中华书局1990年版，第743页。

②（汉）师旷（托名），（晋）张华注《禽经》，中华书局1991年版，第1页。

③（唐）白居易原本，（宋）孔传续撰《白孔六帖》（二），台湾商务印书馆景印文渊阁四库全书第892册，第523页。

第一节　凤凰祥瑞的政治功能

一、建构政权合法性

《礼记·中庸》云：“国家将兴，必有祯祥；国家将亡，必有妖孽。”[①] 南朝宋沈约《宋书·符瑞志》分别列举各种符瑞的特点及其显现，凤凰位列麒麟之后居第二。凤凰祥瑞往往出现于社会太平之时或重大军事政治事件即将发生之际，如“黄帝黄服斋于中宫，坐于玄扈洛水之上，有凤皇集，不食生虫，不履生草，或止帝之东园，或巢于阿阁，或鸣于庭，其雄自歌，其雌自舞。麒麟在囿，神鸟来仪。”[②] 特别是新天子出生、登基之际，凤凰往往适时而至，如：“帝挚少昊氏，……登帝位，有凤皇之瑞。”[③]“（尧）在帝位七十年，景星出翼，凤皇在庭，朱草生，嘉禾秀，甘露润，醴泉出，日月如合璧，五星如连珠。”[④]“武王没，成王少，周公旦摄政七年，制礼作乐，神鸟凤皇见，蓂荚生。”[⑤] 汉光武帝出生那一年“有凤皇集济阳，于是画宫为凤皇之象”[⑥]。魏文帝登基前夕即延康元年八月，“石邑言凤凰集，又有麒麟见”[⑦]。孙权称帝时，“夏口、武昌并言黄龙、凤皇见”[⑧]。正如汉代董仲舒所说：“帝王之将兴也，其美祥亦先见；其将亡也，妖孽亦先见。”[⑨]

一个新政权的诞生，依靠武力改变现状是远远不够的，每个政权建立之初都面临政权合法性焦虑问题，需要通过各种途径证明其执政的合法性。马克斯·韦伯《经济与历史　支配的类型》指出一个国家或王朝建构自身权力的合法性大约有三个途径：一是依靠个人的神性或英雄气概，二是依靠法制规定，三是依靠传统约定。[⑩] 利用包括凤凰祥瑞在内的各种符瑞建构政权存在或延续的合法性显然属于第一种情况。

中国古代很长一段历史时期内，每当改朝换代之际，就会应时传出凤凰现身的消息。蕞尔小国的周取代大邑商之前，曾有“鸑鷟鸣于岐山”[⑪]，岐山是周民族的发祥地；显然，这是凤凰执行传达天对于政权更迭的旨意；从此，凤凰成为殷周政权更迭宏大叙事中的重要角色。如琴曲《文王受命并序》云：

①王文锦译解《礼记译解》，中华书局2016年版，第816页。

②(梁）沈约撰《宋书》，中华书局1974年版，第760页。

③④ 同上，第761页。

⑤同上，第765页。

⑥同上，第770页。

⑦同上，第775页。

⑧同上，第780页。

⑨(汉）董仲舒著《春秋繁露》，上海古籍出版社1989年版，第77页。

⑩马克斯·韦伯《经济与历史　支配的类型》，广西师范大学出版社2010年版，第297页。

⑪徐元诰撰《国语集解》，中华书局2002年版，第29页。

> "受命"者，谓文王受天命而王。文王以纣时为岐侯，躬修道德，执行仁义，百姓亲附。是时纣为无道，刳胎斩涉，废坏三仁，天统易运，诸侯瓦解，皆归文王。其后有凤凰衔书于文王之郊。文王以殷帝无道，虐乱天下，皇命已移，不得复久，乃作"凤凰之歌"。其章曰："翼翼翔翔，彼鸾皇兮。衔书来游，以命昌兮，瞻天案图，殷将亡兮，苍苍昊天，始有萌兮。五神连精，合谋房兮。"[1]

①吉联抗辑《琴操（两种）》，人民音乐出版社 1990 年版，第 39—40 页。

周取代商成为天下共主之初，政权合法性的建构十分紧迫，以周公为代表的当政者通过宗教、政治、军事手段有力地维护与巩固了新兴政权。政治手段的核心是将周民族王室成员及有功之臣分封各地以拱卫天子，军事手段就是东征管叔、蔡叔及殷商旧族的叛乱，宗教手段的核心就是重新解释天命思想——既强调君权神授，即周人获得天下是天命所归，又强调以德配天，即周天子之德行值得上帝的眷顾与托付。既然凤凰出现于周民族的发祥地岐山就是来传达天命，就不可低估"鸑鷟鸣于岐山"对于周政权建立并得到天下认同的重要意义。制礼作乐以建立系统、有效的政治与社会管理体系对于周政权的重要性是学界的共识。其实，宗教改革也是制礼作乐的题中应有之义，周初当政者大力宣扬凤凰祥瑞代表的新天命思想就是宗教改革的重要内容。

有学者指出，"'凤凰'之瑞，最初似与汉朝刘氏的符命联系在一起，后来扩展为各个政权广泛使用的祥瑞"[2]。的确，汉代以火德自居，而纬书《孔演图》称"凤，火精"，根据五行观强化了凤凰与汉代政权的联系，也强化该政权的合法性。所以，张衡作《东巡诰》系《歌》曰："皇皇者凤，通玄知时。萃于山趾，与帝邀期。吉事有祥，惟汉之祺。"[3] 沈约《宋书·符瑞志》所载各朝代凤凰祥瑞出现次数的确以汉代为最，即：昭

②孙英刚《神文时代：谶纬、术数与中古政治研究》，上海古籍出版社 2015 年版，第 231 页。

③逯钦立辑校《先秦汉魏晋南北朝诗》，中华书局 1983 年版，第 177 页。

帝，1次；宣帝，20次；光武帝，1次；章帝，39次；安帝，3次；桓帝，1次；灵帝，1次；献帝，14次。正如清代赵翼指出："两汉多凤凰，而最多者，西汉则宣帝之世，东汉则章帝之世。"[①] 但是，很难说利用凤凰祥瑞来建构政权合法性的做法始于汉而不是始于周，除非现存于文献所录周代出现的凤凰祥瑞材料均是汉人掺入的。不过，自汉代始，凤凰确实成为各政权广泛利用的祥瑞，那些号称姬周、刘汉的继承者更是如此。

①（清）赵翼撰《廿二史札记》，凤凰出版社2008年版，第42页。

武则天正式登基为皇帝建国号为大周，显然，她是以周的继承者自居并以周文王为始祖。取代李唐，建立大周政权的过程中，她充分利用了凤凰祥瑞为其登基造势并建构其新政权的合法性。新旧唐书所载"四方承旨，多献瑞符"[②]，"武后擅位，喜符瑞事，群臣争言之"[③]，道出当时种种符瑞是迎合武后的心理而人为制造的实情；《资治通鉴》也指出"太后称制，四方争言符瑞"[④] 的事实。

②（后晋）刘昫等撰《旧唐书》，中华书局1975年版，第4800页。

③（宋）欧阳修、宋祁撰《新唐书》，中华书局1975年版，第3968页。

④（宋）司马光编著《资治通鉴》，中华书局1956年版，第6421页。

唐代刘知几《史通》指出：

> 夫祥瑞者，所以发挥盛德，幽赞明王。至如凤皇来仪，嘉禾入献，秦得若雉，鲁获如麕。求诸《尚书》《春秋》，上下数千载，其可得言者，盖不过一二而已。爰及近古则不然。凡祥瑞之出，非关理乱，盖主上所惑，臣下相欺，故德弥少而瑞弥多，政逾劣而祥逾盛。是以桓、灵受祉，比文、景而为丰；刘、石应符，比曹、马而益倍。而史官征其谬说，录彼邪言，真伪莫分，是非无别……"[⑤]

⑤（唐）刘知几撰，（清）浦起龙通释《史通通释》，上海古籍出版社2009年版，第215页。

刘知几对祥瑞政治文化实质的揭示可谓一针见血。而且，通过符瑞建构政权合法性的弊端是显而易见的：

其一，各地上报的祥瑞为地方官员造假邀功的情形在所难免。唐代曾出台“诈为瑞应者，徒二年”[1]的规定，从反面说明“诈为瑞应者”应该不在少数，并成为一个政治问题。唐代当政者对于地方官员频繁上奏的祥瑞保持着一定的警惕，唐玄宗《答裴光庭贺雨手诏》曾明确地说“麟凤飞翔，未为瑞也”[2]，唐代曾多次下诏禁奏祥瑞，起初还规定麟、凤、龟、龙等最为重要的祥瑞例外，至文宗开成三年（838）全部罢停奏闻，其诏令如下：

> 朕以慈惠恭俭为休征，以人和年丰为上瑞。至于嘉颖连理之祥，飞禽走兽之异，出于郡国，来献阙庭，虚美推功，非予所尚。岁晏奏陈于清庙，元正列荐于上朝，探讨古今，亦无明据。恭惟灵圣，岂俟荐闻？诸道应有三等祥瑞，不得更有闻奏，亦不要申牒所司。其腊飨太庙，及荐献太清宫，并元日受朝奏祥瑞仪注，并停。[3]

从发布的诏令可以看出，当时对待祥瑞的看法已经出现了变化，其中的关键点是“以慈惠恭俭为休征，以人和年丰为上瑞”，意即执政的合法性不必在于天降下的祥瑞而在于社会的太平与农业的丰收。

其二，祥瑞也可能会被觊觎皇权者所利用，为谋反张目。唐代皇帝在藩镇割据的情况下对此十分警惕，如大历二年（767）正月，代宗发布《禁藏天下图谶制》称：“自四方多故，一纪于兹，或有妄庸，辄陈休咎，假造符命，私习星历，共肆穷乡之辩，相传委巷之谈，饰诈多端，顺非而泽，荧惑州县，诖误闾阎，怀挟邪妄，莫逾于此。”[4]其用意再明显不过了。

至宋代，通过符瑞证明政权建立与延续的合法性的做法除徽宗时出现抬头外，基本逐渐淡出历史舞台，除了此方法本身所具有的弊端外，主要原因是宋代理学兴起背景下，符瑞背后

①（宋）王溥撰《唐会要》，上海古籍出版社2006年版，第618页。

②（清）董诰等编《全唐文》，中华书局1983年版，第335页。

③（宋）王溥撰《唐会要》，上海古籍出版社2006年版，第627页。

④（清）董诰等编《全唐文》，中华书局1983年版，第4204页。按，此事亦见《旧唐书》卷一一《代宗纪》，中华书局1975年版，第285页。

天人感应的宇宙观对意识形态的影响大大降低了。

凤凰祥瑞在建构政权合法性过程中的作用一度何以如此重要？中国古代逐渐形成的关于凤凰的文化观念是其成为最重要符瑞的关键所在。《宋书·符瑞志》申述这个问题：

> 凤凰者，仁鸟也。不刳胎剖卵则至。或翔或集。雄曰凤，雌曰凰。蛇头燕颔，龟背鳖腹，鹤颈鸡喙，鸿前鱼尾，青首骈翼，鹭立而鸳鸯思。首戴德而背负仁，项荷义而膺抱信，足履正而尾系武。小音中钟，大音中鼓。延颈奋翼，五光备举。兴八风，降时雨，食有节，饮有仪，往有文，来有嘉，游必择地，饮不妄下。其鸣，雄曰"节节"，雌曰"足足"。晨鸣曰发明，昼鸣曰上朔，夕鸣曰归昌，昏鸣曰固常，夜鸣曰保长。其乐也，徘徘徊徊，雍雍喈喈。唯凤皇为能究万物，通天祉，象百状，达王道，率五音，成九德，备文武，正下国。故得凤之象，一则过之，二则翔之，三则集之，四则春秋居之，五则终身居之。[1]

①（梁）沈约撰《宋书》，中华书局1974年版，第792—793页。

凤凰是道德的化身，特别是儒家思想介入，凤凰被视为一种高贵的"仁鸟"，从而成为集中体现儒家伦理的文化表征。中国古代将凤凰的躯体与儒家伦理一一对应有些牵强，但是凤凰"非梧桐不止，非练实不食，非醴泉不饮"[2]的行为后来被解读为对道德的坚守并得到广泛认同。此说法虽出自《庄子》，但应该是道家、儒家出现之前的文化资源。更重要的是，凤凰是沟通天地、沟通神界与人间、沟通万物的使者，代表了价值与理性，是"究万物，通天祉"的神鸟。

②（晋）郭象注《庄子》，上海古籍出版社1989年版，第92页。

凤凰之瑞代表盛世的观念渊源有自：《山海经》中的凤凰守护的沃野就是一个安宁、富足的地方；上古时代凤凰曾经出现于尧、周公等执政时期，这是中国传说中的盛世。王充《论衡·讲瑞篇》称：“黄帝、尧、舜、周之盛时，皆致凤皇。”[1]凤凰何以出现于盛世？随着天人感应说、阴阳五行说等思想的兴起，这个问题逐渐得到论证。《淮南子·览冥训》曾描绘黄帝治下的太平盛世：

①黄晖撰《论衡校释》，中华书局1990年版，第721页。

> 昔者黄帝治天下，而力牧、太山稽辅之，以治日月之行，律治阴阳之气，节四时之度，正律历之数；别男女，异雌雄，明上下，等贵贱，使强不掩弱，众不暴寡；人民保命而不夭，岁时孰而不凶，百官正而无私，上下调而无尤，法令明而不暗，辅佐公而不阿，田者不侵畔，渔者不争隈，道不拾遗，市不豫贾，城郭不关，邑无盗贼，鄙旅之人，相让以财，狗彘吐菽粟于路，而无忿争之心……[2]

②何宁撰《淮南子集释》，中华书局1998年版，第476—478页。

这些都是通过治理达致的社会井然有序，社会井然有序会招致自然现象的响应，即“凤凰翔于庭”等一系列祥瑞。自然与社会如何彼此响应呢？《淮南子·泰族训》的解释“天之与人，有以相通”：

> 圣人者怀天心，声然能动化天下者也。故精诚感于内，形气动于天，则景星见，黄龙下，祥凤至，醴泉出，嘉谷生，河不满溢，海不溶波。……逆天暴物，则日月薄蚀，五星失行，四时干乖，昼冥宵光，山崩川涸，冬雷夏霜。[3]

③同上，第1375页。

由此可以理解《荀子》“解蔽”引佚《诗经》所谓“凤凰秋秋，其翼若干，其声若箫。有凤有凰，乐帝之心”[4]。关于天与人相通的机制，董仲舒《春秋繁露·同类相动》从哲学的层面来解释：

④（清）王先谦撰《荀子集解》，中华书局1988年版，第260页。

气同则会，声比则应，其验皦然也。试调琴瑟而错之，鼓其宫，则他宫应之，鼓其商，而他商应之，五音比而自鸣，非有神，其数然也。美事召美类，恶事召恶类，类之相应而起也。……天有阴阳，人亦有阴阳，天地之阴气起，而人之阴气应之而起；人之阴气起，天地之阴气亦宜应之而起，其道一也。[①]

①（汉）董仲舒著《春秋繁露》，上海古籍出版社1989年版，第75—76页。

阴阳二分的本体论前提下，天人之间、物物之间，同类相互感应，这就是人间盛世往往招致凤凰等祥瑞的内在机制。《白虎通义》卷六“封禅”曾系统阐述符瑞的机制：

天下太平，符瑞所以来至者，以为王者承天统理，调和阴阳，阴阳和，万物序，休气充塞，故符瑞并臻，皆应德而至。德至天，则斗极明，日月光，甘露降。德至地，则嘉禾生，蓂荚起，秬鬯出，太平感。……德至鸟兽，则凤皇翔，鸾鸟舞，麒麟臻，白虎到，狐九尾，白雉降，白鹿见，白鸟下。德至山陵，则景云出，芝实茂，陵出黑丹，阜出萐莆山出器车，泽出神鼎。德至渊泉，则黄龙见，醴泉涌，河出龙图，洛出龟书，江出大贝，海出明珠。德至八方，则祥风至，佳气时喜，钟律调，音度施，四夷化，越裳贡。[②]

②（清）陈立撰《白虎通疏证》，中华书局1994年版，第283—285页。

这是当时的经学家经过辩论后达成的共识，是关于符瑞通行的看法。

二、称颂功德并导正君王的行为

中国古代士人在没有评价帝王的权力的情况下，不得不将评判帝王的权力交给天，然后通过解释天的旨意，间接评价和监督君王。这是一种不得已而为之的政治策略，也是一种政治智慧。君王治国措施得当，招致祥瑞，以示褒奖；措施不当，招致灾异，以示警告。这必然对专制制度下至高无上的君权具有一定的限制。特别是《淮南子·览冥训》所谓“上天之诛也，虽在圹虚幽间，辽远隐匿，重袭石室，界障险阻，其无所逃之亦明矣”[①]的信仰，对君王自然会形成不小的压力感，从而有助于士人引导君王限制个人的欲望，以天下、国家和百姓为怀，以古代圣君为范，努力达致太平盛世。

①何宁撰《淮南子集释》，中华书局1998年版，第445页。

1. 宣扬凤凰祥瑞称许君王的功德

《礼记·乐记》云：“王者功成作乐，治定制礼。其功大者其乐备，其治辩者其礼具。”[②]中国古代王朝建立之初，作乐跟制礼一样重要，也是一种建构政权合法性的途径。又，《礼记·中庸》云：“虽有其位，苟无其德，不敢作礼乐焉。虽有其德，苟无其位，亦不敢作礼乐焉。”[③]作乐是帝王的特权，但不是所有君王有此特权，只有那些德可配天的君王才有资格享受这些殊荣。历观汉唐之间，各代郊庙歌辞、鼓吹曲辞、燕射歌辞乃至舞曲歌辞等乐府歌辞，往往是应命而作，表演于祭祀、燕飨、节庆等特殊场合，充满称颂神灵、君王及其先祖、圣君等内容。郊庙是祭祀神灵与祖先，汉唐之间各代的郊庙歌辞或描写祭仪场面之盛，或称颂祖先功德之盛。燕射歌辞的内容是燕飨场面之盛、君臣宾主之欢，祝愿君王长寿、国祚久远，称颂君王及其先祖功德的内容也占很大比重，这一点晋代的燕射歌辞表现突出，如傅玄《晋四厢乐歌》三首、荀勗《晋四厢乐歌》十七首、张华《晋四厢乐歌》十六首、成公绥《晋四厢乐歌》等。鼓吹曲辞如汉代《铙歌》十八首内容较杂，但以后各代的鼓吹曲辞均以称颂祖先的功业为主要内容，正如《文献通考》指出的，“魏晋以来，仿汉《短箫铙歌》为之而易其名，于是专叙其创业以来伐叛讨乱肇造区宇之事”[④]，特别其中的组诗，往往可以构成一部创业开国史，有学者称为“编年史式

②王文锦译解《礼记译解》，中华书局2016年版，第553页。

③同上，第820页。

④(元)马端临撰《文献通考》，中华书局1986年版，第1247页。

的英雄史诗”[1]，如三国时期缪袭《魏鼓吹曲》十二曲，傅玄《晋鼓吹曲》二十二首，沈约《梁鼓吹》十二首、《北周鼓吹》十五曲（歌辞今佚）、《北齐鼓吹》二十曲（歌辞今佚），乃至未能合乐歌唱的何承天《宋鼓吹铙歌》十五首，柳宗元《唐鼓吹铙歌》十二首都是如此。由《晋书·乐志》载缪袭《鼓吹》十二曲的内容可见一斑：

①孙英刚《神文时代：谶纬、术数与中古政治研究》，上海古籍出版社2015年版，第186页。

《楚之平》：言魏也。

《战荥阳》：言曹公也。

《获吕布》：言曹公东围临淮，擒吕布也。

《克官渡》：言曹公与袁绍战，破之于官渡也。

《旧邦》：言曹公胜袁绍于官渡，还谯收藏死亡士卒也。

《定武功》：言曹公初破邺城，武功之定始乎此也。

《屠柳城》：言曹公越北塞，历白檀，破三郡乌桓于柳城也。

《平南荆》：言曹公平荆州也。

《平关中》：言曹公征马超，定关中也。

《应帝期》：言文帝以圣德受命，应运期也。

《邕熙》：言魏氏临其国，君臣邕穆，庶绩咸熙也。

《太和》：言明帝继体承统，太和改元，德泽流布也。[2]

②（唐）房玄龄等撰《晋书》，中华书局1974年版，第701页。

舞曲歌辞自然还是以称颂功德为主要内容，如《隋书·音乐志》称文舞的寓意：“初来就位，总干而山立，思君道之难也。发扬蹈厉，威而不残也。舞乱皆坐，四海咸安也。武，始而受命，再成而定山东，三成而平蜀道，四成而北狄是通，五成而江南是拓，六成复缀，以阐太平。”[3]正如《隋书·音乐志》关于作乐“象德拟功”[4]，“象德昭功”[5]的说法。总之，汉唐之间各代宫廷用于祭祀、燕飨、节庆的乐舞的主要意图是“以

③④（唐）魏徵等撰《隋书》，中华书局1973年版，第358页。

⑤同上，第285页。

歌大业，以舞成功”（北周燕射歌辞《周五声调曲》二十四首“序”）[1]，与这些乐舞相配合的郊庙歌辞、鼓吹曲辞、燕射歌辞、舞曲歌辞等乐府歌辞都离不开称颂功德的内容。

《史记·乐书》说：“今上即位，作十九章……通一经之士不能独知其辞，皆集会五经家，相与共讲习读之，乃能通知其意，多尔雅之文。”[2] 这里提及的“十九章”指汉代《郊祀歌》十九章，“多侈陈乐舞声歌之盛，文字亦多古奥难通”[3]。此后，历代此类歌辞大多语言古奥，内容相沿成习，毫无新意，不过，恰是这类作品，河洛图书、麟凤祥瑞必不可少，倒是由此可以窥伺其背后的意识形态。

先看具体内容，主要包括称颂君王的功德、声威，时世的太平等。如晋代傅玄《晋鼓吹曲》二十二首：前五首是叙述司马懿的功绩，包括诛孟度、御诸葛亮、灭公孙渊、讨吴等武功，网罗人才等德政；次二首是叙述司马师的功绩，次四首叙述司马昭的功绩；次十一首叙述司马炎登基及其文武教化之功。由《古今乐录》的解题可见一斑：

《灵之祥》：言宣皇帝之佐魏，犹虞舜之事尧也。既有石瑞之征，又能用武以诛孟度之逆命也。

《宣受命》：言宣皇帝御诸葛亮，养威重，运神兵，亮震怖而死。

《征辽东》：言宣皇帝陵大海之表，讨灭公孙渊，而枭其首也。

《宣辅政》：言宣帝圣道深远，拨乱反正，网罗文武之才，以定二仪之序也。

《时运多难》：言宣帝致讨吴方，有征无战也。

《景龙飞》：言景帝克明威教，赏从夷逆，祚隆无疆，崇此洪基也。

①逯钦立辑校《先秦汉魏晋南北朝诗》，中华书局1983年版，第2426页。

②（汉）司马迁撰《史记》，中华书局2013年版，第1394页。

③萧涤非《汉魏六朝乐府文学史》，人民文学出版社1998年版，第46页。

《平玉衡》：言景帝一万国之殊风，齐四海之乖心，礼贤养士，而纂洪业也。

《文皇统百揆》：言文帝始统百揆，用人有序，以敷太平之化也。

《因时运》：言文帝因时运变，圣谋潜施，解长蛇之交，离群桀之党，以武济文，审其大计，以迈其德也。

《惟庸蜀》：言文帝既平万乘之蜀，封建万国，复五等之爵也。

《天序》：言圣皇应历受禅，弘济大化，用人各尽其才也。

《大晋承运期》：言圣皇应箓受图，化象神明也。

《金灵运》：言圣皇践祚，致敬宗庙而孝道行于天下也。

《于穆我皇》：言圣皇受命，德合神明也。

《仲春振旅》：言大晋申文武之教，畋猎以时也。

《夏苗田》：言大晋畋狩顺时，为田除害也。

《仲秋狝田》：言大晋虽有文德，不废武事，顺时以杀伐也。

《顺天道》：言仲冬大阅，用武修文，大晋之德配天也。

《唐尧》：言圣皇陟帝位，德化光四表也。

《玄云》：言圣皇用人各尽其才也。

《伯益》：言赤乌衔书，有周以兴，今圣皇受命，神雀来也。

《钓竿》：言圣皇德配尧舜，又有吕望之佐，以济天功，致太平也。[1]

①逯钦立辑校《先秦汉魏晋南北朝诗》，中华书局1983年版，第826—835页。

可以看出，以上歌辞宣扬武功，不废文治，称颂司马懿以武功为主，但专设一章《宣辅政》称颂其“网罗文武之才，以定二仪之序”的德政，称颂司马炎更是文武教化并重。君王及其先祖德行以感应上天，降下符瑞为高，也是意在表明君王及其先祖的功德与其获得政权是相匹配的。据《三国志·魏书·文帝纪》裴松之注，太史丞许芝曾劝进魏王曹丕代汉献帝登基时说过这样一段话：

> 殿下（曹丕）即位，初践阼，德配天地，行合神明，恩泽盈溢，广被四表，格于上下。是以黄龙数见，凤皇仍翔，麒麟皆臻，白虎效仁，前后献见于郊甸；甘露醴泉，奇兽神物，众瑞并出。斯皆帝王受命易姓之符也。[1]

①（晋）陈寿撰，（宋）裴松之注《三国志》，中华书局1959年版，第64页。

这就是君王功德与符瑞之间的逻辑关系及透露出的政治伦理。理解了这种政治伦理，就明白了为什么汉唐之间各朝宫廷乐舞歌辞不厌其烦地罗列凤凰等祥瑞。据《晋书·乐志》，魏国缪袭《鼓吹曲》十二曲之《应帝期》“言文帝以圣德受命，应运期也”[2]：

②（唐）房玄龄等撰《晋书》，中华书局1974年版，第701页。

> 应帝期，于昭我文皇。历数承天序，龙飞自许昌。聪明昭四表，恩德动遐方。星辰为垂耀，日月为重光。河洛吐符瑞，草木挺嘉祥。麒麟步郊野，黄龙游津梁。白虎依山林，凤凰鸣高冈。考图定篇籍，功配上古羲皇。羲皇无遗文，仁圣相因循。期运三千岁，一生圣明君。尧授舜万国，万国皆附亲。四门为穆穆，教化常如神。大魏兴盛，与之为邻。[3]

③逯钦立辑校《先秦汉魏晋南北朝诗》，中华书局1983年版，第529页。

该章主要表明魏主的功德得到神明的嘉许并降下一系列祥瑞。晋代傅玄《晋鼓吹曲》二十二首的《天序》“言圣皇应历受禅，弘济大化”[4]、《大晋承运期》“言圣皇应箓受图，化象神明”[5]，吴国韦昭《吴鼓吹曲》十二曲的《从历数》“言孙权从图箓之符而建大号”[6]，南朝梁沈约《梁鼓吹曲》十二首的《期运集》“言武帝膺箓受禅，德盛化远”[7]，都是在叙写一家一姓发迹

④⑤ 同上，第830页。

⑥同上，第546页。

⑦同上，第2182页。

史的组曲中专设一章来强调君王的德行得到神明降下系列符瑞的嘉许。称颂君王及其先祖功德之巨而感应上天是乐舞歌辞的必备内容，与民间祭祀、节庆活动表现出的以慎终追远为核心内容的祖先崇拜是不一样的。宫廷乐舞本是从宗教、文化等层面建构政权的合法性，称颂君王及先祖功德的最终目的在于表现其政权的建立符合天命，而天命的表现就是符瑞。魏、晋都是通过禅让的方式取得政权的，曹氏、司马氏在宣扬获得政权的合法性上花了不少功夫，朝廷制定的各种乐舞自然都围绕着这个主题展开，强化政权的建立得到天的庇佑。可见，在当时人们的信仰里，君王的合法性不仅在于文治武功的卓著，更在于其文治武功能够符合神明的意志，因此，如果没有天降下的各种符瑞，政权的合法性便值得怀疑。可见，中国古代虽从未建立起政教合一的政权，但政权的合法性还是需要一个代表最高理性的天的认可。因此，每一次政权的更迭，符瑞总会适时而至，代表天来宣示对新君王的嘉许及新政权的庇佑。

凤凰等代表天宣示对君王的嘉许及其政权的庇佑的观念并非统治者操纵的结果，应该是中国古代很长历史时期内君王、精英阶层以及民间的共同信仰。如曹植《鼙舞歌·大魏篇》、石崇《大雅吟》等诗作，显然并非用于祭祀、燕飨、节庆等场合的歌唱，歌辞内容不必受制于仪式的规定，但是，其基调还是称颂君王“德配天地，行合神明”。《大魏篇》开头即称“大魏应灵符，天禄方甫始。圣德致泰和，神明为驱使”，然后罗列了黄鹄、神鼎、白虎、骐骥、凤凰等一系列祥瑞，以显示天的嘉许与庇佑。[1] 如果说曹植毕竟是王侯，先天性地具有对曹魏政权的亲近与认同，自然会有君权神授的观念，那么，石崇只是一个普通的士人，其《大雅吟》也是这样的逻辑：

①（三国魏）曹植著，赵幼文校注《曹植集校注》，人民文学出版社 1998 年版，第 329—330 页。

堂堂太祖，渊弘其量。仁格宇宙，义风遐畅。启土万里，志在翼亮。三分有二，周文是尚。于穆武王，奕世载聪。钦明冲默，文思允恭。武则不猛，化则时雍。庭有仪凤，郊有游龙。启路千里，万国率从。荡清吴会，六合乃同。百姓仰德，良史书功。超越三代，唐虞比踪。[1]

还有一些抒发个人情怀的诗歌作品，也可以看到这样的观点：历史上一些圣君的文治武功得到上天降下凤凰祥瑞的嘉许。蔡邕《琴操》、郭茂倩《乐府诗集》等所录琴曲歌辞中多次提及凤凰祥瑞，托名周文王的《文王受命》、托名周成王的《仪凤歌》[2]应该都是汉人所作[3]，内容是借追忆儒家的太平盛世即周文王、周成王时期，称文王、成王的德治得到天的回应并降下凤凰祥瑞。诗人的目的在于称颂周文王、周成王的同时，借吟咏古事抒发现实的政治关怀，表达对太平盛世的期待。

2. 借助凤凰祥瑞诱导君王约束其行

春秋战国时期由于大一统的崩坏，士人可以择主而仕，士人在君王面前往往以帝王之师自居，但至汉代，大一统政权建立，士人沦为帝王之臣，面对专制政治的压力，士人行使其文化权力、彰显文化价值时必须委婉含蓄，只能以主文谲谏的方式，诱导君王向古代圣君学习。士人反复为君王描绘以凤凰翔集为表征的盛世，以此激励君王励精图治，实现政治蓝图。结果是，历代君王对灾异十分警惕，对祥瑞也能保持谦抑与戒惧，凤鸟不至，自然会加以反省，凤鸟翔集，也会反思其行政有无阙遗而愧对上天的垂青。这一点在汉宣帝身上表现得很明显：元康元年（前 65）三月，因凤凰集泰山、陈留，汉宣帝下诏称：“朕未能章先帝休烈，协宁百姓，承天顺地，调序四时，获蒙嘉瑞，赐兹祉福，夙夜兢兢，靡有骄色，内省匪解，永惟罔极。《书》不云乎？‘凤皇来仪，庶尹允谐。’”[4]神爵元年（前 61）三月，汉宣帝行幸河东，祠后土，下诏称：

①逯钦立辑校《先秦汉魏晋南北朝诗》，中华书局 1983 年版，第 641—642 页。

②《仪凤歌》：仪凤歌者，周成王之所作也。成王即位，用周召、毕荣之属，天下大治，殊方绝域，莫不蒙化。是以越裳献雉，重译来贡，太平之瑞，同时而应，麒麟游苑囿，凤皇来舞于庭，颂声并作，佥然大同，于是成王乃援琴而鼓之曰：凤皇翔兮于紫庭，余何德兮以感灵。赖先人兮恩泽臻，于胥乐兮民以宁，凤皇来兮百兽晨。

③赵敏俐《先秦两汉琴曲歌辞研究》，《文学遗产》2010 年第 2 期。

④（汉）班固撰《汉书》，中华书局 1962 年版，第 253—254 页。

“朕之不明，震于珍物，饬躬斋精，祈为百姓。东济大河，天气清静，神鱼舞河。幸万岁宫，神爵翔集。朕之不德，惧不能任。”[1] 神爵二年（前 60）春二月，因“正月乙丑，凤皇甘露降集京师，群鸟从以万数”而下诏称：“朕之不德，屡获天福，祗事不怠，其赦天下。”[2] 五凤三年（前 55）三月，行幸河东，祠后土，下诏称：“朕饬躬斋戒，郊上帝，祠后土，神光并见，或兴于谷，烛耀齐宫，十有余刻。甘露降，神爵集。已诏有司告祠上帝、宗庙。三月辛丑，鸾凤又集长乐宫东阙中树上，飞下止地，文章五色，留十余刻，吏民并观。朕之不敏，惧不能任，娄蒙嘉瑞，获兹祉福。《书》不云乎？‘虽休勿休，祗事不怠。’”[3]“虽休勿休，祗事不怠”出自《尚书·周书·吕刑》，原文为“虽畏勿畏，虽休勿休”，《汉书》颜师古注称其意是“虽见褒美，勿自以为有德美，当敬于事，无怠惰也”[4]，此语正道出了汉宣帝面对凤凰等祥瑞的谦抑与戒惧。汉宣帝能够如此，也许一是因为受巫蛊事件影响成长于宫廷之外的特殊经历，二是一直以曾祖父汉武帝为榜样。然而，无独有偶，《太平御览》礼仪部二十二录《晋中兴书》云：

> 武帝时，甘露降，公卿奏贺。诏曰：“三代盛隆，犹自戒勿休。况自顷悬象告变，盗贼充斥，百僚司牧，不能存职匪解。使道有寄，虽麟凤至，庆有余矣。此道未弘，虽四灵在郊，吾犹惧然，何甘露之足贺？其停之。”[5]

或者可以说，古代士人心目中的君王就应该以这样的谦抑和戒惧态度面对麟凤等祥瑞。郭茂倩《乐府诗集》所录琴曲歌辞《南风歌》应是汉人模拟舜的口吻而作，从中可以看出诗人心目中的圣君面对祥瑞时应有的谦抑与戒惧态度。

①（汉）班固撰《汉书》，中华书局 1962 年版，第 259 页。

②同上，第 262 页。

③同上，第 266—267 页。

④同上，第 267 页。

⑤（宋）李昉编纂《太平御览》第五卷，河北教育出版社 1994 年版，第 306 页。

反彼三山兮商岳嵯峨，天降五老兮迎我来歌。有黄龙兮自出于河。负书图兮委蛇。罗沙案图观谶兮闵天嗟嗟，击石拊韶兮沦幽洞微，鸟兽跄跄兮凤皇来仪，凯风自南兮喟其增叹。[①]

①（宋）郭茂倩《乐府诗集》，中华书局1979年版，第825页。

诗题《南风歌》显然出自上古歌谣《南风歌》："南风之薰兮，可以解吾民之愠兮。南风之时兮，可以阜吾民之财兮。"[③]这是以舜的口吻表达对于民生疾苦的关切与忧虑。颇有意味的是，《南风歌》在历数虞舜时的种种祥瑞之后，并没有顺势赞美虞舜的功德，反而陡然转向虞舜歌唱南风之曲所流露出的对百姓疾苦的关切与忧虑。显然，诗人心目中的圣君虞舜面对一系列上天降下的祥瑞，能够保持谦抑和戒惧的态度，时时自省，以不辜负上天的垂青。另有《仪凤歌》也可以看出诗人心目中的周成王对凤凰祥瑞的谦抑态度。

②陈士珂辑《孔子家语疏证》，商务印书馆1939年版，第205页。

中国古代的士人时时提醒当时的君王对于上天旨意的垂示保持警惕，要不断反思何以未致凤凰翔集等祥瑞，即使凤凰等祥瑞降临，还要反省自己的德行有无阙遗，以便及时校正。《韩诗外传》提供了一个典型案例：

黄帝即位，施惠承天，一道修德，惟仁是行，宇内和平，未见凤凰，惟思其象。夙寐晨兴，乃召天老而问之曰："凤象何如？"天老对曰："夫凤之象，鸿前而麟后，蛇颈而鱼尾，龙文而龟身，燕颔而鸡喙，戴德负仁，抱中挟义。小音金，大音鼓。延颈奋翼，五彩备明。举动八风，气应时雨。食有质，饮有仪。往即文始，来即嘉成。惟凤为能通天祉，应地灵，律五音，览九德。天下有道，得凤象之一，则凤过之。得凤象之二，则凤翔之。得凤象之三，则凤集之。得凤象之四，则凤春秋下之。得凤象之五，则凤没身居之。”黄帝曰：“于戏，允哉！朕何敢与焉！”于是黄帝乃服黄衣，带黄绅，戴黄冕，致斋于中宫。凤乃蔽日而至。皇帝降于东阶，西面，再拜稽首曰：“皇天降祉，敢不承命！”凤乃止帝东园，集帝梧桐，食帝竹实，没身不去。[①]

①（汉）韩婴撰，许维遹校释《韩诗外传集释》，中华书局 1980 年版，第 277—279 页。

天老利用凤凰祥瑞诱导黄帝成为一代圣君，是中国古代士人努力践行的典范。又，司马迁《史记·封禅书》载齐桓公称霸后打算封禅，管仲加以阻止，其理由是：

今凤皇麒麟不来，嘉谷不生，而蓬蒿藜莠茂，鸱枭数至，而欲封禅，毋乃不可乎？”于是桓公乃止。[②]

②（汉）司马迁撰《史记》，中华书局 2013 年版，第 1630 页。

这也是一个利用祥瑞成功诱导君王合理执政的例子。

策问名义上是以君王就经义、政事等向士人询问治国之道为主要内容的一种文体，阅读对象自然是君王，下面从几篇著名的策问可以看出士人利用凤凰等祥瑞诱导君王合理执政的苦心孤诣。

西汉元光元年（前 134）[③]，董仲舒《举贤良对策》说：

③董仲舒及下文公孙弘对策的时间从朱维铮《儒术独尊的转折过程》，《中国经学史十讲》，复旦大学出版社 2002 年版，第 71 页。

孔子曰：“凤鸟不至，河不出图，吾已矣夫！”自悲可致此物，而身卑贱不得致也。今陛下贵为天子，富有四海，居得致之位，操可致之势，又有能致之资，行高而恩厚，知明而意美，爱民而好士，可谓谊主矣。然而天地未应而美祥莫至者，何也？凡以教化不立而万民不正也。[④]

④（汉）班固撰《汉书》，中华书局 1964 年版，第 2503 页。

这是著名的“天人三策”之一。董氏的意思是，汉武帝具备招致凤鸟、河图洛书的资质，然而凤鸟等祥瑞却没有应时而至，原因在于“教化不立”，显然，其目的是诱导汉武帝重视教化，正己正人，依此途径达到理想的政治境界。如何理解孔子“凤鸟不至，河不出图，吾已矣夫”的哀叹？程树德《论语集释》认为：“夫子此言，盖叹周衰而己不见用也。”[1]对于“叹周衰”，不存在异议，但对于“叹己不见用”还有不同的声音，东汉王充《论衡·问孔》曾有全面、深刻的分析：

①程树德撰《论语集释》，中华书局1990年版，第588页。

> 孔子曰：“凤鸟不至，河不出图，吾已矣夫！”夫子自伤不王也。己王致太平，太平则凤鸟至，河出图矣。今不得王，故瑞应不至，悲心自伤，故曰“吾已矣夫”……或曰：“孔子不自伤不得王也，伤时无明王，故己不用也。凤鸟河图，明王之瑞也。瑞应不至，时无明王；明王不存，己遂不用矣。”[2]

②黄晖撰《论衡校释》，中华书局1990年版，第415页。

可见，汉代即有两种理解，涉及孔子对自己如何定位的问题，即是以王的口吻还是以臣的口吻在抒发感慨。当然，不论是为王还是为臣，孔子的政治理想是达到“凤鸟至，河出图”的治世，这是其哀叹的深刻心理动机。董仲舒在此先引述孔子“凤鸟不至，河不出图”的哀叹，并进行“自悲可致此物，而身卑贱不得致也”的解读，由此可以看出董仲舒对儒家圣人孔子的自我定位的理解，即孔子将自己定位于臣而不是王并“伤时无明王，故己不用”。在董仲舒看来，孔子不得致凤凰祥瑞的原因不在于德行、才智，而在于势位，也就是说孔子不是“明王”，所以不能招致祥瑞。然后顺势陈述道：“今陛下贵为天子，富有四海，居得致之位，操可致之势，又有能致之资，行高而恩厚，知明而意美，爱民而好士，可谓谊主矣。”这就是说汉武帝不仅拥有孔子的德行、才智，更拥有孔子不具备的势位，俨然已是一代“明王”，招致凤凰祥瑞的条件几乎都具备了。与其说这是董仲舒对位于专制体制下权力塔顶的皇帝不得不进行的至高无上的称颂，还不如说这是在诱导、激励汉武帝努力做一位“明王”去达到太平盛世。在此前提下，董仲舒才抛出尚未致凤凰祥瑞的原因是教化不立，万民不正，分明是在告诉汉武帝，其离圣君只有一步之遥，这一步就是采纳其立教化、正万民的主张。真可谓步步为营，循循善诱，让汉武帝无法退避，不得不采纳其建议。

也是元光元年，公孙弘《举贤良对策》云：

> 是故因能任官，则分职治；去无用之言，则事情得；不作无用之器，则赋敛省；不夺民时，不妨民力，则百姓富；有德者进，无德者退，则朝廷尊；有功者上，无功者下，则群臣逡；罚当罪，则奸邪止；赏当贤，则臣下劝：凡此八者，治民之本也。[①]

①（汉）班固撰《汉书》，中华书局1962年版，第2615页。

这是诱导汉武帝采纳其治民的措施，为此，他激励汉武帝做一个能够招致麟凤的“明王”：

> 臣闻之，气同则从，声比则应。今人主和德于上，百姓和合于下，故心和则气和，气和则形和，形和则声和，声和则天地之和应矣。故阴阳和，风雨时，甘露降，五谷登，六畜蕃，嘉禾兴，朱草生，山不童，泽不涸，此和之至也。故形和则无疾，无疾则不夭，故父不丧子，兄不哭弟。德配天地，明并日月，则麟凤至，龟龙在郊，河出图，洛出书，远方之君莫不说义，奉币而来朝，此和之极也。[②]

②同上，第2616页。

尽管公孙弘大讲天人感应的道理，既有利诱也有威吓，但内在的动机与董仲舒是一样的，只是行文的逻辑不一样而已。有意思的是，几百年之后的唐代张柬之《对贤良方正策》的内在动机与行文逻辑与董仲舒如出一辙：

> 臣闻瑞者，上天所以申命人主也。故使麒麟游于囿，凤凰集于庭，庆云出，神龙见，其余草木烟露之祥，不可胜纪。陛下日慎一日，虽休勿休，故天申之以祯石，告之以神文。大矣哉！圣人之鸿业也。臣闻河图洛书之不至也久矣。孔子曰：凤鸟不至，河不出图，吾已矣夫！师说曰：圣人自伤已有能致之资，而天不致也。陛下有能致之资，而天蕴者，所以扶助圣德，抚宁兆人也。[①]

①（清）董诰等编《全唐文》，中华书局1983年版，第1785页。

也是利用麟、凤等祥瑞诱导君王，然后，张柬之转向人才的选拔与考评的建议。

祥瑞是上天对明王圣君的褒奖，古人言及于此，思考问题的方向自然指向君王该如何行政，因此也就不难理解为什么古人特别是汉至唐代的士人对此津津乐道。谀辞的背后其实是良苦的用心。以上所引三篇策问的特定言说场合决定了士人诱导君王采纳其主张的动机，而实际上，不论是艳羡古代君王招致凤凰之瑞还是称颂当代君王招致凤凰祥瑞，导向对于君王如何执政的思考与讨论，是古人惯常的思维与做法。王充《论衡·问孔》曾说："夫致瑞应，何以致之？任贤使能，治定功成。治定功成，则瑞应至矣。"[②] 这一段话显示的就是这种思维。曹丕《秋胡行》二首其一：

②黄晖撰《论衡校释》，中华书局1990年版，第415页。

> 尧任舜禹，当复何为。
> 百兽率舞，凤凰来仪。
> 得人则安，失人则危。
> 唯贤知贤，人不易知。
> 歌以咏言，诚不易移。

鸣条之役，万举必全。

明德通灵，降福自天。

这是由感慨尧重用舜、禹而招致凤凰并思考重用贤才的重要性。可见，以天人感应学说和阴阳五行作为思想基础的祥瑞看似把价值的标准交给了天，实际上是人在牢牢地操控着解释权，当士人把祥瑞降临与否与君王的执政恰当与否联系起来时，实际上是以人的言行作为评判标准，显示出一定的人文主义色彩。

时至宋代，天人感应学说逐渐被主流文化抛弃，祥瑞受到质疑，如两宋之交的史学家郑樵《通志》卷七四《灾祥序》说："天地之间，灾祥万种，人间祸福，冥不可知。奈何以一虫之妖，一气之戾，而一一质之以为祸福之应？其愚甚矣！"[①] 其实，郑樵质疑祥瑞政治文化的逻辑与汉代王充类似，王充《论衡·指瑞》认为："鸟兽之知，不与人通，何以能知国有道与无道也？人同性类，好恶均等，尚不相知，鸟兽与人异性，何能知之？人不能知鸟兽，鸟兽亦不能知人，两不能相知，鸟兽为愚于人，何以反能知之？儒者咸称凤皇之德，欲以表明王之治，反令人有不及鸟兽，论事过情，使实不著。"[②] 但是，王充的声音被汉代"儒者咸称凤凰之德"的声音淹没了。宋代郑樵的观点未必就是当时知识界的共识，但也起码代表一批文人的看法。欧阳修与梅尧臣曾经以《桐花》为题的唱和诗可以看出宋代文人对待祥瑞的分歧。欧阳修《桐花》：

①(宋)郑樵撰《通志二十略》，中华书局 1995 年版，第 1906 页。

②黄晖撰《论衡校释》，中华书局 1990 年版，第 742—743 页。

猗猗井上桐，花叶何蓑蓑。下荫百尺泉，上耸陵云材。翠色洗朝露，清阴午当阶。幽蝉自嘒嘒，鸣鸟何喈喈。日出花照耀，飞香动浮埃。今朝一雨过，狼籍黏青苔。斯桐乃谁树，意若铭吾斋。常闻汉道隆，上下相和谐。选吏择孝廉，视民婴与孩。政声如九韶，百物绝妖灾。优优颍川守，能致凤凰来。到此几千载，丹山自崔嵬。圣君勤治理，百郡列贤才。嗟尔不自勉，凤凰其来哉。

梅尧臣《和永叔桐花十四韵》：

湛湛碧井水，其上有梧桐。春随井气生，白花飞蒙蒙。晓枝滴甘露，味落寒泉中。结实待瑞羽，岁晚半枯空。桐既无凤皇，井岂潜蛟龙。乃知至神物，未易令人逢。当时集颍川，偶值黄次公。次公入为相，此鸟曷不从。遂使神鶡雀，竟用奇怪穷。我言非毁古，欲遵平直踪。我愿二千石，但使德化隆。有桐凤不来，于桐无愧容。有凤政不举，于凤何为崇？答君桐花篇，聊以发我衷。

欧、梅二人诗涉及的本事是：汉代颍川太守黄霸（字次公）治理有方，当时“凤皇神爵数集郡国，颍川尤多”[1]，然而后来他当丞相时，“京兆尹张敞舍鶡雀飞集丞相府，（黄）霸以为神雀，议欲以闻”，“后知从臣敞舍来，乃止”。[2] 欧阳修的观点是传统的，面对桐花依然不由自主地想起作为祥瑞的凤凰及汉代颍川太守黄霸的德政，而梅尧臣则极力斩断凤凰与政治之间的联系，表明政治的好坏与凤凰是否出现没有关系，具有一定人文主义的倾向。

①(汉）班固撰《汉书》，中华书局 1962 年版，第 3631 页。

②同上，第 3632 页。

第二节　文人与祥瑞政治：以陈子昂《大周受命颂》与武周革命为中心

众所周知，唐代武则天就充分利用了凤凰祥瑞为自己登上皇位制造舆论并建构其作为皇帝的合法性。当时唐宗室、大臣怀揣不同的政治动机围绕祥瑞的制造与解释进行了多次博弈，一批文人或主动或被动卷入其中，对此过程的梳理可以窥见政治权力与文化权力的抗衡与共谋。

上元元年（674），武后与高宗李治并称天后、天皇。上元三年（676），借陈州上奏“宛丘县凤凰集，众鸟数万，前后翔从，行列齐整，色别为群”[①]之机，改元“仪凤”。光宅元年（684），改中书省为凤阁，改门下省为鸾台。垂拱四年（688），建成明堂，“盖为鸑鷟，黄金饰之，势若飞翥”[②]。载初元年（690）九月，武则天紧锣密鼓地加快登基的进程。宋代司马光《资治通鉴》详细记载了这个过程：九月三日，“侍御史汲人傅游艺帅关中百姓九百余人诣阙上表，请改国号曰周，赐皇帝姓武氏”，武则天没有答应。随后，“百官及帝室宗戚、远近百姓、四夷酋长、沙门、道士合六万余人俱上表如游艺所请，皇帝亦上表自请赐姓武氏”。五日，“君臣上言：有凤凰自明堂飞入上阳宫，还集左台梧桐之上，久之，飞东南去，及赤雀数万集朝堂”，七日，武则天遂顺势“可皇帝及君臣之请”，九日，“赦天下，以唐为周，改元（天授）”，十二日，“上尊号曰圣神皇帝，以皇帝为皇嗣，赐姓武氏；以皇太子为皇孙”，十三日，立武氏七庙于洛阳并追赠武氏先祖。[③]

不难看出，凤凰祥瑞是武则天登上皇帝宝座过程中的关键元素之一，是武则天心目中显示其登基为帝合法的最有力证据。事实上，武则天一步步登上皇帝宝座的过程中，朝廷内外激流涌动，各种势力不断进行或明或暗的博弈，其中，围绕祥瑞的制造与解释进行数次政治博弈，参与者不仅有政客还有文士，或是不得已向武则天表达忠诚，或是主动进行政治投机。

武后的反对者主要是唐皇室、宗室及其维护者。当然，唐皇室成员也有坚定站在武后一边的，如吴王李恪的儿子李仁（后改名李千里）。[④]李千里讨好武后的策略就是进献符瑞，《旧唐

①（宋）王溥撰《唐会要》，上海古籍出版社2006年版，第621页。

②（后晋）刘昫等撰《旧唐书》，中华书局1975年版，第862页。

③（宋）司马光编著《资治通鉴》，中华书局1956年版，第6467页。

④孙英刚《隋唐五代史》称：“吴王李恪的家族最后在武则天上台后坚定地站在了武则天一边，他的儿子成王李千里是少数没有被武则天诛杀的皇室子弟。”（上海人民出版社2015年版，第84页）

书·太宗诸子列传》载："时皇室诸王有德望者，必见诛戮，惟千里褊躁无才，复数进献符瑞事，故则天朝竟免祸。"[①]武后还有一个不可忽视的阻力就是其女性性别，这是她执政特别是登基为帝面临诸多压力的重要来源。[②]围绕符瑞展开的政治博弈比较有代表性的有以下三次：

垂拱二年（686），新丰县东南有山涌出。此前，扬州发生徐敬业叛乱，虽然武后很快就将其扑灭，但很长一段时间里，她处在天下人图谋反对她的臆想中，新丰山涌为其炒作并证明其执政合法提供了良机，她也就自然按照《瑞应图》"庆山者，德茂则生"[③]的观念释其为祥瑞，改新丰县为庆山县。其间，崔融为泾州刺史撰写了贺表《为泾州李刺史贺庆云见表》。然而，江陵人俞文俊上书将其解释为灾异："天气不和而寒暑并，人气不知而疣赘生，地气不和而塠阜出。今陛下以女主处阳位，反易刚柔，故地气隔塞而山变为灾。陛下谓之'庆山'，臣以为非庆也。臣愚以为宜侧身修德以答天谴；不然，恐殃祸至矣！"武后大怒，将俞文俊贬至岭南并杀死。载初元年（690）六月，西京万年县又出现山涌，九月，武后称帝，西京留守武修望上表，此时上表显然意在为武氏称帝摇旗呐喊；而且，武修望连续上表，屡次上报庆山以及其他祥瑞，表文《为留守奏庆山醴泉表》由张说执笔。[④]

垂拱四年（688），武承嗣于白石上刻印"圣母临人，永昌帝业"并称获于洛水，授意雍州人康同泰进献武后。武后随即进行了一系列祭礼活动，宰相随即上表加武后尊号为"神凝获皇"。该表即《代宰相上尊号表》，由崔融执笔撰写，列举了一系列天降的祥瑞，其中包括凤凰之瑞，表明政权归于大周是为天命："天降以瑞，地升以符，日月光，风雨润，庆云出，神泉涌，凤凰翔于庭，麒麟臻于囿，云集雾散，日至月书，固不可得而言也。"[⑤]他还受敕撰写《洛图颂》。还有李峤曾执

①（后晋）刘昫等撰《旧唐书》，中华书局1975年版，第2650页。

②现存李商隐《宜都内人》反映了武后作为女性登基为帝遭受的压力。（刘学锴、余恕诚《李商隐文编年校注》，中华书局2002年版，第2284—2285页）

③（唐）张说《为留守奏庆山醴泉表》，（清）董诰等编《全唐文》，中华书局1983年版，第2242页。

④孙英刚《神文时代：谶纬、术数与中古政治研究》（上海古籍出版社2015年版，第285—310页）梳理了当时对686年新丰县涌山、690年万年县涌山现象的解释及背后的政治意图。

⑤（清）董诰等编《全唐文》，中华书局1983年版，第2193页。

笔撰写《为百寮贺瑞石表》。其实，此前曾有人献瑞石，本来就不支持武后的冯元常奏称“状涉谄诈，不可诬罔天下”而惹怒武后，被贬。[①]天授三年（692），又有人效仿武承嗣也向朝廷进献瑞石，此时武则天登基两年，局势趋稳，解读瑞石的舆论环境稍松，宰相李昭德才可以怒斥说“此石赤心，他石尽反邪？”[②]应该看到，李昭德有抑制诸武家族成员的政治倾向，自然对武承嗣开端的进献瑞石等符瑞会保持一定的警惕。

载初元年（690），君臣进言“有凤凰自明堂飞入上阳宫，还集左台梧桐之上”。此前有监察御史傅游艺上表改国号为周，赐皇帝姓武，又皇帝、群臣、宗戚及各界百姓上表，但武后都没有答应称帝。此时既然君臣声称凤凰祥瑞降临，她便于次日答应皇帝及君臣、百姓的请求，显然，她是将凤凰的出现解读为其登基为帝之合法的最有力证明。在此过程中，监察御史傅游艺走至前台，成为关键人物，其行为实质是一场政治投机：一年之内，“赐袍自青及紫，人号‘四时仕宦’”[③]，也就在这一年里，随即因为“梦登湛露殿”“以语所亲”，遭到告发被以谋反的罪名下狱致死。显然，他是野心膨胀，忘乎所以。由此推断，他之所以率先“上书诡说符瑞，劝后当革姓以明受命”[④]，很难说是被动的。在此过程中，还有一个品级很低的文人陈子昂也走到了前台，他曾撰写《大周受命颂并序》。

在以上几次围绕祥瑞的政治博弈过程中，崔融、李峤、陈子昂、张说等著名文人卷入其中。崔融、李峤属初唐“文章四友”，都是武后执政的受益者，他们有充足的理由谄媚武后，也因此颇受后人的诟病。尽管综合考察他们的作品与政治行为，支持武后执政的政治倾向极为明显，正如李峤《奉和受图温洛应制》“七萃銮舆动，千年瑞检开。文如负龟出，图似凤衔来”所显示的。然而，崔融、李峤撰写贺表均为职务行为，是代人立言——崔融撰写贺表《为泾州李刺史贺庆云见表》时

①（宋）司马光编著《资治通鉴》（中华书局1956年版，第6421页）载：“（冯）元常尝密言‘中宫威权太重，宜稍抑损’。高宗虽不能用，深以其言为然。及太后称制，四方争言符瑞；嵩阳令樊文献瑞石，太后命于朝堂示百官，元常奏：‘状涉谄诈，不可诬罔天下。’太后不悦，出为陇州刺史。”

②（宋）司马光编著《资治通鉴》（中华书局1956年版，第6484页）载：“太后好祥瑞，有献白石赤文者，执政诘其异，对曰：‘以其赤心。’昭德怒曰：‘此石赤心，他石尽反邪？’左右皆笑。”

③（宋）欧阳修、宋祁撰《新唐书》，中华书局1975年版，第6343页。

④同上，第6342页。

任职泾州，撰写《代宰相上尊号书》时任安息道行军大总管幕掌书记，贺表表明的是其幕主的政治倾向；李峤撰写《为百寮贺瑞石表》时身为监察御史，贺表使用朝廷百官的口吻。按理说，张说亦应属此列，只是所受武后之恩渥较浅而已。张说于载初元年（690）登第入仕，这年的二月，武后于洛阳亲自策试贡士，擢张说对策天下第一，授太子校书。张说撰写表文《为留守奏庆山醴泉表》显然是西京留守借重其文采，再加上张说不屈服于武后男宠张易之的精彩表现，后人也就没有揪住不放而贬抑张说。

陈子昂撰写《大周受命颂并序》歌颂武周革命与以上情况显然有别。嗣圣元年（684），陈子昂在东都洛阳参加进士试及第，恰值高宗崩于洛阳宫，灵驾将西归乾陵，他献书《谏灵驾入京书》，引起武后的注意而获召见，被授予麟台正字，即秘书省正字。这个官职品阶不高，只是九品下，但是还算清贵，如果不是献书引起武后的注意，刚刚进士及第的陈子昂未必有机会入职秘书省，还随后多次获蒙武后的召见与问政。然而，至天授元年（690）九月武后登基为帝时，陈子昂在麟台正字任上已经待了6年，刚于头一年调任右卫率府胄曹参军（八品下），略有上升。就是在这样的背景下，陈子昂撰写了《大周受命颂并序》。如果揣测陈子昂的动机，不外乎以下几点：其一，刚刚有所升迁，内心涌动感激之情，加上百官劝进，乃至皇帝都表态拥护，在此情况下，真心拥护武后登基。其二，陈子昂屡次献书武后的惯性动作，即进献《大周受命颂并序》是其一连串上书行为的延续，依然企图通过献书获得武后的赏识。陈子昂进士及第之年曾已献书阙下，并博得武后的奖励，显然是效仿汉代蜀人也即其同乡司马相如上书汉武帝之故事，而且在博得武后称许后又屡次献书，显然已形成思维定式。只可惜，他的行为虽得到武氏的鼓励，但其建议似乎从未得到武后的重视。其三，陈子昂大谈祥瑞并非偶然或出于一时之需，而是信奉汉代盛行的天人感应学说。他在撰写《大周受命颂并序》的前一年即永昌元年（689）九月的上疏《谏刑书》就大谈天人感应以劝谏武后慎用刑罚，即：

> 臣伏见去年八月已来，天苦霖雨，自陛下赦李珍等罪，天朗气晴。又九月十八日，明堂享会，庆云抱日，五彩纷郁，龙章竟天，万品咸观，宇宙同庆。又其月二十一日，恩敕免楚金等死，初有风雨，变为景云，司刑官属，皆所共见。臣闻阴惨者刑也，阳舒者德也，庆云者喜气也。臣伏考之《洪范》，验之《六经》，圣人法天，天亦助圣，休咎之应，必不虚来。①

①彭庆生校注《陈子昂集校注》，黄山书社 2015 年版，第 1362 页。

这里所谓天气的阴雨与晴朗是上天的休咎之兆并不是陈子昂的首创，而是渊源有自。《汉书·五行志》曰："禹治洪水，赐《洛书》，法而陈之，《洪范》是也。"② 即《尚书·洪范》本已被汉人视为"洛书"，其"初一曰五行；次二曰敬用五事；次三曰农用八政；次四曰协用五纪；次五曰建用皇极；次六曰乂用三德；次七曰明用稽疑；次八曰念用庶征；次九曰向用五福；威用六极"③ 及下引文字据传是书于洛水龟背，由上天授予禹的有关国家治理的文字。其中第八条"庶征"曰：

②（汉）班固撰《汉书》，中华书局 1962 年版，第 1315 页。

③（汉）孔安国传，（唐）孔颖达正义《尚书正义》，上海古籍出版社 2007 年版，第 449—450 页。

> 八，庶征：曰雨、曰旸、曰燠、曰寒、曰风、曰时。五者来备，各以其叙，庶草蕃庑。一极备，凶。一极无，凶。曰休征：曰肃，时雨若；曰乂，时旸若；曰晢，时燠若；曰谋，时寒若；曰圣，时风若。曰咎征：曰狂，恒雨若；曰僭，恒旸若；曰豫，恒燠若；曰急，恒寒若；曰蒙，恒风若。曰王省惟岁，卿士惟月，师尹惟日。岁、月、日、时无易，百

谷用成，乂用明，俊民用章，家用平康。日、月、岁、时既易，百谷用不成，乂用昏不明，俊民用微，家用不宁。庶民惟星，星有好风，星有好雨。日、月之行，则有冬有夏。月之从星，则以风雨。[①]

①（汉）孔安国传，（唐）孔颖达正义《尚书正义》，上海古籍出版社 2007 年版，第 472—477 页。

这是讲执政者的德行与天气的变化相联系，是汉代天人感应的理论依据。汉代经生对此更有发挥，《汉书·五行志》引《洪范五行传》称："皇之不极，是谓不建，厥咎眊，厥罚恒阴，厥极弱。时则有射妖，时则有龙蛇之孽，时则有马祸，时则有下人伐上之痾，时则有日月乱行，星辰逆行。"[②]这是将天气阴沉作为革命的先兆。据说还真有以此为依据成功做出预判的案例，《汉书·夏侯胜传》：

②（汉）班固撰《汉书》，中华书局 1962 年版，第 1458 页。

会昭帝崩，昌邑王嗣立，数出。胜当乘舆前谏曰："天久阴而不雨，臣下有谋上者，陛下出欲何之？"……是时，（霍）光与车骑将军张安世谋欲废昌邑王。光让安世以为泄语，安世实不言，乃召问胜，胜对言："在《洪范传》曰：'皇之不极，厥罚常阴，时则下人有伐上者'，恶察察言，故云臣下有谋。"光、安世大惊，以此益重经术士。[③]

③同上，第 3155 页。

这就是清代皮锡瑞《经学历史》所说的"以《洪范》察变"[④]。从陈子昂《谏刑书》的逻辑可以看出，他十分熟悉天人感应的理路，应该是深入钻研过的。

④（清）皮锡瑞著，周予同注释《经学历史》，中华书局 2004 年版，第 56 页。

陈子昂在《大周受命颂并序》序文先表明武后是唐朝开国以来高祖、太宗、高宗等三祖的继承者，实际上是不承认此前中宗、睿宗即武后的两个儿子曾经继位为皇帝的合法性，并大谈武后功德已获得上天的嘉许，然后回顾了百官、耆旧、道俗等劝进的盛况，以及恰在此时应声而现的凤凰、赤雀、庆云和瞻仰盛况时惊叹不已的百姓即众甿等祥瑞：

> 是时目踵昆吾，有凤鸟从南方来，历端门，群鸟数千蔽之。又有赤雀数百从东方来，群飞映云，回翔紫闼，或止庭树，有黄雀从之者。又有庆云，休光半天，倾都毕见，群臣咸睹。于是众甿云萃，嚣声雷动，庆天应之如响，惊象物其犹神。[①]

①（唐）陈子昂著，彭庆生校注《陈子昂集校注》，黄山书社2015年版，第1067页。

陈子昂还援引历史上的“符鸟之瑞”，从金天氏少昊时的凤鸟之瑞，周朝的黄鸟之瑞，汉代的朱雁之瑞，乃至三国吴国的赤鸟之瑞，即“昔金天凤凰，镐京黄鸟，赤氏朱雁，有吴丹乌，皆纪之金册，藏之瑞府，以有事也”[②]，来为武后革命张目。《大周受命颂并序》正文四章，以百官、耆旧、道俗等劝进时上天降下的几种祥瑞为题，即《神凤颂》《赤雀颂》《庆云颂》《甿颂》，其中，《神凤颂》开篇明义：“天命神凤，降祚我周。”[③] 尽管陈子昂《上大周受命颂表》称：“今者凤鸟来，赤雀至，庆云见，休气升，大周受命之珍符也。”[④] 显然，他特别强调了凤凰在这些祥瑞中的重要性，因为，武后以西周文王为始祖，武氏源于平王少子武，立武氏七庙时实际上是以周文王和平王少子武为不祧之祖，而周朝得天下时上天曾降下凤凰之瑞，即《国语》所载“周之兴也，鸑鷟鸣于岐山”[⑤]。而且，陈子昂还将当时祥瑞中黄雀从于凤凰的景象作为李睿改从母姓武的天启：

②同上，第1067—1068页。

③同上，第1068页。

④同上，第1061页。

⑤徐元诰撰《国语集解》，中华书局2002年版，第29页。

> 况凤者阳鸟，赤雀火精，黄雀从之者土也，土则火之子，子随母，所以纂母姓。[⑥]

⑥（唐）陈子昂著，彭庆生校注《陈子昂集校注》，黄山书社2015年版，第1067页。

陈子昂如此解释鸟符的依据是什么呢？《鹖冠子·度万》：“凤

凰者，鹑火之禽，阳之精也。”[1]《艺文类聚》卷九九祥瑞部下引《春秋考异邮》：“黄帝将起，有黄雀，赤头，立日旁。帝占曰：‘黄者土精；赤者火荧，雀者赏萌。余当立。’”[2]既然凤凰五行属火，黄雀属土，而李唐是土德，武周是火德，黄雀随从于凤凰之后就成了儿子李睿随母亲武氏姓的启示。

陈子昂《上大周受命颂表》称：

> 臣闻仲尼曰：“圣人，丘不得而见之矣。”又曰：“舜禹之有天下，丘不预也。”又曰：“凤鸟不至，河不出图，丘已矣夫！”皆伤不得见大道之行而郁悒也。臣草野愚陋，生长休明，亲逢圣人，又睹昌运，舜禹之政，河洛之图，悉皆目见，幸亦多矣。今者凤鸟来，赤雀至，庆云见，休气升，大周受命之珍符也。不稽元命，探秘文，采风谣，挥象物，纪天人之会，以协颂声，则臣下之过也。有国彝典，其可阙乎？[3]

这里，陈子昂把武后比作舜、禹等圣人了，还声称如果他不撰写这篇《大周受命颂并序》简直就成了辜负盛世的罪人。后人无法揣测他是真情流露还是出于行文的需要而夸大其词，不过，他深谙天人感应的逻辑，深知凤凰符命对于武周的重要性，这是没有疑问的。

陈子昂主动献书《大周受命颂并序》与崔融、李峤等执笔所撰类似文章属于代人立言的性质不同，加上其露骨的谄媚，使《大周受命颂并序》成为其人生的污点，重视其诗歌成就的人出于为尊者讳的心理对此避而不谈，道德至上主义者则大加挞伐。清代王士禛《香祖笔记》卷三云：

> 《大周受命颂》四章，曰《神凤》，曰《赤雀》《庆云》

①黄怀信撰《鹖冠子汇校集注》，中华书局2004年版，第151页。

②（唐）欧阳询撰《艺文类聚》，上海古籍出版社1965年版，第1712页。

③（唐）陈子昂著，彭庆生校注《陈子昂集校注》，黄山书社2015年版，第1061—1062页。

《旿颂》，其辞谄诞不经，至云："乃命有司正皇典，恢帝纲，建大周之统历，革旧唐之遗号。在宥天下，咸与维新。赐皇帝姓曰武氏。臣闻王者受命，必有锡氏。轩辕二十五子，班为十二姓，高阳才子二八，名为十六族。故圣人起则命历昌，必有锡氏之规。"云云。集中又有《请追上太原王帝号表》，太原王者，士彟也。此与扬雄《剧秦美新》无异，殆又过之，其下笔时不知世有节义廉耻事矣。子昂真无忌惮之小人哉！诗虽美，吾不欲观之矣。子昂后死贪令段简之手，殆高祖、太宗之灵假手殛之耳。[1]

①(清）王士禛《香祖笔记》，上海古籍出版社1982年版，第44页。

四库馆臣则将道德与文章分开评价：

王士禛《香祖笔记》又举其《大周受命颂》四章、《进表》一篇、《请追上太原王帝号表》一篇，以为视《剧秦美新》殆又过之。其下笔时不复知世有节义廉耻事，今亦载集中。然则是集之传，特以词采见珍。譬诸荡姬佚女，以色艺冠一世，而不可以礼法绳之者也。[2]

②(清)永瑢等撰《四库全书总目》，中华书局1965年版，第1278—1279页。

四库馆臣实际上也是认同王士禛对陈子昂政治品格的评价。但是，杜甫说"终古立忠义，《感遇》有遗编"（《陈拾遗故宅》），可谓对陈子昂推崇备至。其实，古人早就看到了这一点，宋代刘克庄说："（杜甫）《陈拾遗故宅》诗，至比之郭元振，唐人敬重拾遗如此。"[3]看来，杜甫并没有考虑陈子昂之忠是忠于李氏还是武后，即所谓的宗唐与党周之别。其实，武后执政，不仅没有遭到当时文人的群体性强烈反弹——进士及第步入仕途并青云直上的上官仪曾怂恿高宗废后，也是揣测高宗心思做出的反应，事出偶然；骆宾王那篇著名的《为徐敬业讨武曌檄》也没有得到足够的响应，当然，那时武后的身份还

③(宋）刘克庄《后村诗话》，中华书局1983年版，第168页。

是大唐的皇太后而不是大周的皇帝。倒是一大批文人围绕在武后身边，积极为其服务，不要说所谓的“北门学士”[①]随时听从武后的招遣，就是以宰相为首的官僚体系中，一大批词臣包括崔融、李峤等在内的“文章四友”都是武后执政的受益者，没有反对她的动机，更没有反对她的行为。而且，正如岑仲勉指出的：“（武）后究属中、睿、玄三宗所自出，故唐人常不视同伪朝”[②]，陈子昂以及当时的诸多文人自然没有宗唐与党周的想法。后代对陈子昂有如此苛评，除了没有充分考量当时的政治形势和士人风气而一味将后来通行的儒家政治伦理硬套在古人头上以外，恐怕还有一个重要的原因是，陈子昂在唐代特别是初唐文学史的突出地位使其更易成为靶子，地位越高，要求越严格，评价越苛刻。

①（后晋）刘昫等撰《旧唐书》（中华书局1975年版，第2846页）卷八十七《刘祎之传》载：祎之少与孟利贞、高智周、郭正一俱以文藻知名，时人号为刘、孟、高、郭。寻与利贞等同直昭文馆。上元中，迁左史、弘文馆直学士，与著作郎元万顷，左史范履冰、苗楚客，右史周思茂、韩楚宾等，皆召入禁中，共撰《列女传》《臣轨》《百僚新诫》《乐书》，凡千余卷。时又密令参决，以分宰相之权，时人谓之“北门学士”。

②岑仲勉《隋唐史》，中华书局1982年版，第161页。

第三章

凤凰与科举题材文学

自隋代开科取士以来，不知有多少文人曾经奔波于科举之途，他们本人或者亲友用诗文记录下了许多或亲历或耳闻，或悲伤或欣喜的瞬间，把这些吉光片羽拼接起来，几乎可以还原每一个时代举子这个特殊社会群体的生活史、心灵史。这些作品除在考场上按命题所创作的省试诗、省试赋外，还包括大量举子在考场外所作的以科举为题材的作品，特别是送人赴举、贺人及第、慰人下第等主题的作品，“不少写得声情并茂，并富有现实内容和时代气息”[①]。凤凰在历史长河中积淀了多重文化意蕴并以其极富特色的表现力从不同层面参与了该生活史、心灵史的书写。

①傅璇琮《唐代科举与文学》，陕西人民出版社2007年版，第420页。

第一节　一举首登龙虎榜，十年身到凤凰池：文人的光荣与梦想

唐代以后，通过科举考试入仕并迅速进入核心官僚体系，是文人价值实现的正途。宋初刘昌言《上吕相公》云：“重名清望遍华夷，恐是神仙不可知。一举首登龙虎榜，十年身到凤凰池。……”“一举首登龙虎榜，十年身到凤凰池”即由科举

及第、入仕而位极人臣，这应该是作者对吕蒙正人生经历的概括与赞许。吕蒙正于太平兴国二年（977）进士第一名及第，授将作监丞、升州通判，淳化三年（992）入相，历时15年。他又曾与贾黄中、宋白、李至、苏易简同时拜翰林学士，被誉为“五凤齐飞入翰林”。[①] 宋代张唐卿另有佚句：“一举首登龙虎榜，十年身到凤凰池。”宋代张先《感皇恩》（徐铎状元·般涉调）就给予新及第状元“十年身是凤池人”的祝福，著名禅师如净曾借此语开释信众，其《偈颂》三十四首其八云：“一举首登龙虎榜，太平亲到凤凰池。全生全杀超言象，更透机先向上机。”可见，这起码是宋代文人流行的价值观；再经过戏剧的不断演绎，[②] 不仅成了文人的理想，更是天下人对于书生的良好期待与美好祝愿。

其实，早在唐代，“一举首登龙虎榜，十年身到凤凰池”就已基本成为现实，也是整个社会流行的价值观。唐人看重进士，“以进士登科为登龙门”，原因就在于他们“解褐多拜清紧，十数年间，拟迹庙堂”。[③] 所谓龙虎榜，源出唐代贞元八年（792）的进士榜，洪兴祖《韩子年谱》引《科名记》：

> 贞元八年陆贽主司，试《明水赋》《御沟新柳诗》。其人贾稜、陈羽、欧阳詹、李博、李观、冯宿、王涯、张季友、齐孝若、刘遵古、徐季同、侯继、穆贽、韩愈、李绛、温商、庾承宣、员结、胡谅、崔群、邢册、裴光辅、万玽，是年一榜多天下孤隽伟杰之士，号龙虎榜。[④]

该榜进士中后来出现一批在政坛、文坛上叱咤风云的人物。凤凰池本指禁苑中的池沼，南朝梁范云《古意赠王中书诗》云“摄官青琐闼，遥望凤凰池”，此凤凰池即指禁苑中的池沼；

①（明）张岱《夜航船》，中华书局2012年版，第136页。

②南戏《荆钗记》（古本戏曲丛刊初编影印本，上海商务印书馆1954年版）第十九曲有“十年身到凤凰池，一举成名天下知”。

③（唐）封演《封氏闻见记校注》，中华书局2005年版，第17页。

④（宋）洪兴祖《韩子年谱》，转自徐松撰、孟二冬补正《登科记考补正》，北京燕山出版社2003年版，第539页。

因为中书省设立于禁苑，掌管机要，接近皇帝，因称中书省为“凤凰池”，并指宰相职位。唐代杜佑《通典》卷二十一“职官三中书省”解释说：“魏晋以来，中书监、令掌赞诏命，记会时事，典作文书。以其地在枢近，多承宠任，是以人固其位，谓之‘凤凰池’焉。”[1]《晋书·荀勖传》载：“勖久在中书，专管机事。及失之，甚罔罔怅恨。或有贺之者，勖曰：‘夺我凤皇池，诸君贺我邪！’”[2]凤凰池因此又被称为“荀池”。在贞元八年的龙虎榜中，王涯、李绛、崔群曾任宰相（中书门下平章事或同中书门下平章事），他们是名副其实从龙虎榜走到了凤凰池；庾承宣曾官至节度使，冯宿、刘遵古、韩愈曾官至侍郎；另外，李观曾任太子校书、欧阳詹曾任国子监四门助教，他们和韩愈都是当时文坛极有影响的人物。所以，《唐会要》称贞元八年龙虎榜进士“数年之内，居台省者十余人”[3]，并非言过其实。

①（唐）杜佑撰《通典》，中华书局 1988 年版，第 561 页。

②（唐）房玄龄等撰《晋书》，中华书局 1974 年版，第 1157 页。

③（宋）王溥撰《唐会要》，上海古籍出版社 2006 年版，第 1639 页。

“一举首登龙虎榜，十年身到凤凰池”，承载多少中国古代文人的光荣与梦想。科举登第是文人实现其光荣与梦想的第一步，也是最为关键的一步。唐代元稹《纪怀赠李六户曹崔二十功曹五十韵》是在多年以后追忆其科场上的荣耀：“昔冠诸生首，初因三道征。公卿碧墀会，名姓白麻称。日月光遥射，烟霄志渐弘。荣班联锦绣，谏纸赐笺藤。”并在最后得出“骐骥高阁上，须及壮时登”的结论。北宋王禹偁《酬安秘丞见赠长歌》如此描述心目中的科第：“我闻进士登科换凡骨，信知不是风尘物。贡籍由来数百年，直疑空却神仙窟。其间最贵龙虎榜，乘时得路为卿相。”正因为及第的荣耀，在唐人看来，及第犹如升仙一般。雍裕之《曲江池上》云：

殷勤春在曲江头，全藉群仙占胜游。

何必三山待鸾鹤，年年此地是瀛洲。

这是描写新及第进士游览长安城东南名胜曲江池的情景，新及第进士被喻为“群仙”。

唐代，“进士登第在高宗、武后时已为士大夫官僚所艳羡。……贞元以后，进士的声名益甚”[①]。进士试不仅为文人所追捧，整个社会都为之迷狂。五代王定保《唐摭言》云：“殊不知三百年来，科第之设，草泽望之起家，簪绂望之继世；孤寒失之，其族馁矣；世禄失之，其族绝矣。”[②]可见进士及第对于寒门和官宦的重要性。唐代韦绚《刘宾客嘉话录》载：“苗给事子缵应举次，而给事以中风语涩，而心中至切。临试，又疾亟。缵乃为状，请许入试否。粲犹能把笔，淡墨为书，曰：‘入！入！’”[③]苗粲仕德宗朝，曾任给事中，在其病重之际，仍鼓励其子苗缵赴举，可见科举考试在当时人心目中的重要性。

①傅璇琮《唐代科举与文学》，陕西人民出版社2007年版，第163—164页。

②（五代）王定保撰，姜汉椿校注《唐摭言校注》，上海社会科学院出版社2003年版，第180—181页。

③唐兰《〈刘宾客嘉话录〉的校辑与辨伪》，《文史》第四辑，中华书局1965年6月。

进士之所以受到如此追捧，归根结底还在于科举之途举步维艰，能够做到“一举首登龙虎榜，十年身到凤凰池”只是凤毛麟角。据唐代赵傪《登科记序》，唐武德五年（622）开科实行进士试[④]，另据《唐摭言》“杂记”，当年有30人及第[⑤]。纵观整个唐代，除武后执政时期，进士及第的数量偶至七八十外，一直保持着二三十人的规模。唐代各时期的科举题材的诗歌都记录下了这个规模：

④（唐）赵傪《登科记序》，（清）董诰等编《全唐文》，中华书局1983年版，第5445页。

⑤（五代）王定保撰，姜汉椿校注《唐摭言校注》，上海社会科学院出版社2003年，第293页。

东风节气近清明，车马争来满禁城。二十八人初上牒，百千万里尽传名。谁家不借花园看，在处多将酒器行。共贺春司能鉴识，今年定合有公卿。（张籍《喜王起侍郎放牒》）

元和天子丙申年，三十三人同得仙。袍似烂银文似锦，相将白日上青天。（元和举子《丙申岁诗》）

东都放榜未花开，三十三人走马回。秦地少年多酿酒，却将春色入关来。（杜牧《及第后寄长安故人》）

一声开鼓辟金扉，三十仙材上翠微。葛水雾中龙乍变，缑山烟外鹤初飞。邹阳暖艳催花发，太皞春光簇马归。回首便辞尘土世，彩云新换六铢衣。（韦庄《放榜日作》）

水国寒消春日长，燕莺催促花枝忙。风吹金榜落凡世，三十三人名字香。遥望龙墀新得意，九天敕下多狂醉。骅骝一百三十蹄，踏破蓬莱五云地。物经千载出尘埃，从此便为天下瑞。（周匡物《及第谣》）

以上诗分别作于元和十一年（816）、长庆三年（823）、大和二年（828）、大和八年（834）、乾宁元年（894），由此基本可以了解中唐、晚唐的情况。[①] 有学者据徐松《登科记考》统计，有唐 289 年，共取进士 6603 人[②]，平均每年不到 23 人。由此可以理解晚唐诗人李山甫感叹科举之难："麻衣尽举一双手，桂树只生三两枝。"（《赴举别所知》）这个规模是大还是小呢？这要看参加进士试的举子数量。王定保《唐摭言》载"会昌五年举格节文"称会昌五年（845）朝廷下达国子监、宗正寺以及各地荐送参加进士试的人数都规定限额。[③] 另有一些材料提及赴举的人数：王定保《唐摭言》称："李太尉德裕颇为寒畯开路，及谪官南去，或有诗曰：'八百孤寒齐下泪，一时南望李崖州。'"[④] 唐代韩愈《送权秀才序》云："愈常观于皇都，每年贡士至千余人。"[⑤] 唐末康骈《剧谈录》卷下"元相国谒李贺"载："自大中、咸通之后，每岁试春官者千余人。"[⑥] 五代孙樵《与友人论文书》云："今天下以文进取者，岁从试于有司，不下八百辈。"[⑦] 所谓"八百""千余"应该就是指参加进士试的人数。因为这些材料都是就进士试在说话，自然仅举出参加进士试的人数，而不涉及明经等科的人

①无名氏《放榜诗（大和八年放榜，进士多贫士）》："乞儿还有大通年，六十三人碗杖全。薛庶准前骑瘦马，范酂依旧盖番毡。"按：大和八年进士、诸科及第共为三十六人，言六十三人，误。参见清徐松撰，孟二冬补正《登科记考补正》，北京燕山出版社 2003 年版，第 851 页。

②张希清《北宋贡举登科人数考》，袁行霈主编《国学研究》第 2 卷，北京大学出版社 1994 年版，第 411 页。

③（五代）王定保撰，姜汉椿校注《唐摭言校注》，上海社会科学院出版社 2003 年，第 3—4 页。

④同上，第 139—140 页。

⑤（唐）韩愈著，马其昶校注《韩昌黎文集校注》，上海古籍出版社 2014 年版，第 310 页。

⑥（唐）康骈述《剧谈录》，中华书局 1991 年版，第 144 页。

⑦（五代）孙樵《与友人论文书》，（清）董诰等编《全唐文》，中华书局 1983 年版，第 8325 页。

数。韩愈《赠张童子序》云："天下之以明二经举于礼部者，岁至三千人。"[①] 这是说每年参加明经科考试的人数是三千，可以佐证他所说的"每年贡士至千余人"是仅指进士试而言。可见，每年参加进士试的人数约千人。这样看来，唐代很长一段时间内，进士试及第的比例约 2%。杜佑《通典》卷十五"选举"就说过"其进士，大抵千人得第者百一二；明经倍之，得第者十一二"[②]，这个数据应该是符合实际的。由此可见唐代的进士试登科之难[③]，也从一个侧面反映了唐人更加追捧进士试的原因。到北宋，赴举人数很快急剧增加，翰林学士承旨宋白等人曾称"每岁举人动以万数"[④]，后来经过限额，为 5000～7000 人[⑤]。及第人数相较唐朝也急剧扩大，北宋时期，四五百人是常态。据有学者统计与推断，"北宋一代贡举正、特奏名进士、诸科取士总计约为 61000 人，平均每年约为 360 人"[⑥]；南宋虽只有半壁江山，每年及第人数往往也是三百人左右，有时甚至超过五百[⑦]。但是，北宋于嘉祐二年（1057）下诏改为隔年一考，又于治平三年（1066）再改为三年一考，从此成为定制，从而增加了竞争的激烈程度。

唐宋文人进士及第，还只是取得了一个做官的资格，经过三年的守选之后再经吏部铨选才可能正式入仕，其间的曲折也不容轻视。马端临《文献通考》载："唐士之及第者，未能便释褐入仕，尚有试吏部一关。韩文公三试于吏部无成，则十年犹布衣。且有出身二十年不获禄者。"[⑧] 韩愈贞元八年（792）及第，随后两次入幕，其间朝廷分别授予秘书省校书郎、协律郎的虚衔，直到贞元十七年（801）才正式就任国子监四门博士，历时十年。独孤及《送孟评事赴上都序》载："孟子以乡举秀才，射策甲科，二十年矣。……犹羸马青袍客江潭间。"[⑨] 宋代官员队伍庞大臃肿，由科举入仕之途照样不好走。清代陆以湉撰《冷庐杂识》卷三"进士归班"载：

①（唐）韩愈著，马其昶校注《韩昌黎文集校注》，上海古籍出版社 2014 年版，第 279 页。

②（唐）杜佑撰《通典》，中华书局 1988 年版，第 357 页。

③傅璇琮对唐代科举规模有比较详细的说明，参见《唐代科举与文学》，陕西人民出版社 2007 年版，第 47—50 页、327—328 页。

④（清）徐松辑，刘琳等校点《宋会要辑稿》，上海古籍出版社 2014 年版，第 5538 页。

⑤林岩《北宋科举考试与文学》，上海古籍出版社 2006 年版，第 17 页。

⑥张希清《北宋贡举登科人数考》，袁行霈主编《国学研究》第 2 卷，北京大学出版社 1994 年版，第 411 页。

⑦关于宋代各时期及第人数参考祝尚书《宋代科举与文学》，中华书局 2008 年版，第 185—189 页。

⑧马端临撰《文献通考》，中华书局 1986 年版，第 280 页。

⑨（清）董诰等编《全唐文》，中华书局 1983 年版，第 3948 页。

进士归班，铨选每稽时日，而寒儒当报捷后，费用不赀，转增逋负，往往仍橐笔售文，犹难自给，不免室人之谪。宋危逢吉有《妇叹》诗云："记得萧郎登第时，谓言即入凤凰池。而今老等闲官职，日欠人钱夜欠诗。"描摹情况，惟妙惟肖。近时进士则归班者少矣。①

①（清）陆以湉撰《冷庐杂识》，中华书局1984年版，第133—134页。

这是讲宋代进士及第以后的铨选环节依然是一个难以逾越的门槛。的确，凤凰池上的荣耀吸引无数文人趋之若鹜，然穷通难定：位极人臣，光宗耀祖的人的确不少，但是像危逢吉《妇叹》诗中的萧郎更是大多数。姚勉《赠达斋术士》二首其二曾感慨宦海的变幻莫测："凤凰池上亦何荣，道义曾知有利名。达则春风天下共，穷时晓雨陇头耕。"还有那些在宦海起伏跌宕多年之后距凤凰池依然还很遥远的文人除了慨叹命运不济，就是回忆昔日科场的风光以慰藉自己内心的落寞，如王庭圭《次韵义夫同年见寄二首》其二："高文落纸自生烟，论著传家继史迁。气压千军横入阵，词倾三峡倒流泉。赐袍初并龙墀下，走马同过凤阙前。一落江湖坐穷困，顾予何敢望诸贤。"

唐宋两代也不乏于登科之后激流勇退、毅然归隐的人。五代王定保《唐摭言》卷八"及第后隐居"就录有费冠卿、施肩吾、皇甫颖等及第后归隐。② 宋代朱敦儒《浣溪沙（季钦拥双妙丽，使来求长短句，为赋）》写到过这样的人："折桂归来懒觅官，十年风月醉家山。有人挟瑟伴清闲，楚畹飞香兰结佩。蓝田生暖玉连环，拥书万卷看双鸾。"当然，也有不少文人对于功名保持淡然的姿态，如俞德邻《小园漫兴》四首其一："小园雨过草离离，寂寞葵榴又一时。载酒客来闲问字，催租人去更吟诗。一杯淡粥学僧供，三尺高床避鬼吹。百岁光阴行六十，世间何许凤凰池。"这是将人生的乐趣或者价值安顿在田园的琐屑而平淡的生活之中。甚至还有人持"生不羡凤

②（五代）王定保撰，姜汉椿校注《唐摭言校注》，上海社会科学院出版社2003年版，第173页。

凰池，死不爱麒麟阁”（方回《估客乐》）的激烈态度，宁可冒着出入风波的危险而经商的。

①数据源于金滢坤《中国科举制度通史·隋唐五代卷》附“唐五代宰相人名与出身简表”，上海人民出版社2017年版，第898—920页。

就整个唐代而言，荣登进士榜的人数按6603人计，走到凤凰池而任职宰相的人数是240人[①]，比例是3.6%，更不要说进士及第列名榜首，十年之内位极人臣，那就难上加难了。但是“一举首登龙虎榜，十年身到凤凰池”的示范效应实在太显著，毕竟由科举入仕，不仅是中国古代文人价值实现的正途，甚至是实现政治理想的唯一途径。

第二节　凤凰与科举活动及科场心态的书写

一、凤凰与科举应试诗赋

初唐神龙（705—707）年间，进士试由只试策文一场改为试帖经、杂文、策文三场，后成定制，杂文初指箴、铭、论、表，杂文只试诗赋则迟到开元、天宝之际，已是唐朝开国百年之后。宋代叶梦得《石林燕语》称：“唐礼部试诗赋，题不皆有所出，或自以意为之。”[②]即唐代科举考试的诗题、赋题或出自经史之类书籍，或出自考官胸臆，还算比较灵活；至南宋，则逐渐形成诗题多出自前代诗文的局面。据《文苑英华》，唐人以各种祥瑞为题的诗赋数量不少，祥瑞也会出现于应试诗赋的题目中，诗题如《观庆云图诗》（贞元六年），赋题如《丹甑赋》（开元四年）、《日五色赋》（贞元十二年）等。凤凰作为重要的祥瑞，也偶见于科举应试诗赋的题目。

②（宋）叶梦得著，李欣校注《石林燕语》，三秦出版社2004年版，第159页。

李虞仲《初日照凤楼》、杨嗣复《仪凤》是五言六韵，这是唐代应试诗的独特体式，应该是科举考试时作，起码也是备考期间的练笔。杨嗣复《仪凤》云：

八方该帝泽，威凤忽来宾。
向日朱光动，迎风翠羽新。
低昂多异趣，饮啄迥无邻。
郊薮今翔集，河图意等伦。
闻韶知鼓舞，偶圣愿逡巡。
比屋初同俗，垂恩击壤人。

诗题“凤仪”出自《尚书·益稷》“箫韶九成，凤皇来仪”，依这样的题目所作的诗自然不出歌功颂德的主旨。李虞仲《初日照凤楼》是演绎朝阳照耀皇宫的景象，作者以凤楼指皇城。

唐代科举的应试赋也像应试诗一样，形成了固定的体式，称为律赋。唐代现存多篇以凤凰为题的律赋，如王勃《寒梧栖凤赋（以“孤清夜月”为韵）》、梁洽《吹竹学凤鸣赋》、李程《凤巢阿阁赋（以“天下清泰，神物来萃”为韵）》、李解《凤凰来仪赋（以“圣感时平乐和瑞吉”为韵）》、崔损《凤鸣朝阳赋（以“凤鸣山阳，振翼飞舞”为韵）》。王勃《寒梧栖凤赋》是唐代现存最早限韵的律赋，作者是以凤凰自喻，表达施展才能的愿望。梁洽是开元二十二年（734）进士，该年所试赋题为《梓材赋》（以“理材为器如政之术”为韵），其《吹竹学凤鸣赋》没有限韵，不知创作于什么场合。李程是贞元十二年（796）进士科状元及第，所试赋题为《日五色赋》。《登科记考》未载与李解相关的科第记录。崔损于唐代有二人，其一是开元十八年（730）进士及第，当年所试赋题为《冰壶赋》，其二是大历十一年（776）进士及第，当年赋题未明。这些以凤凰为赋题的律赋难以确定是什么场合所作，但也基本属科举文化的产物，其内容除王勃《寒梧栖凤赋》外，均是演绎凤凰文化以歌功颂德。

二、凤凰与科举活动及科场心态的书写

据统计，唐人留下了近 2500 首反映科举活动及其心理、情感的科举诗。[①] 宋代以后，此类作品的数量更加庞大。学界以这些作品为主要研究对象，基本梳理出唐朝以来各代文人的科场经历及其心路历程。这里，以凤凰意象作为切入点，来窥探一下唐宋文人是如何来书写其科场活动与科场心态的。

①郑晓霞《唐代科举诗研究》，复旦大学出版社 2006 年版，第 205 页。

1. 凤凰衔书与放榜

科举诗中屡见“凤衔金榜”的说法，如刘禹锡《送裴处士应制举诗》“彤庭翠松迎晓日，凤衔金榜云间出”。“凤衔金榜”是指科举放榜，刘禹锡诗所送举子是参加制举。这里介绍一下进士试放榜，可见其更受追捧的盛况。唐代进士及第名单在呈阅宰相之后便张贴公布，在进士试由尚书省礼部负责并于礼部贡院进行时，榜单于清晨张贴于礼部南院东墙。同时，朝廷另派专人派送金榜至举子住所。后来，朝廷还将正式及第通知送达举子家乡，称为榜帖，俗称“金花帖子”，上面书写主司的有关信息，还有状元及其他及第举子姓名，此制度沿用至宋初。[②] 看来，“凤衔金榜”并非科举放榜的实际情况，而只是一个充满文饰的说法，此说法源出凤凰衔书的传说。

②参见（宋）洪迈撰《容斋随笔》，中华书局 2005 年版，第 378 页。

“凤凰衔书”的传说见载于《竹书纪年》：文王时，“孟春六旬，五纬聚房，后有凤凰衔书游”[③]。汉代纬书一再演绎这个政治神话，如《春秋纬》“黄帝坐于扈阁，凤皇衔书致帝前，其中得五始之文”[④]，用以表明君权神授，从而建构政权的合法性。十六国时期，后赵统治者石虎在现实中将凤凰衔书演绎成为颁发诏令的方法。两晋之交陆翙《邺中记》载：

③王国维疏证《今本竹书纪年疏证》卷下，《王国维遗书》第 12 册，上海古籍书店 1983 年影印，第 2 页。

④（清）赵在翰辑《七纬》，中华书局 2012 年版，第 647 页。

> 石季龙与皇后在观上，为诏书，五色纸，著凤口中。凤既衔诏，侍人放数百丈绯绳，辘轳回转，凤凰飞下，谓之凤诏。[⑤]

⑤（晋）陆翙撰《邺中记》（丛书集成初编本），商务印书馆 1937 年版，第 1 页。

这种颁发诏令的方式不知道延续了多久，但由此演变而成的凤凰衔书伎乐却到南朝的宋、齐、梁三代还在延续，自然是演绎君权神授的主旨，如南朝宋的凤凰衔书伎乐辞云："大宋兴隆膺灵符，凤鸟感和衔素书。嘉乐之美通玄虚，惟新济济迈唐虞。巍巍荡荡道有余。"南朝齐的凤凰衔书伎乐辞云："皇齐启运从瑶玑，灵凤衔书集紫微。和乐既洽神所依，超商卷夏耀英辉。永世寿昌声华飞。"凤凰衔书伎乐直至梁武帝才被彻底废弃。《隋书·音乐志》载：

> 自宋、齐已来，三朝有凤凰衔书伎。至是乃下诏曰："……一日元会，太乐奏凤凰衔书伎，至乃舍人受书，升殿跪奏。诚复兴乎前代，率由自远，内省怀惭，弥与事笃。可罢之。"[①]

①（唐）魏徵等撰《隋书》，中华书局1973年版，第303—304页。

看来，这是在舞乐伴奏下进行诏令颁发，仪式感、神圣性的确增强了，但显得烦琐、铺张，因此被梁武帝废止。

仪式虽废弃不用，以"凤诏"指皇帝诏令的说法被沿用了下来。五代和凝《宫词》描写种种宫廷生活场景，其八十八云：

> 立名金马近尧阶，尽是家传八斗才。
> 麻尾尚犹龙字湿，便从天上凤衔来。

就是用"天上凤衔来"渲染诏令的神圣性。此前的唐人诗作常见这样的用法，如"凤凰衔诏与何人，喜政多才宠寇恂"（钱起《送张员外出牧岳州》），"内臣持凤诏，天厩锡龙媒"（权德舆《送黔中裴中丞阁老赴任》），"油幢并入虎旗开，锦橐从天凤诏来"（李绅《拜宣武军节度使》），"献赋未为龙化去，除书犹喜凤衔来”（秦韬玉《送友人罢举授南陵令》），“鸾奏八音谐律吕，凤衔五色显丝纶”（翁承赞《天祐元年以右拾遗使册闽王而作》）。

后来，凤衔金榜也被用来指科举放榜，如韦庄《喜迁莺》：

> 街鼓动，禁城开，天上探人回。凤衔金榜出云来，平地一声雷。　　莺已迁，龙已化，一夜满城车马。家家楼上簇神仙，争看鹤冲天。

该词采用虚写、实写相间的手法来描述放榜的情景。“凤衔金榜”道出进士榜在举子心目中的神圣和放榜在举子群体中造成的轰动效应。

2. 骖鸾、化羽与及第

唐代文人在科场上从不遮掩对于功名富贵的渴求，也不讳言对于才能的自信。唐代窦常《求自试》云：

> 仙禁祥云合，高梧彩凤游。
> 沉冥求自试，通鉴果蒙收。
> 文墨悲无位，诗书误白头。
> 陈王抗表日，毛遂请行秋。
> 双剑曾埋狱，司空问斗牛。
> 希垂拂拭惠，感激愿相投。

这是省试诗体，而窦常是大历十四年（779）进士及第，该年省试诗题为《花发上林苑》，看来，《求自试》不是当年参加进士试时所作，或为应府试、制举以及吏部科目试时作，或是练笔、投贽时所作。“自试”意即自我尝试的意思，出自《易·乾》：“‘或跃在渊’，自试也。”[1]“求自试”则意味

①高亨著《周易大传今注》，齐鲁书社 1979 年版，第 67 页。又，唐代封演《封氏闻见记》卷十“颖悟”载：“开元初，潞州常敬忠十五明经擢第。……上书自举，并云‘一遍诵千言’。敕付中书考试。张燕公问曰：‘学士能一遍诵千言，能十遍诵万言乎？’对曰：‘未曾自试。’燕公遂出一书，非人间所见也。谓之曰：‘可十遍诵之。’敬忠依命，危坐而读，每遍画地以记，读七遍，起曰：‘此已诵得。’燕公曰：‘可满十遍。’敬忠曰：‘若十遍，即是十遍诵得，今七遍已诵得，何要满十？’燕公执本临试，观览不暇。而敬忠诵之已毕，不差一字。见者莫不叹羡。”（封演撰、赵贞信校注《封氏闻见记校注》，中华书局 2005 年版，第 95 页）此“自试”是自我尝试之义，常敬忠在应明经科考试时极度张扬的自信溢于言表。

着请求给予机会让其自我尝试以施展才能，曹植“常自愤怨，抱利器而无所施，上疏求自试”[①]，其《求自试表》就是表达这个意思。窦常《求自试》就是紧扣此题旨展开的：开头描写庆云、凤集两种祥瑞，显示其所处时代是盛世，盛世总是潜藏着人尽其才的理想，然后表达希望得以施展才能的愿望；诗的第一联虽未直接点题，但铺垫得很好，表现出感激于时代的召唤，急于施展抱负的心理，这是唐代文人奔波于科场的社会心理。就像贾岛《剑客》所表现的：“十年磨一剑，霜刃未曾试。今日把示君，谁有不平事？”既是急于展示才略的雄心，也是急于谋求功名的躁动，可谓唐代以来许多读书人奔赴科场的心态。

①（晋）陈寿撰《三国志》，中华书局1964年版，第565页。

对于及第进士，人们肯定不吝溢美之词，称其为龙凤，如宋代员兴宗《送喻志夫登第西归》“得雨蛟龙势逐逐，接翰鸱凤声联联”，黄诰《贺吴樵登第》“连云山下凤凰儿，何幸今朝见白眉”，徐子元《贺谢文二子文武登科》“福時何曾好誉儿，凤毛争奈一时奇”，韩淲《喜赵昌甫侄三哥登科》“如凤千仞翔，如鹤九皋唳”。又，魏野《赠孙何状元》云：“一榜三百人，默默谁复言。有如凤在林，众鸟不敢喧。”这是将状元比作凤凰，将其他进士比作众鸟。而且，唐代常常以成仙喻及第，而骖鸾、化羽又是成仙的代名词，因而也用来转喻及第；另外还有凤凰冲天、莺迁乔木、凡鱼变龙等语常见使用。

唐代，举子离开故乡赴京参加考试之前，曾一度行乡饮酒礼，由当地官员及德高望重的人参加，为赴试举子饯行；行乡饮酒礼的制度虽未严格执行，但举子的亲朋好友为其饯行并赋诗文相送是盛行不衰的风气，并留下大量送人赴举题材的作品。应该说，不论本人对科举持什么态度，在与举子打交道时总会送上美好的祝愿，这是人之常情，这个美好的祝愿化作诗的语言往往就是凤凰高举、骖鸾化羽、鱼登龙门、莺迁乔木之类的惯用语，如“凤雏皆五色，鸿渐又双飞”（刘商《送李元规昆季赴举》），“一鸣从此始，相望青云端”（刘禹锡《送韦秀才道冲赴制举》），“波浪不能随世态，鸾凰应得入吾曹。……预想明年腾跃处，龙津春碧浸仙桃”（郑谷《送进士韦序赴举》）。白居易《酬赵秀才赠新登科诸先辈》是写给赵姓举子的，他殷勤地鼓励对方：

莫羡蓬莱鸾鹤侣，道成羽翼自生身。
君看名在丹台者，尽是人间修道人。

揣测诗意，应该是赵秀才落第之时写给及第进士的诗中自然而然地流露出艳羡与失落的复杂情绪，白居易在酬答赵秀才时鼓励他继续努力，功到自然成，最后也会如愿以偿，金榜题名。这里，他是用骖鸾、化羽这两个常用来喻成仙的词语转喻及第。唐末诗僧齐己与许多举子有交往，创作了一批送人赴举主题的诗作，这些作品常见类似用法。如《送相里秀才赴举》云：

两上东堂不见春，文明重去有谁亲。
曾逢少海尊前客，旧是神仙会里人。
已遂风云催化羽，却将雷电助烧鳞。
明年自此登龙后，回首荆门一路尘。

化羽成凤是升仙之意，喻及第，烧鳞指鱼变成龙，雷电烧掉其尾，也是喻及第，都是以成仙喻及第。还如《送韩蜕秀才赴举》：

槐花馆驿暮尘昏，此去分明吏部孙。

才器合居科第首，风流幸是缙绅门。
春和洛水清无浪，雪洗高峰碧断根。
堪想都人齐指点，列仙相次上昆仑。

也是以成仙喻及第。以成仙喻及第是唐代的普遍社会心理，也是科举诗文中的俗套。宋人的送人赴举诗作还是如此，如："鹏去天池凤翼随，风云高处约先飞。青袍赐宴出关近，带取琼林春色归。"（张维《十咏图·送丁逊秀才赴举》）

及第者本人就有飘飘欲仙的感觉，唐末徐夤在及第后写给同年的诗《曲江宴日呈诸同年》云：

鸙鶊惊与凤凰同，忽向中兴遇至公。
金榜连名升碧落，紫花封敕出琼宫。
天知惜日迟迟暮，春为催花旋旋红。
好是慈恩题了望，白云飞尽塔连空。

正所谓"金榜连名升碧落"，一旦名字出现于金榜，举子犹如得道成仙一般，命运的变化天翻地覆。诗人虽谦称自己为鸙鶊，而称同年（同榜及第者）为凤凰，就是暗示其由鸙鶊化为凤凰而一飞冲天的惊喜。陈标《赠元和十三年登第进士》：

春官南院粉墙东，地色初分月色红。
文字一千重马拥，喜欢三十二人同。
眼看鱼变辞凡水，心逐鹦飞出瑞风。
莫怪云泥从此别，总曾惆怅去年中。

这是一首贺人及第的诗作，诗人以鱼化和鹦变喻指进士及第，不吝言辞的赞美中流露出无限的艳羡。

诗僧齐己的一首送人归觐主题的诗作《同光岁送人及第东归》也采用凤飞喻成仙并转喻及第的用法：

西笑道何光，新朝旧桂堂。
春官如白傅，内试似文皇。
变化龙三十，升腾凤一行。
还家几多兴，满袖月中香。

在完成一系庆贺仪式以及吏部的关试之后，唐代进士往往于春末夏初，就要归觐父母，同年、好友等往往会设宴饯送并赋诗。送人归觐的诗作在表达依依不舍的别情时还会表达钦佩、羡慕等感情，往往描写对方荣归故里时即将受到的欢迎场面的想象。此诗以龙登、凤飞喻进士及第，然后想象进士归觐的浪漫旅程及途中的复杂心情。

考虑到及第带给举子身心、际遇的巨大变化，也就不难理解唐宋时人以成仙为喻了。唐代刘崇远《金华子》卷下载：

许棠（晚年登第）常言于人曰："往者年渐衰暮，行倦达官门下，身疲且重，上马极难。自喜一第以来，筋骨轻健，揽辔升降，犹愈于少年时。"则知一名能疗身心之疾，真人世孤进之还丹也。[①]

①（唐）刘崇远撰《金华子》，上海古籍出版社1988年版，第58页。

许棠以《过洞庭湖》著名，时号"许洞庭"，久困科场三十载之久，咸通十二年（871），李筠榜进士及第，时年五十。他以科举及第是可以"疗身心之疾"的还魂丹，真不足为怪。孟郊第一次下第后感叹"雕鹗失势病，鷦鷯假翼翔。弃置复弃置，情如刀剑伤"（《落第》），第二次下第后哀叹"一夕九起嗟，梦短不到家。两度长安陌，空将泪见花"（《再下第》），而在登科后写道："昔日龌龊不足夸，今朝放荡思无涯。春风得意马蹄疾，一日看尽长安花。”（《登科后》）及第带给举子无限期冀，他们从此可能迈进官场，成为皇帝的近臣，正可谓“如今风质龙章士，又合抡魁作近臣”（项安世《淳熙乙未登科是夏再中教官得绍兴府教授秋末还家待阙时杨枢密为帅送程先生赴省八绝句》其一）。

唐代新进士称知贡举为座主，自称门生，究其实这只是一日师生之谊，但二者从此结下不解的情谊并成为利益团体。虽然知贡举是在为朝廷挑选人才，大批人才出其门下，也是其功劳与荣耀，这些进士还会成为其重要的政治资本。另外，这些互称同年的同榜进士，会在日后的政治和社会生活中相互关照，彼此提携。因此，新进士在放榜以后与座主会有一系列的庆贺礼仪与活动，在这些场合，自然少不了赋诗言情，在献给座主的诗作中会表达对主司门下人才济济的庆贺。如唐代会昌三年（843）进士试，王起第三次知贡举，放二十二人及第，所选进士，众望所归，华州刺史周墀寄诗称赞并祝贺，王起答诗一首，该榜进士均附和一首，题为《和主司王起（一作和主司王仆射答华州周侍郎贺放榜作）》[①]，其中，裴翻的诗句“云霄幸接鸳鸾盛，变化欣同草木荣”就是赞叹王起门馆繁盛、人才济济。李商隐在堂弟李羲叟进士及第后写给主司的诗《喜舍弟羲叟及第上礼部魏公》云“朝满迁莺侣，门多吐凤才”，也是对于主司网罗众多贤才的称赞。

①（五代）王定保撰，姜汉椿校注《唐摭言校注》，上海社会科学院出版社2003年版，第65—68页。

3. 孤鸾罢舞与下第

赴试者对于科举之途的艰难也有十分清醒的认识，特别是晚唐科场有时为权贵把持，出身寒苦的举子往往蹭蹬科场十年甚至二十年、三十年之久，这些举子认识到“麻衣尽举一双手，桂树只生三两枝”（李山甫《赴举别所知》）的残酷现实，以至萌发“误攻文字身空老，却返渔樵计已迟”（滕倪《留别吉州太守宗人迈》）的进退两艰情绪。黄云鹤《唐宋落第士人研究》据《通典》《文献通考》测算，唐朝进士落第人次为334600。[①] 唐代下第诗在科举诗中数量较多，下第诗关乎举子的切肤之痛，自然写得情真意切，成就也更高。这些作品的内容或叹己落第，或慰人下第，或怨人不举，凤凰意象在参与表达这些内容时，又引入新的文化因素，衍生出新的内涵。

①黄云鹤《唐宋时期落第士人研究》，东北师范大学博士学位论文，2005年版，第3页。

面对下第者，友人常常以一鸣惊人、一飞冲天的凤凰相期许，鼓励继续赴举，来年蟾宫折桂。如唐代欧阳詹《徐十八晦落第》："嘉谷不夏熟，大器当晚成。徐生异凡鸟，安得非时鸣。汲汲有所为，驱驱无本情。懿哉苍梧凤，终见排云征。"此诗自始至终将下第友人比作凤凰，尾联以凤凰排云高举预言友人终将及第。晚唐邵谒《送从弟长安下第南归觐亲》预言"在鸟终为凤，为鱼须化鲲"之后还敦促友人不要放弃，继续赴举："富贵岂长守，贫贱宁有根。丈夫志不大，何以佐乾坤。昼短疾于箭，早来献天言。莫恋苍梧畔，野烟横破村。"宋代文彦博《和张峣秀才勉弟之什》表达了类似的内容："棣萼联华继昔贤，素园游想已多年。方观薮凤翱千仞，将见床鸾上九天。宽诏已闻求泛驾，盛时休忆赋归田。来春定中穿杨箭，好约抽毫玉陛前。"所谓"薮凤"，指隐藏于林泽中的凤凰。所谓"床鸾"语出《山海经·西山经》："西南三百里，曰女床之山……有鸟焉，其状如翟而五采文，名曰鸾鸟，见则天下安宁。"[②] 诗人使用此二语既是对朋友才能的认可，也表达了终将及第的祝愿。

②袁珂校注《山海经校注》，北京联合出版社2014年版，第31页。

经受落第打击的举子往往在艳羡他人凤飞、鱼变的同时，产生出对赴举时而坚守、时而怀疑，甚至绝望的复杂心理。唐代著名诗人马戴也曾久困科场，面对困境曾失望地感慨："年年销壮志，空作献书人"（《长安书怀》），其《失意书怀呈知己》集中反映出久困科场时沮丧至极下产生的犹疑与执着交替的心理：

直道何由启圣君，非才谁敢议论文。
心存黄箓兼丹诀，家忆青山与白云。
麋鹿幽栖闲可近，鸳鸾高举势宜分。
微生不学刘琨辈，剑刃相交拟立勋。

唐人称在科场上赏识、帮助过自己的人为知己。在这首写给知己的诗中，马戴一开头就发牢骚：如果凭借才能不能及第，那么到底怎样才能敲开科举大门呢？接下来的两联，诗人便流露出犹疑心理：难道命中注定我不能像鸳鸾高举一样金榜题名而只能隐居山林与麋鹿为伍？最后说不学曾经抗击匈奴的刘琨以武功建立功勋，言外之意还是要回到科举之途，以文才博取功业。“鸳鸾高举”似乎成为高不可攀的目标，透露出诗人对于他人及第的艳羡和内心的渴求。唐末诗人罗隐也曾对自己寄望极高，却蹭蹬科场三十余年，一无所获。忍看他人及第而自己屡屡下第的尴尬，罗隐曾写有《下第作》剖白内心的复杂情绪：

年年模样一般般，何似东归把钓竿。
岩谷谩劳思雨露，彩云终是逐鹓鸾。
尘迷魏阙身应老，水到吴门叶欲残。
至竟穷途也须达，不能长与世人看。

这里也是以凤凰喻指及第的举子，却是特指那些通过攀附权贵得以及第的举子。罗隐《湘南应用集序》云：“隐大中末即在贡籍中，命薄地卑，自己卯至庚寅，一十二年，看人变化。”此所谓变化，就是科举诗常常言及的鱼化为龙、莺变为凤，也就是科举及第。罗隐曾自信地认为，凭自己的才华，蟾宫折桂不在话下，因而不肯屈事权贵，便只能忍看他人通过结交权贵而及第，想来其内心肯定是痛苦不堪！然而，他在困顿科场二十年之际于曲江池畔目睹新及第进士宴聚时所作《偶兴》云："逐队随行二十春，曲江池畔避车尘。如今赢得将衰老，闲看人间得意人。"蹭蹬久了，也就麻木了。"闲看"二字，平淡的表面背后是绝望的内心。本来，读书赴举进而入仕是文人特别是下层文人依靠个人才能上升的唯一通道，如果整个文人阶层笼罩着对此上升通道的怀疑，必然对其安身立命的价值观产生怀疑，正如宋代石延年《下第集句》慨叹"一生不得文章力，欲上青云未有因"，读书人不相信读书能够改变命运，其内心的痛苦可想而知。

自信的举子一旦屡屡落第就会导致其将批评矛头指向考官的昏聩，不免嘲弄其他及第者的平庸。前者如"满怀策尽献不售，凤凰飘泊无嘉禾"（宋郭祥正《送刘继邺秀才之岳阳访木尉》），后者如"牛骥不同皂，鸡凤宁同笯"（宋程公许《送安少愚下第东归》），凤凰的独立不群、漂泊无依成为其才能与人格的自我确认。唐代李商隐在科场上的经历比较曲折：他于文宗开成二年（837）及第，尽管此时还不到而立之年，但此前还有约十年困顿科举的遭遇，开成三年应吏部博学宏辞科试，先为考官所取，复审时却被中书省内有势力的人除名。李商隐在《送从翁从东川弘农尚书幕》中回顾并感慨自己的经历时说："鸾皇期一举，燕雀不相饶。"冯浩认为："谓遭排忌，当指举场言。"① 此言甚是。"大和六年商隐应进士举遭贾悚所斥，八年为崔郸所黜。"②《送从翁从东川弘农尚书幕》称"末至谁能赋，中干欲病痟"，流露出对才能的自负和落第的愤慨，意思是说"文采词翰世谁胜己，可是竟然蹭蹬如此，真令人十分愤懑"③。李商隐《破镜》云：

①（唐）李商隐著，（清）冯浩笺注《玉谿生诗集笺注》，上海古籍出版社1979年版，第75页。

②叶葱奇疏注《李商隐诗集疏注》，人民文学出版社2015年版，第562页。

③同上，第562页。"末至谁能赋"典出谢惠连《雪赋》："相如末至，居客之右。俄而未霰零，密雪下。王乃歌北风于卫诗，咏南山于周雅，授简于司马大夫，曰："……为寡人赋之。"

玉匣清光不复持，菱花散乱月轮亏。

秦台一照山鸡后，便是孤鸾罢舞时。

清代冯浩认为“诗谓镜光散乱，照山鸡而顿弃孤鸾，必为间之于座主者寄慨”[①]，张采田则说得更明白：“此初登进士第，应鸿博不中选之寓言也。”[②]看来，他们认为这是一首怨人不举的科举诗。山鸡照镜、“孤鸾罢舞”典均出刘敬叔《异苑》，其卷三载有以下两则故事：

罽宾国王买得一鸾，欲其鸣，不可致，饰金繁，飨珍羞，对之愈戚，三年不鸣。夫人曰：“尝闻鸾见类则鸣。何不悬镜照之。”王从其言。鸾睹影，悲鸣冲霄，一奋而绝。[③]

山鸡爱其毛羽，映水则舞。魏武时南方献之，帝欲其鸣舞而无由。公子苍舒令置大镜其前，鸡鉴形而舞，不知止，遂乏死。[④]

李商隐将两则故事捏合在一起，以孤鸾喻贤才，以山鸡喻庸人，“秦台一照山鸡后，便是孤鸾罢舞时”意即贤才隐退，庸人中选。诗题“破镜”表面上像很多唐代诗人一样用来与弯月互喻，其实还有更深一层意思：隐射主考官昏聩不明，鉴才失当。李商隐没有做到“孤鸾罢舞”——放弃科举，但在他之后的唐代最后半个世纪，做出这样选择的文人逐渐多了起来。

下第诗很容易沦为对主考官的攻击，唐末范摅《云溪友议》卷下“巢燕辞”就记载唐代元和年间“时辈多为诗以刺主司”[⑤]的现象。下第诗也常常在批评科场腐败时对体制进行反思，如唐代陈陶落第后赋诗《闲居杂兴》五首，其二云：

①（唐）李商隐著，（清）冯浩笺注《玉谿生诗集笺注》，上海古籍出版社1979年版，第190页。

②张采田《李义山诗辨正》，《玉谿生年谱会笺》（外一种），上海古籍出版社2010年版，第320页。

③（南朝宋）刘敬叔撰《异苑》，中华书局1996年版，第14页。此材料将于“凤凰与爱情题材文学”一章专门讨论。

④同上，第15页。

⑤（唐）范摅撰，唐雯校笺《云溪友议校笺》，中华书局2017年版，第174页。

一顾成周力有余，白云闲钓五溪鱼。

中原莫道无麟凤，自是皇家结网疏。

陈陶数举不第后遂绝意科举，隐居不出，应该是出于对科场腐败的清醒认识，甚至对朝政失当的绝望。

时至唐末，落第举子因下第而郁结的愤激情绪最终发展成为对朝士和中央朝廷的仇视，并伺机进行种种激烈的报复，酿成一幕幕悲剧。落第举子李山甫教唆幕主的儿子劫杀故相王铎，落第举子李振怂恿军阀杀害故相张濬一家并弃尸黄河，黄巢也是数举不第的举子，他在入关之前发布露表指责唐王朝的弊政，其中一条就是“铨贡失才”。由此可见，“李唐王朝灭亡的过程中，一些文人从中推波助澜，不能说与晚唐科举遗才的现象没有关系”[①]。科举本来是选拔优秀人才以治理国家，最终却因为科场腐败、政治腐败，大量人才被拒绝于官僚体系之外，最终成为唐朝的掘墓人，是一个值得深思的问题。宋代似乎从中汲取了教训，开国不久，很快将科举选人的规模急剧扩大，一方面是因为国家治理的确需要人才，另一方面显然是出于笼络人心，但很快又酿成滥进和冗员的问题。

①邹福清《唐五代笔记研究——以文人风气、文学风气为考察重点》，中国社会科学出版社 2013 年版，第 171 页。

科举作为文人的上升通道，与其价值的实现紧密相关，科举制度的合理与否，运行平稳与否，文人的感知最为敏锐，科举诗集中反映了文人的科场心态，也是科场、政治的晴雨表。或凤凰高举，或孤鸾罢舞，对不同的文人个体而言，升沉起伏自属正常，但如果一个群体将凤凰高举作为理想，踊跃奔赴于科场，多少说明官僚体系以及社会、政治的活力；如果将孤鸾罢舞作为选择，视科场为畏途，多少说明官僚体系存在弊端，需要变革。

第四章

凤凰与隐逸题材文学

士不遇是中国古代文学的永恒主题，主要表达才能得不到施展的悲愤之情。汉代董仲舒《士不遇赋》是最早一部以“士不遇”为题的文学作品，略晚的司马迁也创作有《悲士不遇赋》。陶渊明《感士不遇赋》云：“哀哉！士之不遇，已不在炎帝帝魁之世。”[①] 帝魁是黄帝的子孙，和炎帝都是上古治世时期的圣君，陶渊明的言外之意是，只有炎帝等圣君治下的上古治世才没有士不遇的现象。的确，士不遇现象由来已久。《诗经·大雅·桑柔》是芮伯感叹周代厉王被逐的动荡政局及给国家、百姓带来的苦难，并发出了“我生不辰，逢天僤怒”的哀叹，芮伯还于此诗第六章感慨道：“好是稼穑，力民代食。稼穑维宝，代食维好。”意思是“朝不可仕，不如在野。然即退处亦难安居”[②]。可见，这是一首较早表达士不遇主题的文学作品。《诗经·邶风·柏舟》是又一首以士不遇为主题的作品，《毛诗小序》认为是“言仁而不遇”[③]，汉代郑玄进一步解释说“不遇者，君不受己之志也”[④]。孔子临死前感叹“明王不兴，而天下其孰能宗予”[⑤]，孟子曾感叹不遇于鲁侯[⑥]，荀子也曾慨叹“嗟我何人，独不遇时当乱世”[⑦] 的窘境，还有屈原、宋玉等等都是不遇的文人。元代宫天挺的杂剧《死生交范张鸡

①王瑶编注《陶渊明集》，人民文学出版社1956年版，第128页。

②（清）方玉润撰《诗经原始》，中华书局1986年版，第545页。

③④（汉）毛亨传，郑玄笺，（唐）孔颖达疏，陆德明音释《毛诗注疏》，上海古籍出版社2013年版，第154页。

⑤王文锦译解《礼记译解》，中华书局2016年版，第86页。

⑥《孟子·梁惠王下》：“吾之不遇鲁侯，天也。臧氏之子焉能使予不遇哉？”（杨伯峻译注《孟子译注》，中华书局1960年版，第53页）

⑦（清）王先谦撰《荀子集解》，中华书局1988年版，第467页。

黍》有如下一段唱词：

【寄生草】将凤凰池拦了前路，麒麟阁顶杀后门。便有那汉相如献赋难求进，贾长沙上书谁俶问，董仲舒对策无公论。便有那公孙弘撞不开昭文馆内虎牢关，司马迁打不破编修院里长蛇阵。[1]

西汉司马相如、董仲舒、公孙弘、司马迁等或有文名或有儒术，但在宫天挺的眼里都是不遇者。

虽然《左传》早就说过"'太上有立德，其次有立功，其次有立言。'虽久不废，此之谓不朽"[2]，但中国古代士人实际上以立功为上，功成身退才是理想的境界。然而，立功就要入仕，如果入仕道路被阻断，此时再高调宣称退隐的种种好处，其实是退而求其次的牢骚话、愤激语。士不遇为什么总是能够引起文人极其沉重的哀叹？原因在于，中国古代士人能否实现个人价值与国家的治与乱、政治的清明与昏暗联系紧密，时世动荡或君王昏聩往往会阻断士人个体价值的实现之途。从士人一己穷通中可以感知国家盛衰之迹，进而思考造成士人不遇乃至国家兴亡的原因，并总能获得共鸣。

①（元）宫天挺《死生交范张鸡黍》，古本戏曲丛刊四集影印脉望馆钞校本古今杂剧，上海商务印书馆1958年版，第6—7页。

②杨伯峻编著《春秋左传注》，中华书局1990年版，第1088页。

第一节　凤凰与凡鸟：士不遇焦虑的书写

战国末期的楚人屈原首先使用凤凰意象书写士不遇这个中国古代文学中的永恒主题，而且，他将凤凰与凡鸟、恶禽等进行对比以凸显凤凰的高贵及其无所依止的尴尬处境，为后来的骚人所继承，并逐渐凝练成为一个颇具特色的凤凰与凡鸟对立与错位的士不遇书写模式，影响后代的士不遇焦虑及其消解的文学书写。

一、凤凰与凡鸟的对立与错位：屈原的士不遇书写模式

屈原对其所处现实的对立与错位感知强烈，《离骚》说："户服艾以盈要兮，谓幽兰其不可佩"，"苏粪壤以充帏兮，谓申椒其不芳。"此后创作的《九章》比《离骚》措辞更激烈，情感更悲愤，对立与错位现象的表达更显豁：

> 鸾鸟凤皇，日以远兮。燕雀乌鹊，巢堂坛兮。露申辛夷，死林薄兮。腥臊并御，芳不得薄兮。阴阳易位，时不当兮。（《九章·涉江》）[①]
>
> 玄文处幽兮，矇瞍谓之不章；离娄微睇兮，瞽以为不明。变白以为黑兮，倒上以为下。凤皇在笯兮，鸡鹜翔舞。同糅玉石兮，一概而相量。夫惟党人鄙固兮，羌不知余之所臧。（《九章·怀沙》）[②]

类似表达还如《卜居》：

> 世溷浊而不清，蝉翼为重，千钧为轻；黄钟毁弃，瓦釜雷鸣；谗人高张，贤士无名。[③]

屈原将自然、社会、政治乃至历史切割为阴与阳、香与臭、黑与白、美与丑、高贵与庸俗、善与恶、贤与愚、忠与奸等两极，并极度彰显二者的对立与错位，来隐喻其与"党人""众人"不可调和的矛盾，实际上把自己置于整个现实社会的对立面了，也就只能在孤独无依的尴尬处境发出"国无人莫我知兮，又何怀乎故都"（《离骚》），"举世皆浊我独清，众人皆醉我独醒"（《渔父》）之类的沉痛呐喊。屈原激烈指斥错位的荒诞现实时，还引入鲧、比干、箕子、梅伯、伍子胥等古人作为同道，凸显出士人的宿命与历史的荒诞，如：

①（宋）洪兴祖撰《楚辞补注》，上海古籍出版社2015年版，第199页。

②同上，第218—219页。

③同上，第280页。

接舆髡首兮，桑扈臝行。忠不必用兮，贤不必以。伍子逢殃兮，比干菹醢。与前世而皆然兮，吾又何怨乎今之人！（《九章·涉江》）[1]

①（宋）洪兴祖撰《楚辞补注》，上海古籍出版社2015年版，第197页。

这就使个体不遇的命运具有沟通古今的张力而呈现出强烈的社会批判功能和历史反思的价值，并获得了诸如宋玉、贾谊、东方朔乃至李白、李商隐等后人的共鸣。

屈原将现实社会的荒诞赋形为凤凰与凡鸟的对立与错位。屈原作品的凤凰形象有两个类型：其一是使者，如“鸾皇为余先戒兮，雷师告余以未具。吾令凤鸟飞腾兮，继之以日夜”（《离骚》）；其二是君子，实质上是高贵的流浪者，如“鸾鸟凤皇，日以远兮”（《九章·涉江》）。如果说前者是沿袭了远古以来关于凤凰作为上帝使者的神话思维，后者则对接了周初以来对于凤凰形象的道德内涵的想象。王逸认为“《离骚》之文，依《诗》取兴，引类譬谕”[2]，的确，比兴是《诗经》以来的文学传统，屈原则有发扬光大此传统的功劳——将远古文化中与百兽群居的凤凰剥离出来，置于极其高贵的地位，与燕雀、乌鹊、鸡鹜等凡鸟及恶禽对立起来，彰显二者处境颠倒与错位的荒诞；还建立凤凰与一系列自然物象、历史人物的联系，即王逸所说的“虬龙鸾凤，以托君子”[3]，形成了一个涵盖自然与社会的隐喻网络，并最终指向悲士不遇的主旨，构建出一个以凤凰与凡鸟为表征的忠奸、贤愚对立与错位的士不遇文学主题的书写模式，影响深远。

②同上，第2页。

③同上，第3页。

强调凤凰不同凡俗的习性从而实际上将其与其他凡鸟对立起来的思维在先秦的道家文献中已经露出苗头，并得到后来学者的继承与发挥。《太平御览》录《庄子》逸文云：

惠子始与庄子相见，而问乎庄子曰：“今日自以为见凤凰，而徒遭燕雀耳。”坐者俱笑。[①]

①（宋）李昉编纂《太平御览》第四卷，河北教育出版社 1994 年版，第 857 页。

比屈原略晚的儒家学者荀子对混乱时世的详细描述几乎可以作为屈原的以忠奸贤愚矛盾为主要内涵的凤凰与凡鸟对立与错位的士不遇书写模式的注脚：

天地易位，四时易乡。列星殒坠，旦暮晦盲。幽暗登昭，日月下藏。公正无私，反见从横，志爱公利，重楼疏堂，无私罪人，憼革贰兵。道德纯备，谗口将将。仁人绌约，敖暴擅强，天下幽险，恐失世英。螭龙为蝘蜓，鸱枭为凤皇。比干见刳，孔子拘匡。昭昭乎其知之明也，郁郁乎其遇时之不祥也。（《赋篇·佹诗》）[②]

②（清）王先谦撰《荀子集解》，中华书局 1988 年版，第 480—482 页。

宋玉沿袭屈原的方向，将凤凰与凡鸟对立与错位的士不遇书写模式进行了充分的发挥。面对“萧瑟兮草木摇落而变衰”的秋景，在体验“时亹亹而过中兮，蹇淹留而无成”即时间流逝的紧张感中哀叹“坎廪兮贫士失职而志不平，廓落兮羁旅而无友生”（《九辩》）。尽管屈原反复诉说明君贤臣遇合的政治理想、哀叹理想破灭、才能无以施展，然而，是宋玉将士不遇——因得不到明君赏识、任用而未能施展抱负和发挥才能——表达得如此明白、显豁。宋玉《九辩》不断将秋景的描述与对不遇命运的反思联系起来，可以说，是悲秋与悲士不遇主题相结合的源头。宋玉和屈原一样将其不遇的原因归结为现实的荒诞，也是以凤凰与凡鸟的对立与错位作为这种现实荒诞的表征：

何时俗之工巧兮，背绳墨而改错！却骐骥而不乘兮，策驽骀而取路。当世岂无骐骥兮，诚莫之能善御。见执辔者非其人兮，故驹跳而远去。凫雁皆唼夫梁藻兮，凤愈飘翔而高举。圜凿而方枘兮，吾固知其钼铻而难入。众鸟皆有所登栖兮，凤独遑遑而无所集。原衔枚而无言兮，尝被君之渥洽。太公九十乃显荣兮，诚未遇其匹合。谓骐骥兮安归？谓凤皇兮安栖？变古易俗兮世衰，今之相者兮举肥。骐骥伏匿而不见兮，凤皇高飞而不下。鸟兽犹知怀德兮，何云贤士之不处？骥不骤进而求服兮，凤亦不贪喂而妄食。君弃远而不察兮，虽愿忠其焉得？（《九辩》）[①]

①（宋）洪兴祖撰《楚辞补注》，上海古籍出版社 2015 年版，第 304—305 页。

又，宋玉将凤凰与凡鸟的高下之分来类比士人与世俗之民的贵贱之别：

鸟有凤而鱼有鲲。凤凰上击九千里，绝云霓，负苍天，翱翔乎杳冥之上。夫蕃篱之鷃，岂能与之料天地之高哉？鲲鱼朝发昆仑之墟，暴鬐于碣石，暮宿于孟诸。夫尺泽之鲵，岂能与之量江海之大哉！故非独鸟有凤而鱼有鲲也，士亦有之。夫圣人瑰意琦行，超然独处，夫世俗之民又安知臣之所为哉！（《对楚王问》）[②]

②吴广平编注《宋玉集》，岳麓书社 2001 年版，第 89 页。

可见，《九辩》中描写的凡鸟唼夫粱藻、凤凰无所栖集就是庸人进用、贤士远离的隐喻。

在良禽择木而栖，良臣择主而事的战国时代，为什么屈原、宋玉对于不遇的体验格外强烈与深刻？难道楚国的政治环境不利于贤才的选用？战国末期的韩非子曾讲述这样一个故事：

楚人和氏得玉璞楚山中，奉而献之厉王；厉王使玉人相之。玉人曰：“石也。”王以和为诳，而刖其左足。及厉王薨，武王即位，和又奉其璞而献之武王；武王使玉人相之，又曰："石也。"王又以和为诳，而刖其右足。武王薨，文王即位，和乃抱其璞而哭于楚山之下，三日三夜，泣尽而继之以血。王闻之，使人问其故，曰："天下之刖者多矣，子奚哭之悲也？"和曰："吾非悲刖也，悲夫宝玉而题之以'石'，贞士而名之以'诳'，此吾所以悲也。"[①]

①（清）王先慎撰《韩非子集解》，中华书局1998年版，第95页。

楚人和氏发出"宝玉而题之以'石'，贞士而名之以'诳'"的沉痛感叹几乎可以用到屈原的身上。现在无法断定韩非子讲述的是一个真实的故事还是一个寓言，即使是寓言，他拿楚人开刀也多少说明一点问题。早在春秋时期，楚国人才的流失就显现出来了，出现了"虽楚有材，晋实用之"[②]的局面，时至战国末期，楚国的政治环境在恶化，更加不利于贤才的脱颖而出。不过，战国时期各诸侯国之间纷争不断也许为部分士人如纵横家苏秦、张仪之类提供了绝佳的舞台，却也阻断了绝大多数士人靠知识实现价值的途径，士不遇成为一个普遍的现象。但是，屈原的经历具有一定的特殊性，宋代洪兴祖说："为人臣者，三谏不从则去之。同姓无可去之义，有死而已。"[③]屈原因其与楚王的特殊关系而没有离开楚国从而走出不遇焦虑的困境，注定以悲剧收场。

②杨伯峻编著《春秋左传注》，中华书局1990年版，第1120页。

③（宋）洪兴祖撰《楚辞补注》，上海古籍出版社2015年版，第73页。

宋玉作为屈原的后继者，既对屈原的命运感同身受，创作也受到屈原以来"惜诵以致愍兮，发愤以杼情"（《九章·惜诵》）的楚辞传统的影响，其作品的内容与表达方式沿袭了屈原发扬光大的楚文学传统。

战国末期的骚人只是展现了他们对于士不遇的强烈感知，其作品的浓烈情感具有强烈的感染力，总能引发后人深沉的共鸣，但是，他们并没有深入思考如何在现实中应对与消解不遇的困境带给他们的焦虑感。他们中的绝大多数都明白，摆在面前的道路是——入世、退隐或者赴死。赴死倒可以一了百了，但是，毕竟不能作为一个群体的选择。如果选择退隐，又该如何调适内心的焦虑呢？他们在自伤不遇时除了引古人为同道，以“与前世而皆然兮，吾又何怨乎今之人”（《九章·涉江》）来暂时慰藉内心的痛苦，似乎别无他法。

二、凤凰翔于千仞兮，览德辉而下之：汉代文人的士不遇体验和反思

汉初贾谊“以命世之器，不竟其用，故其见于文也，声多类《骚》，有屈氏之遗风”[1]，其《吊屈原赋》也表达了忠与奸、贤与愚对立与错位的荒诞现实：

> 鸾凤伏窜兮，鸱枭翱翔。阘茸尊显兮，谗谀得志；贤圣逆曳兮，方正倒植。世谓随、夷为溷兮，谓跖、蹻为廉；莫邪为钝兮，铅刀为铦。吁嗟默默，生之无故兮；斡弃周鼎，宝康瓠兮。腾驾罢牛，骖蹇驴兮；骥垂两耳，服盐车兮。[2]

贾谊对屈原具有“了解之同情”[3]，正如宋代洪兴祖说：“后之读其（屈原）文，知其人，如贾生者亦鲜矣。然为赋以吊之，不过哀其不遇而已。”[4] 清人孙梅还指出，贾谊《鹏鸟赋》是“《怀沙》之遗响”[5]。不过，贾谊对于士不遇问题的思考与屈原、宋玉略有不同。尽管遇与不遇实质上是士人与君王之间的矛盾，但是，屈原将批评的矛头主要指向挑拨离间的党人，同时也抱怨楚王“初既与余成言兮，后悔遁而有他”（《离骚》）的失信。尽管他曾使用“明君”一语，但对于君王需要具备什么品质实际上没有做出回答。贾谊则将君王的品质概括为“盛德”。贾谊《惜誓》[6] 云：

①（清）程廷祚《骚赋论（中）》，《青溪集》，黄山书社 2004 年版，第 67 页。

②吴云、李春台校注《贾谊集校注》，天津古籍出版社 2010 年版，第 331 页。

③陈寅恪《冯友兰中国哲学史上册审查报告》，《金明馆丛稿二编》，生活·读书·新知三联书店 2001 年版，第 279 页。

④（宋）洪兴祖撰《楚辞补注》，上海古籍出版社 2015 年版，第 74 页。

⑤（清）孙梅《四六丛话》，人民文学出版社 2010 年版，第 45 页。

⑥汉代王逸曰：“《惜誓》者，不知谁所作也。或曰贾谊，疑不能明也。”后代学者多数将其视为贾谊的作品，此从。见王逸《楚辞章句》，上海古籍出版社 2017 年版，第 238 页。

> 独不见夫鸾凤之高翔兮，乃集大皇之野。循四极而回周兮，见盛德而后下。彼圣人之神德兮，远浊世而自藏。使麒麟可得羁而系兮，又何以异乎犬羊？[①]

①吴云、李春台校注《贾谊集校注》，天津古籍出版社 2010 年版，第 346 页。

这里回到了凤凰作为祥瑞的政治文化传统，但是将对凤凰传达天命的解释导向对君王德行的诉求。贾谊笔下的凤凰就是道德的高贵化身，基于同类相感的原理，凤凰的栖集对于所在地的君王之德也提出了要求。由此可见，贾谊实际上把士人的遇与不遇的主要原因归结为君王是否具有“德”，把出仕与退隐变成了士人判断君王是否具有盛德而做出的选择。其《吊屈原赋》表达了同样的观点：

> 凤漂漂其高逝兮，固自引而远去。袭九渊之神龙兮，沕深潜以自珍。偭蟂獭以隐处兮，夫岂从虾与蛭螾？所贵圣人之神德兮，远浊世而自藏。使骐骥可得系而羁兮，岂云异夫犬羊？般纷纷其离此尤兮，亦夫子之故也。历九州而相其君兮，何必怀此都也？凤凰翔于千仞兮，览德辉而下之。见细德之险征兮，遥曾击而去之。彼寻常之污渎兮，岂能容夫吞舟之巨鱼？横江湖之鳣鲸兮，固将制于蝼蚁。[②]

②同上，第 331—332 页。

北宋苏轼说：“贾谊叹细德之险微，知凤鸟之不下，闵沟渎之寻常，知吞舟之不容，伤时无是大者以容己也。”（《张文定公墓志铭》）[③]也就是说，贾谊主要思考的问题是，如何能够保全自己。这里的凤凰形象就是一个全身远害，明哲保身的智者的隐喻，君王有德就留，无德即藏，即孔子所谓“用之则行，舍之则藏”[④]。有意思的是，在战国末期，屈原是可以离开故国，为其他君王所用，他虽曾动摇过，但最终没有离开，“自尽其爱君之诚”，“死生、毁誉，所不顾也”[⑤]；时至建立了大一

③（宋）苏轼《苏轼文集》，中华书局 1986 年版，第 444 页。

④杨伯峻译注《论语译注》，中华书局 1980 年版，第 68 页。

⑤（宋）洪兴祖撰《楚辞补注》，上海古籍出版社 2015 年版，第 73 页。

统政权的汉初，皇权几乎笼罩了每个角落，即使是可以延揽人才的封国留给士人流动的空间其实极为有限，可供不遇文人选择的道路只有一条，那就是退隐，贾谊所谓“远浊世而自藏”应该就是这条道路。为了保持其高贵，屈原选择了死，贾谊则主张隐。贾谊全身远害，明哲保身的主张与屈原“进不隐其谋，退不顾其命”[①] 的选择相比，肯定是等而次之，缺少社会政治批评的锋芒。然而，唐代白居易的评价与此不同，其《读史》五首其一云：

①（宋）洪兴祖撰《楚辞补注》，上海古籍出版社2015年版，第72页。

楚怀放灵均，国政亦荒淫。
彷徨未忍决，绕泽行悲吟。
汉文疑贾生，谪置湘之阴。
是时刑方措，此去难为心。
士生一代间，谁不有浮沉。
良时真可惜，乱世何足钦。
乃知汨罗恨，未抵长沙深。

白居易看到了贾谊与屈原身居良时与乱世的不同处境，认为屈原身陷乱世，无能为力也就算了，贾谊身处良时，却没有用武之地，岂不更让人悲哀！

应该说，汉代文人对于不遇的体验与战国时期的屈原、宋玉相比丝毫没有减弱，他们开始反思士人群体的处境以及如何消解不遇的焦虑。“时”与“命”的观念代表了汉代文人群体对于不遇的体验与思考，潜藏着吁求君王盛德和消解士不遇焦虑的努力，而“凤凰翔于千仞兮，览德辉而下之”（贾谊《吊屈原赋》）则可作为汉代文人基于“时”与“命”的认知来选择进与退的隐喻。

汉代文人常以战国为参照体验和思考时势，基本判断是

"时异事异"（东方朔《答客难》）[①]、"世异事变"（扬雄《解嘲》）[②]、"风移俗易"（班固《答宾戏》）[③]、"世易俗异，事势舛殊"（张衡《应间》）[④]，不能"处皇代而论战国"（班固《答宾戏》）[⑤]。在汉代文人看来，汉代与战国的时势到底有什么不同呢？首先，汉代政治一统，没有游说人主以取卿相之尊的空间。虽然战国时期的纵横家苏秦、张仪、范雎、蔡泽等在汉代文人内心还有市场，但是，他们清醒地认识到汉朝已经没有游走列国、纵横捭阖，说人主以"出其金玉锦绣、取卿相之尊"[⑥]的可能。其次，汉代君权至高无上，谏主风险太大。汉代初中期的政治还算清明，文人的政治压力感主要源自至高无上、笼罩一切的君权。汉初贾山云："今人主之威，非特雷霆也；势重，非特万钧也。"（《至言》）[⑦]西汉中期东方朔云："今则不然。圣帝德流，天下震慑，诸侯宾服……故绥之则安，动之则苦；尊之则为将，卑之则为虏；抗之则在青云之上，抑之则在深泉之下；用之则为虎，不用则为鼠……"（《答客难》）[⑧]时至东汉，班固亦云："其君天下也，炎之如日，威之如神，涵之如海，养之如春。"（《答宾戏》）[⑨]这些都是对汉代君权至高无上的描述。对文人而言，不受限制的君权的灾难性后果就是进谏的艰难，正如贾山《至言》云："开道而求谏，和颜色而受之，用其言而显其身，士犹恐惧而不敢自尽，又乃况于纵欲恣行暴虐，恶闻其过乎！震之以威，压之以重，则虽有尧舜之智，孟贲之勇，岂有不摧折者哉？"[⑩]东方朔《非有先生论》用"谈何容易"一语表达君权压力下难以进谏的无奈，并申说："夫谈有悖于目而拂于耳谬于心而便于身者，或有说于目顺于耳快于心而毁于行者，非有明王圣主，孰能听之矣？"[⑪]邹阳《狱中上书自明》明确表示君权加剧进谏难度："今欲使天下寥廓之士笼于威重之权，胁于位势之贵，回面污行，以事谄谀之人，而求亲近于左右，则士有伏死堀穴岩薮之中耳，安有尽忠信而趋阙下者

①（汉）班固撰《汉书》，中华书局 1964 年版，第 2865 页。

②同上，第 3571 页。

③⑤⑨（清）严可均校辑《全上古三代秦汉三国六朝文》，中华书局 1958 年版，第 610 页。

④（南朝宋）范晔撰《后汉书》，中华书局 1965 年版，第 1906 页。

⑥何建章注释《战国策注释》，中华书局 1990 年版，第 75 页。

⑦⑩（汉）班固撰《汉书》，中华书局 1962 年版，第 2330 页。

⑧同上，第 2865 页。

⑪同上，第 2868—2869 页。

哉！”[1]总之，“历九州而相其君”（贾谊《吊屈原赋》）[2]的时代一去不复返，士人不能再以“道”与“势”相抗衡，只能哀叹生不逢时。贾谊《吊屈原赋》“呜呼哀哉，逢时不祥”[3]是感叹屈原生不逢时也是感叹自己生不逢时，还有“哀时命之不及古人兮，夫何予生之不遘时”（严忌《哀时命》）[4]，“生不丁三代之盛隆兮，而丁三季之末俗”（董仲舒《士不遇赋》）[5]，“悲夫士生之不辰，愧顾影而独存”（司马迁《悲士不遇赋》）[6]，“丁时逢殃，可奈何兮”（刘向《九叹·惜贤》）[7]，“哀余生之不当兮，独蒙毒而逢尤”（刘向《九叹·愍命》）[8]，“愍余生之不造兮，丁汉氏之中微”（崔篆《慰志赋》）[9]，“天生我兮当暗时，被诼谮兮虚获尤”（王逸《九思·逢尤》）[10]等等，都是生不逢时的哀叹。

汉代文人基于对时势的体验与思考，常秉持知命、委命的人生态度。贾谊《鹏鸟赋》四次言及“命”：“命不可说兮，孰知其极”[11]，“迟速有命兮，焉识其时”[12]，“纵躯委命兮，不私与己”[13]，“德人无累兮，知命不忧”[14]。他认为命不可求，“知命”“委命”才是明智的。《鹏鸟赋》既有命不可知的无可奈何，也有认命的故作旷达。显然，汉代文人所谓“命”主要是指宿命，是“命”之“不可求的”“有限性”的一面，遗落了“命”之“政治性使命”的“可能性”一面。他们普遍践行“为可为于可为之时”（扬雄《解嘲》）[15]，“用之则行，舍之则臧，进退无主，屈申无常”（《冯衍《显志赋》》）[16]的政治选择，称依循此原则处世的人为智者，贾谊称为“德人”，也有称君子、大人、圣人的。汉代文人所说的“君子”与《卷阿》乃至后来儒家的“君子”内涵不同，反而更接近道家，“德人”就更是道家庄子的概念。因此，汉代文人侈谈命运，在政治理想不能施行于现世的情况下，往往退而求其次，著书立说，“聊朝隐乎柱史”（张衡《应间》）[17]，也就不难理解东

①（汉）班固撰《汉书》，中华书局1962年版，第2352页。

②③ 吴云、李春台校注《贾谊集校注》，天津古籍出版社2010年版，第331页。

④（宋）洪兴祖撰《楚辞补注》，上海古籍出版社2015年版，第428页。

⑤⑥ （唐）欧阳询《艺文类聚》，上海古籍出版社1982年版，第541页。

⑦（宋）洪兴祖撰《楚辞补注》，上海古籍出版社2015年版，第499页。

⑧同上，第305页。

⑨（南朝宋）范晔撰《后汉书》，中华书局1965年版，第1705页。

⑩（宋）洪兴祖撰《楚辞补注》，上海古籍出版社2015年版，第314页。

⑪⑫吴云、李春台校注《贾谊集校注》，天津古籍出版社2010年版，第335页。

⑬⑭同上，第336页。

⑮（汉）班固撰《汉书》，中华书局1962年版，第3573页。

⑯（南朝宋）范晔撰《后汉书》，中华书局1965年版，第985页。

⑰同上，第1908页。

汉扬雄主张“君子得时则大行，不得时则龙蛇，遇不遇命也，何必湛身哉”（《反离骚》）[1]，班固哀叹“君子道穷，命矣”（《离骚序》）[2]，以及他们对屈原自沉的批评。王逸于东汉末年大一统政权濒临崩溃之际，彰显、倡导道义精神来为国分忧，试图挽狂澜于既倒，极力称许屈原，实属例外，但恰是强调担当和进取精神以拨乱反正。

先要指出，汉代形塑的凤凰继承了屈宋的凤凰与众鸟对立和错位的基本构形。其一，汉代骚体作品普遍采用凤凰与众鸟对立和错位的书写范式，如东方朔《七谏》“枭鸮并进而俱鸣兮，凤皇飞而高翔”（“怨思”）[3]，“众鸟皆有行列兮，凤独翔翔而无所薄”（“谬谏”）[4]，“鸾皇孔凤日以远兮，畜凫驾鹅。鸡鹜满堂坛兮，鼃黾游乎华池”（“乱辞”）[5]；还有王褒《九怀》“痛凤兮远逝，畜鴳兮近处”（“通路”）[6]，“凤皇不翔兮，鹑鴳飞扬”（“株昭”）[7]；王逸《九思》“桂树列兮纷敷，吐紫华兮布条。实孔鸾兮所居，今其集兮惟鸮”（“守志”）[8]等。其二，汉代骚体作品常常沿袭屈原《九章·涉江》“鸾鸟凤凰，日以远兮”之意书写凤凰的孤独无依，如贾谊《吊屈原赋》云“鸾凤伏窜”[9]，冯衍《显志赋》云“鸾回翔索其群兮，鹿哀鸣而求其友”[10]，特别是东方朔《七谏》反复表现凤凰远翔：“凤皇飞而高翔”“凤独翔翔而无所薄”“鸾皇孔凤日以远兮”。其三，汉代骚体作品往往将凤凰与众鸟对立和错位跟贤愚颠倒的社会现象并置，从而建立起二者的隐喻关系并最终指向士不遇的主旨，如“贤者蔽而不见兮，谗谀进而相朋”（东方朔《七谏》“怨思”）[11]，“众比周以肩迫兮，贤者远而隐藏”（严忌《哀时命》）[12]等。汉代文人“以屈原的‘信而见疑，忠而被谤，能无怨乎’的‘怨’，象征着他们自身的‘怨’；以屈原的‘怀石遂自投汨罗以死’的悲剧命运，象征着他们自身的命运。开其端者厥为贾谊”[13]。贾谊对屈原

①（汉）班固撰《汉书》，中华书局1962年版，第3515页。

②（宋）洪兴祖撰《楚辞补注》，上海古籍出版社2015年版，第73页。

③同上，第407页。

④同上，第422页。

⑤同上，第423页。

⑥同上，第445页。

⑦同上，第465页。

⑧（宋）洪兴祖撰《楚辞补注》，中华书局1983年版，第551页。

⑨吴云、李春台校注《贾谊集校注》，天津古籍出版社2010年版，第331页。

⑩（南朝宋）范晔《后汉书》，中华书局1965年版，第1001页。

⑪（宋）洪兴祖《楚辞补注》，上海古籍出版社2015年版，第407页。

⑫同上，第430页。

⑬徐复观《两汉思想史》（第一卷），华东师范大学出版社2001年版，第168页。

不遇的命运感同身受，“以命世之器，不竟其用。故其见于文也，声多类骚，有屈氏之遗风”。

还要看到，汉代形塑的凤凰表现出了新的动向——强调凤凰基于环境判断做出的远翔与降临举动，所谓环境实际上就是人间君王的德行，并将凤凰塑形为审时度势而选择进退的新君子，潜藏着对君德的吁求和消解士不遇焦虑的文化动机。汉代文人在至高无上的君权笼罩一切的政治背景下也不是没有约束政治权力的冲动，其表现就是对君德的吁求。班彪《王命论》的观点可谓代表：“帝王之祚，必有明圣显懿之德，丰功厚利积累之业，然后精诚通于神明，流泽加于生民，故能为鬼神所福飨，天下所归往，未见运世无本，功德不纪，而得倔起在此位者也。”[1]班彪表面上是谈天命，实际上是言君德，认为鬼神护佑的前提是帝王的“德”与“功”，与周初天命观遥相呼应。而且，汉代盛行以凤凰为“太平之瑞”和“圣王始生之瑞”[2]的信仰，时人对汉光武帝刘秀“生于济阳，凤皇来集”的解读就是凤凰“为光武有圣德而来”[3]，与周初凤鸣岐山的开国神话一样，背后的逻辑都是以君权神授、以德配天为核心内容的天命思想。贾谊虽不明言天命，但在天命观念盛行、侈谈凤凰祥瑞的时代，其笔下的凤凰形象未能跳出天命观念，是在天命的框架下强调凤凰的至与不至和君主有无德行的关联，从而将对天命观念的解读导向对君德的吁求。贾谊《吊屈原赋》明确指出“凤漂漂其高逝兮，固自引而远去”，然后称“袭九渊之神龙兮，沕深潜以自珍。偭蟂獭以隐处兮，夫岂从虾与蛭螾”，也就是凤凰高逝、神龙深潜都是主动退避；又称“凤凰翔于千仞兮，览德辉而下之。见细德之险征兮，遥曾击而去之”，《惜誓》还称“独不见夫鸾凤之高翔兮，乃集太皇之野；循四极而回周兮，见盛德而后下”，一再强调凤凰去与留的依据是人间的“德”。贾谊所谓“德”即君德，其形塑的凤凰潜藏着吁求

①（南朝梁）萧统编《文选》，中华书局 1977 年版，第 718 页。

②黄晖撰《论衡校释》，中华书局 1990 年版，第 728—729 页。

③同上，第 729 页。

君德的文化动机显露无遗。在这一点上，他越过此前不言天命的屈原、宋玉，而上接周初的天命观。屈原虽曾抱怨楚王“初既与余成言兮，后悔遁而有他”（《离骚》）的失信，曾使用“明君”一词表达对于君王品质的诉求，但将批评的矛头主要指向挑拨离间的党人。宋玉倒是曾将士的进退与君王之“德”联系起来，如“鸟兽犹知怀德兮，何云贤士之不处？骥不骤进而求服兮，凤亦不贪喂而妄食。君弃远而不察兮，虽愿忠其焉得？欲寂漠而绝端兮，窃不敢忘初之厚德”（《九辩》）[1]，可谓是贾谊的先声；只是此“德”的内涵与上下文联系起来看，偏重于君王给与恩惠之义。东方朔《七谏》后来曾重复此义：“经浊世而不得志兮，愿侧身岩穴而自讬。欲阖口而无言兮，尝被君之厚德。”[2]贾谊明确地将出仕与退隐视为文人判断君王是否具有“盛德”做出的选择，他思考的问题是，如何能够保全自己，主张君王有德就留，无德即藏，即其所谓的知命、委命。因此，他在《吊屈原赋》最终引出“所贵圣人之神德兮，远浊世而自藏”的人生主张，又在《惜誓》中重申“彼圣人之神德兮，远浊世而自藏”。可以说，贾谊“凤凰翔于千仞兮，览德辉而下之”一语可以作为文人审时度势而选择进退的隐喻，其人生观不断得到后人的回应，扬雄所谓“为可为于可为之时”（《解嘲》），冯衍所谓“用之则行，舍之则藏”（《显志赋》）都是贾谊“知命”“委命”观念的翻版。而且，贾谊所谓凤凰“自引而远去”（《吊屈原赋》）的表达也有后来者回应，如严忌《哀时命》云“鸾凤翔于苍云兮，故矰缴而不能加。蛟龙潜于旋渊兮，身不挂于罔罗。知贪饵而近死兮，不如下游乎清波。宁幽隐以远祸兮，孰侵辱之可为”[3]，崔寔《答讥》云“麟隐于遐荒，不纡机阱之路。凤皇翔于寥廓，故节高而可慕”[4]。当汉代文人将凤凰的高翔或降临与士人基于时势做出行与藏的政治选择反复并置时，凤凰就被塑形为审时

①（宋）洪兴祖撰《楚辞补注》，上海古籍出版社2015年版，第190页。

②同上，第256页。

③同上，第265页。

④（唐）欧阳询撰《艺文类聚》，上海古籍出版社1982年版，第460页。

度势以选择进退，以全身远祸为目的的智者，这样的智者就是汉代文人的理想人格。

凤凰与凡鸟对立与错位的士不遇书写模式的强烈批判功能建基于周代以来的凤凰崇拜与社会、政治的逻辑联系，并具有不同的取向：其一，凤凰象征君子，是指向仁义、洁身自好等道德内涵的文化符号，文人往往通过凤凰与凡鸟的对立凸显凤凰的高贵，并批评世俗对才德之士的摧残。其二，凤凰作为传达天命的祥瑞，是指向治世的政治符号，文人以凤凰远翔暗示政治的混乱，来批评当政者的昏聩，特别是不能重用贤才。显然，战国时期的屈宋强调的是前者，汉代的辞人强调的是后者。

三、鸡聚族以争食，凤孤飞而无邻：李白对屈原的回响

面对屈原开创的凤凰与凡鸟对比、错位的士不遇书写模式，近千年之后的盛唐诗人李白奏出了一个有力的回响。李白志存高远，声称“奋其智能，愿为辅弼，使寰区大定，海县清一”（《代寿山答孟少府移文书》）。他期望像周初的吕望、汉初的郦食其那样得到君王的赏识从而成就一番惊天动地的伟业：“君不见，朝歌屠叟辞棘津，八十西来钓渭滨！宁羞白发照清水，逢时吐气思经纶。广张三千六百钩，风期暗与文王亲。大贤虎变愚不测，当年颇似寻常人。君不见，高阳酒徒起草中，长揖山东隆准公！入门不拜骋雄辩，两女辍洗来趋风。东下齐城七十二，指挥楚汉如旋蓬。”（《梁甫吟》）他希望像战国时期的鲁仲连功成不受赏：“齐有倜傥生，鲁连特高妙。明月出海底，一朝开光耀。却秦振英声，后世仰末照。意轻千金赠，顾向平原笑。吾亦澹荡人，拂衣可同调。”（《古风》其十）但是，现实比想象冷酷得多，李白第一次入长安时曾苦苦等待，还是没有等到期望的援引，当时创作的《玉真公主别馆

苦雨赠卫尉张卿》二首流露出无法遏止的热望和极度的苦闷：

（一）

吟咏思管乐，此人已成灰。
独酌聊自勉，谁贵经纶才。
弹剑谢公子，无鱼良可哀。

（二）

丹徒布衣者，慷慨未可量。
何时黄金盘，一斛荐槟榔。
功成拂衣去，摇曳沧洲傍。

第二次入长安虽得以待诏翰林，实际上被视为倡优。据说唐玄宗认为李白“非廊庙器”，最终赐金将其放还。[①] 难怪李白曾哀叹：“大道如青天，我独不得出。”（《行路难》三首其二）《金陵凤凰台置酒》颇能代表诗人对于时局与个人境遇的感知：

置酒延落景，金陵凤凰台。
长波写万古，心与云俱开。
借问往昔时，凤凰为谁来。
凤凰去已久，正当今日回。
明君越羲轩，天老坐三台。
豪士无所用，弹弦醉金罍。
东风吹山花，安可不尽杯。
六帝没幽草，深宫冥绿苔。
置酒勿复道，歌钟但相催。

学界将此诗或系于李白赐金放还游历至金陵时[②]，或系于安史乱中李白入永王李璘幕卷入权力斗争而获罪时[③]，都是诗人在遭到沉重打击之后。清代王琦引《江南通志》云：“凤凰台在江

①（唐）孟启《本事诗》（丛书集成初编本，中华书局1985年版，第10页）“高逸”：“（李白）常出入宫中，恩礼殊厚；竟以疏纵乞归。上（引者：唐玄宗）亦以非廊庙器，优诏罢遣之。”

②黄锡珪《李太白年谱附李太白编年诗目录》（作家出版社1958年版，第52页）系于天宝六载（747）春；安旗主编《李白全集编年注释》（巴蜀书社1990年版，第864页）系于天宝七载（748）。

③詹锳《李白诗文系年》（人民文学出版社1984年版，第148页）系于上元二年（761）。

宁府城内之西南隅，犹有陂陀，尚可登览。宋元嘉十六年，有三鸟翔集山间，文彩五色，状如孔雀，音声谐和，众鸟群附，时人谓之凤凰。起台于山，谓之凤凰台，山曰凤凰山，里曰凤凰里。”[①] 可见，金陵凤凰台是南朝刘宋“元嘉之治”的见证，即盛世的符号。李白对于时局的判断就是“凤凰去已久”，即以凤凰翔至为标志的盛世一去不复返了；对于个人境况的判断是“豪士无所用”，言外之意是自己空有报国之志却无以施展才能。诗的末尾，诗人故作豪放，其实掩抑不住怀才不遇的满腹牢骚，正如爱新觉罗·弘历《唐宋诗醇》云：“意在语言之外，其畅适处，正是牢骚处耳。眼前景，意中事，若隐若显，风人妙指。”[②] 或作于同时的《登金陵凤凰台》与《金陵凤凰台置酒》“皆有怨愤之意”[③]：

凤凰台上凤凰游，凤去台空江自流。
吴宫花草埋幽径，晋代衣冠成古丘。
三山半落青天外，二水中分白鹭洲。
总为浮云能蔽日，长安不见使人愁。

诗人开宗明义，以凤凰远逝来暗示盛世不再。显然，诗中的怨愤源于诗人的怀才不遇。李白曾说“正声何微茫，哀怨起骚人”（《古风》其一），看来他基本认同南朝刘勰《文心雕龙·辨骚》评价楚辞“固已轩翥诗人之后，奋飞辞家之前，岂去圣之未远，而楚人之多才乎”[④] 的观点，并以楚辞上接《诗经》的风雅精神。而且，李白也在精神上主动皈依以屈原、宋玉为代表的骚人，如《唐宋诗醇》认为上引《梁甫吟》“当亦遭谗被放后作，与屈平眷眷楚国同一精诚”[⑤]。李白在咏叹其不遇的窘境时继承了屈骚的凤凰与凡鸟对立与错位书写模式及其潜藏的哀怨情感基调。

①转自瞿蜕园、朱金城校注《李白集校注》，上海古籍出版社 1980 年版，第 1235 页。

②(清) 乾隆御定《唐宋诗醇》，上海科学技术文献出版社 2020 年版，第 125 页。

③瞿蜕园、朱金城校注《李白集校注》，上海古籍出版社 1980 年版，第 1183 页。

④(南朝梁) 刘勰著，范文澜注《文心雕龙注》，人民文学出版社 1958 年版，第 45 页。

⑤(清) 乾隆御定《唐宋诗醇》，上海科学技术文献出版社 2020 年版，第 23 页。

李白《古风》“其篇富于子昂之《感遇》，俭于嗣宗之《咏怀》，其抒发性灵，寄托规讽，实相源流也”（胡震亨《李杜诗通》）[①]，也就是说与陈子昂《感遇》、阮籍《咏怀》一样，实际上是一组政治咏怀诗，主要内容是“非指言时事，即感伤己遭”（胡震亨《李杜诗通》）[②]。如《古风》三十九：

①② 转自陈伯海《唐诗汇评》，浙江教育出版社1995年版，第567页。

登高望四海，天地何漫漫！
霜被群物秋，风飘大荒寒。
荣华东流水，万事皆波澜。
白日掩徂晖，浮云无定端。
梧桐巢燕雀，枳棘栖鸳鸾。
且复归去来，剑歌行路难。

元人萧士赟云：“‘梧桐巢燕雀’者，喻小人在上位而得志也。‘枳棘栖鸳鸾’者，喻君子在下位而失所也。”[③]可见，李白《古风》关注的“时事”就是《卜居》所批评的“谗人高张，贤士无名”的荒诞现实，感叹的是才能得不到施展的不遇窘境。李白《古风》屡屡借用凤凰与凡鸟的对立与错位作为政治荒诞的表征并透露出不遇的愤懑。如《古风》五十四：

③转自瞿蜕园、朱金城校注《李白集校注》，上海古籍出版社1980年版，第162页。

倚剑登高台，悠悠送春目。
苍榛蔽层丘，琼草隐深谷。
凤鸟鸣西海，欲集无珍木。
鸴斯得所居，蒿下盈万族。
晋风日已颓，穷途方恸哭。

萧士赟称：“三句四句比小人据高位而君子在野也。”[④]除《古风》外，李白其他诗作也屡屡以凤凰与凡鸟的对立与错位作为现实政治的表征并表达士不遇的愤懑，如：“黄金消众口，白

④同上，第183页。

璧竟难投。梧桐生蒺藜，绿竹乏佳实。凤凰宿谁家，遂与群鸡匹。”（《送薛九被谗去鲁》）“中有孤凤雏，哀鸣九天闻。我乃重此鸟，彩章五色分。胡为杂凡禽，雏鹜轻贱君。”（《送崔度还吴》）“竹实满秋浦，凤来何苦饥。还同月下鹊，三绕未安枝。”（《赠柳圆》）“树榛拔桂，囚鸾宠鸡。……子胥鸱夷，彭越醢醢。”（《万愤词投魏郎中》）可见，李白对于黑白颠倒、贤愚倒植的政治现实是多么敏感、多么愤懑！在这些作品中，最能体现出李白与屈原在政治情怀与文学精神等方面气脉相通的作品是《鸣皋歌送岑征君》：

若有人兮思鸣皋，阻积雪兮心烦劳。洪河凌竞不可以径度，冰龙鳞兮难容舠。邈仙山之峻极兮，闻天籁之嘈嘈。霜崖缟皓以合沓兮，若长风扇海，涌沧溟之波涛。玄猿绿罴，舔舕崟岌；危柯振石，骇胆栗魄；群呼而相号。峰峥嵘以路绝，挂星辰于岩嶅。送君之归兮，动鸣皋之新作。交鼓吹兮弹丝，觞清泠之池阁。君不行兮何待？若反顾之黄鹤。扫梁园之群英，振大雅于东洛。巾征轩兮历阻折，寻幽居兮越巉崿。盘白石兮坐素月，琴松风兮寂万壑。望不见兮心氛氲，萝冥冥兮霰纷纷。水横洞以下渌，波小声而上闻。虎啸谷而生风，龙藏溪而吐云。冥鹤清唳，饥鼯嚬呻。魂独处此幽默兮，愀空山而愁人。鸡聚族以争食，凤孤飞而无邻。蝘蜓嘲龙，鱼目混珍。嫫母衣锦，西施负薪。若使巢由桎梏于轩冕兮，亦奚异乎夔龙蹩躠于风尘。哭何苦而救楚？笑何夸而却秦。吾诚不能学二子，沽名矫节以耀世兮，固将弃天地而遗身。白鸥兮飞来，长与君兮相亲。

历来许多评论者看到了此诗与楚辞的渊源，如南宋曾季貍《艇斋诗话》云：“《鸣皋歌》云：‘鸡聚族以争食，凤孤飞而无邻。

蝘蜓嘲龙，鱼目混珍。嫫母衣锦，西施负薪。’如此等语，与《骚》无异。”[①] 明代周珽《唐诗选脉会通评林》云：“通篇仿《楚辞》意，发衰世之慨。观‘鸡聚族’以下数语，其作于天宝杨、李用事之时乎？”[②]《十八家诗钞评注》云：“此诗声响，逼似《九辩》。”[③] 这些论断都指出了李白沿着屈原的方向，以凤凰与凡鸟的对立与错位来表达对于才能的极度自信却落入不遇境地的极度苦闷。特别是北宋著名文学家晁补之不仅看到了李白诗与屈骚运用凤凰与凡鸟对立与错位的表达方式上的一致，还看到了二者精神的一致，由此断定李白《鸣皋歌送岑征君》不是诗而是楚辞，表达的是自疏之意：“《鸣皋歌》一篇，本末《楚辞》也，而世误以为诗。因为出之。其略曰：‘蝘蜓嘲龙，鱼目混珍。嫫母衣锦，西施负薪。’此谆谆效屈原《卜居》及贾谊《吊屈原》语，而白才自逸荡，故或离而去之云。”[④] 的确，晁补之所谓李白之自疏源于诗人对于“楚人不识凤，重价求山鸡”（《赠从弟冽》）的荒诞现实的认识及“无由谒明主”（《赠从弟冽》）的绝望，而且，此诗人的自疏是对才能的自信和对操守的忠贞的高调表白。总之，李白《鸣皋歌送岑征君》与《楚辞》的《离骚》《九辩》《卜居》以及汉代贾谊《吊屈原赋》等作品的内容与手法具有惊人的相似性。不过，且不论晁补之认为《鸣皋歌送岑征君》是楚辞而不是诗的观点，该诗倒是极富李白乐府、歌行的起伏跌宕的个性色彩。这就是晁补之所谓既能效仿又能做到“离而去之”。关于李白诗作与楚骚传统之间的离合关系，《唐宋诗醇》说得很中肯：“（李白）作骚体便觉屈原、宋玉去人不远，其不规规步趋处，正是其才高气逸为之耳。”[⑤]

还应该看到，李白以凤凰与凡鸟的对立与错位作为荒诞政治的表征具有激烈批评精神之外，又总是流露出对于才能的自信、对操守的忠贞，如“凤饥不啄粟，所食唯琅玕。焉能与群

①（宋）曾季貍《艇斋诗话》，历代诗话续编本，中华书局2006年版，第322页。

②③陈伯海《唐诗汇评》，浙江教育出版社1996年版，第627页。

④（唐）李白著，瞿蜕园、朱金城校注《李白集校注》，上海古籍出版社1980年版，第511页。

⑤（清）乾隆御定《唐宋诗醇》，上海科学技术文献出版社2020年版，第68页。

鸡，刺蹙争一餐”（《古风》四十），与“安能摧眉折腰事权贵，使我不得开心颜”（《梦游天姥吟留别》）之不妥协、不屈服的抗争精神是一致的。李白在其他诗作中用同样的方法表达了类似的情感，如“耻将鸡并食，长与凤为群”（《赠郭季鹰》）是称赞他人也是自我激励。

可以说，李白以其极为浓烈的个性情感、锋芒毕露的人格精神，激活了屈原开创的凤凰与凡鸟对立与错位的士不遇书写模式，弘扬了其潜藏的不妥协、不屈服的抗争精神。李白就像一个中继站，接过屈原的凤凰与凡鸟对立与错位的士不遇书写模式，并将其发扬、传承，激励后代文人坚持个人操守，守护纯真心灵，“苏世独立，横而不流”（屈原《九章·橘颂》），就像明代袁中道所说的：“凤凰不与凡鸟共巢，麒麟不共凡马同枥，大丈夫当独往独来，自舒其逸耳，岂可逐世啼笑，听人穿鼻络首！”[①] 李白之后的诗坛还时时能听到屈原的回响，如宋代张咏《解嘲》：

> 我本高阳徒，平生意气凌清虚。词锋即日未见试，壮年束手来穷途。蛟龙岂是池中物，风雨不来狂不得。五都年少莫相猜，鸾凤鸡犬非朋侪。志士抱全节，愚下焉复知。宁作鸾凤饥，不为鸡犬肥。君不见淮阴汉将未逢时，市人颇解相轻欺。又不闻宣尼孜孜救乱治，厄宋围陈亦何已。往者尚有然，余生匆多耻。休夸捷给饶声光，莫以柔滑胜刚方。我爱前贤似松柏，肯随秋草凋寒霜。道在康民致尧禹，岂要常徒论可否。兴来转脚上青云，何必羸驴苦相侮。

仅就这一点而言，楚辞真可谓“衣被词人，非一代也”[②]。

①（明）袁中道《吏部验封司郎中中郎先生行状》，《珂雪斋集》，上海古籍出版社 1989 年版，第 756 页。

②（南朝梁）刘勰著，范文澜注《文心雕龙注》，人民文学出版社 1958 年版，第 47 页。

第二节　凤凰与士不遇焦虑调适的书写——以嵇康、白居易、邵雍为例

如何消解士不遇的焦虑？魏晋以来的文人逐步引入隐居后的日常生活来对抗政治实践，通过重估、建构隐居的价值来消解不遇的焦虑。从三国时期的嵇康到中唐的白居易再至北宋的邵雍，都在超越士不遇焦虑的精神探索中对闲居生活的价值有了独特的体认。嵇康一生大多时间处于闲居状态，曾表达了退隐的决绝态度并高扬其人生境界；白居易退居洛阳达十八年之久，曾苛评嵇康的退隐不够超然；邵雍退居于白居易曾生活过的洛阳履道坊，创作受其影响，但对闲居生活的体认迥异。德国诗人荷尔德林提出的“诗意地栖居”命题经过海德格尔的阐发具有精神超越的理论取向。中国古代不遇的士人往往通过重估、建构隐居期间日常生活的价值，追求“诗意地隐居”的境界，以调适和消解士不遇的焦虑。嵇康肯定隐居的价值、否定入仕的价值，白居易悬置隐居、入仕的价值高下评判，邵雍建构隐居的道德、哲学意义抗衡入仕的价值。这是引入日常生活消解士不遇焦虑的三条路径，分别是以道家的、佛教的、儒家的方式审视退处的日常生活，是中国古代不遇士人探求精神超越旅程的重要环节，并最终突破出与处、进与退、仕与隐等对立话语的陷阱，走出了士不遇焦虑心理的困境。中国文人日渐走出了屈原曾经无法超越的士不遇的心理焦虑，然而，关于士不遇焦虑的调适和消解的文学书写依然受到屈原的凤凰与凡鸟对立与错位的士不遇书写模式的启发与影响，特别是选择凤凰作为人生体验和自我形象的表征：“鸾凤避尉罗，远托昆仑墟”（《答二郭诗》其三）是嵇康处境与选择的隐喻，“双凤栖梧鱼在藻，飞沉随分各逍遥”（《梦得相过，援琴命酒，因弹秋思偶咏所怀，兼寄继之待价二相府》）是白居易“中隐”思

想的隐喻，“凤凰楼下新闲客，道德坊中旧散仙”（《天津弊居蒙诸公共为成买作诗以谢》）是邵雍“安乐”境界的隐喻。

一、鸾凤避尉罗，远托昆仑墟：嵇康“逍遥境界”的隐喻

首先，从嵇康对现实及其处境的体认说起。嵇康“乐道闲居”（《幽愤诗》），一生基本处于闲居状况。在他看来，现实就是一张让人无处可藏的巨网：“云网塞四区，高罗正参差”（《兄秀才公穆入军赠诗》其一），“人生譬朝露，世变多百罗”（《杂诗》其六）。由《与山巨源绝交书》道出的“必不堪者七”可以看出嵇康所谓网罗还包含世俗的诸多方面。其《答二郭诗》其三云：

> 详观凌世务，屯险多忧虞。
> 施报更相市，大道匿不舒。
> 夷路值枳棘，安步将焉如。
> 权智相倾夺，名位不可居。
> 鸾凤避尉罗，远托昆仑墟。
> 庄周悼灵龟，越稷畏王舆。
> 至人存诸己，隐璞乐玄虚。
> 功名何足殉，乃欲列简书。
> 所好亮若兹，杨氏叹交衢。
> 去去从所志，敢谢道不俱。

嵇康对时世的判断当然具有具体的政治现实所指，即曹魏与司马氏两个集团之间的残酷政治倾轧，这是“人间之委曲”的重要内容；更有“施报更相市”“权智相倾夺”之类对于现实人际关系的判断。嵇康诗常常以凤凰的处境喻自己的处境，挣脱

网罗，高飞异域的凤凰成为嵇康自我形象的隐喻，如“翩翩凤翮，逢此网罗”（《游仙诗》），“鸾凤避尉罗，远托昆仑墟”（《答二郭诗》其三）。他既表现凤凰与凡鸟的对立与错位，喻现实的黑暗颠倒，如“斥鷃擅蒿林，仰笑神凤飞。坎井蝤蛙宅，神龟安所归”（《述志诗》其一），更多的是描写凤凰远翔异域，如《杂诗》其三：

抄抄翔鸾，舒翼太清。
俯眺紫辰，仰看素庭。
凌蹑玄虚，浮沉无形。
将游区外，啸侣长鸣。
神□不存，谁与独征。

这里分明可见先秦两汉士人以凤凰隐喻对现实与处境的体认的文学传统。需要指出的是，汉代文人笔下高飞不下的凤凰传达的是对君德的吁求，嵇康诗中远翔异域的凤凰传达的远不止于对君王的批评，而是拓展至对整个社会现实的批评。

再来看嵇康的理想人生境界。嵇康曾模仿《卜居》创作了《卜疑》来表达其人生思考：

吾宁发愤陈诚，谠言帝庭，不屈王公乎？将卑懦委随，承旨倚靡，为面从乎？宁恺悌弘覆，施而不德乎？将进趋世利，苟容偷合乎？宁隐居行义，推至诚乎？将崇饰矫诬，养虚名乎？宁斥逐凶佞，守正不倾，明否臧乎？将傲倪滑稽，挟智任术，为智囊乎？宁与王乔、赤松为侣乎？将追伊挚而友尚父乎？宁隐鳞藏彩，若渊中之龙乎？将舒翼扬声，若云间之鸿乎？宁外化其形，内隐其情，屈身随时，陆沉无名，虽在人间，实处冥冥乎？将激昂为清，锐思为精，行与世异，心与俗并，所在必闻，恒荧荧乎？宁寥落闲放，无所矜尚，彼我为一，不争不让，游心皓素，忽然坐忘，追羲农而不及，行中路而惆怅乎？将慷慨以为壮，感慨以为亮，上干万乘，下凌将相，尊严其容，高自矫抗，常如失职，怀恨怏怏乎？宁聚货千亿，击钟鼎食，枕藉芬芳，婉娈美色乎？将苦身竭力，翦除荆棘，山居谷饮，倚严而息乎？宁如伯奋、仲堪，二八为偶，排摈共、鲧，令失所乎？将如箕山之夫，白水之女，轻贱唐、虞，而笑大禹乎？宁如泰伯之隐德潜让，而不扬乎？将如季札之显节义慕，为子臧乎？宁如老聃之清净微妙，守玄抱一乎？将如庄周之齐物，变化洞达而放逸乎？宁如夷吾之不吝束缚，而终立霸功乎？将如鲁连之轻世肆志，高谈从容乎？宁如市南子之神勇内固，山渊其志乎？将如毛公、蔺生之龙骧虎步，慕为壮士乎？此谁得谁失？何凶何吉？时移俗易，好贵慕名，臧文不让位于柳季，公孙不归美于董生，贾谊一当于明主，绛灌作色而扬声；况今千龙并驰，万骥俱征。纷纭交竞，逝若流星，敢不惟思，谋于老成哉？[①]

①（三国魏）嵇康著，戴明扬校注《嵇康集校注》，中华书局2014年版，第236—237页。

嵇康在这里列举的人生选择达到二十八种，“隐居行义，推至诚”就是其中之一，而且，文章开头借问卜者之口道出“思丘中之隐士，乐川上之执竿”的念头，又借卜者之口道出了他的选择：

若先生者，文明在中，见素抱璞，内不愧心，外不负俗，交不为利，仕不谋禄，鉴乎古今，涤情荡欲。夫如是吕梁可以游，汤谷可以浴，方将观大鹏于南溟，又何忧于人间之委曲！[②]

②同上，第237页。

显然，这是庄子的理想人生境界。嵇康其他诗歌作品透露出诸多有助于理解其理想人生境界的信息，如：

泛泛柏舟，载浮载滞。微啸清风，鼓楫容裔。放棹投竿，优游卒岁。（《酒会诗》其二）

息徒兰圃，秣马华山。流磻平皋，垂纶长川。目送归鸿，手挥五弦。俯仰自得，游心太玄。（《兄秀才公穆入军赠诗》其十五）

嵇康《与山巨源绝交书》将其理想人生境界表达得最为清晰："今但愿守陋巷，教养子孙，时与亲旧叙阔，陈说平生，浊酒一杯，弹琴一曲，志愿毕矣。"① 看来，嵇康所谓"远托昆仑墟"并非遁入山林，而只是精神超越。既然弹琴、啸歌、垂钓、弋猎、泛舟等都具有实现人生价值的意义，就是将人生安顿于现世，其实质是以审美的眼光看待日常生活，摆脱羁绊，达到心灵自由。

问题是亲情、友情何以成为意义与价值所在？嵇康受累系狱时所写《幽愤诗》剖白道："托好老庄，贱物贵身。志在守朴，养素全真。"可见，他是将价值取向投至对人性本真的呵护。嵇康只是"托于老庄忘情"②，其实钟于亲情和友情，认为"匿情矜吝，小人之至恶"，"任心无邪，不议于善而后正"（《释私论》）③，从"越名教而任自然"（《释私论》）④ 的高度，钟于亲情、友情，视其为人性本真之自然而然的表露。正是基于此，嵇康被视为"情至之人"⑤。嵇康秉持以"养素全真"为人生价值追求，退处的空间不是林薮、仙界、田园，而是日常生活，通过重估与建构日常生活的审美价值来对抗政治实践的功利价值，从而在现世实现超越，也就化解了不能入仕或不愿意入仕带来的心理焦虑。因此，罗宗强说"嵇康是第一位把庄子的返归自然的精神境界变为人间境界的人"⑥。嵇

①（三国魏）嵇康著，戴明扬校注《嵇康集校注》，中华书局 2014 年版，第 199 页。

②④（清）陈祚明评选《采菽堂古诗选》，上海古籍出版社 2009 年版，第 218 页。

③⑤（三国魏）嵇康著，戴明扬校注《嵇康集校注》，中华书局 2014 年版，第 402—403 页。

⑥罗宗强《玄学与魏晋士人心态》，天津教育出版社 2005 年版，第 83 页。

康的价值在于否定了当时通行的“小隐隐陵薮，大隐隐朝市”（王康琚《反招隐诗》），即山林之隐和吏隐，在关于隐居生活及消解士不遇的思索与实践之途又向前迈出了一步。后来的陶渊明将隐逸的空间转向田园，努力在田园实现超越，基本沿袭嵇康建构日常生活的审美价值的途径。

嵇康《兄秀才公穆入军赠诗》十九首其一几乎是一首关于凤凰的咏物诗，实际上是诗人对于社会、人生的体悟及对于道路选择的思考的隐喻：

双鸾匿景曜，戢翼太山崖。
抗首漱朝露，晞阳振羽仪。
长鸣戏云中，时下息兰池。
自谓绝尘埃，终始永不亏。
何意世多艰，虞人来我维。
云网塞四区，高罗正参差。
奋迅势不便，六翮无所施。
隐姿就长缨，卒为时所羁。
单雄翩独逝，哀吟伤生离。
徘徊恋俦侣，慷慨高山陂。
鸟尽良弓藏，谋极身必危。
吉凶虽在己，世路多崄巇。
安得反初服，抱玉宝六奇。
逍遥游太清，携手长相随。

诗的第一段是一至八句，描写双鸾于太山或息于山崖或戏于云中的宁静安详；第二段是九至二十句，描写管理山泽草木鸟兽的虞人骤然布下巨网，双鸾一为网所羁一奋力逃脱；第三段是后八句，特别指出施害者也逃脱不了被害的结局，进一步感慨世路艰险，危机四伏，并思考何以能够返璞归真，逍遥太清。可见，在嵇康看来，自己暂时挣脱了世俗之网的束缚，努力以老庄思想平复因退隐带来的内心波动。但是，此纯为一种精神超越，实在难以具备现实的可操作性。而且，嵇康虽曾努力从现实脱逃，但还是难以真正达到内心的安宁，起码无法慰藉内心的孤独，就像其《述志诗》二首其二所说的："何为人事间，自令心不夷。慷慨思古人，梦想见容辉。愿与知己遇，舒愤启幽微。"嵇康的退隐虽是观察与思考现实后做出的冷静选择，毕竟还是不得已而为之。明末清初陈祚明说："叔夜情至之人，托于老庄忘情，此愤激之怀，非其本也。"[①] 这话是有道理的。

南朝宋刘义庆《世说新语》称嵇康"身长七尺八寸，风姿特秀"，刘孝标注引《嵇康别传》："康长七尺八寸，伟容色，土木形骸，不加饰厉，而龙章凤姿，天质自然。正尔在群形之中，便自知非常之器。"[②] 嵇康常以鸾凤自喻，后人也常将其想象为鸾凤。南朝颜延之算得上是嵇康的知音，其《五君咏·嵇中散》也以凤凰喻指嵇康：

中散不偶世，本自餐霞人。
形解验默仙，吐论知凝神。
立俗迕流议，寻山洽隐沦。
鸾翮有时铩，龙性谁能驯。

颜延之以铩羽的凤凰喻嵇康，是对嵇康处境极其精确、巧妙的描述。不论羽翼是自铩还是他铩，也就是说，凤凰远遁栖息于他方，不论是被迫还是主动，其内心的孤傲是没有改变的，即所谓"龙性谁能驯"。作为乱世中的士人，从坚决拒绝山涛援引其出仕，到受友人牵连而被杀，始终坚定地守护内心的纯

①（清）陈祚明评选《采菽堂古诗选》，上海古籍出版社2009年版，第218页。

②（南朝宋）刘义庆著，余嘉锡笺疏《世说新语笺疏》，中华书局1983年版，第716页。

净，嵇康做到了！这已是人格境界之难以企及的高度！

唐代诗僧皎然有一首《咏史》：

独负高世资，冥冥寄浮俗。
卞子去不归，何人辨荆玉。
鬻春意不浅，污迹身岂辱。
鸾铩乐迍邅，虬蟠甘窘束。
五噫谲且正，可以见心曲。

这首咏史题材的作品就是思考不被理解，不受重用时该如何调适内心。诗中没有提到嵇康，但和颜延之一样，以铩羽的凤凰喻出世的士人。从“鸾铩乐迍邅，虬蟠甘窘束”一联的诗意来看，其所谓“鸾铩”应为凤凰自铩其羽翼，不然何来“乐迍邅”之说。看来，诗僧皎然是倡导对不遇采取欣然接受的人生态度，这是消解士不遇焦虑的更高的一重精神境界！皎然虽未提及嵇康，但其诗中表现的超越境界恰恰契合了后人对嵇康的想象。

后代不乏文人把嵇康想象为一个高飞不下，远栖他方的凤凰，如南朝江淹《杂体诗·嵇中散康言志》：“灵凤振羽仪，戢景西海滨。朝食琅玕实，夕饮玉池津。”明代夏完淳《嵇叔夜言志》：“灵凤矫羽翼，飘然云际飞。明餐若木华，夜饮苍渊池。”清代纳兰性德《效江醴陵杂拟古体诗二十首》之《嵇叔夜言志》：“琅玕啄凤鸾，腐鼠吓鸱鸢。寒蝉饮清露，苍蝇集腥膻。”这几首诗都是模拟嵇康的口吻所写，其实是借嵇康之酒杯，浇自己心中之块垒，因为感同身受，对嵇康内心世界的理解是准确的。但是，他们对于士不遇的反思没有超出前人，倒是纳兰性德《嵇叔夜言志》道出文人道路选择之艰难的宿命：

杨朱泣路歧，墨翟悲素丝。
灵蔡甘曳尾，郊牛惮为牺。
处则尚其志，出则颠其颐。
子云自投阁，董生常下帷。
琅玕啄凤鸾，腐鼠吓鸱鸢。
寒蝉饮清露，苍蝇集腥膻。
予生实懒慢，傲物性使然。
涉世违世用，矫俗迕俗欢。
金羁非鹿饰，丰草意所安。
琴弹广陵散，啸上苏门巅。
采术服黄精，终期学长年。

“墨翟悲素丝”本就君王用人而言，“杨朱泣路歧”就常人选择人生道路而言[①]；但是，从阮籍《咏怀》使用这两个典故开始，便都成为人生道路选择需要极其慎重的经典叙事[②]。纳兰性德引述汉代的扬雄和董仲舒的人生际遇，将出世与入世视为二者必居其一的选项摆在文人面前，无法回避。这道选择题显示出中国古代文人的宿命。

退处是许多文人的选择，却又免不了满腹牢骚；嵇康把退处的生活诗意化，使退处的人生道路具有栖息心灵的价值。如果将入世为官，建功立业作为实现生命价值的唯一途径，才会觉得退处浪费生命而感到沮丧；嵇康反而否定了入世为官的价值，认为那是对生命本性的戕害，而以退处作为“养素全真”的途径而具有价值。钟嵘《诗品》称嵇康诗“托谕清远”[③]，刘勰《文心雕龙·明诗》称“嵇志清峻”[④]，造就“清远”“清峻”正是嵇康的人生选择使其具有超凡脱俗的品格。作为名士，他还将其价值追求凌驾于礼法之士汲汲于功名利禄的价值追求之上并加以无情嘲弄，从而使其成为当政者的对立

①《墨子·所染》：“子墨子言见染丝者而叹，曰：染于苍则苍，染于黄则黄，所入者变，其色亦变。五入必，而已则为五色矣。故染不可不慎也。非独染丝然也，国亦有染。舜染于许由、伯阳，禹染于皋陶、伯益，汤染于伊尹、仲虺，武王染于太公、周公。”《列子·说符》：杨子之邻人亡羊，既率其党，又请杨子之竖追之。杨子曰：“嘻！亡一羊何追者之众？”邻人曰：“多歧路。”既反，问：“获羊乎？”曰：“亡之矣。”曰：“奚亡之？”曰：“歧路之中又有歧焉，吾不知所之，所以反也。”杨子戚然变容，不言者移时，不笑者竟日。门人怪之，请曰：“羊，贱畜，又非夫子之有，而损言笑者，何哉？”杨子不答，门人不获所命。

②阮籍《咏怀》二十：杨朱泣路歧，墨子悲染丝。揖让长离别，飘摇难与期。岂徒燕婉情，存亡诚有之。萧索人所悲，祸衅不可辞。赵女媚中山，谦柔愈见欺。嗟嗟途上士，何用自保持。

③（南朝梁）钟嵘著，曹旭笺注《诗品笺注》，人民文学出版社 2009 年版，第 118 页。

④（南朝梁）刘勰著，范文澜注《文心雕龙》，人民文学出版社 1958 年版，第 67 页。

面。难怪当时的隐士孙登对嵇康说："君性烈而才俊，其能免乎？"[①] 果不其然！

①（晋）陈寿撰，（宋）裴松之注《三国志》，中华书局 1959 年版，第 606 页。

不得不指出，在肯定嵇康的人生选择的社会、政治批判意义的同时，也要看到其负面影响，放弃社会责任可以作为个体的选择，但不能作为一个群体的选择。西晋诗人刘琨临死之前曾反思他曾对于名士的热衷："昔在少壮，未尝检括，远慕老庄之齐物，近嘉阮生之放旷，怪厚薄何从而生，哀乐何由而至。自倾辀张，困于逆乱，国破家亡，亲友凋残，负杖行吟，则百忧俱至，块然独坐，则哀愤两集……然后知聃周之为虚诞，嗣宗之为妄作也。"（《答卢谌书》）[②] 刘琨说自己曾效仿的对象是阮籍，但其实，嵇康和阮籍一样对于当时的士人颇有示范效应，刘琨实际上是已经看到个体只追求心灵自由而搁置社会责任带来的后果。

②（清）严可均辑《全上古三代秦汉六朝文》，中华书局 1958 年版，第 2082 页。

二、双凤栖梧鱼在藻，飞沉随分各逍遥：白居易"闲适"境界的隐喻

唐宪宗元和十年（815），白居易被贬江州司马，因宦海风波恐惧感加剧，他开始收敛锋芒。谪居江州期间，他曾思考其出处进退，萌生过"吏隐"的想法，正如其《江州司马厅记》所说的，"苟有志于吏隐者，舍此官何求焉"[③]，庐山草堂山居生活可以说是初步尝试。穆宗长庆二年（822）至四年出刺杭州和敬宗宝历元年（825）至二年出刺苏州期间，白居易才真正践行"吏隐"，任杭州刺史期间的诗作《奉和李大夫题新诗二首六韵·因严亭》云"箕颍人穷独，蓬壶路阻难。何如兼吏隐，复得事跻攀"，任苏州刺史期间的诗作《郡西亭偶咏》云"莫遣是非分作界，须教吏隐合为心"，都表明了这一点。从文宗大和三年（829）以太子宾客分司东都洛阳至会昌六年（846）去世的近 18 年时间里，白居易基本闲居于洛阳。也就

③（唐）白居易著，顾学颉校点《白居易集》，中华书局 1979 年版，第 933 页。

是在其间的大和三年，白居易正式提出“中隐”一说，概括其人生超越境界，并在《中隐》《咏所乐》等诗作中阐发了其内涵，由其为居洛期间所写诗作序时发出“文士多数奇，诗人尤命薄”（《序洛诗》）[①] 之慨叹还可以窥见其“中隐”说之消解士不遇的文化动机。

①（唐）白居易著，顾学颉校点《白居易集》，中华书局1979年版，第1474页。

早在谪居江州期间，白居易创作《答崔侍郎、钱舍人书问因继以诗》表明了关于进退出处以及调适不遇焦虑的思考：

旦暮两蔬食，日中一闲眠；
便是了一日，如此已三年。
心不择时适，足不拣地安；
穷通与远近，一贯无两端。
常见今之人，其心或不然；
在劳则念息，处静已思喧。
如是用身心，无乃自伤残？
坐输忧恼便，安得形神全？
吾有二道友，蔼蔼崔与钱。
同飞青云路，独堕黄泥泉。
岁暮物万变，故情何不迁？
应为平生心，与我同一源。
帝乡远于日，美人高在天？
谁谓万里别？常若在目前。
泥泉乐者鱼，云路游者鸾；
勿言云泥异，同在逍遥间。
因君问心地，书后偶成篇；
慎勿说向人，人多笑此言。

据朱金城《白居易年谱》，该诗作于元和十二年（817）[②]，即

②朱金城《白居易年谱》，上海古籍出版社1982年，第83页。

贬至江州的第三个年头，因此诗中称“如此已三年”。诗中所谓二道友即崔群、钱徽，“白氏与崔群元和二年十一月六日同时入充翰林学士，两人交谊至笃”[①]。元和十一年，颇受唐宪宗信任的钱徽因进言停止淮西之征被罢翰林学士。元和十二年七月，崔群由户部侍郎拜中书侍郎同中书门下平章事。从《答崔侍郎、钱舍人书问因继以诗》的内容来看，自己以及朋友的急剧起伏升降直接诱使白居易思考如何面对进退出处。所谓“泥泉乐者鱼，云路游者鸾；勿言云泥异，同在逍遥间”，是诗人以云路中的鸾和泥泉里的鱼分别喻入仕与退处，以内心的逍遥作为终极追求，鸾与鱼自然分不出高下。

①朱金城《白居易年谱》，上海古籍出版社1982年，第77页。

白居易居洛第五年曾为其居洛期间所写诗作序即《序洛诗》，该序云：

> 予历览古今歌诗，自《风》《骚》之后，苏、李以还，次及鲍、谢徒，迄于李、杜辈，其间词人，闻知者累百，诗章流传者巨万。观其所自，多因谗冤谴逐，征戍行旅，冻馁病老，存殁别离，情发于中，文形于外：故愤忧怨伤之作，通计今古，什八九焉。世所谓文士多数奇，诗人尤命薄，于斯见矣。[②]

②③（唐）白居易著，顾学颉校点《白居易集》，中华书局1979年版，第1474页。

尽管白居易在为自己“寿过耳顺，幸无病苦，官至三品，免罹饥寒”（《序洛诗》）[③]感到庆幸，实际上他在思考士人的穷通出处。也就是在闲居洛阳期间，白居易正式提出“中隐”说，来概括其人生超越境界。其诗《中隐》云：

> 大隐住朝市，小隐入丘樊。
> 丘樊太冷落，朝市太嚣喧。
> 不如作中隐，隐在留司官。

似出复似处，非忙亦非闲。
不劳心与力，又免饥与寒。
终岁无公事，随月有俸钱。
君若好登临，城南有秋山。
君若爱游荡，城东有春园。
君若欲一醉，时出赴宾筵。
洛中多君子，可以恣欢言。
君若欲高卧，但自深掩关。
亦无车马客，造次到门前。
人生处一世，其道难两全。
贱即苦冻馁，贵则多忧患。
唯此中隐士，致身吉且安。
穷通与丰约，正在四者间。

中国古代的士人，不论是居庙堂之高，还是处江湖之远，心灵往往徘徊于出与处之间而承受焦虑之苦：居庙堂之高，则梦想退隐的洒脱，处江湖之远，则渴求建功立业的荣耀。南朝谢灵运贬至永嘉太守任上所写《登池上楼》以高飞的鸿喻进取，以深潜的虬喻退处，即“潜虬媚幽姿，飞鸿响远音。薄霄愧云浮，栖川怍渊沉。进德智所拙，退耕力不任”，实际上，无论进退都无法做到内心的安宁。很多士人曾接受“吏隐”的观念，却又必须面对身心分离，人格分裂的风险，哪怕是魏晋的名士也无法真正做到“自然而然”。贾晋华曾阐述中国古代文人的“吏隐”思想及白居易的新“吏隐”观：“传统的‘吏隐’观强调身与心的分离。这种身心分离说源于魏晋玄学思想……郭象以尧及其他圣人为喻，阐释了他的‘吏隐’理论：人们可以高坐在朝廷庙堂上，只要他们的心神逍遥自由地游翔于山林绝冥之境。作为一位玄学大师，郭象试图齐一儒和道、名教和自然，以身和心的分离涵容中国士人作为终极追求的入世仕宦事业与作为心性超脱的出世自然生活，平衡政治体制与个体人格的矛盾。其后在唐代，王维进一步援引早期禅思想证成这种身心分离的‘吏隐’观念……从六朝至盛唐，这种身心分离的‘吏隐’说为士人所广泛接受。……大隐之士都依赖于身和心的分离来同时维持仕宦地位和超越心态。”[①] 白居易的“中隐”是通过悬置隐与仕、穷与通的差异，从而“将身和心重新合一……不必执着于厌弃或留恋哪一方，身心俱在朝市，情意无须远驰江湖，也能得闲适之意”[②]。白居易的“闲适”就是“无事”，包括身心与外内，在这一点上趋向于洪州禅之“饥来吃饭，困来即眠”（大珠慧海）[③]，“热即取凉，寒即向火”（长沙景岑）[④] 体现出的不问是非而达到的心无挂碍。洪州禅以彻底的“空”观消泯染与净的界限，既不执着于染，又不执着于净，主张“平常心是道”[⑤]，也就瓦解了持戒、诵经、坐禅等宗教生活的神圣性。不过，“‘空’的思想把一切都放在了否定的位置上，同时又把一切放在了肯定的位置上”[⑥]，其结果是一切都是修行，特别是将衣食住行等日常生活变成了修行的不二法门。白居易“中隐”体现的精神超越境界——适意，实际上就是不以为意，即不做价值思考。“白居易开始浸染洪州禅学，在唐宪宗元和三年至六年间”，谪居江州期间又跟马祖道一法嗣智常、持律兼行禅的神凑等过往极其密切，闲居洛阳期间跟马祖道一弟子如满过往甚密。[⑦] 白居易深受洪州禅的影响，以登临、游赏、宴饮等日常生活愉悦身心并达至“闲适”境界，也就使日常生活具有了审美的意义。其实，白居易早在谪居江州、出刺杭州和苏州期间践行的“吏隐”就已显示出洪州禅“平常心是道”的影响而悬置隐与仕的倾向。谪居江州期间所作《答崔侍郎、钱舍人书问因继以诗》云“心不择时适，足不拣地安；穷通与远近，一贯无两端”就是诗人对

①贾晋华《唐代集会总集与诗人群研究》，北京大学出版社 2015 年版，第 111—112 页。

②同上，第 112—113 页。

③（宋）释普济《五灯会元》，中华书局 1984 年版，第 157 页。

④同上，第 210 页。

⑤贾晋华《马祖语录校注》，《古典禅研究——中唐至五代禅宗发展新探》，上海人民出版社 2013 年版，第 292 页。

⑥葛兆光《中国禅思想史：从6世纪到9世纪》，北京大学出版社 1995 年版，第 166 页。

⑦贾晋华《唐代集会总集与诗人群研究》，北京大学出版社 2015 年版，第 108—110 页。

“平常心”的理解，诗人以此来宽慰自己，但没有信心向他人宣示，还叮嘱朋友“慎勿说向人，人多笑此言”。闲居洛阳时期所作《吾土》云“身心安处为吾土，岂限长安与洛阳”与上引诗句意同，而且，诗人开始将“平常心是道”的观念自信地谕示亲友。可见，洪州禅“平常心是道”的观念对白居易潜移默化几十年之久。其实，不论是其“吏隐”还是“中隐”，日常生活对于达至“闲适”境界的价值是一贯的。白居易的“吏隐”实质是突破仕与隐的界限，遁入公务之暇的日常生活以寻求心灵的超越，其郡斋诗都显示了这一点；而“中隐”则是悬置仕与隐的对立、会通仕与隐，追求身与心的安适。诗人居洛期间创作《三适赠道友》自矜足适、身适和心适，《北窗三友》称琴、酒、诗为三友都体现了这一点。游赏、宴饮、睡眠、垂钓、读书等日常生活如同洪州禅的衣食住行一样具有修行意义，成为白居易诗歌“闲适”境界的构成元素。“特别是‘安眠’与‘饮酒’，作为使白居易的‘闲’境得以成立的核心活动，被反复地叙述。”[①]

“中隐”的观念倒是彻底消解了士不遇的焦虑，但是，当士人以内心适意为终极追求时，便搁置了社会责任，也就失去士人群体充当社会良心的价值追求，更遑论“为天地立心，为生民立命，为往圣继绝学，为万世开太平”[②]。

白居易初谪江州，常引屈原为同道，抒发贬谪之悲，只是否定了屈原不愿调和仕与隐、出与处的决绝态度，不过，他在表达悬置仕与隐、出与处的价值观时将屈原的凤凰与凡鸟的对立与错位置换成鸾与鱼飞沉异势各逍遥作为其价值观的隐喻。白居易多次以凤、鱼为喻来表达人生体验与思考，除上引元和年间贬谪江州时所作《答崔侍郎、钱舍人书问因继以诗》“泥泉乐者鱼，云路游者鸾；勿言云泥异，同在逍遥间”外，还如长庆年间回到长安任中书舍人时作《玩松竹二首》其一：

①（日）埋田重夫《白居易研究：闲适的诗想》，西北大学出版社 2019 年版，第 7 页。

②（清）黄宗羲原著，全祖望补修《宋元学案》（第一册），中华书局 1986 年版，第 795 页。

龙蛇隐大泽，麋鹿游丰草。
栖凤安于梧，潜鱼乐于藻。
吾亦爱吾庐，庐中乐吾道。
前松后修竹，偃卧可终老。
各附其所安，不知他物好。

以及晚年闲居洛阳期间所作《梦得相过，援琴命酒，因弹秋思，偶咏所怀，兼寄继之、待价二相府》：

闲居静侣偶相招，小饮初酣琴欲调。
我正风前弄秋思，君应天上听云韶。
时和始见陶钧力，物遂方知盛圣朝。
双凤栖梧鱼在藻，飞沈随分各逍遥。

朱金城《白居易年谱》系上诗于开成三年（838）[①]，诗人此时任太子少傅，分司东都；诗题中的继之、待价分别为杨嗣复、李珏，此年正月，二人入相；刘禹锡则于开成元年授太子宾客，分司东都。此诗以“凤栖梧”指杨嗣复、李珏入相，以“鱼在藻”喻诗人自己和刘禹锡于东都任闲职。“我正风前弄秋思”是就自己和刘禹锡而言，“君应天上听云韶”是就杨、李二人言。至于杨、李二人入相期间能否做到逍遥不是诗人要表达的意思，诗人意在强调自己虽居闲职，但能够逍遥自适。

①朱金城《白居易年谱》，上海古籍出版社1982年版，第288页。

白居易膺服庄子，也信奉洪州禅。贬谪江州途中所作《读庄子》云：

去国辞家谪异方，中心自怪少忧伤。
为寻庄子知归处，认得无何是本乡。

显示出以庄子的逍遥境界作为人生追求以超越不遇焦虑的努力。但是，白居易对庄子逍遥境界的逻辑前提齐物论持反对态度，他在晚年退居洛阳期间作《读庄子》一诗鲜明地表达了这个态度：

> 庄生齐物同归一，我道同中有不同。
> 遂性逍遥虽一致，鸾凰终校胜蛇虫。

意即进与退、巧与拙、贤与愚、是与非的差别无法抹杀。《池鹤八绝句·鹤答鸢》也表达相同的观点：“无妨自是莫相非，清浊高低各有归。鸾鹤群中彩云里，几时曾见喘鸢飞。”那么到底如何才能做到进退不系于心而达到逍遥的境界呢？大和二至三年（828—829）短期任职于长安时作《对酒五首》其一云：

> 巧拙贤愚相是非，何如一醉尽忘机。
> 君知天地中宽窄，雕鹗鸾凰各自飞。

可以看出，白居易不同于庄子从本体论的层面否定朝与野、进与退等的差异，而只是从认识论的层面否定它们的差异，即不肯接受庄子本体论层面的相对主义，只愿接受认识论层面的相对主义，究其实，不过是将这些差别悬置起来，不加理会，不去追问而已。这就落至洪州禅的“平常心是道”的理路上来了。尽管白居易将凤与鱼并置依然可以看到屈原将凤凰与凡鸟对比的思维框架，但是，凤凰意象蕴含的批判精神已经荡然无存，剩下只是调适内心的生存智慧。

白居易在思考人生的价值时想到过嵇康吗？肯定想到过，其《读史》五首其二云：

祸患如棼丝，其来无端绪。
马迁下蚕室，嵇康就图圄。
抱冤志气屈，忍耻形神沮。
当彼戮辱时，奋飞无翅羽。
商山有黄绮，颍川有巢许。
何不从之游，超然离网罟？
山林少羁鞅，世路多艰阻。
寄谢伐檀人，慎勿嗟穷处。

白居易认为嵇康没有真正做到出世。应该说嵇康出世的态度不可谓不决绝，从《与山巨源绝交书》表达的“必不堪者七”可以看出这一点。问题在于他天真地将“养素全真”的人生价值实践放置在了一个充斥着阴谋与杀戮的现世，在人为刀俎我为鱼肉的情况下也许可以保持本性，但代价是放弃生命；而且，他高调地显扬其超凡脱俗的志趣来否定他人汲汲于功名的庸俗，从而将整个时世推至其对立面。嵇康留给后人的教训是：没有保全性命的物质基础，何来“养素全真”的精神超越！白居易对嵇康所处时代的认识未必清醒，也未必了解嵇康的内心世界，只是从嵇康的命运中吸取了教训。白居易的“中隐”思想显示，他不再纠缠出世与入世的价值高下之分，而是力图悬置对出世、入世的价值和意义的思考，说服自己安于日常生活，追求内心的适意。总之，白居易与嵇康一样，看到了闲居生活对于不遇士人消解焦虑、调适心灵的重要性，但对于入世的价值判断迥异，白居易无法否认入世的价值，嵇康彻底否定入世的价值。

三、凤凰楼下新闲客，道德坊中旧散仙：邵雍“安乐”境界的隐喻

北宋皇祐元年（1049），39岁的邵雍（字尧夫，谥康节，自号安乐先生、伊川翁）在屡经科场失意之后终于绝意仕进，迁居洛阳，因为他喜爱那里的山水。起初，他寄居洛水南岸天津桥畔位于道德坊的天宫寺，随后，洛阳友人为其置宅于洛阳城东南的履道坊；嘉祐七年（1062），洛阳友人在道德坊天津桥畔为其置建新居。天津桥跨洛河连接北岸的皇城和南岸的定鼎门大街，是交通要道，而且，道德坊风光极美。邵雍此时对其处境的体认是“有人若问闲居处，道德坊中第一家”（《闲居述事》），并将其居所命名为“安乐窝”，自号“安乐先生”。履道坊是唐代诗人白居易故居所在地，当时这里还留有许多白居易的遗迹，一度择居于此的邵雍当然会想到白居易，特别是在当时普遍学习白居易的风气之下。正如四库馆臣所说：“北宋自嘉祐以前，厌五季佻薄之弊，事事反朴还淳。其人品率以光明豁达为宗，其文章亦以平实坦易为主。故一时作者，往往衍长庆余风。王禹偁所谓‘本与乐天为后进，敢期杜甫是前身’者是也。邵子之诗，其源亦出白居易。而晚年绝意世事，不复以文字为长。意所欲言，自抒胸臆，原脱然于诗法之外。”① 不仅四库馆臣断定邵雍学白居易，邵雍的朋友司马光也持此看法，司马光《戏呈尧夫》云：

近来朝野客，无座不谈禅。
顾我何为者，逢人独懵然。
羡君诗即好，说佛众谁先。
只恐前身是，东都白乐天。

①（清）永瑢等撰《四库全书总目》，中华书局1965年版，第1322页。

的确，邵雍的诗在语言、技法乃至立意等方面的确与白居易有相似之处。不过，这里要特别关注的是，邵雍诗中表达的“安乐”与白居易诗中的“闲适”之间的异同，还需进一步追问邵雍是如何看待其闲居生活，如何超越退隐的心理焦虑。

邵雍也曾汲汲于功业理想，《宋史》称“雍少时，自雄其才，慷慨欲树功名”[1]，其诗《代书寄友人》也说：“当年有志高天下，尝读前书笑谢安。”这是笑谢安年轻时不如自己志向高远。邵雍为其志向还付出过艰辛的努力，“于书无所不读，始为学，即坚苦刻厉，寒不炉，暑不扇，夜不就席者数年”[2]。后来，他幡然醒悟，开始游历生活和学术生涯。显然，邵雍的功业理想未能实现，就通行的评价标准而言，他也长期沦落于不遇的窘境。正如朱熹评论的，“康节本是要出来有为的人”[3]，然而，他在而立之年有机会入仕时竟以病为由，谢绝举荐，隐居洛阳。现在虽难以揣测邵雍于此转变之中的心路历程，但是，隐居洛阳之后的心态，他在诗中屡屡剖白，表达得很清晰，那就是“安乐”：“已把乐为心事业，更将安作道枢机。”（《首尾吟》七十三）这到底是一种什么样的生活状态和心理状态？也就是说，邵雍所安安于什么，所乐乐于何事？其《伊川击壤集序》云：

> 《击壤集》，伊川翁自乐之诗也。非唯自乐，又能乐时，与万物之自得也。[4]

又，《吟乐乐》云：

> 吾常好乐乐，所乐无害义。
> 乐天四时好，乐地万物备，
> 乐人有美行，乐已能乐事。

①② （元）脱脱等撰《宋史》，中华书局1977年版，第12726页。

③（宋）黎靖德编《朱子语类》，中华书局1986年版，第2545页。

④（宋）邵雍著《伊川击壤集》，《邵雍全集》（四），上海古籍出版社2016年版，第1页。

此数乐以外，更乐微微醉。

看来，邵雍之乐一指向自身，一指向外部，即他所说的“名教之乐”和“观物之乐”。他曾说：

予自壮岁业于儒术，谓人世之乐何尝有万之一二，而谓名教之乐固有万万焉，况观物之乐复有万万者焉。（《伊川击壤集序》）[①]

所谓“名教之乐”实际上是通过修炼提升人格而获得的道德快感；所谓“观物之乐”就是探求宇宙化道并融入自然而获得的生命共感。[②] 至此就可以明白了——邵雍可以从追问天地之道的学问中获得快乐，他声称“学不至于乐，不可谓之学”（《观物外篇》）[③]；他也可以在道德修养与提升中得到满足。每年春秋季，邵雍会出游城中，“乘小车，一人挽之，惟意所适。士大夫家识其车音，争相迎候，童孺厮隶皆欢相谓曰：‘吾家先生至也。’不复称其姓字。或留信宿乃去。好事者别作屋如雍所居，以候其至，名曰‘行窝’”[④]。可见，邵雍在努力践行与社会、自然的和谐，并得到了社会的认同，他也十分享受这种认同。尽管迁居洛阳后不久，邵雍的生活发生转变，在友人、学生的资助下过着衣食无忧的生活，这一点与白居易闲居洛阳时的生活境况是相同的。但是，邵雍不仅在生活优裕时秉持安乐态度，在生活贫贱时也秉持安乐态度。他初至洛阳时生活还是很贫困的，但他能够做到怡然自乐：

初至洛，蓬荜环堵，不芘风雨，躬樵爨以事父母，虽平居屡空，而怡然有所甚乐，人莫能窥也。[⑤]

①（宋）邵雍著《伊川击壤集》，《邵雍全集》（四），上海古籍出版社2016年版，第2页。

②王竞芬《逍遥安乐的审美人生》，《安徽师范大学学报》2004年第6期。

③（宋）邵雍著《皇极经世》，《邵雍全集》（一），上海古籍出版社2016年版，第1225页。

④（元）脱脱等撰《宋史》，中华书局1977年版，第12726页。

⑤同上，第12727页。

即使在迁至友人为其置建，他名之为安乐窝的新居时，他过的是“岁时耕稼，仅给衣食”[①]的生活。可见，其安乐的态度与物质条件没有关系。有学者认为邵雍的安乐思想是对儒家思想的背离和抗拒，[②]其实只是看到了表象，恰恰相反，邵雍安乐思想正是儒家安贫乐道的延续和在新环境下的变异。四库馆臣就认为“邵子抱道自高，盖亦颜子陋巷之志”[③]。所谓“颜子陋巷之志”就是孔子称赞的安贫乐道精神，即：“贤哉，回也！一箪食，一瓢饮，在陋巷，人不堪其忧，回也不改其乐。贤哉，回也。”[④]孔子也说：“饭疏食饮水，曲肱而枕之，乐亦在其中矣。不义而富且贵，于我如浮云。”[⑤]邵雍不刻意回避物质生活的富足，只是以过度为戒。因此，他爱饮酒，爱赏花，但主张“饮酒莫教成酩酊，赏花慎勿至批离”（《安乐窝中吟》）。归根结底，邵雍安身立命的方式还是儒家的安贫乐道，以道自任。

邵雍在《寄谢三城太守韩子华舍人》中采用主客问答的方式剖白其对于人生选择的思考，声称“阅史悟兴亡，探经得根源”，可见，他是在洞察人生与历史之后冷静地做出了人生选择。他借客之口道出了世人对于其隐居不仕的不解：

道德与仁义，不徒为空言。
功业贵及时，何不求美官。
上食天子禄，下拯苍生残。

显然，这是将立德居于立功之下的传统观点。邵雍的回答是：

予敢对客曰，事有难其诠。
身非好敝缊，口非恶珍膻。
岂不知系匏，而固辞执鞭。

①（元）脱脱等撰《宋史》，中华书局1977年版，第12727页。

②刘方《宋代两京都市文化与文学》（中国社会科学出版社2016年版，第257页）称：“邵雍为其宅第命名为安乐窝，如果我们将其名称放置于儒家传统思想的脉络之中，则可以发现，安乐窝的命名，有违于儒家入世精神和反对安乐的思想。”

③（清）永瑢等撰《四库全书总目》，中华书局1965年版，第1322页。

④杨伯峻译注《论语译注》，中华书局1980年版，第59页。

⑤同上，第70—71页。

盖惧观朵颐，敢忘贲丘园。
深极有层波，峻极有层巅。
履之若平地，此非人所艰。
贫贱人所苦，富贵人所迁。
处之若无事，此诚人所难。
进行己之道，退养己之全。
既未之易地，胡为乎不坚。
敢谓客之说，曾无所取焉。
猗嗟乎玉兮，产之于荆山。
和氏虽云知，楚国未为然。
污隆道屈伸，进退时后先。
苟不循此理，玉毁谁之愆。
道之未行兮，其命也在天。

邵雍的基本意思是：面对贫贱与富贵的差异，一般人的确难以做到处之泰然；但是，隐居既可以“行己之道”，又可以“养己之全”；再说，也不是每个人都能够受知于人而发挥才能的。其《和闲来》还表达了不愿为人驱使而丧失本性和生命，宁可隐居不出的观点：

以身观万物，万物理非遥。
马为乘多瘦，龟因灼苦焦。
能言谢鹦鹉，易饱过鹪鹩。
伊洛好烟水，愿同渔与樵。

邵雍在《答人言》中重估了出世的卿相与隐居的寒儒的价值：

卿相一岁俸，寒儒一生费。

人爵固不同，天爵何尝匮？
不有霜与雪，安知松与桂？
虽无官自高，岂无道自贵？

所谓人爵、天爵，语出《孟子·告子上》，即："仁义忠信，乐善不倦，此天爵也；公卿大夫，此人爵也。"[①] 白居易《池上即事》云："身闲当贵真天爵，官散无忧即地仙。"白居易所谓天爵显示出对于内心轻松舒适的重视。显然，邵雍所谓天爵与白居易所指不同，邵雍强调寒儒对于道的追求的合理性，结合上引《寄谢三城太守韩子华舍人》，邵雍将立德置于立功之上，从而彰显隐居修行，体悟天道，提升道德水平的价值，从而超越了仕与隐、立功与立德价值高下的评判，也就超越了在仕与隐之间进行选择的焦虑与痛苦。

①杨伯峻译注《孟子译注》，中华书局1960年版，第271页。

作为一个理学家，邵雍从本体论上将世界分为善恶两端，并彰显二者的冲突，其《唯天有二气》云：

唯天有二气，一阴而一阳。
阴毒产蛇蝎，阳和生鸾凰。
安得蛇蝎死，不为人之殃。
安得凤凰生，长为国之祥。

与此相应，其人性论则是以善恶将人分为君子与小人两类，其《君子吟》云：

君子与义，小人与利。与义日兴，与利日废。
君子尚德，小人尚力。尚德树恩，尚力树敌。
君子作福，小人作威。作福福至，作威祸随。
君子乐善，小人乐恶。乐恶恶至，乐善善归。

君子好誉，小人好毁。好毁人怒，好誉人喜。
君子思兴，小人思坏。思兴召祥，思坏召怪。
君子好与，小人好求。好与多喜，好求多忧。
君子好生，小人好杀。好生道行，好杀道绝。

邵雍认为宇宙构成的阴阳二气具有善与恶的伦理特性并以凤凰与蛇蝎来标示，还沿袭《诗经》的传统以凤凰喻君子之善，如“良如金玉，重如丘山。仪如鸾凤，气如芝兰”（《善人吟》），并结合屈原将凤凰与凡鸟对立的思路，以麒麟凤凰与枭鸩蛇蝎的对立来表现君子与小人的对立，如“芝兰芬芳，麒麟凤凰。此类之人，鲜有不臧”（《偶书》），“如鸾如凤，意思安详。所生之人，非忠则良。如鼠如雀，意思惊躩。所生之人，不凶则恶”（《观物吟》），而且，他还强调此对立的尖锐：“蛙蜢泥中走，凤凰云外飞。云泥相去远，自是难相知。”（《偶得吟》）。邵雍不仅将复杂的人性简化为善与恶的对立，还将历史的演变归于执政者对于善恶的选择：

天之道人之情，又奚择乎周、秦、汉、楚哉，择乎善恶而已。是知善也者，无敌于天下而天下共善之；恶也者，亦无敌于天下而天下共恶之。（《观物篇》之五六）[①]

①（宋）邵雍著《皇极经世》，《邵雍全集》（一），上海古籍出版社2016年版，第1162页。

这样一来，邵雍建构起了覆盖自然与社会即其所谓“天之道”“人之情”统一性内核，即善与恶的对立，并以其解释人性与历史。鉴于其所持本体论、人性论与历史观，就容易理解邵雍以道自任，通过道德实践来实现个体生命价值的人生选择。

邵雍与许多理学家反对作诗不同，他创作了三千多首诗歌，其《伊川击壤吟》称“击壤三千首”，现存《击壤集》录诗一千四百余首，在这些诗作中，他高扬以道自任，通过道德实践来实现个体生命价值的观念。邵雍谈到诗歌应该表达什么时说：

> 伊川翁曰：子夏谓“诗者，志之所之也。在心为志，发言为诗，情动于中而形于言，声成其文而谓之音”，是知怀其时则谓之志，感其物则谓之情，发其志则谓之言，扬其情则谓之声，言成章则谓之诗，声成文则谓之音。然后闻其诗，听其音，则人之志、情可知之矣。且情有七，其要在二，二谓身也、时也。谓身则一身之休戚也，谓时则一时之否泰也。一身之休戚则不过贫富贵贱而已，一时之否泰则在夫兴废治乱者焉。……近世诗人，穷戚则职于怨憝，荣达则专于淫泆。身之休戚发于喜怒，时之否泰出于爱恶，殊不以天下大义而为言者，故其诗大率溺于情好也。（《伊川击壤集序》）[1]

①（宋）邵雍著《伊川击壤集》，《邵雍全集》（四），上海古籍出版社2016年版，第1页。

邵雍反对诗歌表达个人之休戚即贫富贵贱导致的喜怒，时代之否泰即兴废治乱带来的爱恶，称这些是“溺于情”的表现，并要求诗歌表达“天下大义”。此“天下大义”就是天理，既寓之于“名教”，也得之于“观物”，邵雍将探求天理视为“真乐”：

> 若得天理真乐，何坚不破，何理不精？（《尧夫何所有》）

邵雍不仅以凤凰与恶禽（猛兽）来标识善与恶、君子与小人，还以居所附近的洛阳城市地标特别是凤凰楼、天津桥作为主要元素构建一个颇具政治意味的文化空间。邵雍《不出吟》自注云：“西行至天街二百步，北行至天津三百步，东行至天宫四百步。”由此可见其安乐窝位于洛水南岸道德坊，通过天津桥与正北的皇城南门五凤楼相连，诗人屡屡提及的凤凰楼应即是五凤楼。邵雍《击壤集》中的许多诗歌以隐居的安乐为主旨，以凤凰楼、天津桥等洛阳城市地标为主要构成元素的隐居空间作为安乐人生境界的文化表征，与此前的隐逸题材作品以山林、田园为隐居空间并作为描写对象存在差别。

邵雍居于洛水之南天津桥畔，步上天津桥往北即是皇城。伫立天津桥，向北方眺望，是“千年旧都城，一片闲宫阙”（《天津晚步》），不免流露出阅尽兴亡的沧桑感，“危亭独坐人，浪把兴亡阅”（《天津晚步》）。接踵而至的又是挥之不去的孤独感，正如《二十二日晚步天津次日有诗》所云：

溪翁昨晚步天津，步到天津伫立频。
洛水只闻煎去棹，西风唯解促行人。
山川惨淡笼寒雨，楼观参差锁暮云。
此景分明谁会得，欲霜时候雁来宾。

置身天津桥，心头便涌起兴亡之感，真是“诗是天津伫立时”（《首尾吟》其十）。邵雍的组诗《天津感事》实际上就是一组咏怀诗，或借景抒情，或咏史怀古，其主题就是兴亡盛衰之叹，及其人生选择的反思与剖白。如组诗其二：

宠辱事多今不见，兴亡时去止堪哀。
请观今日长安道，抵暮行人犹往来。

又其六：

忙忙负乘两何殊，往复由来出此途。

争似不才闲处坐，平时云水绕衣裾。

由天津桥向北就是皇城的正门凤凰楼，既是诗人观察世事变幻的视角，又是其兴亡盛衰之感的触发点。诗人屡将凤凰楼纳入其诗歌建构的文化空间，如组诗其三：

凤楼深处锁云烟，一锁云烟又百年。
痛惜汾阴西祀后，翠华辜负上阳天。

凤楼为云烟笼罩的言外之意是，那里只有云烟驻留没有帝王居住，显得很荒凉。诗的后两句采用了汉武帝从长安出发至汾阴祭祀后土的历史典故，该事件后来成为唐代李峤《汾阴行》表达盛衰之变的题材。显然，邵雍运用此典故也是感叹洛阳皇城的荒废及由盛而衰的现实。又组诗其九：

凤凰楼观冷横秋，桥下长波入海流。
千百年来旧朝市，几番人向此经由。

这是以凤凰楼为视角，想象置身其上，在超越物理时空的范围内观察到的变迁景象。《天津感事》组诗抒发的由皇城、天津等触发的兴亡之感可由其一首题为《雨后天津独步》的诗来概括：

洛阳宫殿锁晴烟，唐汉以来书可传。
多少升沉都不见，空余四面旧山川。

的确，诗人居身的物理空间里，凤凰楼、天津桥是两个重要的地标，他在诗中常常津津乐道“五凤楼前月色，天津桥上风凉”（《小车六言吟》），“凤凰楼下天津畔，仰面迎风倒载归”（《安乐窝中吟》其五），“凤凰楼观云中看，道德园林枕上窥”（《首尾吟》其十一）。但必须指出，诗人常常将凤凰楼、天津桥纳入其诗歌文本建构的空间范围，显然是在强调其作为政治符号的文化意味，因此，以凤凰楼、天津桥为主要元素构成的物理空间也是一个文化空间。《天津幽居》一诗就是表达了诗人对于洛阳城及天津桥的权力文化意味的体认：

> 予客洛城里，况复在天津。
> 日近先知晓，天低易得春。
> 时光优化国，景物厚幽人。
> 自可辞轩冕，闲中老此身。

“日”“天”在中国文化中常用来指帝王、皇权，所谓“日近先知晓，天低易得春”就是说诗人置身于政治文化空间的中心。又《六十五岁新正自贻（熙宁八年）》：

> 予家洛城里，况在天津畔。
> 行年六十五，当宋之盛旦。
> 南园临通衢，北圃仰双观。
> 虽然在京国，却如处山涧。
> ……

以天津桥为中心元素构成的物理空间更是文化空间的“京国”却被诗人视为“山涧”，显然，诗人是采用反衬的手法，以其与政治中心的物理距离的迫近反衬其与政治中心的心理距离的疏离。通过强调与以凤凰楼、天津桥为主要构成元素的文化空间的物理距离和心理距离的反差来暗示其安乐的精神境界，并以凤凰转喻其自我形象来张扬其道德人格，是邵雍《击壤集》中许多作品不厌其烦表现的主题。

当友人在道德坊为其营建新居之后又购置园林时，邵雍曾赋诗答谢，情不自禁地流露出对其选择的生活方式、人生道路的欣喜情怀，即《天津弊居蒙诸公共为成买作诗以谢》：

重谢诸公为买园，买园城里占林泉。
七千来步平流水，二十余家争出钱。
嘉祐卜居终是僦，熙宁受券遂能专。
凤凰楼下新闲客，道德坊中旧散仙。
洛浦清风朝满袖，嵩岑皓月夜盈轩。
接篱倒戴芰荷畔，谈麈轻摇杨柳边。
陌彻铜驼花烂熳，堤连金谷草芊绵。
青春未老尚可出，红日已高犹自眠。
洞号长生宜有主，窝名安乐岂无权。
敢于世上明开眼，会向人间别看天。
尽送光阴归酒盏，都移造化入诗篇。
也知此片好田地，消得尧夫笔似椽。

诗人将其生活状态凝练为“凤凰楼下新闲客，道德坊中旧散仙”，其另一首题为《安乐窝中酒一樽》的诗也用相似的诗句“凤凰楼下逍遥客，郏鄏城中自在人”概括其生活状态。除此之外，《自适吟》以类似的手法、更为简洁的文字表达前引二诗的主旨：

郏鄏城中，凤凰楼下。
风月庭除，莺花台榭。
时和岁丰，闲行静坐。

朋好身安，清吟雅话。

既然作为道德和哲学实践方式的日常生活与政治实践一样具有价值，退处怎么会让人焦虑呢，退处期间的日常生活恰是“安乐境界”的表征！这就是邵雍的逻辑。

此后，宋代退隐文人不再像唐代文人那样如乏家之犬，栖栖遑遑，不可终日，因为他们逐渐找到了山林、田园之外又一个灵魂安顿之所，那就是隐居后的日常生活。从此，中国文人退隐的方式、心态发生了变化，隐逸文学也发生了变化，衣食住行，无不是诗意所在。

第五章

凤凰与爱情题材文学

凤凰最初没有雄雌之别，与性爱更没有多大关系，《诗经》的婚恋题材作品中不见凤凰的踪影。然而，大致从战国末开始，凤与凰别以雄与雌，后来还与男女之情结缘，变成了婚恋的文化符号。只要稍稍翻看一下中国古代婚恋题材的辞赋、诗词、小说、戏剧，随处可能见到凤凰舞动着的身影：帷帐、锦衾、铜镜、屏风、团扇、发髻、钗、舄，乃至琴弦上、歌声里、舞姿中。可以说，凤凰一旦与男女之情结缘，便随时能够触动中国古人敏感、柔软的神经，不论是目之所及，还是侧耳倾听，都可能使人怦然心动，电光石火的瞬间，在诗文中定格为永恒。这些永恒瞬间的主角当然少不了才情横溢的文人，更多的是：神女、仙女、公主、后妃、宫女、乐伎、闺妇。于是，从“凤皇于飞”中可以读到夫妻和谐的期冀与祝福，从“镜掩鸾空”可以读到恋人生离死别的哀恸，从“归凤求凰”中可以读到春心萌动的男女对于爱情的渴慕，以及“扇掩红鸾”中的希冀，“孤鸾舞镜”中的美丽与孤寂……

第一节 “凤兆”的原意与衍变

《左传》庄公二十二年载：

> 初，懿氏卜妻敬仲，其妻占之，曰：“吉。是谓‘凤皇于飞，和鸣锵锵。有妫之后，将育于姜。五世其昌，并于正卿。八世之后，莫之与京’。”[①]

这是讲述懿氏欲将女儿嫁给陈公子田完（谥敬仲），懿氏之妻卜问吉凶的事。“凤皇于飞，和鸣锵锵”是繇辞，“卜人所占之语，古人谓之为繇，其辞视兆而作，出于临时之占，或是旧辞，或是新造”[②]；“有妫之后，将育于姜。五世其昌，并于正卿。八世之后，莫之与京”则是占者对繇辞“凤皇于飞，和鸣锵锵”的释读。[③]陈为舜后，妫姓，齐国为姜姓，占卜者意谓陈公子田完的后代将在齐国兴旺发迹，显然，卜问结果是吉利。这就是后人所说的“凤兆”或“凤占”。占卜者为什么如此释读“凤皇于飞，和鸣锵锵”，这里的繇辞与占者之辞之间到底是什么逻辑关系？晋代杜预说：

> 雄曰凤，雌曰皇。雄雌俱飞，相和而鸣，锵锵然，犹敬仲夫妻相随适齐，有声誉。[④]

唐代孔颖达说：

> 凤皇雄雌俱飞，喻敬仲夫妇相随。锵锵，鸣之声，故以喻有声誉也。[⑤]

虽说疏不破注，但对“凤皇于飞，和鸣锵锵”的解读，孔颖达

①杨伯峻编著《春秋左传注》，中华书局1990年版，第221—222页。

②（晋）杜预注，（唐）孔颖达疏《春秋左传正义》（十三经注疏本），中华书局1980年版，第1775页。

③杨伯峻编著《春秋左传注》，中华书局1990年版，第222页。按此解释，则标点应为：初，懿氏卜妻敬仲，其妻占之。曰：“吉。是谓‘凤皇于飞，和鸣锵锵’。有妫之后，将育于姜。五世其昌，并于正卿。八世之后，莫之与京。”

④⑤（晋）杜预注，（唐）孔颖达疏《春秋左传正义》（十三经注疏本），中华书局1980年版，第1775页。

与杜预其实不一致。杜预的解读有些含糊，笼统地说是凤凰雄雌相从、和鸣，喻田完夫妻相随至齐并赢得声誉。孔颖达则分别解释“凤皇于飞”与“和鸣锵锵”：“凤皇于飞”意即凤凰雄雌俱飞，喻田完夫妻相随至齐；“锵锵”是和鸣声，喻田完夫妻在齐国赢得的声誉。以“凤皇于飞”喻夫妻相随，“和鸣锵锵”喻田完夫妇在齐国赢得声誉的解读，是符合语境的，也符合史实。然而，依此解释，“锵锵”就不应该是雄凤与雌凰之间的和鸣，而应该是众鸟与凤凰的和鸣；不应该是以凤喻田完、以凰喻其妻，而是以凤凰喻田完夫妻，以众鸟喻齐人，以众鸟和鸣喻田完夫妻及其后裔在齐国获得响应。更何况，西周及春秋战国时期，未见以雄与雌区别凤和凰的观念，如《诗经》《山海经》屡言凤凰却未及其性别。看来杜预、孔颖达不能自圆其说。对于《左传》“凤兆”的理解涉及先秦的凤文化内涵。

一、《左传》“凤兆”的政治预言性质

诸多互文性文本可证明《左传》繇辞“凤皇于飞，和鸣锵锵”是基于天命观的政治预言，预示明王、盛世的出现。

《诗经·大雅·卷阿》较早写到凤凰，即：

> 凤皇于飞，翙翙其羽，亦集爰止。蔼蔼王多吉士，维君子使，媚于天子。
>
> 凤皇于飞，翙翙其羽，亦傅于天。蔼蔼王多吉人，维君子命，媚于庶人。
>
> 凤皇鸣矣，于彼高冈。梧桐生矣，于彼朝阳。菶菶萋萋，雍雍喈喈。

明人何楷称“凡《诗》言‘于飞’者六，其以雌雄连言者”，

只有《小雅》之《卷阿》中的凤凰和《鸳鸯》中的鸳鸯。[①]其实，《诗经》的“于飞”用例不止六首作品，而是九首作品，所谓“雌雄连言”，恐怕还是后人的解读，未必就是作者的本意，揣摩上下文，看不出内容跟飞鸟的性别有什么必然联系。毛传、郑笺、孔疏释《卷阿》都未言及凤凰之雌雄，诗中本有天命观念的表达，即“尔受命长矣”，程俊英将其释为“周王受天命为天子”[②]。可以说，此诗是周初以来基于天命观念的凤凰崇拜的产物。三国韦昭注《国语》“周之兴也，鸑鷟鸣于岐山”时将《卷阿》所写“凤皇鸣矣，于彼高冈”与《国语》所载预示周族兴起的“凤鸣岐山”联系起来：“鸑鷟，凤之别名也。《诗》云‘凤凰鸣也，于彼高冈’，其在岐山之脊乎？”[③]《竹书纪年》载周成王三十三年曾“游于卷阿，召康公从”[④]，《毛诗序》解释《卷阿》诗旨说：“召康公戒成王也，言求贤用吉士也。”[⑤]宋代朱熹《诗集传》也认同这种说法：“（召康）公从成王游，歌于卷阿之上，因王之歌而作此以为戒。”[⑥]也就是说，《卷阿》是召康公从游周成王，借机劝诫成王重用贤臣。可见，“凤皇于飞”“凤皇鸣矣”便成为圣王、盛世的隐喻。无独有偶，《荀子》“解蔽”引佚《诗》云：“凤凰秋秋，其翼若干。其声若箫，有凤有凰，乐帝之心。”[⑦]凤凰的到来之所以能够“乐帝之心”就因为它是圣王降临、盛世出现的预言。周人自称其代商取得天下，是天命所归，而且天神曾派使者传达其旨意。先秦文献屡见这个说法，如《墨子·非攻》：“赤乌衔珪，降周之岐社。曰：天命周文王伐殷有国。”[⑧]《吕氏春秋·应同》：“及文王之时，天先见火，赤乌衔丹书，集于周社。”[⑨]《国语·周语》：“周之兴也，鸑鷟鸣于岐山。”起初，这些文献所载充任天神的使者或为赤乌，或赤雀，或为凤凰，并不统一，后来逐渐集中于凤凰，并随之出现凤凰崇拜。周代的凤凰崇拜反映在青铜器上，就是自西周初开始，曾占领导地位

①转自程俊英、蒋见元著《诗经注析》，中华书局1991年版，第683页。

②程俊英、蒋见元著《诗经注析》，中华书局1991年版，第833页。

③徐元诰撰《国语集解》，中华书局2002年版，第29页。

④方诗铭、王修龄《古本竹书纪年辑证》，上海古籍出版社2005年版，第247页。

⑤（汉）毛亨传、郑玄笺，（唐）孔颖达疏《毛诗注疏》，上海古籍出版社2013年版，第1636页。

⑥（宋）朱熹注《诗经集传》，上海古籍出版社1987年版，第135页。

⑦（清）王先谦撰《荀子集解》，中华书局1988年版，第260页。

⑧吴毓江撰，孙启志点校《墨子校注》，中华书局1993年版，第221页。

⑨许维遹撰《吕氏春秋集释》，中华书局2009年版，第284页。

的饕餮纹几乎全部消失，随之出现日本著名文字学家白川静[①]、中国当代考古学家马承源[②]等学者所说的凤纹时代。

①（日）白川静《金文的世界：殷周社会史》，联经出版事业公司 1989 年版，第 73 页。

②马承源《中国青铜器》，上海古籍出版社 1988 年版，第 332 页。

《山海经 · 海外西经》载：

> 穷山在其北，不敢西射，畏轩辕之丘。在轩辕国北。其丘方，四蛇相绕。此诸夭之野，鸾鸟自歌，凤鸟自舞；凤皇卵，民食之；甘露，民饮之：所欲自从也。百兽相与群居。[③]

③袁珂校注《山海经校注》，北京联合出版公司 2014 年版，第 202 页。

"诸夭之野"即沃野。《大荒西经》也描述了沃野，那里也是"鸾鸟自歌，凤鸟自舞"。既然一处在海外，一处在大荒，那么"沃野"一词并非特指某一处，而是一个普通名词，泛指富饶、安宁之地。《山海经》凡提及富饶、安宁之地，虽不一定必称沃野，但那里往往有鸾凤栖息，甚至自歌自舞。沃野是一个富饶、安宁的空间，鸾凤是这里的守护者，自然也就是"天下和""天下安宁""天下大穰"的征兆。因此，汉代许慎《说文》称凤"出于东方君子之国，翱翔四海之外，过昆仑，饮砥柱，濯羽弱水，莫宿风穴，见则天下大安宁"[④]。

④（汉）许慎撰，（宋）徐铉校定，愚若注音《注音版说文解字》，中华书局 2015 年版，第 73 页。

可见，《诗经 · 小雅 · 卷阿》《山海经》都是以凤飞、凤鸣作为圣王、盛世的政治隐喻，《左传》的"凤皇于飞，和鸣锵锵"应该还是基于这样的文化观念。

《左传》叙述懿氏的卜问，意在预告田氏代齐有国，便插叙了懿氏卜问一事。懿氏的确是卜问婚姻吉庆与否，但婚姻吉庆是因为陈公子田完政治前途美好，并非夫妻关系和谐。其实，《左传》讲述完上引懿氏之妻的占卜后又叙及另一次占卜，即周太史为儿时的田完进行的一次占卜，结论也是田氏之后将代齐有国：

> 其（敬仲）少也，周史有以《周易》见陈侯者，陈侯使

筮之，遇观䷓之否䷋，曰："是谓'观国之光，利用宾于王'。此其代陈有国乎？不在此，其在异国；非此其身，在其子孙。"[1]

①杨伯峻编著《春秋左传注》，中华书局 1990 年版，第 222—223 页。

观（䷓）是坤下巽上，否（䷋）是坤下乾上。《左传》载周太史对卦象和爻辞的解读是：

光，远而自他有耀者也。坤，土也；巽，风也；乾，天也。风为天，于土上，山也。有山之材，而照之以天光，于是乎居土上，故曰"观国之光，利用宾于王"。庭实旅百，奉之以玉帛，天地之美具焉，故曰"利用宾于王"。犹有观焉，故曰"其在后乎"！风行而著于土，故曰"其在异国乎"！若在异国，必姜姓也。姜，大岳之后也。山岳则配天，物莫能两大。陈衰，此其昌乎？[2]

②同上，第 223—224 页。

这是解释陈公子田完的政治前途而不涉及其婚姻前景。可见，"凤皇于飞，和鸣锵锵"之所以是吉兆，还是基于周初以来凤凰作为天命传达者的逻辑，预示陈公子田完的后人将代齐有国。正所谓"凤皇于飞"，"识陈完之必贵"[3]，这是一个政治预言。近人吴闿生认为《左传》作者叙及这两次占卜意在"痛太公之不祀，知陈氏之必昌"[4]，其解读正是认识到这两次占卜实质是政治预判。另外，《左传》以凤凰作为政治祥瑞并非偶然，昭公十七年还提及郯国国君到访鲁国时曾称其"高祖少皞挚之立也，凤鸟适至"[5]。

南北朝时期的庾信曾从政治层面多次使用《左传》"凤兆"典故。《周太子太保步陆逞神道碑》说："公讳逞，字季明，本姓陆，吴郡人也。君子至止，既绍虞宾；凤凰于飞，实兴齐国。"[6] 是说南方吴郡人陆逞于北魏末年流落至北方后发达，

③（唐）白居易原本，（宋）孔传续撰《白孔六帖》，台湾商务印书馆景印文渊阁四库全书第 891 册，第 490 页。

④吴闿生撰《左传微》，黄山书社 1995 年版，第 865 页。

⑤杨伯峻编著《春秋左传注》，中华书局 1990 年版，第 1387 页。

⑥（北周）庾信撰，（清）倪璠注《庾子山集注》，中华书局 1980 年版，第 753 页。

仕于西魏、北周，十分显赫。庾信之所以使用这个典故，除了陆逞的经历与春秋时期陈公子田完类似外，还因为陆氏本是齐国田氏的后裔。又，《周柱国大将军纥干弘神道碑》说：“（纥干弘）本姓田氏。虞宾在位，基于揖让之风；凤凰于飞，绍于亲贤之国。”[①] 是说纥干弘（即田弘）在西魏、北周受到重用并发达。庾信使用“凤凰于飞”典，纯粹着眼于政治而与婚姻无涉，显然，他为陆逞、田弘撰写神道碑铭时想到了他们的远祖田完，便使用“凤兆”典故表明二人于北朝受到重用并发达的必然与合理，可见，他是明白《左传》所叙“凤兆”天命观念的政治内涵。1996 年出土的田弘墓志有“五世其昌，基于凤皇之繇”[②] 之语，也是使用《左传》“凤兆”典故，与庾信撰神道碑的逻辑是一样的。“凤兆”可谓田氏族史上的光辉一页，元代姚燧受托为田氏远裔北宋陈希亮撰写神道碑铭还在追溯田氏代齐一事。[③]

总之，《左传》所载繇辞“凤皇于飞，和鸣锵锵”是一个基于天命观念的圣王、盛世即将出现的政治预言，杜预、孔颖达别凤凰为雄雌，以雄雌相随和鸣，从男女关系的层面来解释“凤兆”是出于后来的观念想当然尔。今人杨伯峻称“凤皇于飞，和鸣锵锵”是言“夫妻必能和好”[④]，既没有重视杜预和孔颖达结论中的合理因素，也没有注意到先秦凤凰文化的天命观政治内核。

①（北周）庾信撰，（清）倪璠注《庾子山集注》，中华书局 1980 年版，第 834 页。

②原州联合考古队《北周田弘墓》，文物出版社 2009 年版，第 157 页。

③（元）姚燧《故宋太常少卿陈公神道碑》，李修生主编《全元文》第 9 册，江苏古籍出版社 1999 年版，第 545—546 页。

④杨伯峻编著《春秋左传注》，中华书局 1990 年版，第 221 页。

二、汉代以后“凤兆”内涵的衍变

随着凤凰别为雄雌并喻夫妻或恋人观念的出现并流行，“凤兆”用典由政治场域转至婚恋场域，其转换有迹可循。

就现存材料来看，春秋战国时期，还没有以雄与雌区别凤与凰的观念，自战国末开始至汉初，凤凰别为雄雌才日渐成为常识。《诗经》没有以雄、雌区别凤和凰。《山海经》虽屡称

“鸾鸟自歌，凤鸟自舞”，也从未言及凤凰的性别。战国末的《吕氏春秋》“古乐篇”较早提及凤凰的性别，即“次制十二筒，以之阮隃之下，听凤皇之鸣，以别十二律。其雄鸣为六，雌鸣亦六，以比黄钟之宫适合”①，但没有明确说凤是雄性，皇是雌性。《尔雅》“释鸟”才明确说“鶠，凤，其雌皇”②。西汉初《卷阿》毛传也说“凤凰，灵鸟，仁瑞也。雄曰凤，雌曰皇”，而东汉末的郑玄解释《卷阿》称凤凰“与众鸟集于所止”，“众鸟慕凤皇而来”③，又没有区别凤凰为雄雌，更没有说凤追随凰，也只笼统地说是凤凰和鸣，而没有说雄凤与雌凰之间和鸣。到了西汉中期，孔安国解释《尚书·益稷》“凤凰来仪”说：“雄曰凤，雌曰皇，灵鸟也。”④东汉王充《论衡·讲瑞》引《礼记·瑞命》佚文：“雄曰凤，雌曰皇。雄鸣曰即即，雌鸣曰足足。”⑤

①许维遹撰《吕氏春秋集释》，中华书局 2009 年版，第 122 页。

②《尔雅》，中华书局 2016 年版，第 91 页。

③（汉）毛亨传，（汉）郑玄笺，（唐）孔颖达疏《毛诗注疏》，上海古籍出版社 2013 年版，第 1644 页。

④（汉）孔安国传，（唐）孔颖达正义《尚书正义》，上海古籍出版社 2007 年版，第 179 页。

⑤黄晖撰《论衡校释》，中华书局 1990 年版，第 733 页。

时至东汉时期，凤凰雄雌和鸣隐喻夫妻和睦、婚姻美满的观念已经定型并渗入士人的日常生活。唐杜佑《通典》卷五十八“礼·沿革·嘉礼·公侯大夫士昏礼”引东汉郑众《百家六礼辞》，提及东汉时士婚六礼第一礼纳采环节男方送给女方的礼物中有“凤凰”——此“凤凰”应是凤凰造型的某种实物——更有意思的是，盛装礼物的箧中还附有所谓“检”，“检”上书有礼物的赞语，礼物“凤凰”所附赞语是：“雌雄伉合。”⑥显然，这些赞语表明所送礼物的寓意：以雄凤与雌凰喻夫妻并寄寓对婚姻的祝福；从礼物鸳鸯所附赞语“飞止须匹，鸣则相和”⑦也可以看到这一点。不过，汉代的文学作品比较关注政治视域内作为政治隐喻的凤凰，罕见在两性的框架里使用作为男女情爱象征的凤凰意象，原因恐怕在于汉代文人很少将目光投向日常生活，汉代文学缺乏对日常生活的表现。

⑥⑦（唐）杜佑《通典》，中华书局 1988 年版，第 1650 页。

魏晋南北朝时期，以雄凤雌凰比喻夫妻或恋人的例子在文学作品中慢慢多了起来。如东晋干宝《搜神记》卷十六讲述了吴王夫差的小女紫玉与韩重的悲伤爱情故事，其中，紫玉亡魂从墓中出来与前来凭吊的韩重相见时唱了一首歌：

> 南山有乌，北山张罗。乌既高飞，罗将奈何。意欲从君，谗言孔多。悲结成疾，没命黄垆。命之不造，冤如之何。羽族之长，名为凤凰。一日失雄，三年感伤。虽有众鸟，不为匹双。故见鄙姿，逢君辉光。身远心近，何当暂忘。[1]

①（晋）干宝撰《搜神记》，中华书局1979年版，第200页。

结合上下语境来看，歌词是以凰喻指紫玉，以凤喻指韩重。梁朝刘孝威《鸡鸣篇》“丹山可爱有凤凰，金门飞舞有鸳鸯”、《独不见》“独寝鸳鸯被，自理凤凰琴”都将凤凰与鸳鸯对举，显然，也是别凤凰为雄雌并喻男女，特别是《独不见》以被子所绣鸳鸯和琴之名凤凰暗示、反衬独处女子的孤独，是后来唐五代曲子词惯用的手法。

时至唐代，诗人常用“凤凰于飞”与“凤凰之兆”“凤兆”“凤卜”等语，其内在逻辑不同于《左传》，而是着眼于夫妻的和美，这是将错就错。先看墓志铭中“凤凰于飞”用例。就目前所见，唐代墓志铭“凤凰于飞”用例以女性或夫妻合葬墓志铭为主，即使出现于男性墓志铭，也是叙述女性经历时提及。如果说魏晋南北朝墓志中“凤凰于飞”用例均为讲述男性发迹的历史，那么，唐代墓志中的用例普遍用于讲述男女的婚姻，并着眼于女性德行远播或夫妻和谐，或者称赞婚姻的吉庆。如：“凤凰于飞，公子同归。琴瑟在御，德音莫违。”（苏颋《凉国长公主神道碑》）[2]“夫人礼有移天之义，作嫔君子之门。凤凰于飞，琴瑟好合。愿言偕老，以伫家肥。”（卢子升《唐文部常选柳氏字岳故陇西李夫人墓志铭并序》）[3]“三星照夜，伫稽鸣雁之期；七日秉秋，坐荐飞皇之兆。”（杨炯《彭成公夫人尔朱氏墓志铭》）[4]不过，也有一个例外，即：“十

②（清）董诰等编《全唐文》，中华书局1983年版，第264页。

③乔栋、李献奇、史家珍编著《洛阳新获墓志续编》，科学出版社2008年版，第158页。

④（唐）杨炯著《杨炯集》，中华书局1980年版，第184页。

代祖（王）濬，晋龙骧将军。自运正璿玑，鸣萧大麓□野；功班石砮，分茅太昊之墟。凤凰于飞，建千乘于沧溟之曲；鸿鹄耸志，悬三刀于碧落之前。国史详焉，可略而述。”（《大唐故瀛州□城县令宋府君夫人王氏墓志铭并序》）[1] 是叙及墓主王氏远祖王濬的功业，此处“凤凰于飞”用例近于庾信所撰陆逞、纥干弘（田弘）神道碑铭。再看其他诗文中“凤凰于飞”用例。唐代张说《安乐郡主花烛行》“姬姜本来舅甥国，卜筮俱道凤凰飞”，是称赞武则天的孙女安乐郡主与侄孙武崇训的婚姻。唐代李白《早夏于将军叔宅与诸昆季送傅八之江南序》云：“前许州司马宋公蕴冰清之姿，重傅侯玉润之德，妻以其子，凤凰于飞，潘杨之好，斯为睦矣。”[2]“凤凰于飞”“潘杨之睦”两个典故都是称赞婚姻美满、夫妻和谐，“潘杨”即西晋潘岳和他的妻子杨氏，两家是世代的姻亲。唐末皇甫枚《三水小牍》“王知古为狐招婿”也联用“凤兆”与“潘杨之睦”表达男女般配、夫妻和谐之意：“秀才轩裳令胄，金玉奇标，既富春秋，又洁操履，斯实淑媛之贤夫也。小君以钟爱稚女，将及笄年，尝托媒妁，为求佳对久矣。今夕何夕，获遘良人。潘杨之睦可遵，凤凰之兆斯在。未知雅抱何如耳？”[3] 唐代白居易《和梦游春诗一百韵》回顾好友元稹先后与韦丛、裴淑的婚姻时称：“京洛八九春，未曾花里宿。壮年徒自弃，佳会应无复。鸾歌不重闻，凤兆从兹卜。韦门女清贵，裴氏甥贤淑。”此时韦丛早逝，只留有一女，裴淑尚未生子，也就谈不上子嗣显赫与否，白居易这里所说的“凤兆”仅就元稹夫妻和美而言。元稹在悼亡诗《遣悲怀》其三中深情回顾韦丛的种种好处：“谢公最小偏怜女，自嫁黔娄百事乖。顾我无衣搜荩箧，泥他沽酒拔金钗。野蔬充膳甘长藿，落叶添薪仰古槐。今日俸钱过十万，与君营奠复营斋。”这起码可以证明他与韦丛夫妻和美。唐代李群玉《送萧十二校书赴郢州婚姻》也用到“凤兆”的典故：

①（清）董诰等编《全唐文》附陆心源《唐文拾遗》，中华书局 1983 年版，第 11094 页。

②（唐）李白著，瞿蜕园、朱金城校注《李太白集校注》，上海古籍出版社 1980 年版，第 1576 页。

③（唐）皇甫枚《三水小牍》，中华书局 1991 年版，第 29—30 页。

"蓬莱才子即萧郎，彩服青书卜凤凰。玉珮定催红粉色，锦衾应惹翠云香。马穿暮雨荆山远，人宿寒灯郢梦长。领取和鸣好风景，石城花月送归乡。"明显是祝愿友人婚姻美满、夫妻和谐。

看来，汉代以来，随着凤凰别为雄雌并喻夫妇的观念深入人心，"凤皇于飞，和鸣锵锵"又衍化出祈愿夫妻和谐的内涵而成为婚姻吉语，并且后来居上，逐渐取代其天命观的内涵。宋人《释常谈》录"于飞"条称："夫妻同行，谓之'于飞'。诗曰'凤凰于飞'。"[①] 可见，后来的这种观念已经深入人心，在此文化语境里再来解读《左传》中本为政治预言的"凤兆"，难免受制前见而出现误读。还需要指出的是，时至明代，张岱《夜航船》、胡大翼《山堂肆考》均收录"凤占"，对"凤占"解释都着眼夫妻和睦。

①（宋）无名氏《释常谈》，（明）陶宗仪纂《说郛》（第10册），北京市中国书店1986年版，第15页。

第二节　琴曲歌辞《凤求凰》与司马相如琴挑卓文君

战国末至汉初期间，凤凰别为雄雌才日渐成为常识，将凤凰喻夫妻更是汉代的新观念。就目前所见汉代文献，这种新观念的痕迹并不多见。《史记》载有司马相如琴挑卓文君的故事，但尚未涉及凤凰这个文化元素。后来，署名司马相如《琴歌》二首融入琴挑故事，因《琴歌》以凤求凰喻追求爱情，后人索性改题为《凤求凰》，从而张扬了以凤凰喻夫妻的观念。

《史记》叙及司马相如琴挑卓文君一事，而未提及琴曲歌辞。唐代司马贞《史记索隐》引三国魏人张揖较早记录此琴曲歌辞，南朝徐陵编《玉台新咏》亦载，题为《琴歌》，篇幅比张揖所录略长，还增加了序文。二者行文略同，以凤求凰喻追求爱情。此后，《琴歌》二首融入琴挑故事，广为流传。琴挑后来成为金代董解元《西厢记》的重要关目，《琴歌》二首也被化用。明清曲谱《凤求凰》歌辞或源自《玉台新咏》或源自《西厢记》。琴挑故事首先见载于《史记》，但也早有人提出实原出司马相如自传。这是一个窃色的故事，还是一个窃赀的故事，历代定性不一。司马相如琴挑卓文君当然无法获得道德检视的豁免，颇有意思的是，回护司马相如的人并不援引“奔者不禁”的“权许”条款，而是将卓文君视为懂得欣赏司马相如琴声乃至才能的知音，消解了琴挑故事的艳情色彩，将其意蕴导向对知己的渴求。

一、琴曲歌辞《凤求凰》文本的源流

司马迁《史记·司马相如列传》是目前所见最早载录司马相如琴挑卓文君故事：

> 临邛中多富人，而卓王孙家僮八百人，程郑亦数百人，二人乃相谓曰：“令有贵客，为具召之。”并召令。令既至，卓氏客以百数。至日中，谒司马长卿，长卿谢病不能往，临邛令不敢尝食，自往迎相如。相如不得已，强往，一坐尽倾。酒酣，临邛令前奏琴曰：“窃闻长卿好之，愿以自娱。”相如辞谢，为鼓一再行。是时卓王孙有女文君新寡，好音，故相如缪与令相重，而以琴心挑之。相如之临邛，从车骑，雍容闲雅甚都；及饮卓氏，弄琴，文君窃从户窥之，心悦而好之，恐不得当也。既罢，相如乃使人重赐文君侍者通殷勤。文君夜亡奔相如，相如乃与驰归成都。[1]

①（汉）司马迁撰《史记》，中华书局2013年版，第3614页。

但是，此传只叙及琴挑一事，而未提到琴曲的名称和内容。班固《汉书·司马相如传》基本照录《史记》，也只提及琴挑之事而没有言及琴曲的名称及内容。

最早记录司马相如琴挑卓文君的琴曲歌辞应该是唐代司马贞《史记索隐》引三国时期魏人张揖，即：

凤兮凤兮归故乡，遨游四海求其皇。有一艳女在此堂，室迩人遐毒我肠，何由交接为鸳鸯。（一）

凤兮凤兮从皇栖，得托孳尾永为妃。交情通体必和谐，中夜相从别者谁。（二）[①]

①（汉）司马迁撰《史记》，中华书局2013年版，第3615页。

其次，收录该琴曲歌辞的是南朝徐陵编《玉台新咏》，称该琴曲歌辞为《琴歌》二首。《琴歌》（二首）比《史记索隐》所录张揖提及的歌辞篇幅要长，即：

司马相如游临邛。富人卓王孙有女文君新寡，窃于壁间窥之，相如鼓琴，歌以挑之，曰：

凤兮凤兮归故乡，遨游四海求其凰。时未通遇无所将，何悟今夕升斯堂。有艳淑女在此方，室迩人遐毒我肠，何缘交颈为鸳鸯。

皇兮皇兮从我栖，得托字尾永为妃。交情通体心和谐，中夜相从知者谁。双兴俱起翻高飞，无感我心使予悲。[②]

②（南朝陈）徐陵编《玉台新咏》，上海古籍出版社2007年版，第361—362页。

此《琴歌》之《序》以第三人称书写，应该不是出自司马相如之手。尽管有学者认为《玉台新咏》所录《琴歌》二首"殆两汉时琴工假托为之"[③]，但没有证据。明代曹学佺《蜀中广记》卷二方物纪第十二"乐器"录有出自《西京杂记》的一则材料也载有《琴歌》二首歌辞：

③逯钦立辑校《先秦汉魏晋南北朝诗》，中华书局1983年版，第100页。

司马相如作《玉如意赋》，梁王悦之，赐以绿绮之琴，文木之几，夫馀之珠。琴铭曰："桐梓合精。"其后携绿绮、游临邛，以琴心挑卓女，作为《琴歌》，词曰："凤兮凤兮归故乡，遨游四海求其凰。时未遇兮无所将，何悟今夕升斯堂。有艳淑女在闺房，室迩人遐毒我肠。何缘交颈为鸳鸯，相颉颃兮共翱翔？"又曰："凰兮凰兮从我栖，得托孳尾永为妃。交情通体心和谐，中夜相从知者谁？双翼俱起翻高飞，无感我思使余悲。"[①]

由于目前所见《西京杂记》各版本均无此则材料，有理由怀疑这是曹学佺补入的。如果确系补入，应该源出《玉台新咏》。

尽管历代就有很多人深信《琴歌》作者为司马相如，如明代汪士贤校订《司马相如集》、张燮辑《司马文园集》等录有《琴歌》，但是，《琴歌》是不是司马相如所作还是值得怀疑。明代王世贞提出疑问，《琴歌》与司马相如其他作品风格相去太远："凡出长卿手，靡不秾丽工至，独琴心二歌浅稚，或是一时匆卒，或后人傅益。"[②] 清代李因笃《汉诗音注》卷二《琴歌》夹批也提到这个问题，他的解释是："二诗颇浅，岂长卿初见文君，未知其才，疑其妇人而示之易解邪？"[③] 但是，二人只是揣测，均未提供证据。

据唐代吴兢《乐府古题要解》，汉代有题为《凤将雏》的乐曲，但郭茂倩《乐府诗集》未收录，杜佑《通典》载应璩《百一诗》云："为作《陌上桑》，反言《凤将雏》。"又张正见《置酒高殿上》云："歌喧桃与李，琴挑《凤将雏》。"于是，南宋葛立方《韵语阳秋》云："当是用相如鼓琴挑云'凤兮归故乡，四海求其凰'之义，则此曲其来久矣。"[④] 显然，葛立方将古曲《凤将雏》与《琴歌》混淆了，由于张正见诗也提及司马相如，即"长卿病消渴，壁立还成都"，导致葛立方误解张正见诗中的"琴挑"一词，其实此"琴挑"意即鼓琴，与《史记・司马相如传》的"琴挑"词义不同。

①(明）曹学佺撰《蜀中广记》，上海古籍出版社1993年影印四库本，第163页。

②(明）王世贞《艺苑卮言》，历代诗话续编本，中华书局2006年版，第982页。

③(清）李因笃辑评《汉诗音注》，中华书局2020年版，第35页。

④(宋）葛立方撰《韵语阳秋》，上海古籍出版社1984年版，第200页。

《琴歌》以凤求凰隐喻对恋人的追求，首次将司马相如当初所弹琴曲的内容与凤凰联系起来，此后逐渐有人将琴曲歌辞题名为《凤求凰》。

宋代出现了“凤求凰”的词牌，如贺铸《凤求凰》云：

园林幂翠，燕寝凝香，华池缭绕飞廊。坐按吴娃清丽，楚调圆长。歌阑横流美眄，乍疑生、绮席辉光。文园属意，玉觞交劝，宝瑟高张。　　南薰难销幽恨，金徽上、殷勤彩凤求凰。便许卷收行雨，不恋高唐。东山胜游在眼，待纫兰、撷菊相将。双栖安隐，五云溪，是故乡。

因贺铸此词作有“金徽上、殷勤彩凤求凰”之句，后将词牌“声声慢”或“胜胜慢”称为“凤求凰”。贺铸此词是一首爱情词，内容几乎是以秾丽的语言演绎另一个版本的琴挑故事。而且，贺铸屡次化用凤求凰的典故，如《梦相亲》“木兰花”的“清琴再鼓求凰弄”，《画眉郎》“好女儿”的“五马徘徊长路，漫非意、凤求凰”。宋代还有好事者拟卓文君口吻来酬答所谓《琴歌》，如宋代周紫芝《拟司马相如琴歌代文君答二首并引》：

卓文君欲奔相如，相如以琴心挑之。今乐府有《琴歌》二首，而无文君词。为代文君作答歌，以补其阙云。

凤兮凤兮胡不归，胡为四海求其雌。其室良迩知者谁，邂逅相遇君独知。彼美人兮伟容仪，愿与君兮相追随，归丹山兮栖高枝。（一）

凤兮凤兮鸣雍雍，雄将飞兮雌将从。天寒惨惨多悲风，双翮欲举心所同。山石可凿金可镕，妾心皎皎如日中。（二）

从措辞、句法与篇幅来看，周紫芝酬答的正是《玉台新咏》所录《琴歌》并序。

金代董解元《西厢记》卷四设置有张生琴挑崔莺莺的关目，作者虽未明言，但是，其灵感显然来自司马相如琴挑卓文君的故事：

> 张生操琴，歌曰："有美人兮，见之不忘。一日不见兮，思之如狂。凤飞翱翔兮，四海求凰。无奈佳人兮，不在东墙。张琴代语兮，聊写微茫。何时见许兮，慰我彷徨？愿言配德兮，携手相将！不得于飞兮，使我沦亡。"其辞哀，其意切，凄凄然如别鹤唳天。莺闻之不觉泣下，但闻香随气散，情逐声来。生知琴感其心，推琴而起。[①]

①(金) 董解元撰《古本董解元西厢记》，上海古籍出版社 1984 年版，第 115—116 页。

不过，董解元没有采用广为流传的《玉台新咏》所录《琴歌》二首，而只是沿用《琴歌》二首"凤求凰"的立意，另撰浅近通俗的曲词，别有一番风味。元代王实甫《西厢记》第二本第五折沿用董本《西厢记》琴挑关目及唱辞：

> [末云] 窗外有人，已定是小姐，我将弦改过，弹一曲，就歌一篇，名曰《凤求凰》。昔日司马相如得此曲成事，我虽不及相如，愿小姐有文君之意。
>
> [歌曰] 有美人兮，见之不忘。一日不见兮，思之如狂。凤飞翩翩兮，四海求凰。无奈佳人兮，不在东墙。张弦代语兮，欲诉衷肠。何时见许兮，慰我彷徨？愿言配德兮，携手相将！不得于飞兮，使我沦亡。
>
> [旦云] 是弹得好也呵！其词哀，其意切，凄凄然如鹤唳天；故使妾闻之，不觉泪下。[②]

②(元) 王实甫著，王季思校注《西厢记》，上海古籍出版社 1978 年版，第 87—89 页。

与董本《西厢记》不同的是，张生在宾白中道明他是效仿司马相如琴挑卓文君的故事，并明确指出当初司马相如所弹琴曲名为《凤求凰》，也就是说，元代王实甫首先将原署名司马相如的《琴歌》改题为《凤求凰》。①

①按：龚兰兰《论相如文君故事系统中的层累诗文》（《乐山师范学院》2011年第2期）认为明清时期的琴曲歌辞首先题名为《凤求凰》，误。

元代以来，陆续出现以司马相如琴挑、卓文君夜奔为题材的戏剧，有以《凤求凰》为题的，如明代陈玉蟾撰《凤求凰》，或另题为《琴心记》（明代孙柚）、《鹔鹴裘记》（明末清初袁于令）等等。这些剧作自然少不了《琴歌》的影子，或为唱词，或为宾白，如陈玉蟾《凤求凰》、袁于令《鹔鹴裘记》是宾白（吟诵），径用《玉台新咏》所录《琴歌》，而孙柚《琴心记》则将唱词与宾白结合，旦的宾白是《玉台新咏》所录《琴歌》，而生的唱词则是与《西厢记》一样据《玉台新咏》所录《琴歌》演绎，生与旦一唱一和，别有一番趣味：

[恋牌令]生：凤兮倦家乡往，（旦：凤兮凤兮归故乡。他自比了。）欲寻伴，远求凰。（旦：遨游四海求其凰。是乏配的了。）生：奈无所相将为聘，岂今夕造斯堂。（旦：时未遇兮无所将，何期今夕兮升斯堂。说我家召他。）生：喜丝萝偷萦，筵上有婵娟明艳闺房，（旦：有艳女兮在闺房。说著奴家了。）生：室空迩人遐异方，渺难从，毒我衷肠。（旦：室尔人遐毒我肠。说我难得相近。生：鸳鸯呵，也有）生：接双颈，交文吭，成好事，共翱翔。（生：偏我不能似他。旦：何缘交颈为鸳鸯。相颉颃兮共翱翔。他言及至此，不觉我有相从之志。生：天呵！）生：怎能勾颠鸾倒凤，一地里两情忘。（旦：得托字尾永为妃。交情通体心和谐。若成伉俪定有恩私。）生：叹知音从来绝响，有谁能中夜相亡。（旦：中夜相从更有谁。我也。愿随你。只是闺门紧急。孤红无赖，如何是好。）生：奋双翼共起高翔，勿相

孤使余悲伤。旦：双翼俱起番高飞，无感我思使余悲。良可叹也。（旦：作长叹介）[①]

值得注意的是，这些剧作中的琴挑关目有的并未采用《玉台新咏》所录《琴歌》，而是依据《琴歌》原旨演绎新的琴曲歌辞，如朱权《卓文君私奔相如》：

（正取琴鼓科。歌曰）凤兮凤兮求其凰，安得接翼兮从其翔。巢五云兮鸣朝阳，凤兮凤兮，怀予心兮何能忘。（旦长叹科。正唱）……我就在此书院竹间抚一曲琴，借此琴声以诉衷悃。（鼓琴科。歌曰）凤兮凤兮求其凰，翱翔四海归故乡。白雉尚有两雌挟，人生岂得长孤孀。……（正歌曰）凤兮凤兮求其凰，求之不得心彷徨。秋风暮兮碧梧老，各分飞兮天一方。凤兮凤兮，安得比翼翱翔。[②]

甚至还有挪用《西厢记》的琴曲歌辞，如无名氏（或作朱有燉）《汉相如题桥记》。另外，明代洪楩《清平山堂话本》录“风月瑞仙亭”、冯梦龙《情史》卷四情侠类“卓文君”的主体也是司马相如琴挑和卓文君夜奔，所录琴曲歌辞也基本抄自《玉台新咏》。

明清时期，还出现了一批题为《凤求凰》的琴曲曲谱，其歌词存在两大系统：其一，采用《玉台新咏》所录署名司马相如的《琴歌》二首，如明代汪芝编辑《西麓堂琴统》[③]；其二，采用董本《西厢记》先期载录、王本《西厢记》沿用并题名《凤求凰》的唱词，如明代杨表正《重修真传琴谱》[④]。

二、琴曲歌辞《凤求凰》的本事

作为《琴歌》本事的司马相如琴挑卓文君一事源出哪里

①（明）孙柚《琴心记》，古本戏曲丛刊二集第51册影印汲古阁刊本，第27—28页。

②（明）朱权（署名丹丘先生）《卓文君私奔相如》，古本戏曲丛刊四集第33册影印脉望馆抄校本，第7—9页。

③（明）汪芝辑《西麓堂琴统》卷二十四“无媒调曲谱”，《琴曲集成》第三册，中华书局2010年版，第264页。

④（明）杨表正《重修真传琴谱》，《琴曲集成》第四册，中华书局2010年版，第471页。

呢？即《史记·司马相如列传》的材料从哪里来的？历来存在源自司马相如所作自传的说法。隋代史家刘炫曾称："通人司马相如、扬子云、马季长、郑康成等，皆自叙风徽，传芳来叶。"[①] 初唐史学家刘知几《史通》也曾谈到司马相如"自叙为传"[②]。将这两则材料结合起来看，《史记·司马相如列传》的材料可能源自司马相如的自传。历代不乏其人持此观点，如明代王世贞《书司马相如传后》云："司马长卿不羞其淫奔之卓女，而自纪其事，使史家传之，以秽后人。"[③] 杨慎云："《相如传》即相如之文也。"[④] 还有清人浦起龙云："《汉书》本传，无自叙明文，证之后史，知其言有本。"[⑤] 当然，也有人持反对意见，明代董份云："《史通》以为相如自作，非矣。即自作，独不为文君事一少讳耶？……若果相如自撰，岂肯尽述鄙事如此？"[⑥] 余有丁云："谓《相如传》自作者，必不肯著文君事纤息。"[⑦] 二人的理由一致：如果《史记·司马相如列传》材料源出司马相如自作传，司马相如肯定会出于隐讳而不叙琴挑、私奔之艳事。董份还进一步指出，不是司马迁抄录《司马相如集》中的《司马相如传》，恰恰相反，是后来的编者将司马迁撰写的《司马相如传》编入《司马相如集》："《相如集》中传，乃校传者取子长所作传附之也。"[⑧] 更有甚者，有人否定琴挑一事的存在，如杨慎尽管认同《史记·司马相如列传》源自司马相如的自传，却说："'琴心挑之'四字，古无是事，亦无此奇。"[⑨] 不过，以上观点不论正方、反方，都出于推测，没有铁证。钱钟书对此有独到看法："相如于己之'窃妻'，纵未津津描画，而肯夫子自道，不讳不怍，则不特创域中自传之例，抑足为天下《忏悔录》之开山焉。人生百为，有行之坦然悍然，而言之则色赧赧然而口呐呐然者。既有名位则于未达时之无藉无赖，更隐饰多端；中冓之事，古代尤以为不可言之丑。相如却奋笔大书，'礼法岂为我辈设'，'为文身大

①（唐）魏徵等撰《隋书》，中华书局1973年版，第1722页。

②（清）浦起龙通释《史通通释》，上海古籍出版社2009年版，第241页。

③（明）王世贞《读书后》卷二，文津阁四库全书本。

④（明）凌稚隆、李光缙《史记评林》，卷一一七，万历吴兴凌氏自刻本。

⑤（清）浦起龙通释《史通通释》，上海古籍出版社2009年版，第240页。

⑥⑦⑧⑨（明）凌稚隆辑校《史记评林》，卷一一七，万历吴兴凌氏自刻本。

不及胆’，当二语而无愧。”[1] 这是认同琴挑一事原出司马相如的自传，还充分肯定司马相如自暴丑陋在自传写作中的开创意义。

①钱钟书著《管锥编》，生活·读书·新知三联书店2007年版，第575—576页。

《史记》载录司马相如与卓文君故事的前因后果还有必要梳理。《司马相如列传》在叙述司马相如琴挑，卓文君夜奔之后，还叙及司马相如、卓文君夫妇返回临邛卖酒，卓王孙无法忍受羞辱，将部分财产分给司马相如、卓文君夫妇：

> 文君久之不乐，曰：“长卿第俱如临邛，从昆弟假贷犹足为生，何至自苦如此！”相如与俱之临邛，尽卖其车骑，买一酒舍酤酒，而令文君当炉。相如身自著犊鼻裈，与保庸杂作，涤器于市中。卓王孙闻而耻之，为杜门不出。昆弟诸公更谓王孙曰：“有一男两女，所不足者非财也。今文君已失身于司马长卿，长卿故倦游，虽贫，其人材足依也，且又令客，独奈何相辱如此！”卓王孙不得已，分予文君僮百人，钱百万，及其嫁时衣被财物。文君乃与相如归成都，买田宅，为富人。[2]

②（汉）司马迁撰《史记》，中华书局2013年版，第3615页。

历代文人对于《司马相如列传》叙述的琴挑和卖酒二事，或关注司马相如琴挑、卓文君夜奔，二者最终结为夫妻，也就将该故事定性为私奔；或关注卓文君当炉、司马相如涤器，二人最终获赠财物，也就将该故事定性为窃赀。

私奔一说是指这场婚姻不符合礼法，这里暂不展开细说。窃赀一说从何说起呢？南北朝时期颜之推《颜氏家训·文章篇》较早提出窃赀一说：“自古文人，多陷轻薄：屈原露才扬己，显暴君过；宋玉体貌容冶，见遇俳优；东方曼倩，滑稽不雅；司马长卿窃赀无操；王褒过章《僮约》，扬雄德败《美新》……”[3] 唐代司马贞《史记·司马相如列传索引述赞》继

③王利器撰《颜氏家训集解》，中华书局1993年版，第237页。

续跟进："相如纵诞，窃赀卓氏。"[①] 不过，以上都没有展开说明，也就无法得知其理由。持此看法最著名的莫过于宋代苏轼，其《司马相如之谄死而不已》云：

> 司马相如归临邛，令王吉谬为恭敬，日往朝相如，相如称病，使从者谢吉。及卓氏为具，相如又称病不往。吉自往迎相如。观吉意，欲与相如为率钱之会耳。而相如遂窃妻以逃，大可笑。……如相如，真可谓小人也哉！[②]

苏轼推定司马相如的本意是向富人卓王孙索钱，甚至绘声绘色地断定，这是司马相如与临邛令以"索钱"为目的的共谋，而司马相如"窃妻以逃"其实是个意外，起初并不在谋划之列，因此，苏轼《司马相如创开西南夷路》评价司马相如"以污行不齿于蜀人"[③]，《司马相如之谄死而不已》又断定司马相如"真可谓小人也哉"[④]。持窃赀一说的人还不止一二。宋代魏天应编《论学绳尺》卷八录萧易云："司马相如、王褒，皆蜀产也。雍容闲雅者，不足覆窃赀之丑。"[⑤] 明代侯一元更是明确断定"相如本意，不在文君甚明"，而在于窃赀。其《戒弟书》说：

> 今人固无相如，即有之，吾亦不好，文且如此，况其行乎？而闻以卓氏事自解，此大谬也。且卓氏事，相如宁慕其色耶？临邛令谓相如穷困，幸来过我；而王孙奇货可居，故谬为恭敬，以相如婿之耳。已而，果大得其财，为富人，驯致以赀为郎，显于汉庭。则相如本意不在文君甚明，读史者忽之耳。如令相如反效其赀财，重币卑礼以求失身之文君，吾知相如不为也。若为之，则其家徒四壁者，不将愈甚，转入沟中乎？狗监未荐，天子不闻，独与失身一妇人、无用之

①（汉）司马迁撰《史记》，中华书局 2013 年版，第 3699 页。

②③④（宋）苏轼著，孔凡礼点校《苏轼文集》，中华书局 1986 年版，第 2010 页。

⑤踪凡编《司马相如资料汇编》，中华书局 2008 年版，第 152—153 页。

书数卷，而何适矣？然则彼虽失行，犹为身谋。[1]

侯一元写此信的语境大概其弟弟沉溺女色，还引司马相如为自己辩解，侯一元便回信指出司马相如接近卓文君不在于贪色而在于窃赀，不过窃赀的目的又在于谋身，即为进入官场做准备。清代彭而述《读史亭文集》卷十六“史评·司马相如传”也断定司马相如“意在于利文君财耳”，其分析更有趣味：

文君一事，司马相如得意事也，亦司马子长得意笔也。方其文君新寡，琴心相挑，重赐侍者通殷勤，至于私奔而去，家徒四壁，乃自著犊鼻裈涤器，文君当垆，文人无行至此，可谓寡廉鲜耻矣！而相如乐为之，而子长乐道之，此其意在于利文君财耳。及其尽得文君之衣被财物，称为富人。富人矣，而后蜀人杨得意乃得以《子虚》之赋上闻，则此非无故也。安知不以重赐侍者之术再施之于狗监哉？曰狗监者，实录也，亦诙辞也。迨其后，相如以中郎将建节往蜀，于是卓王孙、临邛诸公皆因门下献牛酒，而王孙乃喟然而叹，自以得使女尚司马长卿晚，而厚分其财与男等。子长之意曰：“若使不厚分其女财与男等，虽得卓氏无益也，虽得百卓氏无益也。”为相如者，得其卓氏，得其财，而因以得其官，而安得不令人宠且羡哉！此即作《货殖传》之意也。见己无财不得请赎，遂至于腐，自伤之辞也。及相如病且死，天子使所忠求书，而其妻乃对曰：“长卿固未尝有书也。”又曰：“长卿未死时为一卷书。”奏之，乃言封禅事。嗟乎！卓氏善为其夫售知于天子如此哉！是相如有二狗监矣。即谓《子虚》《上林》诸赋出之于卓氏之手，可也。武帝曰：“朕独不得与此人同时哉！”子长亦曰：“吾独不得卓氏为妻耳！”故相如者，善用其财者也；而文君者，善其夫者也。[2]

①（明）侯一元著《侯一元集》，黄山书社 2011 年版，第 147 页。

②（清）彭而述著《读史亭文集》，康熙四十八年刻本，卷十六。

彭而述认为司马相如在得到卓氏的财物并成为富人后，蜀人杨得意才可能为其向汉武帝荐赋并得到赏识而出使中郎将。彭氏认为，司马迁津津乐道窃赀一事，是有感于自己曾无财赎罪而被施以腐刑的痛苦经历，并揣测司马迁存在自己未能娶像卓氏一样的富家女为妻的遗憾。

还有人说司马相如“以赀为郎”，这又从何说起？所谓以赀为郎，到目前为止有三种理解。[①] 其一，因家产而获授郎官，这是汉初文景时期的一种选官方式，如《汉书·司马相如传》颜师古注：“赀，财也。以家财多得拜为郎也。”[②] 其二，向朝廷缴纳财物而获授郎官，这是汉武帝时通行的授官方式，目的在于增加财政收入以应战争、灾荒之急，此说比较通行。其三，以赀算技能而获授郎官，如明代沈德符《万历野获编》补遗卷三：“按《广典故》云：“‘以赀为郎，非赀财也。赀，即訾字，訾，算也，积而算之。士人挟此技效于官，及格者酬以职，谓之赀郎。’汉世自有此一途，如张释之、司马相如之属皆是也。”[③]《史记》明确记载张释之曾“以訾为骑郎，事孝文帝”[④]，另一个就是司马相如，即“以赀为郎，事孝景帝，为武骑常侍”[⑤]。不过，此事发生在司马相如遇卓文君之前，与其获赠财产不相干。司马相如与卓文君结为夫妻后，也曾入朝为郎，却是通过献赋的方式获得的，《史记·司马相如列传》明确说“赋奏，天子以为郎”[⑥]。因此，将司马相如入仕跟他与卓文君的婚姻联系起来没有道理，更谈不上通过婚姻获得财产来取得做官的资格。上引彭而述所谓“得其财，而因以得其官”说的不是“以赀为郎”，而是指司马相如得到了卓氏的资财成为富人后，“蜀人杨得意乃得以《子虚》之赋上闻”，从而能够“以中郎将建节往蜀”。

历来更多的人愿意相信司马相如对卓文君的爱慕之情。唐代许多诗人对司马相如出于爱慕而琴挑卓文君的故事深信不

①参见侯文华《汉代“以赀为郎”辨证》，《孔子研究》2014 年第 3 期；伏俊琏《司马相如“买官”“窃色”“窃财”辨正》，《北京社会科学》2015 年第 2 期。

②（汉）班固撰，（唐）颜师古注《汉书》，中华书局 1962 年版，第 2529 页。

③（明）沈德符撰《万历野获编》，中华书局 1959 年版，第 890 页。

④（汉）司马迁《史记》，中华书局 2013 年版，第 3311 页。

⑤同上，第 3613 页。

⑥同上，第 3665 页。

疑，如杜甫在成都凭吊司马相如遗迹时曾有诗《琴台（司马相如宅在州西笮桥，北有琴台）》：

茂陵多病后，尚爱卓文君。
酒肆人间世，琴台日暮云。
野花留宝靥，蔓草见罗裙。
归凤求皇意，寥寥不复闻。

杜甫在肯定司马相如爱慕卓文君的前提下，表达对司马相如琴挑一举表现出的洒落不羁的向往。

正因为历来大多相信司马相如琴挑卓文君是出于爱慕之心，因琴挑而产生的琴曲及歌辞《琴歌》或《凤求凰》才被视为爱情的表白，凤凰作为男女性爱的象征在《琴歌》为其张目以后盛行起来，并频频现身于文学作品。可以说，南朝末期徐陵编《玉台新咏》所录《琴歌》二首在司马相如、卓文君爱情故事的层层累积中起到了关键作用。自此，司马相如琴挑，卓文君夜奔的故事广为流传，为文人津津乐道，还成为文学作品常常使用的典故，和戏剧、小说不断演绎的故事。

三、历代对司马相如琴挑卓文君的解读

司马相如琴挑卓文君难以获得道德评判的豁免权，站在道德立场评判司马相如并加以贬斥，历代不乏其人。东汉班固《典引》引诏令说："司马相如污行无节，但有浮华之辞，不周于用。"[①] 可见，当时官方对司马相如就有苛评，此所谓"污行"应是就琴挑一举而言。即使是极力主张"越名教而任自然"（《释私论》）[②] 的嵇康评价司马相如琴挑卓文君的行为时称"长卿慢世，越礼自放"（《圣贤高士传·司马相如传赞》）[③]，也未能超越道德评判。随后，刘勰《文心雕龙·程

①（梁）萧统编，（唐）李善注《文选》，中华书局1977年版，第682页。

②（三国魏）嵇康著，戴明扬校注《嵇康集校注》，中华书局2014年版，第402页。

③同上，第666页。

器》在谈到“文人之疵”时严厉批评司马相如琴挑卓文君的行为是“窃妻”[①]。对于卓文君的夜奔，有人更不愿意原谅，如宋代章樵云：“（卓文君）欲心一炽，莫克自制，至于瞡行丧躯，可不戒哉！”（《〈美人赋〉批点》）[②] 明代刘履云：“相如客临邛，卓王孙家其女新寡，窃从户窥相如，相如以琴心挑之，乃夜亡奔，遂与驰归成都。其失身背理如此，虽果见弃，亦无足恤。”（《风雅翼》卷十《白头吟》评注）[③] 历代也不乏为司马相如琴挑卓文君的行为进行辩护的人，然而，他们无法否定司马相如与卓文君婚姻不合礼法的一面。当代学界也有为司马相如琴挑、卓文君夜奔辩护的，但还是让人感觉缺乏说服力。[④] 其实，这里真正需要面对的问题是：司马相如的琴挑、卓文君的夜奔这种不合礼法的行为为什么还能成为文人仰慕的风流？

中国古代的婚姻历来就是以父母之命、媒妁之言为正统，但是，也有“封建礼教眼开眼闭的监视之下那种公然走私的爱情”[⑤]，即给自由恋爱、自主结合留下了一丝缝隙。《周礼・地官・媒氏》载：

> 中春之月，令会男女。于是时也，奔者不禁。[⑥]

郑玄注：“重天时，权许之也。”[⑦] 贾公彦疏进一步诠释郑玄所谓“权许”：“此月既是娶妻之月，若有父母不娶不嫁之者，自相奔就，亦不禁之。但人而无礼，胡不遄死。以当礼，乃可得为配。言‘奔者不禁’者，郑云‘权许之’，其实非正礼也。”[⑧] 这里所说的礼就是“六礼”，包括纳采、问名、纳吉、纳征、请期、亲迎，六礼不备称为“奔”。中国文化向来没有禁欲主义倾向，反而视男婚女嫁为天经地义，也就为由于种种原因不能及时按照六礼缔结婚姻的男女提供了变通的办法，即郑

①（南朝梁）刘勰著，范文澜注《文心雕龙注》，人民文学出版社 1958 年版，第 719 页。

②（宋）章樵《古文苑》，商务印书馆 1937 年版，第 87 页。

③踪凡编《司马相如资料汇编》，中华书局 2008 年版，第 425 页。

④伏俊琏认为“司马相如和卓文君私奔成都，是采用当时娶寡妇常用的‘协议抢婚’的方式，不存在‘窃色’的问题”，见《司马相如“买官”“窃色”“窃财”辨正》，《北京社会科学》2015 年第 2 期。

⑤钱钟书选注《宋诗选注》，人民文学出版社 1989 年版，第 8 页。

⑥（汉）郑玄注，（唐）贾公彦疏《周礼注疏》，上海古籍出版社 2010 年版，第 511—512 页。

⑦⑧同上，第 512 页。

玄所说的“权许”。“权许”毕竟不合正礼，是不得已而为之。但是，值得注意的是，古代偏爱司马相如的人为其行为辩护时竟然并不援引此“权许”条款。即使他们“权许”司马相如、卓文君的婚姻，恰是因为司马相如的琴挑和一曲《凤求凰》。这种缔结婚姻的艺术方式被唐代的骆宾王称为“凤媒”[①]。

为什么艺术的方式就可以获得道德检视的豁免呢？琴历来被视为节制情感的乐器。汉初，《淮南子·泰族训》较早论及琴节制情感的文化功能：“神农之初作琴也，以归神，及其淫也，反其天心。”[②] 桓谭《新论》卷十六“琴道篇”说：“琴之言禁也，君子守以自禁也。”[③] 班固《白虎通义》卷三“礼乐”也说：“琴者、禁也，所以禁止淫邪，正人心也。”[④] 后来，许慎《说文解字》解释“琴”为“禁也”，正体现了当时关于琴文化的共识。署名蔡邕《琴操》说：“昔伏羲氏之作琴，所以御邪辟，防心淫，修身理性，反其天真也。”[⑤]《旧唐书·音乐志》：“琴，禁也，夏至之音，阴气初动，禁物之淫心。”[⑥] 宋代郭茂倩《乐府诗集·琴曲歌辞序》说：“琴者，先王所以修身、理性、禁邪、防淫者也，是故君子无故不去其身。”[⑦] 看来，琴用以节制情感的文化功能源远流长。由此可见，司马相如的琴挑本来就是情感有节制的表达。

不过，还得指出，郭茂倩《琴曲歌辞序》举出音乐史最为著名的琴曲仅从名称来看都是抒发离情别绪，其中还有男女之情，好像谈不上什么对于情感的节制：

> 西汉时有庆安世者，为成帝侍郎，善为《双凤离鸾》之曲，齐人刘道强能作《单凫寡鹤之弄》，赵飞燕亦善为《归风送远之操》，皆妙绝当时，见称后世。[⑧]

郭茂倩的举例是有来历的，据《西京杂记》，“齐人刘道强，

①骆宾王《棹歌行》：写月涂黄罢，凌波拾翠通。镜花摇芰日，衣麝入荷风。叶密舟难荡，莲疏浦易空。凤媒羞自托，鸳翼恨难穷。秋帐灯光翠，倡楼粉色红。相思无别曲，并在棹歌中。

②何宁撰《淮南子集释》，中华书局1998年版，第1389页。

③(汉)桓谭撰，朱谦之校辑《新辑本桓谭新论》，中华书局2009年版，第64页。

④(清)陈立撰《白虎通疏证》，中华书局1994年版，第125页。

⑤吉联抗辑《琴操》，人民音乐出版社1990年版，第1页。

⑥(后晋)刘昫等撰《旧唐书》，中华书局1975年版，第1075页。

⑦(宋)郭茂倩《乐府诗集》，中华书局1979年版，第821页。

⑧同上，第822页。

善弹琴，能作《单鹄寡凫》之弄。听者皆悲，不能自摄”[①]，“赵后有宝琴，曰凤凰，皆以金玉隐起为龙凤螭鸾、古贤列女之象。亦善为《归风送远》之操”[②]；然而，《西京杂记》还记载庆安世、赵飞燕偏偏不能以琴“自禁”：

> 庆安世年十五，为成帝侍郎。善鼓琴，能为《双凤离鸾》之曲。赵后悦之，白上，得出入御内，绝见爱幸。常著轻丝履，招风扇，紫绨裘，与后同居处。欲有子，而终无胤嗣。赵后自以无子，常托以祈祷，别开一室，自左右侍婢以外莫得至者，上亦不得至焉。以軿车载轻薄少年，为女子服，入后宫者日以十数，与之淫通，无时休息。有疲怠者，辄差代之，而卒无子。[③]

可以说，庆安世、赵飞燕等的琴曲也许达到了美的境界，却未必达到了善的更高境界。郭茂倩《乐府诗集》对琴曲之善是这样解释的：“若夫心意感发，声调谐应，大弦宽和而温，小弦清廉而不乱，攫之深，醳之愉，斯为尽善矣。”[④] 看来，“和”是琴曲达到“尽善”境界的重要因素。中国古代的音乐文化历来就强调与自然之间的和，琴曲也不例外；另外，许多相关故事都表明，弹琴者尤其注重听者的和，最著名的莫过于《列子·汤问》所载琴师俞伯牙与樵夫钟子期的故事；同时，历代又不乏知音难觅的慨叹，如嵇康《琴赋》所言“识音者希，孰能珍兮；能尽雅琴，唯至人兮”[⑤]。司马相如一曲《凤求凰》，卓文君听懂了，可谓其知音，已是难能可贵，何必再受到指责！嵇康表面上批评司马相如“慢世”“越礼”，实际上是称赞其琴挑中表现出的“自放”，即放旷不羁。

总之，关于司马相如的琴挑、卓文君的夜奔，有以下两点值得申说：其一，司马相如以琴声“宣和情志”（嵇康《琴

①②（晋）葛洪撰，周天游校注《西京杂记校注》，中华书局2020年版，第202页。

③同上，第81页。

④（宋）郭茂倩《乐府诗集》，中华书局1979年版，第822页。

⑤（三国魏）嵇康著，戴明扬校注《嵇康集校注》，中华书局2014年版，第145页。

赋》)[1]，其情欲正是通过琴音有节制地恰当表达出来，不悖于“窈窕淑女，琴瑟友之”(《诗经·关雎》)的琴文化传统；卓文君听出了司马相如琴声里的悦慕之情，可谓知音，难能可贵。其二，卓文君是寡居之人，有再嫁的权利。因此，卓文君和司马相如通过琴曲缔结的婚姻虽不合正礼，但情有可原。中国古代的文化本已为缔结婚姻留下变通的缺口，更何况司马相如与卓文君以艺术方式结为夫妻，不仅有人宁愿置礼法于不顾而乐意谅解他们，甚至还支持和称赞他们。明代李贽说：

> 不有卓氏，谁能听之，然则相如，卓氏梁鸿也。使当其时，卓氏如孟光，必请于王孙，吾知王孙必不听也。嗟夫！斗筲小人何足计事！徒失佳偶，空负良缘。不如早自抉择，忍小耻而就大计。《易》不云乎：同声相应，同气相求，同明相照，同类相招，云从龙，风从虎。归凤求凰，安可诬也！[2]

李贽认为司马相如与卓文君缔结婚姻的合法性就在于卓文君可为司马相如的知音，至于结合的方式都不应该考虑，他甚至将司马相如塑造为反抗礼法的英雄。明代汤显祖《相如》二首也强调卓文君作为司马相如的知音身份：

> 相如美词赋，气侠殊缤纷。汶山凤凰下，琴心谁独闻。阳昌与成都，贵贱岂足分。子虚乃同时，飘然气凌云。卧托文园终，不受世訾氛。清晖缅难竟，遗书封禅文。知音偶一时，千载为欣欣。上有汉武皇，下有卓文君。(一)
>
> 令君有严客，临邛自清光。王孙尔何为，众宾临高堂。足可富蹲鸱，安知穷凤凰。幸然有好女，琴心能见伤。峨眉扬远山，芙蓉留薄装。一身犹可分，谁能羞夜亡。如何挂缨衣，亦学横在床。此心当语谁，此意难自忘。两好不终栖，

[1] (三国魏)嵇康著，戴明扬校注《嵇康集校注》，中华书局2014年版，第140页。

[2] (明)李贽著《藏书》，中华书局1959年版，第626页。

遗文来见将。但惜相如死，谁念文君狂。（二）

这两首诗分明是说：汉武帝可堪司马相如《子虚赋》的知音，卓文君可堪司马相如《凤求凰》的知音。司马相如凭借其辞赋与琴心，超凡脱俗、超越贵贱；卓文君独会琴心，堪称千古知音；至于他们的婚姻是否符合礼法，那算什么问题！清代姚苧田《史记菁华录》说：

以相如之才，且又令客，车骑雍容，亦久为富人所属目，则以令为蹇修，文君不患不归相如矣。而乃必挑以琴心，奔于亡命何哉？盖相如、文君，千古之佳俪也，使以令为媒，以势相合，以利相随，则亦贾儿贩妇之常径耳，何以见两人之自具锦心，自留青眼乎？彼挑此奔，所以明此段风流绝不缘势利作合耳。……史公娓娓写之，固欲传其奇耳，岂以著其丑哉！具只眼者，须别有识以处此。[1]

①（汉）司马迁原著，（清）姚苧田节评《史记菁华录》，上海古籍出版社1988年版，第251—252页。

姚氏也根本不愿意将司马相如、卓文君的婚姻与礼俗牵扯起来，因为一曲《凤求凰》，他们成为“自具锦心，自留青眼”的“千古之佳丽”，具有超越礼俗的特权。可见，骆宾王以“凤媒”一词来称呼司马相如的琴挑、卓文君的夜奔，道出一个重要信息，即二者的婚姻是以音乐为媒，是以艺术的方式——以琴传心，而不是礼俗的方式——父母之命、媒妁之言来缔结的，正是这种方式使他们的婚姻可以越过道德的检视，并获得无数文人的推崇。就像宋代邵博说的，“长卿本豪杰，礼法安可处。手弹南风琴，心调东邻女。杂身庸保中，初不忌笑侮。大者固已立，下此皆可补”[2]。

②（宋）邵博《题司马相如琴台》，转自踪凡编《司马相如资料汇编》，中华书局2008年版，第100页。

不过，也有人否定琴挑在司马相如、卓文君婚姻中所起的作用，如明代唐寅《咏美人·文君琴心》称：“若使琴心挑得动，不知匪石是何人？”[①] 杨一鹏《琴台》也说：“自是翠眉能具眼，非关绿绮可传声。”[②] 言外之意是，卓文君为司马相如所动，并非琴挑起了作用，卓文君本就赏识司马相如的才能，这才是其夜奔的真正动力。《西京杂记》早就说出过卓文君之越礼是出于“悦长卿之才”[③]。明代陈勋《咏史五首》其五云“卓家养得宁馨女，不待凌云识马卿”[④]，就是说卓文君比汉武帝还有眼光，更早认识到司马相如的才能。卓文君赏识司马相如的才能，更可谓司马相如的知音。清代尤侗《读东坡志林》正是从这个角度高度评价卓文君的夜奔：

> 予谓文君之事，不足为相如病也。以相如之才，事景帝、孝王，皆不能知。而临邛令与诸富人，又不足与言，乃文君独能怜才。国士之遇，出于闺中，生平第一知己，在汉天子上矣！文君之从相如，不减红拂之识卫公；相如之挑文君，不愈仲容之追鲜婢乎！[⑤]

甚至有人连带着把最终承认司马相如与卓文君的婚姻并赠予财产的卓王孙都视为司马相如的知音：“弹遍临邛无一语，知音唯有卓王孙。”[⑥] 明代王忠陛《司马长卿集序》道破玄机：

> 太史公传长卿，自少好读书，学击剑，必交邹阳、枚乘、吴庄忌夫子之俦。初客梁，梁孝王令与诸生游士居数岁。更适临邛，有卓文君事异甚。绿绮挑心，侍者通丑，最后当垆涤器。世不以此戾长卿，以长卿才，若文而饰之。虽然，文固重，恐他家藉为口实。则亡奔足傲六礼，而黄鹄一誓，祇自苦耳。余幼读长卿诸篇，而咀其义，意则居然讽谏。时事上，系明主同时之感，而下砻南夷，挫西僰，是故不得以风流罪过，薄其呕血数声。如《蜀父老檄》《谏猎书》，言之金

①(明) 唐寅《唐伯虎全集》卷三，大道书局1935年版，第6页。

②(明) 杨一鹏《琴台》，转自踪凡编《司马相如资料汇编》，中华书局2008年版，第263页。

③(晋) 葛洪撰，周天游校注《西京杂记校注》，中华书局2020年版，第79页。

④(明) 陈勋《陈元凯集》卷四，转自踪凡编《司马相如资料汇编》，中华书局2008年版，第429页。

⑤(清) 尤侗著《尤侗集》，上海古籍出版社2015年版，第139页。

⑥(清) 车西《琴台》二首，《同治重修成都县志》卷十一，转自踪凡编《司马相如资料汇编》，中华书局2008年版，第284页。

石也。……[1]

既然是郎才女貌，不仅司马相如琴挑不应该受到道德批评，而且卓文君出于对司马相如才能的仰慕而夜奔，更不应该受到道德评判。明代黄省曾《小序六十三首·卓文君》云："文君琴心挑悦，失趾相如，虽愧桃夭，获托佳耦，厥志适矣。"[2] 意即文君夜奔相如虽不如明媒正娶来得光彩，但她如愿嫁给了因才能获得其赏识的人，又有什么好批评的呢！而且，从卓文君后来创作的《白头吟》来看，她竟是才女，与司马相如就更般配了。明代钟惺、谭元春《〈白头吟〉末批》也持这样的观点："有此妙口妙笔，真长卿快偶也，不奔何待！"[3] 于是，有人公开为司马相如和卓文君辩驳：

长卿之初，小字犬子，慕蔺相如，因以名拟。《子虚》《上林》，独是常语。其最奇者，在卓氏女琴心一挑，夜奔相许，涤器何伤，当炉不耻。善病文园，意亦尔尔。同时公卿谁挂牙齿，稍可与言临邛令耳。（《司马相如》）[4]

归根到底，还是不愿把琴挑仅仅视为一个艳情故事，而是导向知己的惺惺相惜，潜藏着中国古代文人渴望才能得到赏识的心理。

其实，早就有人品出了琴挑故事的另一番滋味，唐代张纮《行路难》云：

君不见温家玉镜台，提携抱握九重来。君不见相如绿绮琴，一抚一拍凤凰音。人生意气须及早，莫负当年行乐心。荆王奏曲楚妃叹，曲尽欢终夜将半。朱楼银阁正平生，碧草青苔坐芜漫。当春对酒不须疑，视日相看能几时。春风吹尽

①（明）汪士贤校订《司马长卿集》，转自踪凡编《司马相如资料汇编》，中华书局2008年版，第270页。

②（明）黄省曾《五岳山人集》卷二十七，转自踪凡编《司马相如资料汇编》，中华书局2008年版，第427页。

③（明）钟惺、谭元春《诗归》，湖北人民出版社1985年版，第60页。按，明代冯舒《卓文君白头吟》（《诗纪匡谬》）云："或文君自有别篇，不得遽以此诗当之也。宋人不明其故，妄以此诗实之。……今人遽云有此妙口妙笔，真长卿快偶，可笑可怜！"显然是对钟惺、谭元春的观点嗤之以鼻。

④（明）单思恭著《甜雪斋文集》文六之九，转自踪凡编《司马相如资料汇编》，中华书局2008年版，第238页。

燕初至，此时自为称君意。秋露萎草鸿始归，此时衰暮与君违。人生翻覆何常定，谁保容颜无是非。

司马相如拥有一把琴叫绿绮，楚庄王也有一把琴叫绕梁。[1] 楚庄王在妃子樊姬的不断激励下终于成为春秋一代霸主[2]，古代有琴曲《楚妃》吟咏樊姬的事迹。[3] 此诗言及东晋温峤丧偶之后自做月老，巧娶表妹一事[4]、司马相如琴挑一事、"飞必冲天""鸣必惊人"的楚庄王与樊姬的故事，将情欲的张扬引向对功名的渴求。在此语境下再返观温峤、司马相如对异性的大胆追求就有了珍惜青春的内涵，也即该诗所谓"人生意气须及早"。尽管诗人仍然将司马相如琴的琴挑、卓文君的夜奔当作一个艳情故事来解读，但是，还读出了张扬个性、缅怀青春的热情。

①(宋) 郭茂倩《乐府诗集》，中华书局 1979 年版，第 821 页。

②(汉) 刘向《列女传》有"楚庄樊姬"。辽宁教育出版社 1998 年版，第 17 页。

③(南朝梁) 萧统《文选》录嵇康《琴赋》："《王昭》《楚妃》《千里别鹤》，犹有一切，承间簉乏，亦有可观者焉。"又，唐代李善注："楚之贤妃，能立德著勋，垂名于后，唯樊姬焉。故令叹咏声，永世不绝，疑必尔也。"(中华书局 1977 年版，第 258 页)

④(南朝宋) 刘义庆著，余嘉锡笺疏《世说新语笺疏》中华书局 1983 年版，第 857 页。

第三节 孤鸾照镜与唐五代览镜意象的突变

"鸾镜"一语，唐前罕见使用，但唐代常常使用。铜镜的形制至唐代发生了一些变化：其一，纹饰总体而言比汉代更精致、更华美、更丰富，瑞兽鸾凤纹是其中重要的纹饰。唐人以镜为题的咏物诗中经常提及铜镜的鸾凤纹饰，如唐代周匡物《古镜歌》"蛟龙久无雷雨声，鸾凤空踏莓苔舞"，无名氏《府试古镜》"龙盘初挂月，凤舞欲生风"，从这些诗句来看，当时铜镜上的凤饰十分生动。其二，铭文内容比汉代更加活泼、更加日常生活化，鸾凤也常常出现在铭文中，如唐真子飞霜铭蓬莱镜的铭文："凤凰双镜南金装，阴阳各为配，日月恒相会，白玉芙蓉匣，翠羽琼瑶带，同心人，心相亲，照心照胆保千春。"[5] 但是，铜镜之所以往往称为"鸾镜"，虽与纹饰、铭文关系有关，但更重要的是与一个孤鸾照镜的故事关系密切。

⑤王纲怀编著《唐镜与唐诗》，上海人民出版社 2016 年版，第 184 页。

南朝宋范泰《鸾鸟并序》：

昔罽宾王结罝峻卯之山，获一鸾鸟。王甚爱之，欲其鸣而不致也。乃饰以金樊，飨以珍羞。对之愈戚，三年不鸣。其夫人曰："尝闻鸟见其类而后鸣，何不悬镜以映之。"王从其意。鸾睹形悲鸣，哀响冲霄，一奋而绝。嗟乎，兹禽何情之深！昔钟子破琴于伯牙，匠石韬斤于郢人，盖悲妙赏之不存，慨神质于当年耳。矧乃一举而殒其身者哉，悲夫！乃为诗曰：

神鸾栖高梧，爰翔霄汉际。
轩翼飏轻风，清响中天厉。
外患难预谋，高罗掩逸势。
明镜悬高堂，顾影悲同契。
一激九霄音，响流形已毙。[1]

①逯钦立辑校《先秦汉魏晋南北朝诗》，中华书局1983年版，第1144页。

范泰是著名史学家范晔的父亲。与范泰大致同时的刘敬叔在其《异苑》卷三亦载：

罽宾国王买得一鸾，欲其鸣，不可致，饰金繁，飨珍羞，对之愈戚，三年不鸣。夫人曰："尝闻鸾见类则鸣。何不悬镜照之。"王从其言。鸾睹影，悲鸣冲霄，一奋而绝。[2]

②（南朝宋）刘敬叔撰《异苑》，中华书局1996年版，第14页。

看来，孤鸾照镜的故事并非范泰或刘敬叔的杜撰，应该是当时流传的故事。故事的发生地罽宾位于今中亚喀布尔河流域。中国早期的文献如《逸周书·王会篇》载："西申以凤鸟，凤鸟者，戴仁、抱义、掖信归有德。"[3]看来，鸾鸟是西方的特产，不过，《山海经》中鸾出没的地方不限于西，但都是高贵、神秘的禽鸟。魏晋南北朝时期，罽宾是著名的佛教中心，当时流

③黄怀信、张懋镕、田旭东撰《逸周书汇校集注》，上海古籍出版社2007年版，第858页。

行的不少佛经即是罽宾僧人所译。而且，西域高僧佛图澄曾两度入罽宾学佛，西晋永嘉四年（310）来到洛阳，其弟子中有一批佛学造诣很高。因此，目前虽无直接证据证明孤鸾照镜的故事与佛教有关，但容易让人产生这样的揣测。但是佛教中有一种叫哀鸾的吉祥鸟，发音柔和动听，佛教常以其喻佛音与佛法，如姚秦时期的著名高僧鸠摩罗什曾有诗："心山育明德，流薰万由延。哀鸾孤桐上，清音彻九天。"佛教常以镜中的影像隐喻事物有待于各种条件而缺乏"自性"，如隋朝杜顺说、唐代智俨撰《华严一乘十玄门》云："众镜相照，众镜之影，见一镜中，如是影中复现众影，一一影中复现众影，即重重现影，成其无尽复无尽也。"在孤鸾照镜的故事中，鸾把镜中的影子当成真正的同类，这与佛教的看法是一致的。初唐沙门玄则为玄奘译《大般若波罗蜜多经》"第八会那伽室利分"所作序就采用孤鸾照镜的典故来解释佛教教义，即："譬蜃楼切景，知积气以忘跻。鸾镜含姿，悟唯空而辍揽。"表面意思是，一旦明白镜中的影像哪怕再美丽也是虚幻的，也就会放下铜镜了，也就是说，只要明白贪恋的一切事物只是虚幻的道理，也就不再贪恋了。孤鸾照镜的故事可能糅合了中国本土文化与佛教文化。

然而，中国古代诗人并没有沿着沙门玄则的思路去解读孤鸾照镜的故事，他们宁愿欣赏其中的绝美、孤独、离别——孤鸾冲霄哀鸣，一奋而绝，就像天鹅之歌，也是一曲绝唱。这种解读使得中国文化中本已存在的览镜意象大大增加了表现力，在唐代诗词中大放异彩。

一、览镜意象的传统意蕴

览镜本来是汉魏乐府以来中国古代诗歌常常使用的一个意象，唐诗出现的频率更高，往往与叹逝主题有关。不过，同样是叹逝主题，因抒情主人公的性别不同，览镜意象的意蕴存在差异。

其一，文士照镜，往往是抒发时光流逝的感叹并含有政治失意的潜台词。面对铜镜，感叹衰老的诗作流传最广的莫过于李白的《秋浦歌十七首》其十五，即：

白发三千丈，缘愁似个长。
不知明镜里，何处得秋霜。

如果说这首诗里看不到怀才不遇的牢骚，其《将进酒》在感叹时光流逝时流露出的怀才不遇的愤激是无法掩抑的，诗中的饮酒也就具有消解怀才不遇之忧愁的价值：

君不见，黄河之水天上来，奔流到海不复回！君不见，高堂明镜悲白发，朝如青丝暮成雪！人生得意须尽欢，莫使金樽空对月。天生我材必有用，千金散尽还复来。烹羊宰牛且为乐，会须一饮三百杯。岑夫子，丹丘生，将进酒，君莫停。与君歌一曲，请君为我侧耳听。钟鼓馔玉不足贵，但愿长醉不愿醒。古来圣贤皆寂寞，惟有饮者留其名。陈王昔时宴平乐，斗酒十千恣欢谑。主人何为言少钱？径须沽取对君酌。五花马，千金裘，呼儿将出换美酒，与尔同销万古愁。

此诗以起兴开端，同时，起句与应句构成复沓关系，表达时光流逝不可阻挡的悲哀；接着将劝酒之意多次重复，每重复一次，情感又有递进，直到最后点出心中的愁闷；此时读者才恍然领悟，饮酒背后是消解怀才不遇之忧愁的心理动机。李白还有《览镜书怀》《见野草中有曰白头翁者》等诗作也是感叹镜中的衰容，调侃的语气中渗透出一丝不遇的悲凉。览镜意象在白居易的诗作中出现的次数应该是最高的，他反复借览镜来体认时光流逝，感叹衰老。如《照镜》：

> 皎皎青铜镜，斑斑白丝鬓。
> 岂复更藏年，实年君不信。

这是诗人看到镜里的白发，感叹青春不再。他还有《感镜》：

> 美人与我别，留镜在匣中。
> 自从花颜去，秋水无芙蓉。
> 经年不开匣，红埃覆青铜。
> 今朝一拂拭，自照憔悴容。
> 照罢重惆怅，背有双盘龙。

美人往往与青春、热情、功名、理想等相关，美人的离去，意味着这一切的逝去。白居易的挚友元稹《看花》一诗将这种感受说得更清楚：“努力少年求好官，好花须是少年看。君看老大逢花树，未折一枝心已阑。”“好花”与“好官”一样，诗人已经了无心绪去“攀折”，真正能够牵动诗人神经的是青春而不是功名，正是白居易所谓“光阴纵惜留难住，官职虽荣得已迟”（《新秋早起，有怀元少尹》）。当然，缅怀是免不了的，白居易和元稹之间的唱和诗中就有一系列作品是缅怀青春岁月的。白居易《感镜》诗中，诗人打开被尘埃覆盖的铜镜，本想去缅怀逝去的青春，映入眼帘的却是镜中的憔悴容貌，反而确认了青春的一去不返，此时，除了惆怅还能怎样！其《以镜赠别》还写到照镜让衰老的诗人惆怅，诗人便将镜子赠人，“我惭貌丑老，绕鬓斑斑雪。不如赠少年，回照青丝发。因君千里去，持此将为别”。这是怎样的绝望啊！白居易还曾将铜镜换取酒杯，以酒消解衰老带给他的忧愁。白居易的诗友刘禹锡也曾在诗中表达了同样的意图。[1] 无独有偶，此前，李益曾有以“以镜赠别”为题的诗作，该诗小序称：“校书郎杨凝往年以古镜赆别，今追赠以诗。”同样是追悼青春，李益诗是将当年受赠时铜镜中的年轻面容与镜中的华发进行对比，来显示时间的流逝，即“一别青春鉴，回光照华发”。白居易生前曾编辑自己的诗作为《白氏长庆集》，将其诗分为四类：讽喻诗、感伤诗、闲适诗、杂律。关于感伤诗，其《与元九书》解释道：“有事物牵于外，情理动于内，随感遇而形于叹咏者。”[2] “感遇”一词，初唐陈子昂曾用作其组诗的题目，这组诗的主题就是感叹政治失意。可见，白居易的“感伤诗”与政治失意有关，的确，其中很多作品充满了落寞的情绪。《照镜》《感镜》《以镜赠别》都编在《白氏长庆集》“感伤诗”中，这些作品的叹逝主题自然还有感叹政治失意的弦外之音。这里，可以用唐末徐夤《览镜书怀》来总结诗人鉴镜的心态，即：

晨起梳头忽自悲，镜中亲见数茎丝。
从今休说龙泉剑，世上恩仇报已迟。

其二，女性览镜，有时只是为了化妆，但更多的作品是表达青春流逝的感伤以及别离之苦、失宠之哀的潜台词。王维《扶南曲歌辞五首》其五是描写佳人镜前精心化妆的情景：

朝日照绮窗，佳人坐临镜。
散黛恨犹轻，插钗嫌未正。
同心勿遽游，幸待春妆竟。

从最后一句可以看出，佳人对待化妆如此慎重是因为要和“同

①白居易《镜换杯》：欲将珠匣青铜镜，换取金樽白玉卮。镜里老来无避处，樽前愁至有消时。茶能散闷为功浅，萱纵忘忧得力迟。不似杜康神用速，十分一盏便开眉。刘禹锡《和乐天以镜换酒》：把取菱花百炼镜，换他竹叶十旬杯。嚬眉厌老终难去，蘸甲须欢便到来。妍丑太分迷忌讳，松乔俱傲绝嫌猜。校量功力相千万，好去从空白玉台。

②（唐）白居易著，顾学颉校点《白居易集》，中华书局1979年版，第964页。

心”出游。而李白《代美人愁镜》二首表达妻子因与丈夫久别而耽误青春的愁闷：

> 明明金鹊镜，了了玉台前。拂拭皎冰月，光辉何清圆。红颜老昨日；白发多去年。铅粉坐相误，照来空凄然。（一）
>
> 美人赠此盘龙之宝镜，烛我金缕之罗衣。时将红袖拂明月，为惜普照之余晖。影中金鹊飞不灭；台下青鸾思独绝。藁砧一别若箭弦，去有日，来无年。狂风吹却妾心断，玉箸并堕菱花前。（二）

这两首诗是代言体闺怨诗，是诗人代女性立言，不过，第二首最后两句的视角发生转变，由第三人称变成了第一人称，好像是女性由幕后跃至前台，情不自禁地开始自我表白了。第二首中的“藁砧”一词是个隐语，又称“砆”，同“夫”谐音。[①]看来，诗中自称“妾”的女性感叹的是丈夫的久别。

①（南朝陈）徐陵编《玉台新咏》卷十载《古绝句》：藁砧今何在？山上复有山。何当大刀头？破镜飞上天。（上海古籍出版社 2007 年版，第 433 页）

其三，铜镜不仅可以照面，也可以鉴心、鉴才。铜镜可以鉴心源于一个古代的传说，晋代葛洪《西京杂记》载：

> 高祖初入咸阳宫，周行库府……有方镜广四尺，高五尺九寸，表里有明，人直来照之，影则倒见。以手扪心而来，则见肠胃五脏，历然无碍。人有疾病在内，则掩心而照之，则知病之所在。又女子有邪心，则胆张心动。秦始皇常以照宫人，胆张心动者则杀之。[②]

②（晋）葛洪撰，周天游校注《西京杂记校注》，中华书局 2020 年版，第 132—133 页。

此事体现出古人对铜镜神性的崇拜，这种神性主要表现在铜镜可以观照一切的清明，即所谓“夫鉴明者，尘垢弗能薶；神清者，嗜欲弗能乱”[③]。清，即不为外物所染；明，即不为外物所蔽。文人常以明镜来激励自己或他人不断进行自我修炼，如

③何宁撰《淮南子集释》，中华书局 1998 年版，第 146 页。

“幸居君子室，长愿免尘蒙”（唐无名氏《府氏古镜》），或表达希望得到君王赏识的政治意图，如“常恐君不察，匣中委清量”（唐张说《咏镜》）。唐代曾以玄宗李隆基的生日为千秋节，皇帝有时以铜镜赠予大臣，称为千秋镜，臣子也会以铜镜为礼物相互赠送。李隆基《千秋节赐群臣镜》诗云“分将赐群后，遇象见清心”，就是表达对群臣时常自照，保持“清心”的激励，这也许就是皇帝以镜赐君臣的真正用意所在。

既然铜镜能鉴别善恶，自然也能鉴别贤愚。唐人常将选拔人才的科举考试称为“镜”“衡镜”“文镜”，如“自持衡镜采幽沈”（姚鹄《将归蜀留献恩地仆射》）、“三开秦镜照春闱”（蒯希逸《和主司王起》）、“三开文镜继芳声”（张道符《和主司王起》）、“神镜高悬鉴百灵”（殷文圭《省试夜投献座主》）。一旦及第，当然欣喜于镜的清明，“且喜礼闱秦镜在，还将妍丑付春官”（刘长卿《温汤客舍》）；一旦下第，便会哀叹镜的不明，“青镜未辞尘”（项斯《落第后归觐喜逢僧再阳》）[①]、“贫女如花镜不知”（施肩吾《上礼部侍郎陈情》）、“从来为学投文镜，文镜如今更有谁”（张嫔《投翰林萧侍郎》）。

①作者一作贾岛，题为《落第东归逢僧伯阳》，诗句略有几字不同，疑为抄录之误。

二、孤鸾照镜对于览镜意蕴的拓展

在孤鸾照镜的故事流传开来的很长一段时间内，该典故在诗中出现的频率并不算高，整个南朝及隋代也不过十来首诗。就在范泰、刘敬叔将孤鸾照镜的故事记载下来不久，南朝谢朓第一个在诗中采用这个典故表达时光流逝的感叹，即“时拂孤鸾镜，星鬓视参差”（《咏风诗》）。随后，南朝萧纲在诗中采用这个典故表达夫妻分别，即“独鹄罢中路，孤鸾死镜前”（《咏人弃妾诗》）；南朝沈君攸的“愿作镜鸾相对绝”（《双燕离》），北朝庾信的“抱松伤别鹤，向镜绝孤鸾”（《拟咏怀诗二十七首》其二十二），南朝张正见的“自对孤鸾向影绝，终无一雁带书回”（《赋得佳期竟不归诗》）等均是化用孤鸾照镜的典故来表达分别之意。另外，庾信首先以镜中鸾影喻美丽的舞姿，即“鸾回镜欲满，鹤顾市应倾”（《和咏舞诗》），随后，隋代虞世基的“回鸾鸟路中，镜前看月近”（《衡阳王斋阁奏妓诗》）也是写舞姿。

真正使这个典故大放异彩的还是唐代诗歌。唐代诗人基本沿着南北朝文人的思路来解读孤鸾照镜的故事，鸾镜、鸾影、孤鸾等词语在唐诗中出现的频率相当高，如“龙飙去去无消息，鸾镜朝朝减容色”（骆宾王《代女道士王灵妃赠道士李荣》），是以鸾镜来称呼铜镜，“泪湿孤鸾晓镜昏，近来方解惜青春”（郑谷《为人题》），是以孤鸾照镜暗指离别，“鸾影乍回头并举，凤声初歇翅齐张”（张祜《周员外席上观柘枝（一作周员外出双舞柘枝妓）》），是以鸾影喻舞姿。览镜而叹逝乃至怨别本是汉乐府以来的传统文学主题，随着孤鸾照镜故事的掺入，唐诗的镜、览镜等意象的表现力大大提升，内涵也在发生变化，由起初的叹逝、鉴心之外，又增加了描写舞姿、哀悼死亡等意蕴，即使同样是怨别、感遇，表现方法也发生了变化，感染力也大大增强。

1. 孤鸾舞镜：乐妓的舞姿

刘敬叔《异苑》所载孤鸾照镜的故事只提及鸾鸟最后的哀鸣，其实未提及其姿态，范泰《鸾鸟并序》说“一激九霄音，响流形已毙”，也是就鸣叫而言，但是，后来的解读者往往将哀响置换成舞姿，便有了“孤鸾舞镜”一语。如果一个女子的舞姿很美，惊叹不已的观赏者往往会想到镜中的鸾影。如张祜《周员外席上观柘枝（一作周员外出双舞柘枝妓）》：

画鼓拖环锦臂攘，小娥双换舞衣裳。
金丝蹙雾红衫薄，银蔓垂花紫带长。

鸾影乍回头并举，凤声初歇翅齐张。
一时欻腕招残拍，斜敛轻身拜玉郎。

这里将表现舞姿的美让鸾来承担了，表现音乐的美则让凤来承担了。章孝标《柘枝》则反复用鸾和凤来形容柘枝舞的美妙，即："亚身踏节鸾形转，背面羞人凤影娇。"诗人用镜中鸾影来拟写的到底是一种什么样的舞蹈？南北朝的庾信《和咏舞诗》曾以"鸾回镜欲满"来形容歌妓转身回首的动作，无独有偶，隋朝的虞世南《咏舞》也曾以"回鸾"写到乐妓的这个动作：

繁弦奏渌水，长袖转回鸾。
一双俱应节，还似镜中看。

还有上引张祜、章孝标等均以鸾回头来形容妓女转身回首的动作，看来这不是巧合。据刘禹锡《和乐天柘枝》，跳柘枝的乐妓甚至有意装扮成鸾的样子，即：

柘枝本出楚王家，玉面添娇舞态奢。
松鬓改梳鸾凤髻，新衫别织斗鸡纱。
鼓催残拍腰身软，汗透罗衣雨点花。
画筵曲罢辞归去，便随王母上烟霞。

柘枝舞由西域传入，舞姿婀娜，对腰的柔韧度要求高，以鼓点伴奏，节拍较快，从上引刘禹锡的诗句"鼓催残拍腰身软"以及白居易《柘枝妓》等诗都可以看出来，在诗人想象中，大概只有鸾影才配得上形容这种舞姿。

其实，南朝宋刘敬叔《异苑》卷三还载有一则山鸡舞镜的故事：

山鸡爱其毛羽，映水则舞。魏武时南方献之，帝欲其鸣舞而无由。公子苍舒令置大镜其前，鸡鉴形而舞，不知止，遂乏死。韦仲将为之赋其事。[1]

①（南朝宋）刘敬叔撰《异苑》，中华书局1996年版，第15页。

中唐皇甫湜曾撰《山鸡舞镜赋》，想来其本事就是这个故事。同时，刘禹锡的一首写柘枝舞的诗与其他作品不同，将镜前的鸾换成了鸡。《观柘枝妓二首》其二：

山鸡临清镜，石燕赴遥津。
何如上客会，长袖入华茵？
体轻似无骨，观者皆耸神。
曲尽回身去，曾波犹注人。

看来，刘禹锡并非杜撰，而其出处正是《异苑》山鸡舞镜的故事。《异苑》所载此则故事显然是嘲讽那些极其爱慕虚荣的人，与鸾鸟照镜一事的意蕴迥异。像刘禹锡这样以山鸡舞镜来形容乐妓的舞姿极少见，倒是有将山鸡与孤鸾进行对比，以山鸡的虚荣与平凡来反衬鸾鸟的孤傲和绝美，而且，这种写法由来已久，屈原的作品就已出现了。不过，例外还是有的，南朝徐陵《斗鸡诗》偏偏扬斗鸡抑鸾凤，为的是表现斗鸡的雄壮威仪，即“斗凤羞衣锦，双鸾耻镜台”。但总的来说，抑鸡扬凤才是主流，鸾的孤傲与绝美的形象逐渐深入人心，孤鸾回首逐渐成为舞蹈中乐妓转身回首等曲线优美舞姿的代名词。唐代柘枝舞尤以姿态婀娜出名，诗人便常用镜前回鸾来形容柘枝舞姿。

中国文化中，鸾凤因为动听的鸣叫常用来形容音乐的美妙，现在，又因为色彩的艳丽、姿态的美妙而以其喻乐妓、佳人，进而成为乐妓乃至佳人的代名词。可以说，孤鸾照镜的故事使鸾鸟这种中国传说中早已有之的禽类增加诸多文化内涵。

2. 鸾镜共照、不照、独照：闺怨、宫怨与感遇

随着孤鸾照镜故事的广为流传和深入人心，铜镜这种日常生活中的常见物不论有无鸾饰，往往被人有意无意称为鸾镜并逐渐相沿成习。鸾镜之称自然总是暗涉孤鸾照镜的潜文本，产生出了诸多潜台词。

鸾鸟失去同类，是孤独的，鸾镜往往会唤起一个独守空闺的女子对于孤独的体验。她或者坐在镜前，顾影自怜；或者掩上镜台，任其生尘；或者抚镜追忆昔日与丈夫在镜前的亲昵。鸾镜独照、不照以及共照，都是佳人心中的别离之苦的表征。同样表达怨别的主题，孤鸾照镜故事的介入，使览镜意象作为时光流逝的表征，转向鸾亡镜存、鸾镜分离的潜在语境中女性的独照、不照等动作，暗示夫妻或恋人的离别。唐代鲍溶《旧镜》道出一个独居女子面对鸾镜的全部心理过程，也写出女性在短暂的恩爱之后便是离别、独守、相思直至绝望的情感历程：

> 婵娟本家镜，与妾归君子。
> 每忆并照时，相逢明月里。
> 春风忽分影，白日难依倚。
> 珠粉不结花，玉珰宁辉耳。
> 心期不可见，不保长如此。
> 华发一欺人，青铜化为鬼。
> 良人有归日，肯学妖桃李。
> 瑶匣若浮云，冥冥藏玉水。
> 侍儿不遣照，恐学孤鸾死。

此诗反复穿梭于过去与现在。切入的时间点是现在，是写女子追忆夫妻共照的恩爱，即“每忆并照时，相逢明月里”，并暗

示女子独居的处境。接着描写女子当下独照的所见所感："珠粉不结花，玉珰宁辉耳""华发一欺人，青铜化为鬼"就是现在独照时所见，"心期不可见，不保长如此""良人有归日，肯学妖桃李"，是独照时所感。最后是侍儿的介入，将女子的独照与沉思突然打断，并通过侍儿道出了不照的原因——害怕主人不堪独照的孤独而死亡，其实也预示该女子的结局。诗中的镜子是女子的嫁妆之一，既见证了夫妻"并照"的温馨，也见证了女子独照的自怜和不照的绝望。诗在最后引入孤鸾照镜的故事，引导读者在镜存鸾亡的语境里解读女子的孤独与绝望。可见，铜镜不仅是女性的日常生活用品，还与女性的情感世界存在密切关联。

（1）共照的温馨

铜镜往往是定情之物，是情感与婚姻的见证。汉代辛延年乐府诗《羽林郎》写到霍家奴冯子都曾欲将一面铜镜作为定情之物送给酒家胡女，即"贻我青铜镜，结我红罗裾"。初唐乔知之有一首诗《定情篇》也写到以铜镜为定情之物，即：

妾有秦家镜，宝匣装珠玑。
鉴来年二八，不记易阴晖。
妾无光寂寂，委照影依依。
今日持为赠，相识莫相违。

铜镜往往承载着夫妻之间的恩爱时光。夫妻二人共照铜镜的温馨，是夫妻生活的理想境界，中古的诗人就已多次表达了这种境界，如"镜中两入髻，分明无两心"（萧衍《秋歌四首》其四），"言照长相守，不照长相思"（高爽《咏镜诗》），"愿作双青鸟，共舒明镜前"（范云《望织女诗》）。夫妻共照铜镜的恩爱时光中最甜蜜的片段莫过于丈夫在镜前为妻子画眉，那应该是最让人期待，最让人回味的场景。隋朝诗人薛道衡《豫章行》一诗中，女性主人公哀叹丈夫的远游不归时说“空忆常时角枕处，无复前日画眉人”。唐代徐安期《催妆》一诗写道：

传闻烛下调红粉，明镜台前别作春。
不须面上浑妆却，留著双眉待画人。

唐代文人婚娶时，往往有好友写催妆诗，大约是催促新娘快点走出妆楼的意思。此诗作者告诉新娘化妆不必追求完美，把画眉这个环节留待新郎，温馨、隽永，耐人咀嚼。夫妻失和离婚，画眉一事当然就要改换他人。唐末范摅撰《云溪友议》记载这样一个故事：

颜鲁公为临川内史，浇风莫竞，文教大行，康乐已来，用为嘉誉也。邑有杨志坚者，嗜学而居贫，乡人未之知也。山妻厌其饘䭗不足，索书求离，志坚以诗送之曰：“平生志业在琴诗，头上如今有二丝。渔父尚知溪谷暗，山妻不信出身迟。荆钗任意撩新鬓，明镜从他别画眉。今日便同行路客，相逢即是下山时。”其妻持诗诣州请公牒，以求别醮。颜公案其书曰：“杨志坚素为儒学，遍览九经，篇咏之间，风骚可摭。愚妻睹其未遇，遂有离心。王欢之廪既虚，岂遵黄卷；朱叟之妻必去，宁见锦衣？恶辱乡闾，败伤风俗。若无褒贬，侥幸者多。阿王决二十后任改嫁。杨志坚秀才，赠布绢各二十匹、禄米二十石，便署随军，仍令远近知委。”江左十数年来，莫有敢弃其夫者。①

①（唐）范摅撰、唐雯校笺《云溪友议校笺》，中华书局 2017 年版，第 7 页。

书生杨志坚送别不愿与其同甘共苦的妻子时所写的诗称“明镜从他别画眉”，画眉的职责交由另外一个男人，自然就是离婚的意思。妻子去世了，丈夫也就自然不能为其画眉，唐暄在悼亡诗中想象妻子在阴间没有他为其画眉而发愁，即“清夜妆台月，空想画眉愁”（《还渭南感旧二首》其二），立意新颖，情感凄迷动人。[1]

（2）不照的绝望

闺怨诗历来就爱描写女性不愿梳妆。《诗经·卫风·伯兮》：“自伯之东，首如飞蓬。岂无膏沐？谁适为容！”就是表达不愿梳妆的想法。不愿梳妆的想法往往通过不愿照镜的动作暗示出来，“建安七子”之一的徐干有一首《室思》就是如此：“自君之出矣，明镜暗不治。思君如流水，无有穷已时。”“室思”即闺怨之意。郭茂倩认为乐府中的诗题“自君之出矣”就是源自徐干《室思》。[2] 乐府诗《自君之出矣》均为闺怨诗，以“自君之出矣”开头，接着一句是起兴，内容或是场景或是动作。初唐陈叔达是以女性的启镜卸妆即“明镜罢红妆”起兴，既表达怨别之情，又引出思念之情的表白。中唐雍裕之以女性的掩镜不妆即“宝镜为谁明”起兴，既表达怨别之情，又引出思念之情的倾诉。女性的心理是“为悦己者容”，既然丈夫不在身边，也就没有梳妆打扮的必要。唐末李咸用的《自君之出矣》也是用铜镜起兴，将其他诗人笔下的“明镜”“宝镜”等换成了“鸾镜”：

自君之出矣，鸾镜空尘生。
思君如明月，明月逐君行。

引入孤鸾照镜的故事作为怨别的语境，和其他同题作品相比，怨别情绪的悲凉色彩更加浓重，情感的强度也得到了增加。

白居易和李频都有题为《古意》的闺怨诗，暗用孤鸾照镜的典故，以掩镜不妆的动作来写独居女子的怨别之情。“古

①唐暄《还渭南感旧二首》：寝室悲长簟，妆楼泣镜台。独悲桃李节，不共一时开。魂兮若有感，仿佛梦中来。（其一）常时华室静，笑语度更筹。恍惚人事改，冥漠委荒丘。阳原叹薤露，阴壑悼藏舟。清夜妆台月，空想画眉愁。（其二）

②（宋）郭茂倩《乐府诗集》，中华书局1979年版，第987页。

意”即拟古，现在未能遽定白居易、李频所拟的古诗到底是哪一首，换句话说，女子怨别是诗的传统主题，这样的诗作历代层出不穷。白居易《古意》：

脉脉复脉脉，美人千里隔。
不见来几时，瑶草三四碧。
玉琴声悄悄，鸾镜尘幂幂。
昔为连理枝，今作分飞翮。
寄书多不达，加饭终无益。
心肠不自宽，衣带何由窄。

李频《古意》：

白马游何处，青楼日正长。
凤箫抛旧曲，鸾镜懒新妆。
玄鸟深巢静，飞花入户香。
虽非窦滔妇，锦字已成章。

尽管白居易采用古体，风格神似汉乐府，李频采用律体，篇幅略短，但两首作品的内容十分相近。大致的脉络是：开头交代男女离别，然后以一系列动作表现佳人越来越强烈的情绪，即奏乐以排遣孤寂，罢妆以表达绝望，写信以寄送相思。特别是诗眼的写法几乎雷同：都写到佳人绝望地停止梳妆，并暗用孤鸾照镜的典故强化佳人的美丽、孤独、绝望等信息；也都写到佳人奏乐的动作，闺怨诗常常描写这个动作来表达独居女子努力排遣孤寂之情却未能如愿的情形，如三国时期曹丕的“援琴鸣弦发清商，短歌微吟不能长”（《燕歌行二首》其一）。李频诗中的“凤箫抛旧曲”表明佳人还在吹奏旧曲来表达相思，白居易诗中的“玉琴声悄悄”则表明佳人已经无心弹琴来排遣相思。

以上诗作都是写婚后独居女性的怨别之情，但是，中国古代的闺怨诗往往不能简单地仅仅当成爱情诗来读，以上《自君之出矣》《古意》等诗还不能排除表达文人失意的弦外之音。因为中国古代本来存在男女之情与君臣之事异质同构的文化观念，存在以男女之情写君臣之事的文学传统。清代王尧衢评唐代张九龄《自君之出矣》就说：“此以闺情比臣子之思君亦犹是耳。”[①] 今人俞陛云也说：“此诗殆为李林甫所谗罢相后而作，借闺怨以寓忠爱之思。”[②] 特别是宫怨诗，虽有人也视其为闺怨诗，但由于女性抒情主人公与思念的对象即帝王既是男女关系也是君臣关系，更是常被文人借以表达政治失意情怀。如晚唐薛逢《宫词》：

十二楼中尽晓妆，望仙楼上望君王。
锁衔金兽连环冷，水滴铜龙昼漏长。
云髻罢梳还对镜，罗衣欲换更添香。
遥窥正殿帘开处，袍袴宫人扫御床。

显然这是一首宫怨诗，主旨如《唐诗鼓吹注解》所指出的：“近侍有人，御床方扫，我反不得如袍裤宫人一侍左右也。长门玉阶之怨，亦宁有穷乎。”[③] 古人的理解往往并不满足于停留在宫怨层面，如《唐诗鼓吹评注》认为：“此托宫人怅望而作也。”[④] 但还没有明说到底借宫人怅望寄托何事，《唐诗鼓吹笺注》明白地道出：“只一起‘望君王’三字，写尽士人抑郁无聊、痴痴想望神理。结句有含讽意。”[⑤] 唐人以“宫词”为题的诗作，有的只是白描宫廷生活，满足人们的好奇心，有的则应归入宫怨诗，这类作品应属比体，别有寄托，是借宫中

①（清）王尧衢注，单小青、詹福瑞点校《唐诗合解笺注》，河北大学出版社 2000 年版，第 133 页。

②俞陛云《诗境浅说》，中华书局 2010 年版，第 110 页。

③⑤陈伯海主编《唐诗汇评》，浙江教育出版社 1995 年版，第 2512 页。

④（清）钱牧斋、何义门评注《唐诗鼓吹评注》，河北大学出版社 2000 年版，第 58 页。

女性的怨旷表达士人的政治失意。正如《唐七律隽》引敖英所言："唐人作宫词，或赋事，或抒怨，或寓讽刺，或其人负才赍志，不得于君，流落无聊，托以自况。余谓负才而不见用，犹负色而不见怜，此其旨也。"[①] 了解了这个传统，再来读唐末徐夤《上阳宫词》之类的作品，理解可能就更深入一层了。该诗写道：

①陈伯海主编《唐诗汇评》，江苏教育出版社1995年版，第2513页。

> 点点苔钱上玉墀，日斜空望六龙西。
> 妆台尘暗青鸾掩，宫树月明黄鸟啼。
> 庭草可怜分雨露，君恩深恨隔云泥。
> 银蟾借与金波路，得入重轮伴羿妻。

徐夤是唐末五代时人，而上阳宫早于德宗时就已废弃，至晚唐应该已没有宫人值守，显然，诗中宫人对君王的期盼并非实写，而是诗人的想象。宫人本是以色事君，如今鸾镜不启，妆台生尘，不再装扮，这是一种绝望的情绪，诗人以此来表达不能以才事君的遗憾乃至愤激，即诗中所言的"庭草可怜分雨露，君恩深恨隔云泥"。唐末周朴《春宫怨》（一作杜荀鹤诗）写出了更残酷、更深刻的现实：

> 早被婵娟误，欲妆临镜慵。
> 承恩不在貌，教妾若为容。
> 风暖鸟声碎，日高花影重。
> 年年越溪女，相忆采芙蓉。

这是一个曾自恃貌美的宫人，现在突然认识到获取君王宠幸靠的并非美貌时，临镜化妆便有些心不在焉，"承恩不在貌，教妾若为容"写出了宫人无所适从的绝望。容貌美丽的宫人不能获宠是宫廷生活中男女关系的失衡，才能杰出的士人不能得到赏识则是政治生活中君臣关系的失衡，显然前者可以隐喻后者。再回到薛逢《宫词》上来，以女子的孤寂写士人的失意是该诗的主题，上引《唐七律隽》还指出薛逢“赋贫女者，借贫女以比己之不遇耳”[①]，指的是薛逢的《贫女吟》，即：

①② 陈伯海主编《唐诗汇评》，江苏教育出版社1995年版，第2515页。

残妆满面泪阑干，几许幽情欲话难。
云髻懒梳愁拆凤，翠蛾羞照恐惊鸾。
南邻送女初鸣佩，北里迎妻已梦兰。
惟有深闺憔悴质，年年长凭绣床看。

诗中暗用孤鸾照镜的典故，描写贫女不照镜，不梳妆，显示其绝望的心情，并以头上凤饰的成双成对来反衬贫女的孤单，用镜上的鸾饰来正衬其绝美。正如《唐诗鼓吹笺注》引朱东岩所言：“此等诗，俱唐人借以自况，与前《宫词》俱是一意。”[②]后人也大多将其解读为借贫女以自况，《唐诗鼓吹评注》称：“此伤不能见用，以贫女自况也。谓世尚小人而君子难进，犹世尚财而不尚美。”[③]借贫女以自况几乎成了唐人的俗套，其中著名的作品是唐末秦韬玉《贫女》：

③（清）钱牧斋、何义门评注《唐诗鼓吹评注》，河北大学出版社2000年版，第72页。

蓬门未识绮罗香，拟托良媒益自伤。
谁爱风流高格调，共怜时世俭梳妆。
敢将十指夸纤巧，不把双眉斗画长。
苦恨年年压金线，为他人作嫁衣裳。

后人也将此诗解读为作者“伤时未遇，托贫女以自况”[④]。与秦韬玉同时的李山甫也有蹭蹬科场的痛苦经历，其《贫女》有“镜里只应谙素貌，人间多自信红妆”的诗句，想来也是哀叹

④同上，第230页。

无人赏识其才能。

（3）独照的自怜

闺怨诗常常特写女性镜前精心装扮的动作，对抒情主人公而言实际上是确认其容貌的美丽和心灵的忠贞，流露出自怜、怨人的复杂情绪。

初唐四杰之一杨炯的侄女杨容华《新妆诗》写道：

啼鸟惊眠罢，房栊乘晓开。
凤钗金作缕，鸾镜玉为台。
妆似临池出，人疑向月来。
自怜终不见，欲去复裴回。

杨容华仅凭这一首诗为后人所知，初唐张鷟《朝野佥载》称此诗“好事者多传之”[①]，可见其影响。诗的第一联交代时间、地点，第二联先写鸾镜前的精心装扮，第三联写其美丽，最后一联陡然转向抒写主人公的沮丧心情。“自怜”意味着没有他人怜爱，原来，此前的精心装扮却无人欣赏，只能自我怜爱！据说这首诗是杨容华13岁时的作品，如此简短的生活阅历怎么能写出镜前女子的复杂心理，抑或这本来就是尽人皆知的女性宿命，自其情窦初开的那一天起就已经了然于心，必须面对，无法逃避！南朝徐陵有语“山鸡映水那自得，孤鸾照镜不成双”（《鸳鸯赋》），其实，人无法像山鸡那样自得，只会像孤鸾一样自怜。晚唐郑谷《为人题》云：

泪湿孤鸾晓镜昏，近来方解惜青春。
杏花杨柳年年好，不忍回看旧写真。

此诗“谓泪滴鸾镜，而兼用孤鸾不成双之意”[②]，抒情主人公

①（唐）张鷟撰《朝野佥载》，中华书局1979年版，第59页。

②严寿澂、黄明、赵昌平笺注《郑谷诗集笺注》，上海古籍出版社2009年版，第236页。

恐怕只能在孤鸾的认同中，哭泣于镜前，体味着孤独无偶。就像孤鸾只能以镜中自己的身影为伴，独居的女子也只能以镜中自己的身影为伴，自怜美丽、自叹孤独，是闺怨诗中女性览镜独照的普遍情怀。“叹息孤鸾鸟，伤心明镜前”（张渐《朗月行》），镜前的女性就在年复一年的独照、自怜中忍看青春日渐消逝，最后绝望地死去。这几乎是女性的宿命，无法摆脱。唐代李贺擅长表现青春与死亡的主题，其《贝宫夫人》云：

丁丁海女弄金环，雀钗翘揭双翅关。
六宫不语一生闲，高悬银榜照青山。
长眉凝绿几千年，清凉堪老镜中鸾。
秋肌稍觉玉衣寒，空光帖妥水如天。

“‘清凉堪老镜中鸾’，谓神无有匹偶。孤鸾睹镜中之形，哀鸣而死；今神以清净为心，无有情欲，镜中鸾影常存，安有老期？”[①] 其实，李贺此诗所咏对象应该是庙里的贝宫夫人泥塑，一旦明白这一点，我们就会恍然大悟，为什么诗人笔下的贝宫夫人能够经得起镜中孤鸾的寂寞而数千年不老。其实，哪怕是超越死亡的神女，置于独对镜中孤鸾的情景，也会生出悲凉之感，就像李商隐诗中的嫦娥，在独守月宫之时可能也会后悔当初偷服神药撇下后羿一人成仙。[②]

女性的尴尬在于，其美丽靠自我确认是不够的，还得有男性的欣赏。就像晚唐于濆《拟古意》所写：

白玉若无玷，花颜须及时。
国色久在室，良媒亦生疑。
鸦鬟未成髻，鸾镜徒相知。
翻惭效颦者，却笑从人迟。

①（清）王琦等注《李贺诗歌集注》，上海人民出版社 1977 年版，第 293 页。

②（唐）李商隐《嫦娥》：云母屏风烛影深，长河渐落晓星沉。嫦娥应悔偷灵药，碧海青天夜夜心。

尽管拥有天姿国色，却只有鸾镜知道，连良媒都怀疑其美貌，还要忍受东施之类丑妇的嘲笑，真是道尽了独居女子满腹的辛酸。女性面对鸾镜中孤影时的自怜自叹与士人怀才不遇的内心也是相通的。清代贺裳说：“‘国色久在室，良媒亦生疑。’不惟说尽寻声逐影之士，即端木氏之莫容少贬，亦已刻划须眉矣。”①

①(清)贺裳《载酒园诗话又编》,《清诗话续编》,上海古籍出版社 1983 年版，第 381 页。

铜镜既可照面又可以鉴心，闺怨诗中女性独照往往是对其忠贞的确认。唐代戴叔伦《宫词》既写宫中女子深夜独照，面对镜中孤影时的失落与怨恨，还在最后表达对其“贞心”的确认和自信：

紫禁迢迢宫漏鸣，夜深无语独含情。
春风鸾镜愁中影，明月羊车梦里声。
尘暗玉阶綦迹断，香飘金屋篆烟清。
贞心一任蛾眉妒，买赋何须问马卿。

唐代长孙佐辅《对镜吟》以览镜独照为线索，抒情主人公在“鉴面兼鉴心”中追忆过去，体味现在，以其“情逾深”反衬丈夫的“恩已背”，可以说，妆奁上的双凤就是他们的过去，镜台上的孤鸾就是他们的现在。《对镜吟》如下：

忆昔逢君新纳娉，青铜铸出千年镜。
意怜光彩固无瑕，义比恩情永相映。
每将鉴面兼鉴心，鉴来不辍情逾深。
君非结心空结带，结处尚新恩已背。
开帘览镜悲难语，对面相看孟门阻。
掩匣徒惭双凤飞，悬台欲效孤鸾舞。
昔日照来人共许，今朝照罢自生疑。

镜上有尘犹可淬，君恩讵肯无回时。

女子对丈夫的忠贞在中国的文化传统中很容易被转换成臣子对君王的忠诚，如白居易《太行路》前半部分感叹“何况如今鸾镜中，妾颜未改君心改”，后半部分感叹“不独人间夫与妻，近代君臣亦如此”，而且，其诗小序就直接表明“借夫妇以讽君臣之不终也”的创作意图。诗最后慨叹“行路难，不在水，不在山，只在人情反覆间”，所谓“人情”自然包括男女之情和君臣之情。

不论是宫人，还是普通女性乃至贫女，“为悦己者容”的逻辑深入骨髓，而别离又是生活中的常态；文人秉持“为知己者死”的信条，不遇又在所难免；二者交汇并彼此放大，成就了唐代闺怨诗、宫怨诗的繁荣。仅就闺怨诗而言，据统计，唐代之前只有 240 多首，至唐代增至 660 首，作者 190 多人。[①] 闺怨诗、宫怨诗常用的事象包括望月、捣衣（裁衣）、登楼、览镜等，览镜意象不论是否暗用孤鸾照镜的典故，不论是独照时的自怜，还是不照的绝望，已与叹逝主题分道扬镳并另立门户。特别孤鸾照镜故事的介入，使览镜意象的内涵得以丰富，表现力得以提升，感情更加浓烈，意象更富张力。李泽厚指出爱情诗“成了最为人们心爱的主题”，“体现了晚唐五代时尚”，“时代精神已不在马上，而在闺房；不在世间，而在心境”。[②] 其实，只有到了五代时期的花间词，文人的艳情趣味才占据上风，此前哪怕是韩偓、元（稹）白（居易），尽管写了大量艳情诗，但多少总有言在此而意在彼的倾向，女性的怨情与士人的感遇纠缠在一起，彼此难分。

①刘红旗《唐代闺怨诗研究》，漳州师范学院硕士学位论文，2009 年。

②李泽厚《美的历程》，安徽文艺出版社 1994 年版，第 150 页。

3. 镜沉鸾飞：悼亡

学界现在往往把“悼亡”一语的外延限定在夫妻之间，但古人并没有这个限制，古人以“悼亡”命名的诗赋涉及的对象遍及妻妾、歌妓、尊长、友人等等。[1]唐人的哀悼类作品屡见孤鸾照镜意象的暗用，这些作品哀悼的对象以尊长居多，包括后妃、公主、贵妇以及王公等，其次是姬妓。哀悼尊长的作品，作者往往径称挽歌或挽词；哀悼姬妓的作品，诗题往往冠以“伤”“怀”等字。

①参见石晓玲《“悼亡”与“悼亡诗”涵义考辨》，《辞书研究》2014年第2期。

鸾镜进入哀悼类作品成为一个死亡的象征，内在的逻辑是什么呢？

首先，中国古代丧葬礼仪中就有墓中置镜的传统，历代出土的铜镜许多来自墓葬即是明证。早在商代，就存在将铜镜陪葬的现象，如商代妇好墓出土的陪葬品中就有四个青铜镜。[2]据考古资料及相关研究，唐墓铜镜或置棺外，或置棺内，或作为驱邪之用，或作为梳妆之用，或作为佩饰等。[3]“丧礼者，以生者饰死者也，大象其生以送其死也。故如死如生，如亡如存，终始一也。”[4]“诸养生之具，无不从者。”[5]因此，铜镜作为日常生活用品自然成为古人的陪葬品。另外，古人死后使用一种叫“温明”的秘器来覆盖尸体，温明嵌有铜镜，并随尸体入葬墓中。《汉书·霍光传》提到，负责置办丧葬器物的机构东园在霍光死后置办有称为“温明”的秘器，唐代颜师古注引服虔说：“东园处此器，形如方漆桶，开一面，漆画之，以镜置其中，以悬尸上，大敛并盖之。”[6]另外，海昏侯墓出土了温明实物，综合文献记载与考古资料可知，温明呈长方形，一面开口，盖于尸体之上，正上方面对尸体的内侧设置铜镜，意在温暖、照明和驱魔压邪。既然铜镜或作为冥器或作为用具埋入墓中，埋镜也就成了死亡的含蓄说法，如“镜埋鸾已去，泉掩凤何飞”（蒋涣《故太常卿赠礼部尚书李公及夫人挽歌二首》其二），有些虽未明用“埋镜”一语，但语义相同，如“凤逐清箫远，鸾随幽镜沉”（上官仪《高密长公主挽歌》），“形将鸾镜隐，魂伴凤笙游”（沈佺期《章怀太子靖妃挽词》）。

②中国社会科学院考古研究所安阳工作队《安阳殷墟五号墓的发掘》，《考古学报》1977年第2期。

③陈倩《唐墓中铜镜的出土状态及功能研究》，郑州大学硕士学位论文，2016年。

④（清）王先谦撰《荀子集解》，中华书局1988年版，第366页。

⑤许维通撰《吕氏春秋集释》，中华书局2009年版，第223页。

⑥（汉）班固撰《汉书》，中华书局1962年版，第2949页。

铜镜是死者生前常常使用的物品，生者看到铜镜，思念之情自会油然而生。这种睹物思人的写法是悼亡诗的格套，始于《诗经·邶风·绿衣》，西晋潘岳《悼亡诗》将这种方法运用得炉火纯青，无法超越。魏晋南北朝的悼亡诗也有不同写法，即以铜镜长掩、生尘表达死亡之意，如“金镜昼恒微”（江淹《悼室人十首》其一）、“镜尘言苦厚”（庾信《伤往二首》其二）、“镜前尘剧粉”（阴铿《和樊晋陵伤妾诗》）等。唐代的哀悼类作品也有沿此思路描写死亡的，如“镜奁长不启，圣主泪沾巾”（崔融《则天皇后挽歌二首》其一）；但是，有一批作品转向描写作为陪葬品的铜镜，而不是像魏晋南北朝诗人那样描写现实中作为遗物的铜镜，这些作品有的描写死者在阴间览镜梳妆的情境，如“夜台飞镜匣，偏共掩蛾眉”（顾况《义川公主挽词》），有的描写铜镜的幽冷与不明，如“埋镜泉中暗，藏镫地下微”（沈佺期《天官崔侍郎夫人卢氏挽歌》），“地底孤灯冷，泉中一镜寒”（岑参《成王挽歌》），“剑没川空冷，菱寒镜不春”（武元衡《昭德皇后挽歌词》），“鸾镜金波涩，翚衣玉彩凝”（权德舆《昭德皇后挽歌词》），等等。

其次，中国历代就有以成仙暗指死亡的传统。唐诗往往以成仙暗指死亡，如唐代权德舆《赠梁国惠康公主挽歌词二首》其二：

杳霭异湘川，飘飖驾紫烟。
凤楼人已去，鸾镜月空悬。
雾湿汤沐地，霜凝脂粉田。
音容无处所，应在玉皇前。

梁国惠康公主即唐宪宗李纯十分宠爱的长女，元和三年（808）下嫁山南东道节度使于頔次子于季友，元和七年去世。唐宪宗极其悲痛，为之辍朝。权德舆的挽歌开头即描写公主驾着祥云走在前往仙界的幽深之路上，最后两句则是描写她已经到达仙界来到玉皇的身边。中间两联写公主逝去后其昔日生活场所为霜雾所笼罩，鸾镜空悬于镜台，月亮空悬于天上，一片冷寂。韩愈《梁国惠康公主挽歌二首》其二云“秦地吹箫女，湘波鼓瑟妃”，是以弄玉、湘妃等仙界的女子称呼惠康公主，意即公主成仙了。这种写法似乎成了一种格套，如唐代顾况《义川公主挽词》云“弄玉吹箫后，湘灵鼓瑟时”，与韩愈的诗句如出一辙。鸾是仙人的引路者或者坐骑，特别是《列仙传》载萧史、弄玉夫妇乘鸾成仙的故事流传开来以后，唐代诗人往往以鸾的消失指成仙并暗指死亡。如晚唐韦庄《悼亡姬》：

凤去鸾归不可寻，十洲仙路彩云深。
若无少女花应老，为有姮娥月易沉。
竹叶岂能消积恨，丁香空解结同心。
湘江水阔苍梧远，何处相思弄舜琴。

“凤去鸾归”或作“凤杳鸾冥”，凤去是去向哪里？鸾归是归于何处？诗人紧接说“十洲仙路彩云深”，意思是到仙界。因此，金圣叹指出此诗“前解写亡”，“后解写悼”[①]。顾况《晋公魏国夫人柳氏挽歌》云：“鱼轩海上遥，鸾影月中销”，也是说死者的魂灵来到海上、月宫的仙境。

初唐李延寿《南史》载：“元嘉十七年（袁皇后）……崩于显阳殿。上（宋文帝刘义隆）甚悼痛之，诏前永嘉太守颜延之为哀策，文甚丽。及奏，上自益‘抚存悼亡，感今怀昔’八字以致意焉。”[②]唐代元稹在写给友人的信中提及其悼亡诗的写作时称“不幸少有伉俪之悲，抚存感往，成数十诗，取潘子《悼亡》为题”（《叙诗寄乐天书》）[③]，表达了类似的意思。

①（明）金圣叹《贯华堂选批唐才子诗》（金圣叹全集本），江苏古籍出版社 1985 年版，第 484—485 页。

②（唐）李延寿撰《南史》，中华书局 1975 年版，第 320 页。

③（唐）元稹撰《元稹集》，中华书局 1982 年版，第 353 页。

哀悼主题作品的主要内容一为感今，一为怀昔，而创作动机一为悼亡，一为抚存。所谓怀昔是怀念昔日一起生活的点点滴滴，所谓感今是感叹死者逝去后生者的孤独，这是以妻子为哀悼对象的作品司空见惯的内容，其主要创作动机则在于悼亡。而那些以尊者比如后妃、公主为哀悼对象的作品显然不能这么写，内容往往是追念死者的品德以及通过描写景物渲染死亡的悲凉。这类作品的创作动机除了悼亡，还有一个重要动机是抚存，即安慰死者的亲属。唐代以后妃、公主乃至王公为哀悼对象的挽歌往往是应命而作，习惯用成仙暗指死亡，并想象逝者来到仙界的情形，应该不是偶然，也不仅仅是为了表达的雅致，而是因为其重要功能是抚存。

其三，孤鸾照镜本来就是一个死亡主题的故事，孤鸾一奋而绝，留下空洞的镜台，也是死亡的象征。唐代司空曙《故郭婉仪挽歌》直接以“辞镜”称死亡，即“一日辞秦镜，千秋别汉宫”。另外，大量的哀悼主题诗作中，暗用孤鸾照镜的典故，鸾、镜对举，在鸾与镜的关系框架中展开死亡主题，如：“镜埋鸾已去，泉掩凤何飞”（蒋涣《故太常卿赠礼部尚书李公及夫人挽歌二首》其二），“凤逐清箫远，鸾随幽镜沉”（上官仪《高密长公主挽歌》），“形将鸾镜隐，魂伴凤笙游”（沈佺期《章怀太子靖妃挽词》）。鸾的身影或离开沉埋、空悬的铜镜，或随铜镜一起消失，但是，灵魂来到仙界。成仙和死亡，在这些哀悼主题的诗作融为一体，无法分离。司空曙《题玉真观公主山池院》写道：

香殿留遗影，春朝玉户开。
羽衣重素几，珠网俨轻埃。
石自蓬山得，泉经太液来。
柳丝遮绿浪，花粉落青苔。

镜掩鸾空在，霞消凤不回。
唯余古桃树，传是上仙栽。

玉真公主是唐睿宗之女、唐玄宗的同母妹，后入道。玉真观即玉真公主入道修行的道观，位于长安辅兴坊。[1] 此诗从标题来看是一首题壁诗，题诗地点就是玉真观。玉真公主逝于唐代宗宝应元年（762），司空曙于永泰二年（766）来到长安，此诗可能作于他来长安之后，实际上是一首哀悼主题的作品。诗的第五联“镜掩鸾空在，霞消凤不回”是诗眼，上下联鸾、凤对举，用的是互文的修辞。铜镜掩在匣中，不见鸾凤的身影，其实这是玉真观前后唯一的变化，暗示曾经有一个美丽的身影从此地消失，像消失的云霞一去不回，即“霞消凤不回”。最后一联将笔触集中于桃树，点明是玉真公主成仙时所栽，也是间接回应上联“霞消凤不回”，原来是她踏着祥云成仙去了。诗在表现玉真观人去楼空的死寂时一直在暗示这里的仙界氛围，院中的石头来自仙界的蓬山，池水来自太液池，太液池是大明宫中的蓬莱池，此池就是按照想象的蓬莱仙界设计的。此诗写仙气，写成仙，实际上就是写玉真公主的死亡。

孤鸾舞镜成为唐人悼妓诗作常用的意象。唐人本已常用鸾形、鸾影来形容乐妓的舞姿，鸾几乎成为乐妓的代名词，也就自然以鸾的消失来指称乐妓的死亡。

唐末范摅《云溪友议》“三乡略”载有这样一件事：若耶溪一女子随夫来到长安，后来丈夫去世，她独自返回，途中所历之地都曾留下与丈夫一起欢乐的身影，她触景生情，于三乡驿题诗一首悼念丈夫并自叹孤独，此诗即：昔逐良人西入关，良人身殁妾空还。谢娘卫女不相待，为雨为云过此山。结果，此诗引来大批文士的继和，如陆贞洞、王祝、刘谷、王涤、李昌邺、王硕、李缟、张绮、高衢、韦冰、贾驰等。[2] 陆贞洞的

①（宋）王溥撰《唐会要》，上海古籍出版社2006年版，第1020页。

②（唐）范摅撰，唐雯校笺《云溪友议校笺》，中华书局2017年版，第101—103页。

和诗是：

惆怅残花怨暮春，孤鸾舞镜倍伤神。
清词好个干人事，疑是文姬第二身。

此诗用孤鸾舞镜的典故表达该女子在丈夫去世后的孤单，同时感叹女子的诗才。可以说，范摅所录 11 首诗大都感叹女子的才情，所谓才即诗才，所谓情，即对丈夫的痴情。

唐人在姬妓去世之后，往往有悼亡之作，或请人代作，而且会引来朋友的唱和。文人与姬妓的关系和夫妻关系在精神层面的联结是不一样的。夫妻关系框架内，强调女性的德行[①]；文人与姬妓的关系框架内，强调女性的才艺。夫妻关系更受礼制的约束，妻子去世之后，一年的丧期内情感的表达受到礼法限制，不宜作诗，现存很多悼亡诗是丈夫在丧期结束以后才写的，正如清代何焯曾指出："悼亡之作盖在终制之后……古人未有有丧而赋诗者。"[②]而且，以妻子为哀悼对象的悼亡主题作品的写作，"既要有挚情，但表现又不能太露"[③]。然而，对于姬妓，似乎此限制的约束较为宽松，悼念情感的表达较浓烈和直率，不过，现存的一批代作说明姬妓的主人还是不便遽作哀悼诗，因而需要他人代作，也就是说还是要受到丧服之礼的约束。唐人对待文人与姬妓之间的感情比较宽容，虽不乏权贵夺人之爱的极端例子，但往往以成人之美为佳话。在此社会环境里，文人对于姬妓感情的表达自然就少了约束，显得比较浓烈和率真。如晚唐韦庄除了前引《悼亡姬》以外，还有《独吟》《悔恨》《虚席》《旧居》《悼杨氏妓琴弦》[④]，这些作品应该都是哀悼亡姬杨氏，其中，《独吟》写于杨氏去世周年之际，《悔恨》写于杨氏去世六七年之时。另外，韦庄还有悼亡词《荷叶杯二首》《思帝乡二首》《小重山》《谒金门》等，应该也是为

①胡旭《悼亡诗史》总结出悼亡诗内容上的六个共同特点：第一是写诗人自己的苦痛，第二是写居处和墓地，第三是写遗物，第四是写子女，第五是写德行，第六是写梦境。（东方出版社 2010 年版，第 1—8 页）

②（清）何焯著《义门读书记》，中华书局 1987 年版，第 904 页。

③王立《永恒的眷恋——悼祭文学的主题史研究》，学林出版社 1999 年版，第 165 页。

④（宋）李昉等编《文苑英华》将《独吟》《悔恨》《虚席》《旧居》《悼亡姬》并题为"悼亡姬五首"，而《虚席》或作《灵席》，《悼杨氏妓琴弦》作者，《万首唐人绝句》注或作朱褒。

悼亡姬杨氏而作[①]，都表达了难以抑制思念与哀伤。唐人悼念前代妓女的诗作主要表达美丽消逝的哀悼并流露出未及相见的遗憾，悼念家妓的诗作以及朋友的代作、唱和之作则是表达美丽消逝的哀悼并感叹存者的孤寂。由于死者的乐妓身份，诗人在追悼其美丽时自然会围绕其歌舞展开，如唐代张祜《感王将军柘枝妓殁》：

寂寞春风旧柘枝，舞人休唱曲休吹。
鸳鸯钿带抛何处，孔雀罗衫付阿谁。
画鼓不闻招节拍，锦靴空想挫腰肢。
今来座上偏惆怅，曾是堂前教彻时。

显然，这是一首代人所作的悼妓诗，是悼念一个柘枝舞妓的去世，诗中描写的是一个舞蹈场面，一样的场景、一样的音乐，由于一个舞妓的不在场让人产生了物是人非之凄凉、孤独之感。初唐宋之问曾为落水而亡的乐妓曹娘写过五首哀悼诗，其中的《伤曹娘二首》其一即：

凤飞楼伎绝，鸾死镜台空。
独怜脂粉气，犹著舞衣中。

“凤飞楼伎绝，鸾死镜台空”是哀悼美丽的消逝。作品写舞衣，即“独怜脂粉气，犹著舞衣中”是表达睹物思人时的孤寂感。宋之问在其诗中反复表达这种睹物思人的孤寂感，写春树，即“曹娘妖态尽，春树不堪过”（《河阳》，一作《伤曹娘》），写芙蓉，即“君看水上芙蓉色，恰似生前歌舞时”（《伤曹娘二首》其一），春树、芙蓉都让人想起乐妓生前的舞姿。以变化时间中的不变空间营造人去楼空的孤寂感是哀悼主题诗作

①（宋）杨湜《古今词话》：韦庄以才名寓蜀，王建割据，遂羁留之。庄有宠人，资质艳丽，兼善词翰。建闻之，托以教内人为词，强庄夺去。庄追念悒怏，作《小重山》及《空相忆》云……夏承焘《韦端己年谱》：杨湜，宋人，其词话记东坡词事，尚有误者，此尤无征难信。《新五代史》六三《前蜀世家》称“（王）建虽起于盗贼，而为人多智诈，善待士”。似不致有此。又《悔恨》一首悼亡姬云：“才闻及第心先喜，试说求婚泪便流。”是悼亡在初及第时，亦非入蜀后事也。

的常用技法，悼妓诗也经常使用，典型的是如李群玉《伤柘枝妓》：

曾见双鸾舞镜中，联飞接影对春风。
今来独在花筵散，月满秋天一半空。

此诗是哀悼两个柘枝妓中一人的去世，前两联写过去，后两联写现在，“曾见”和“今来”将二者关联起来，显示时间的变化，然而，现在的空间又都是死者曾经活动的空间，也就是空间没有变化，变化的只是时空中的人，由“双”至“独”，由“联”“接”至“一半”，都在强调两个舞妓中一人的消失。孤鸾镜前最后的歌舞成为悼妓诗中美丽消逝的象征，不论是“鸾销珠镜前”（杨炯《和崔司空伤姬人》）、“鸾死镜台空”（宋之问《伤曹娘二首》其一）的冰冷现实，还是“宝镜尘昏鸾影在”（温庭筠《和友人悼亡》，一作《丧歌姬》）、“曾见双鸾舞镜中”（李群玉《伤柘枝妓》）的依稀梦忆，都是该象征在诗作的具体形态。

第四节　鸾镜与花枝：《花间集》的女性书写

《花间集》选词500首，其中闺情主题占比近70%，这些作品的抒情主人公包括宫人、妓女、神女、仙女、女冠等等，他们看似高贵、美丽，却为孤独、寂寞所缠绕。凤、鸾等词语在《花间集》中出现70余次，在书写女性心灵世界起到了独特的作用。

一、以凤凰点染女性的孤寂：女性空间描写

《花间集》的闺情词绝大部分置女性于深闺，闺阁作为其

生活空间自然是词人描写的重要对象，当然，词人的笔触也会投至窗外。尽管有些作品只描写室内场景，或者只描写自然环境，但常见的情形是将室内人工场景与室外自然环境进行交错呈现，而且，切割、转换不以词的上下阕为准，也与词换韵的节奏不一致，加上转换频繁，显得富有跳跃性，就像一幅拼贴花，让人有些眼花缭乱，因此，把握这些作品的脉络就存在困难，往往出现分歧。如温庭筠《菩萨蛮》其二：

水精帘里颇黎枕，暖香惹梦鸳鸯锦。江上柳如烟，雁飞残月天。　藕丝秋色浅，人胜参差剪。双鬓隔香红，玉钗头上风。

词中“江上柳如烟，雁飞残月天”是写自然景物，其他是写室内场景，作者将室内场景的描写切割为两部分，中间插入自然景物的描写，这样一来，作品描写的场景经历了一个由内转换至外再转换至内的变化。读者习惯于从时间的逻辑来理解作品脉络，便将“江上柳如烟，雁飞残月天”作为梦境来对待，如清代张惠言认为：“‘江上’以下，略叙梦境。”[①] 这种看法得到清代陈廷焯和今人李冰若等词论家的响应。[②] 历来很多词论者遇到类似的情况时总习惯于从时间的逻辑来解读，将这些无法并入时间序列的场景解释为梦境。但是，俞平伯指出：“后来说本篇者多采用张（惠言）说，说实了梦境似亦太呆，不妨看作远景。”[③] 俞平伯还进一步解释：“飞卿之词，每截取可以调和的诸印象而杂置在一处，听其自然融合，在读者心眼中仁者见仁，知者见知，不必问其脉络神理如何如何，而脉络神理按之则俨然自在。……即以此言，帘内之清秾如斯，江上之芊眠如彼，千载以下，无论识与不识，解与不解，都知是好言语矣。若昧于此理，取古人名作，以今人之理法习惯、尺寸

①（清）张惠言《张惠言论词》，《词话丛编》，中华书局 1986 年版，第 1609 页。

②（清）陈廷焯著《白雨斋词话》卷七“飞卿佳句”：“‘江上柳如烟，雁飞残月天。’飞卿佳句也。好在是梦中情况，便觉绵邈无际。若空写两句景物，意味便减，悟此方许为词。”（人民文学出版社 1959 年版，第 185 页）李冰若《栩庄漫记》：“即谓梦境有柳烟残月之中，美人盛服之幻。”（见李冰若评注《花间集评注》，河北教育出版社 1999 年版，第 13 页）

③俞平伯《唐宋词选释》，人民文学出版社 1979 年版，第 20 页。

求之，其不枘凿也几希。”[①] 这样的例子还有，如温庭筠《更漏子》其一：“柳丝长，春雨细，花外漏声迢递。惊塞雁，起城乌，画屏金鹧鸪。香雾薄，透帘幕，惆怅谢家池阁。红烛背，绣帘垂，梦长君不知。”陈廷焯《白雨斋词话》云：“飞卿《更漏子》首章云：‘惊塞雁，起城乌，画屏金鹧鸪。’此言苦者自苦，乐者自乐。次章云：‘兰露重，柳风斜，满庭堆落花。’此又言盛者自盛，衰者自衰，亦即上章苦乐之意。颠倒言之，纯是风人章法，特改换面目，人自不觉耳。”[②] 李冰若《栩庄漫记》云：“全词意境尚佳，惜‘画屏金鹧鸪’一句强植其间，文理均因而扞格矣。”[③] 俞平伯《唐宋词选释》云：“‘塞雁’‘城乌’是真的鸟。屏上的‘金鹧鸪’却是画的，意想极妙。”[④] 这些都是在解决如何理解温词的脉络问题，之所以认为温词脉络难以把握，就是因为习惯于把作品的场景当作时间序列来对待。俞平伯的解释还是比较玄乎，但是，他不同意把作品中的场景作为一个时间序列来对待是很明确的。的确，作品中的场景不是一个时间序列，也不是一个逻辑序列，而是一个空间序列。

①俞平伯《读词偶得》，人民文学出版社 2000 年版，第 17—18 页。

②陈廷焯著《白雨斋词话》人民文学出版社 1959 年版，第 6 页。

③见李冰若评注《花间集评注》，河北教育出版社 1999 年版，第 20 页。

④俞平伯《唐宋词选释》，人民文学出版社 1979 年版，第 22 页。

温庭筠经常将抒情主人公所处的空间切分为室内场景和室外场景并在二者之间不断转换，二者对抒情主人公时空感的形成起到分工和互补的作用。综观《花间集》类似结构的词作可以发现，词人常常使用这种将室内室外场景进行相互穿插的技法。一般来说，室外场景往往由花、雨、风、鸟、星、月等元素构成，显示季节主要由室外场景完成；室内场景往往由镜、屏、帘、帷、烛等元素构成，显示时刻则常由室内场景完成。不过，时间感的营造未必是这些场景——包括室内室外场景特别是室内场景——的主要功能，而空间感的营造往往是其重要功能。这里以温庭筠《菩萨蛮》十四首为例。先说室外场景：十四首词中有十三首写到室外场景，这些室外场景中又有十二首显示季节是春天，其中七首还显示时间是傍晚或晚上。再说室内场景：十四首词都写到室内场景，但只有三首词中的室内场景显示出了时间是晚上。尽管室外场景标示时间的功能如此明显，但是如果仅从时间的层面来理解这些场景对于抒情主人公的意义是不够的，室内场景标示时间的功能本来较弱，而从空间的角度来理解其对于抒情主人公的意义会有独到的发现。可以说，理解场景对于抒情主人公的意义更有效的角度就是空间，空间感的营造才是《花间集》场景描写更重要的功能。所谓空间感是抒情主人公对于自己与其所处环境的关系的感知，《花间集》特别是温庭筠词的抒情主人公对于其与所处环境关系的体认可以用一个词概括——疏离。还是以温庭筠《菩萨蛮》十四首为例。（表 5—1）十二首中的室外场景显示是春季，出现频率较高的景物是：花（10 次）、杨柳（8 次）、月（6 次）、鸟（7 次）、雨（5 次）、草（4 次）。这些景物构成的场景色彩比较明亮，色调比较温暖，花有落花，也有盛开的花；月有残月，也有皓月；雨是微雨，风是微风。室内场景中出现频率较高的景物是：帘幕（5 次）、屏（3 次）、窗（3 次）、门（2 次）。这些物象都具有半阻隔半开放的特点，时常处于半掩的状态。值得注意的是，室外场景总是被门、帘、屏挡住了，也就拉开了与抒情主人公的距离。她被整个春天抛弃了，弃置于楼阁的封闭空间里，真是《菩萨蛮》其四所说的“青琐对芳菲”。门、窗、帘、屏既是抒情主人公与室外的阻隔，也是她与室外交流的通道，它们常常处于半掩状态，或者可开可掩，总是会引诱抒情主人公将目光投向门外、窗外、帘外、屏外。抒情主人公总是处在一个可内可外的中介状态——她处于一个华美的居室，但此地不是其心灵的栖居地；她对室外充满期待，却总是被囚禁在室内。因此，这是一种双重的阻隔，致使其心灵永远处在一个空间的漂泊状态。温庭筠《菩萨

表 5-1　温庭筠《菩萨蛮》场景构成元素表

作品	室外	室内	
		陈设	人物装束
一		屏、镜	鬓、腮、眉、襦
二	江、柳、雁、月	帘、枕、衾	衣服、人胜、鬓、玉钗
三	月、花（牡丹）	窗	贴黄、翠钗
四	鸟、池、花（海棠）、雨、草、蝶	门（青琐）	翠翘、绣衫、笑靥
五	花（杏花）、杨	灯、幕、镜	眉
六	柳、草、花、鸟（子规）	烛、窗	
七	花（牡丹）、雨、柳、鸟（燕）	烛、镜	金缕衣、鬓、脸
八	花（牡丹）、鸟（莺、燕）、杨、月	窗、灯	翠钿、脸、泪
九	月、花（梨花）、雁、草、杨柳		泪、绣衣
十	阁、山、杨柳、桥、雨	镜、钿函	
十一	柳、雨、斜阳、花（杏花）	枕、屏、门	脸
十二	月、花	帘、麝烟、衾	薄妆
十三	雨、花（夜合）、草、溪、桥	帘、栏	眉
十四	风、月	帘、枕	眉
合计	花：10（海棠 1、杏花 2、牡丹 3、梨花 1、夜合 1、未知花名 2）	帘幕：5	
	杨柳：8	屏：3	
	月：6	窗：3	
	鸟：7（子规 1、燕 2、雁 2、莺 1、翠鸟 1）	门：2	
	雨：5	枕：3	
	草：4	镜：4	
	水：3（江 1、池 1、溪 1）	灯：4	

蛮》的抒情主人公都是处在心灵无所归依的漂泊状态，整个《花间集》中闺情词的抒情主人公绝大部分也是如此，其中写女性与心上人欢会的作品反而寥寥无几。

在表现抒情主人公的心灵漂泊感时，温庭筠采用暗示的手法。温庭筠花了大量笔墨描写室内陈设与女性的装束，这一点似乎借鉴了南朝宫体诗的写法，但是，宫体诗写女性的装束意在表现女性的美丽，温庭筠描写女性的室内陈设及其装束似乎意不在此，而是以其强烈的指向性将读者的注意力引至抒情主人公的处境与心境。温庭筠总会似乎漫不经心点缀成双成对的动物、昆虫，或者其他类似的动植物，如《菩萨蛮》中的“双双金鹧鸪”（一）、“暖香惹梦鸳鸯锦”（二）、“钗上蝶双舞”（三）、“凤凰相对盘金缕”和“社前双燕回”（七）、“宝函钿雀金鸂鶒”（十）、“绿檀金凤凰”（十四）等；在写室外景物时也有类似方法的使用，如《菩萨蛮》中的“金雁一双飞”（九）、“雨晴夜合玲珑日”（十三）等。二者相加共达九处，涉及八首词，可见这种暗示手法使用频率有多高。这种描写方法被其他花间词人继承，以其中的鸾凤为例，它出现的频率是最高的，《花间集》描写女性居处陈设及其装束时提及饰有鸾凤的有四十余处，它真是无处不在，镜、衣（裙、带、衫、罗衣）、窗、帘、帷、帐、被、屏、枕、钗、篦、簪、珮、琴，不一而足，如果再加上将女性直接喻为鸾凤的，共有五十余处，占比十分之一，可以说，鸾凤几乎充斥着抒情主人公的世界。鸾凤与鸳鸯、鸂鶒、燕子等以其成双成对的文化形象强烈地暗示抒情主人公对于其另一半（意中人）之所在的追寻，其另一半永远都不在此，未与其共居于楼阁，而是楼阁以外的远处，从而更加深了抒情主人公对于其深锁楼阁之悲哀的体认。

温庭筠描写女性的重要贡献之一是：将自然景象不仅视为时间的表征——像汉魏以来的传统一样，让抒情主人公在时间流逝的体认中抒发死亡的焦虑；还将自然景象视为空间的表征，却又不像山水诗人那样将自然作为心灵的栖居地，而将其作为抒情女主人公的居住空间并置的另一个空间。这个空间存于梦中，存在于想象，存在于经验，就是不在当下她可以触摸的范围。花间词人爱写梦，共近一百处，约占五分之一；花间词人爱写回忆；花间词人常写夜幕中的花。这些都不是实写，是虚写，表明这个与其居处相对的另一个空间的虚拟性。但是，词人营造的这个虚拟空间与抒情女主人公的情感归宿紧密相联，那是心上人所在的地方。正因为这个空间是虚拟的，其心灵的归宿也就是虚浮的，永远悬置在虚与实、外与内之间。女主人公常在窗台前、栏杆前，帘幕、门窗、屏帷常处于半掩状态。

二、孤鸾照镜的美丽与孤寂：女性览镜的审视

《花间集》书写女性时总共22次写到览镜（包括掩镜不照）的动作，这个动作成为窥探抒情女主人公心灵世界的一个重要窗口之一。

温庭筠《春日》有“美人鸾镜笑，嘶马雁门归”的诗句，但是，《花间集》所选温词的抒情女主人公在镜前没有笑容，而是一脸的落寞。《花间集》采用的是第三人称，正如有学者指出的，词人好像是在从一个男性偷窥者的视角来描写女性的。[1]这个男性偷窥者的眼光常常落到铜镜上，通过铜镜来凝视女性的神情、姿态和举止。如温庭筠《菩萨蛮》其一：

> 小山重叠金明灭，鬓云欲度香腮雪。懒起画蛾眉，弄妆梳洗迟。　　照花前后镜，花面交相映。新帖绣罗襦，双双金鹧鸪。

①（美）田安著、马强才译《缔造选本：〈花间集〉的文化语境与诗学实践》，江苏人民出版社2016年版，第138页。

这是《花间集》所选温庭筠《菩萨蛮》十四首中的第一首，也是整个《花间集》的第一首。“照花前后镜，花面交相映”的意思是女子使用两面铜镜来仔细端视头上所簪之花是否妥帖，同时也是一个人面如花的暗喻，所谓“花面交映，言其美也”[①]。清代张惠言偏爱温庭筠，他对温词的解释往往招致批评，如其“‘照花’四句，《离骚》初服之意”[②]的解读。张惠言所谓“《离骚》初服”即《离骚》中的“退将复修吾初服”，表达的是不改初衷之意。但是，他的《词选序》对温词风格“深美闳约”[③]的认定得到广泛的认可。清代常州词派的周济在词论上颇有建树，他说：“皋文（张惠言字）曰：‘飞卿之词，深美闳约。’信然。飞卿酝酿最深，故其言不怒不慑，备刚柔之气。针缕之密，南宋人始露痕迹，《花间》极有浑厚气象。如飞卿则神理超越，不复可以迹象求矣；然细绎之，正字字有脉络。”[④]他还用女性的装扮来形容温词深美闳约的特点：“严妆佳，淡妆亦佳，粗服乱头，不掩国色。飞卿严妆也，端己淡妆也，后主则粗服乱头矣。”[⑤]当代词人、词论家夏承焘虽指出张惠言“附会太过”，但又承认“这首词（小山重叠金明灭）代表了温庭筠的艺术风格：深而又密。深是几个字概括许多层意思，密是一句话可起几句话的作用。这首词短短的篇章，一共只八句，而深密曲折如此，这是唐人重含蓄的绝句诗的进一步的演化”[⑥]。夏承焘的“深密”就是张惠言的“闳约”之义。的确，“照花前后镜，花面交相映”是温词所谓“深密”风格的典型代表，充分表现出一个外表高贵华美、内心怅然若失的女性形象。《花间集》所录第一首词中的这个女子就像《花间集》女性形象的定妆照，集中所录闺情词里都可以找到她的影子。《菩萨蛮》第十首写道：

宝函钿雀金鸂鶒，沉香阁上吴山碧。杨柳又如丝，驿桥

①刘永济著《唐五代两宋词简析》，中华书局2010年版，第12页。

②(清) 张惠言《词选》（词话丛编本），中华书局1986年版，第1609页。

③同上，第1617页。

④(清) 周济《介存斋论词杂著》，人民文学出版社1998年版，第5页。

⑤同上，第7页。

⑥夏承焘著《唐宋词欣赏》，北京出版社2002年版，第32页。另外，对于温词风格的认定，龙榆生使用“丽密”，叶嘉莹使用“富丽”等。

春雨时。　　画楼音信断，芳草江南岸。鸾镜与花枝，此情谁得知。

"鸾镜与花枝"依然是写女子于铜镜前簪花的举动，自然也会让读者想到女人娇艳如花的隐喻，而且，还有一层意思："花枝"之"枝"与后面一句"此情谁得知"的"知"谐音，"鸾镜与花枝"与"此情谁得知"之间以相同声音建构成的起兴关系，前者引出后者，后者又丰富了前者——读者仿佛听到了女子的哀叹：我内心的孤寂，眼前的鸾镜不知道，头上的簪花也不知道，檀郎（对情郎的称呼）就更不知道了。这种起兴早在先秦时期的《越人歌》即已采用，即"山有木兮木有枝，心悦君兮君不知"[①]，这里采用这一技法也就不会让人感到突兀，读者能够立即领会词人的良苦用心。温庭筠还有一首边塞题材的词作也是捕捉住了镜中花这一细节：

①《越人歌》：今夕何夕兮搴舟中流，今日何日兮得与王子同舟。蒙羞被好兮不訾诟耻。心几烦而不绝兮得知王子。山有木兮木有枝，心悦君兮君不知。

细雨晓莺春晚。人似玉，柳如眉，正相思。　　罗幕翠帘初卷，镜中花一枝。肠断塞门消息，雁来稀。（《定西番》三首其三）

这里写到闺中女子一个极其细微的动作：在帘子初卷的那一刻，她瞥见镜中映入一枝花的影子。其实，对这一句也可以有几种解释：其一，镜中花是窗前一枝花的影子，它在帘打开的瞬间映入镜中；其二，镜中花是女子的身影，她在帘子打开室内变得明亮之际看到自己映在镜中的身影。尽管诗词中到处可见这样的情景：女性见花落泪，由花及人，感叹青春红颜之际只能在思念的孤寂中度过，由此常见的俗套来推断此处的镜中花很可能是窗前的正在开放的花朵未尝不可；诗词中也不乏这样的情景：女子坐在镜台前，端详自己的美好面容，感叹青春正在逝去，却无人欣赏，只能在孤寂中度过，按这样的套路来理解镜中花则应该是女子的面容。当然还有第三种解释，镜中花兼指鲜花与人面，二者构成隐喻关系。不论哪种解释，都与后文“肠断塞门消息”之间的脉络是贯通的。早在盛中唐之际，“镜中花”就已出现在诗人皇甫冉的笔下，它只是江南的时令，其《徐州送丘侍御之越》称“纵令寒食过，犹有镜中花”。晚唐刘驾《贾客词》描述贾客的种种辛酸甚至命丧异乡，即“金玉四散去，空囊委路岐。扬州有大宅，白骨无地归”，接着以“少妇当此日，对镜弄花枝”结尾，近似边塞诗之“可怜无定河边骨，犹是春闺梦里人”（陈陶《陇西行四首》其二）的意味，白骨与少妇、鲜花的对比，极具反讽意味，营造出浓厚的凄婉气氛。[①] 到了温庭筠的词中，“镜中花”意象是打开女性人物心灵世界的一个窗口，透过这个窗口，读者可以窥见其内心的淡淡哀伤。

①刘驾《贾客词》：贾客灯下起，犹言发已迟。高山有疾路，暗行终不疑。寇盗伏其路，猛兽来相追。金玉四散去，空囊委路岐。扬州有大宅，白骨无地归。少妇当此日，对镜弄花枝。皇甫冉《徐州送丘侍御之越》：时鸟催春色，离人惜岁华。远山随拥传，芳草引还家。北固潮当阔，西陵路稍斜。纵令寒食过，犹有镜中花。

观察者的眼光落到铜镜上，通过铜镜中的影像来审视女性，几乎成为温词书写女性的模式。《菩萨蛮》第五、七首云：

> 杏花含露团香雪，绿杨陌上多离别。灯在月胧明，觉来闻晓莺。　　玉钩褰翠幕，妆浅旧眉薄。春梦正关情，镜中蝉鬓轻。
>
> 凤凰相对盘金缕，牡丹一夜经微雨。明镜照新妆，鬓轻双脸长。　　画楼相望久，栏外垂丝柳。音信不归来，社前双燕回。

这里描写女性的笔触只落到一个点，即发式：蝉鬓。所谓蝉鬓指两鬓梳得很轻薄，垂于耳际，如蝉翼一般，唐代十分流行这种发式，从唐代画家张萱《虢国夫人游春图》摹本可以看出来。第五首是女子在一场与心上人相会的春梦中醒来，再也无法入眠，坐在铜镜前端详自己依然美丽的面容。陈廷焯说：“‘春梦正关情，镜中蝉鬓轻。’凄凉哀怨，真有欲言难言之苦。”[①] 女子心里的苦其实并不难言。词虽至此戛然而止，但读者的想象可能才刚刚开始：她在端详镜中美丽的面容时，心里在想什么？很多评论家做了回答，如：“言偶一临镜，忽思及宵来好梦，又不禁自怜憔悴，空负此良辰美景矣。”[②]“谓镜中人青春若是，貌美如斯，何堪离别相思之苦。其自怜自惜之情，与《定西番》之三‘镜中花一枝’同其凄婉。”[③] 第七首是女子晨起化妆时端详其面容的情景。“鬓轻”指蝉鬓，“双脸长”指曼脸，梁代吴均《小垂手》云“蛾眉与曼脸，见此空愁人”，可见，“双脸长”与“鬓轻”都是描写女子的美貌。也有人认为“双脸长”意即消瘦，那么这句就应该理解为如此美丽的面容就只能任凭在思念中日渐消瘦。温庭筠还有不少词作是通过铜镜这个媒介来写女性的，将女性身体或动作的局部置于镜框内放大成为一个特写镜头，就像一个人拿着放大镜在观察对象一样。如：

雪胸鸾镜里。（《女冠子》其一）
钿镜仙容似雪。（《女冠子》其二）
约鬟鸾镜里。（《遐方怨》其一）

分别将女性的胸、脸、鬟等局部置于镜中进行放大、审视。温庭筠写女性的姿态也像写女性的生活空间一样，常常从局部或者点入手，甚至不惜一一罗列，而不是进行总体描写，显然意象繁密，美得让人眼花缭乱。

温词对于花间词人而言具有典范意义，但是，温庭筠描写女性姿态的这种写法似乎并未为后来的其他花间词人普遍继承，只有撰写《花间集序》的欧阳炯有类似写法，如：

①（清）陈廷焯著《白雨斋词话》，人民文学出版社 1959 年版，第 6 页。

②唐圭璋选释《唐宋词简释》，上海古籍出版社 1981 年版，第 4 页。

③张以仁撰《花间词论集》，台湾“中央研究院”中国文哲研究所筹备处印行 1996 年版，第 35 页。

水上鸳鸯比翼。巧将绣作罗衣。镜中重画远山眉。春睡起来无力。　　钿雀稳簪云鬓绿。含羞时想佳期。脸边红艳对花枝。犹占凤楼春色。（《西江月》其二）

春早玉楼烟雨夜。帘外樱桃花半谢。锦屏香冷绣衾寒，怊怅忆君无计舍。　　侵晓鹊声来砌下。鸾镜残妆红粉罢。黛眉双点不能描，留待玉郎归日画。（《玉楼春》其二）

前者镜中是“远山眉”，即指眉毛细长舒展，如隐约的远山；后者镜中是“残妆红粉”，即指脸上残余的红粉。欧阳炯的另一首写女性览镜的作品则将视角拉得比较远，呈现的是女性整个身姿：

三十六宫秋夜永，露华点滴高梧。丁丁玉漏咽铜壶。明月上金铺。　　红线毯，博山炉。香风暗触流苏。羊车一去长青芜。镜尘鸾影孤。（《更漏子》其二）

另一位词人毛文锡也是这样将视角拉得比较远：

豆蔻花繁烟艳深。丁香软结同心。翠鬟女。相与。共淘金。　　红蕉叶里猩猩语。鸳鸯浦。镜中鸾舞。丝雨。隔荔枝阴。（《中兴乐》）

李珣《临江仙二首》其二也是将视角拉得比较远，将女性览镜的举止喻为池中的莲花：

莺报帘前暖日红。玉炉残麝犹浓。起来闺思尚疏慵。别愁春梦。谁解此情悰。　　强整娇姿临宝镜，小池一朵芙蓉。旧欢无处再寻踪。更堪回顾，屏画九疑峰。

为什么不直接描写女性的肌肤、装束，而要通过鸾镜这个媒介来观照、审视呢？原因在于，温庭筠在让读者注意女性的姿态与服饰的同时，还要注意到那个以鸾为饰的铜镜，提醒读者联想孤鸾照镜的潜文本。《花间集》鸾、凤并用，但在花间词人的观念中，鸾是孤独的，凤是成对的。词人在写女性的居室陈设和装束时往往点染以凤，以其成双成对来反衬抒情女主人公的孤独；而描写女性览镜的举止时，又以鸾为点染，以其形单影只来映衬抒情女主人公的孤独。如果检索一下《花间集》及花间词人鸾、凤用例，大致可见二者存在分工：词人常用“双”字来修饰凤，却从未用“孤”“独”等词来修饰凤；而鸾常用“孤”“独”等字来修饰，却很少用“双”字来修饰。以“孤独”“独”修饰鸾的如：

> 却羡彩鸳三十六，孤鸾还一只。（孙光宪《谒金门》）
>
> 连理分枝鸾失伴。（孙光宪《清平乐》其一）
>
> 燕成双，鸾对影。（孙光宪《酒泉子》其二。按，“对影”意味着孤单。）
>
> 镜奁长掩，无意对孤鸾。（孙光宪《临江仙》其一）
>
> 镜尘鸾影孤。（欧阳炯《更漏子》其二）
>
> 恨入空帷鸾影独。（顾敻《浣溪沙》其三），
>
> 翠帏闲掩舞孤鸾，旧香寒。（顾敻《酒泉子》其三，“孤鸾”一作“双鸾”）

像“燕双鸾偶不胜情”（孙光宪《临江仙》其二），以“偶”表示成双意思的词饰鸾的情况比较少见。

览镜的举动中，抒情女主人公确认了其青春与美丽，体验的却是孤独与寂寞，透露的是顾影自怜的心理。只有明白这一点，读者才能领会孙光宪《浣溪沙》其四“揽镜无言泪欲流”

的词句。该词是：

> 揽镜无言泪欲流。凝情半日懒梳头。一庭疏雨湿春愁。　　杨柳只知伤怨别，杏花应信损娇羞。泪沾魂断轸离忧。

综观整部《花间集》，难得孙光宪《酒泉子》其二所描写的甜蜜温馨的览镜举动：

> 敛态窗前，袅袅雀钗抛颈。燕成双，鸾对影。耦新知。　　玉纤澹拂眉山小。镜中嗔共照。翠连娟，红缥缈。早妆时。

这首词是写女子与心上人欢会的场面，其中一个最温馨的细节就是女子于镜前画眉，男子凑来帮忙，二人的身影一同映入铜镜，引起女子的嗔怪。《汉书·张敞传》就记载京兆尹张敞为妻子画眉，被人笑为“眉怃”（即眉痴）并告发至皇帝那里。[①] 可见，这在古代是一个十分亲昵的举止，所以才有女子的嗔怪，不过，嗔怪中满含甜蜜。然而，因为览镜往往带来失望，深锁闺中的女性索性掩上鸾镜，任其生尘，自欺欺人的举动中透露出的是绝望的哀叹。如孙光宪《临江仙》其一：

①（汉）班固撰《汉书》卷七十六“张敞传”载：（张）敞无威仪，……又为妇画眉，长安中传张京兆眉怃。有司以奏敞。上问之，对曰：“臣闻闺房之内，夫妇之私，有过于画眉者。”“上爱其能，弗备责也。然终不得大位。”（中华书局 1962 年版，第 3222—3223 页）

> 霜拍井梧干叶堕，翠帏雕槛初寒。薄铅残黛称花冠。含情无语，延伫倚栏干。　　杳杳征轮何处去，离愁别恨千般。不堪心绪正多端。镜奁长掩，无意对孤鸾。

抒情女主人公具有堪称“花冠”的美貌，却在千般离愁别绪中煎熬，镜中像鸾一样美丽的身影只会给她增加心绪的烦乱。

花间词人的心目中，鸾是美丽的，又是孤独的。温庭筠《菩萨蛮》所谓“鸾镜与花枝”总能提醒我们注意这一点，镜中孤鸾也就成了花间词人笔下女性的写照。

参考文献

1. 著作

（汉）毛亨传，（汉）郑玄笺，（唐）孔颖达疏《毛诗注疏》，上海古籍出版社 2013 年版。

（汉）孔安国传，（唐）孔颖达疏《尚书正义》，上海古籍出版社 2007 年版。

（汉）郑玄注，（唐）贾公彦疏《周礼注疏》，上海古籍出版社 2010 年版。

（汉）郑玄注，（唐）孔颖达正义《礼记正义》，上海古籍出版社 2008 年版。

朱谦之撰《老子校释》，中华书局 1984 年版。

（清）王先谦撰《庄子集解》，中华书局 2012 年版。

（清）王先谦撰《荀子集解》，中华书局 1988 年版。

高亨著《周易大传今注》，齐鲁书社 1979 年版。

杨伯峻编著《春秋左传注》，中华书局 1990 年版。

杨伯峻译注《论语译注》，中华书局 1980 年版。

杨伯峻译注《孟子译注》，中华书局 1960 年版。

王叔岷撰《庄子校诠》，中华书局 2007 年版。

何宁撰《淮南子集释》，中华书局 1998 年版。

许维遹撰《吕氏春秋集释》，中华书局 2009 年版。

王利器撰《新语校注》，中华书局 1986 年版。

黄晖撰《论衡校注》，中华书局 1990 年版。

王荣宝撰《法言义疏》，中华书局 1987 年版。

王明著《抱朴子内篇校释》，中华书局 2012 年版。

王叔岷撰《列仙传校笺》，中华书局 2007 年版。

袁珂校注《山海经校注》，北京联合出版公司 2014 年版。

《尔雅》，中华书局 2016 年版。

（汉）许慎撰，宋徐铉校定，愚若注音《说文解字》，中华书局 2015 年版。

（汉）刘向辑录，（三国）韦昭注《国语》，上海古籍出版社 1998 年版。

（汉）司马迁撰《史记》，中华书局 2013 年版。

（汉）班固撰《汉书》，中华书局 1962 年版。

（三国魏）嵇康著，戴明扬校注《嵇康集校注》，中华书局 2014 年版。

（晋）葛洪撰，周天游校注《西京杂记校注》，中华书局 2020 年版。

（晋）干宝撰，李剑国辑校《搜神记辑校》，中华书局 2019 年版。

（晋）葛洪撰，胡守为校释《神仙传校释》，中华书局 2010 年版。

（南朝宋）范晔撰《后汉书》，中华书局 1965 年版。

（南朝宋）刘敬叔撰《异苑》，中华书局 1996 年版。

（南朝宋）刘义庆著，南朝梁刘孝标注，余嘉锡笺疏《世说新语》，中华书局 2007 年版。

（南朝梁）萧统编，（唐）李善注《文选》，中华书局 1977 年版。

（南朝陈）徐陵《玉台新咏》，上海古籍出版社 2007 年版。

（唐）李白著，瞿蜕园、朱金城校注《李太白集校注》，上海古籍出版社 1980 年版。

（唐）白居易著，顾学颉校点《白居易集》，中华书局 1979 年版。

（唐）杜光庭撰，罗争鸣辑校《杜光庭记传十种辑校》，中华书局 2013 年版。

（五代）王定保撰，姜汉椿校注《唐摭言校注》，上海社会科学院出版社 2003 年版。

（后晋）刘昫等撰《旧唐书》，中华书局 1975 年版。

（后蜀）赵崇祚编、杨景龙校注《花间集校注》，中华书局 2017 年版。

（宋）司马光编著《资治通鉴》，中华书局 1956 年版。

（宋）邵雍著《邵雍全集》，上海古籍出版社 2016 年版。

（宋）李昉等编《太平广记》，中华书局 1961 年版。

（宋）李昉编纂《太平御览》，河北教育出版社 1994 年版。
（宋）洪兴祖撰《楚辞补注》，中华书局 2015 年版。
（元）王实甫著，王季思校注《西厢记》，上海古籍出版社 1978 年版。
（清）徐松撰，孟二冬补正《登科记考补正》，北京燕山出版社 2003 年版。
（清）陈元龙编《历代赋汇》，凤凰出版社 2004 年版。
（清）严可均编《全上古三代秦汉六朝文》，中华书局 2017 年版。
（清）董诰等编《全唐文》，中华书局 1983 年版。
逯钦立辑校《先秦汉魏晋南北朝诗》，中华书局 1983 年版。
中华书局编辑部点校《全唐诗》（增订本），中华书局 1999 年版。
曾昭岷等编著《全唐五代词》，中华书局 1999 年版。
唐圭璋编《全宋词》，中华书局 1999 年版。
北京大学古文献研究所编纂《全宋诗》，北京大学出版社 1991 年版。
隋树森编《全元散曲》，中华书局 1964 年版。
庄一拂《古典戏曲存目汇考》，上海古籍出版社 1982 年版。
陈伯海主编《唐诗汇评》，浙江教育出版社 1996 年版。
葛晓音《八代诗史》，中华书局 2007 年版。
许总《唐诗史》，江苏教育出版社 1994 年版。
许总《宋诗史》，江苏教育出版社 1992 年版。
王国维著《观堂集林》，中华书局 1961 年版。
郭沫若《甲骨文字研究》，人民出版社 1952 年重印版（1931 年初版）。
郭沫若《先秦天道观之进展》，商务印书馆 1936 年版。
李孝定编述《甲骨文字集释》，“中研院”历史语言研究所 1970 年版。
于省吾主编《甲骨文字诂林》，中华书局 1996 年版。
闻一多《神话与诗》，华东师范大学出版社 1997 年版。
李泽厚《美的历程》，安徽文艺出版社 1994 年版。
李泽厚《中国古代思想史论》，生活·读书·新知三联书店 2008 年版。
李泽厚《由巫到礼 释礼归仁》，生活·读书·新知三联书店 2015 年版。
葛兆光《中国思想史》第一卷，复旦大学出版社 1998 年版。
葛兆光《中国思想史》第二卷，复旦大学出版社 2000 年版。
周策纵《古巫医与“六诗”考——中国浪漫文学探源》，上海古籍出版社 2009 年版。

常玉芝《商代宗教祭祀》，中国社会科学出版社 2010 年版。

许倬云《西周史》（增补二版），生活·读书·新知三联书店 2012 年版。

陈来《古代思想文化的世界》，生活·读书·新知三联书店 2002 年版。

陈来《古代宗教与伦理》，生活·读书·新知三联书店 2017 年版。

张光直《中国青铜时代》，生活·读书·新知三联书店 2013 年版。

张光直《艺术、神话与祭祀》，生活·读书·新知三联书店 2013 年版。

张光直《商文明》，生活·读书·新知三联书店 2013 年版。

劳思光《新编中国哲学史》，生活·读书·新知三联书店 2015 年版。

何炳棣《何炳棣思想制度史论》，中华书局 2017 年版。

傅佩荣《儒道天论发微》，中华书局 2010 年版。

徐旭生《中国古史的传说时代》，文物出版社 1985 年版。

何光岳《商源流史》，江西教育出版社 1994 年版。

王小盾《中国早期思想与符号研究——关于四神的起源及其体系形成》，上海人民出版社 2008 年版。

上海博物馆青铜器研究组《商周青铜器文饰》，文物出版社 1984 年版。

顾方松《凤鸟图案研究》，浙江人民美术出版社 1984 年版。

王大有《龙凤文化源流》，北京工艺美术出版社 1988 年版。

王维堤《龙凤文化》，上海古籍出版社 2000 年版。

潘鲁生编《中国凤纹图谱》，北京工艺美术出版社 2003 年版。

庞进《凤图腾——中国凤凰文化的权威解读》，中国和平出版社 2006 年版。

庞进《中国凤文化》，重庆出版社 2007 年版。

郑军、张东明《中国传统凤凰艺术》，北京工艺美术出版社 2013 年版。

吴艳荣《中国凤凰：从神坛到人间》，浙江大学出版社 2014 年版。

徐华铛《中国传统形象图说：凤凰》，中国林业出版社 2015 年版。

巫鸿《仪式中的美术》，生活·读书·新知三联书店 2016 年版。

李竞恒《早期中国的龙凤文化》，人民出版社 2018 年版。

王仁湘《凡世与神界》，上海古籍出版社 2018 年版。

葛兆光《道教与中国文化》，上海人民出版社 1987 年版。

余英时《士与中国文化》，上海人民出版社 1987 年版。

余英时《东汉文人的生死观》，上海古籍出版社 2005 年版。

卿希泰、唐大潮《道教史》，江苏人民出版社 2006 年版。

李丰楙《仙境与游历》，中华书局 2010 年版。
李丰楙《忧与游：六朝隋唐仙道文学》，中华书局 2010 年版。
李丰楙《神化与变异：一个“常与非常”的文化思维》，中华书局 2010 年版。
程乐松《身体、不死与神秘主义：道教信仰的观念史视角》，北京大学出版社 2017 年版。
陈国符《道藏源流考》（新修订版），中华书局 2016 年版。
汪涌豪、俞灏敏《中国游仙文化》，上海人民出版社 2016 年版。
孙昌武《唐代文学与佛教》，陕西人民出版社 1985 年版。
孙昌武《道教文学十讲》，中华书局 2014 年版。
孙昌武《禅思与诗情》，中华书局 1997 年版。
孙昌武《道教与唐代文学》，人民文学出版社 2017 年版。
孟晖《花间十六声》，生活・读书・新知三联书店 2006 年版。
黄永年《六至九世纪中国政治史》，上海书店出版社 2004 年版。
孙英刚《神文时代：谶纬、术数与中古政治研究》，上海古籍出版社 2015 年版。
萧涤非《汉魏六朝乐府文学史》，人民文学出版社 1984 年版。
吴大顺《魏晋南北朝乐府歌辞研究》，上海古籍出版社 2009 年版。
程千帆《唐代进士行卷与文学》，上海古籍出版社 1980 年版。
傅璇琮《唐代科举与文学》，陕西人民出版社 1986 年版。
吴宗国《唐代科举制度研究》，辽宁大学出版社 1997 年版。
王勋成《唐代诠选与文学》，中华书局 2001 年版。
陈飞《唐代试策考述》，中华书局 2002 年版。
林岩《北宋科举考试与文学》，上海古籍出版社 2006 年版。
郑晓霞《唐代科举诗研究》，复旦大学出版社 2006 年版。
祝尚书《宋代科举与文学》，中华书局 2008 年版。
彭红卫《唐代律赋考》，社科文献出版社 2008 年版。
罗宗强《玄学与魏晋士人心态》，天津教育出版社 2005 年版。
马东瑶《文化视域中的北宋熙丰诗坛》，陕西人民出版社 2006 年版。
尚永亮等《中唐元和诗歌传播授受史的文化学考察》，武汉大学出版社 2010 年版。
冯小禄《汉赋书写策略与心态建构》，人民出版社 2010 年版。

刘方《宋代两京都市文化与文学》，中国社会科学出版社 2016 年版。
唐明邦《邵雍评传》，南京大学出版社 1998 年版。
周勋初《李白评传》，南京大学出版社 2005 年版。
高晨阳《阮籍评传》，南京大学出版社 2007 年版。
冯友兰《新原人》，《贞元六书》，华东师范大学出版社 1996 年版。
陶东风、徐莉萍《死亡·情爱·隐逸·思乡：中国文学四大主题》，杭州大学出版社 1993 年版。
王立《永恒的眷恋：悼祭文学的主题史研究》，学林出版社 1999 年版。
魏崇周《邵雍文学思想研究》，中州古籍出版社 2009 年版。
贾晋华《唐代集会总集与诗人群研究》，北京大学出版社 2001 年版。
贾晋华《古典禅研究——中唐至五代禅宗发展新探》，上海人民出版社 2013 年版。
萧驰《佛法与诗境》，联经出版事业股份有限公司 2012 年版。
（法）列维·斯特劳斯《图腾制度》，上海人民出版社 2002 年版。
（美）本杰明·史华兹《古代中国的思想世界》，江苏人民出版社 2004 年版。
（美）薛爱华《唐代文学中的龙女与雨女》，生活·读书·新知三联书店 2014 年版。
（美）田安《缔造选本：〈花间集〉的文化语境与诗学实践》，江苏人民出版社 2016 年版。
（日）下定雅弘《白乐天的世界》，凤凰出版社 2017 年版。
（日）白川静《金文的世界：殷周社会史》，联经出版事业公司 1989 年版。
（日）岛邦男《殷墟卜辞研究》，上海古籍出版社 2006 年版。
（日）林巳奈夫《神与兽的纹样学：中国古代诸神》，生活·读书·新知三联书店 2016 年版。
（日）林巳奈夫《殷周青铜器综览（第二卷）——殷周时代青铜器纹饰之研究》，上海古籍出版社 2019 年版。

2. 论文

（美）顾立雅《释天》，《燕京学报》1935 年 12 月，第 59—71 页。

陈梦家《商代的神话与巫术》，《燕京学报》1936 年 12 月，第 485—576 页。
陈梦家《高禖郊社祖庙通考》，《清华学报》十二卷三期，1937 年。
胡厚宣《甲骨文商族鸟图腾的遗迹》，《历史论丛》第一辑，1964 年。
（日）林巳奈夫《凤凰图象之系谱》，《考古学杂志》1966 年第 52 卷 1 号。
胡厚宣《甲骨文所见商族鸟图腾的新证据》，《文物》1977 年第 2 期。
于省吾《略论图腾与宗教起源和夏商图腾》，《历史研究》1979 年第 11 期。
王玉哲《商族的来源地望试探》，《历史研究》1984 年第 1 期。
尤仁德《商代玉鸟与商代社会》，《考古与文物》1986 年第 2 期。
何新文《文士的“不遇”与文学中的“士不遇”主题》，《湖北大学学报》1988 年第 4 期。
李浩《李白诗文中的鸟类意象》，《文学遗产》1994 年第 3 期。
尚永亮《忠奸之争与感士不遇：论屈原贾谊意识倾向及其在贬谪文化史上的模式意义》，《社会科学战线》1997 年第 4 期。
贾晋华《“平常心是道”与“中隐”》，《汉学研究》第 16 卷第 2 期，1998 年。
李虎子《唐诗中凤凰意象的世俗化和唯美化》，《四川大学学报》2001 年第 5 期。
王竞芬《逍遥安乐的审美人生：略论邵雍儒道兼综的境界美学》，《安徽师范大学学报》2004 年 11 月。
海滨《论李白诗文中“鲲鹏”和“凤凰”的儒道意义世界》，《新疆师范大学学报》2005 年第 4 期。
朱江书《琴歌〈凤求凰〉考释》，《音乐研究》2006 年 2 月。
刘昭瑞《候风鸟与相风鸟：关于绍兴三〇六号墓铜屋上柱与鸟功能的讨论》，《考古发现与早期道教研究》，文物出版社 2007 年版。
晋海燕《商周青铜器凤鸟纹饰的再思考》，《民族艺术》2007 年第 4 期。
张荣东《论凤凰形象与杜甫的仁爱思想》，《学术交流》2007 年第 6 期。
万光治《文君、相如故事的文化解读》，《四川师范大学学报》2007 年 9 月。
常玉芝《宗教起源与商人图腾崇拜再论》，《中国史研究》2008 年第 1

期。
薛世昌《凤凰意象：杜甫的精神图腾》，《天水师范学院学报》2008年第1期。
高雨《论李杜诗中的“凤凰”》，《理论界》2008年第4期。
汤君《宋元以来小说戏文之相如文君故事叙略》，《四川师范大学学报》2008年3月。
何锋兵《李、杜诗歌中“凤凰”意象之比较》，《古籍研究》2013年第2期。
任树民《“兴”之本义及“兴”向“诗之艺”演进路径考略》，《中南民族大学学报》2015年7月。
庞启明《白体接受视域下邵雍与司马光诗歌比较论析》，《湖北社会科学》2016年第2期。
马银琴《风、风声、风刺以及〈风〉名的出现》，《清华大学学报》2017年第4期。
傅道彬《中国文学的君子形象与“君子曰”的思想话》，《文学评论》2018年第4期。
李乃龙《道教与唐诗》，陕西师范大学博士学位论文，2000年。
徐旸《战国楚漆器凤鸟纹样研究》，湖北美术学院硕士学位论文，2007年。
滕云《唐代落第诗研究》，华东师范大学博士学位论文，2008年。
田丹《汉画像石中的凤鸟图像研究——以徐州地区汉画像石为例》，陕西师范大学硕士学位论文，2009年。
鞠玲英《中国凤凰意象的诗意流播之研究》，暨南大学硕士学位论文，2010年。
罗文卿《唐前游仙文学研究》，山东大学博士学位论文，2011年。
郑华萍《唐宋“凤”诗词研究》，南京师范大学硕士学位论文，2014年。

凤与
中国文学

ISBN 978-7-5564-5350-4
9 787556 453504 >
定价：86.00元